增 訂 版

兩漢魏晉哲學史

曾春海◎著

增訂版序

　　本書於二○○二年初版後曾於第二刷時將全書校訂，且在第十一章西晉的玄學中增列一節「歐陽建的言盡意說」、第十二章東晉的哲學中增列一節「《列子》書與張湛《列子注》之玄思」，以及第十四章兩漢魏晉的美學中增列「魏晉文學理論」一節。由於近年來我較專注於中國美學的教學及研究，從中發現魏晉在玄學的理論基礎上衍生不少具藝術與美感向度的精彩課題，於是撰寫過〈漢魏的飲酒美學〉、〈魏晉山水美學〉、〈《世說新語》中的對話美學〉等三篇專題性的論文。本人乘此次改版的機會又增寫了〈嘯傲的文采風流〉及〈魏晉佛教的藝術與美感〉二文，與前三文集結成為新的一章──第十五章兩漢魏晉的美學㈡。如此，本書中共計有十個美學專題，不但形成與同性質的其他專注之相較下的特色，也可作為「魏晉美學」一學期獨立課程的大學教科書使用。此外，本人在先前出版過《竹林玄學的典範──嵇康》一書的基礎上在政治大學連續二次開過一學期份量的「竹林七賢的哲學與人生」這一通識課程。在教學相長下，拓展了我對竹林七賢個別性的理解，因此，我也乘此次三版之際將第十章「竹林玄學」的內容，由原有的阮籍、嵇康、向秀擴充為完整的竹林七賢，也可供為此類通識課程的參考用書。

　　寫書是一點滴性的累積工作，也是一脈絡性的歷程，本人在《兩漢魏晉哲學史》的工作上前後歷時近二十年，如今當告成一段落。有些學界同仁們常不時的問我，為什麼缺乏先秦哲學，這一最富原創性及多樣性的哲學史之撰寫？事實上，在本人過去三十年左右的中國哲學研究與教學生涯中，這一段是我當初的起點，也是未曾間斷過的工作歷程。在完成這本《兩漢魏晉哲學史》的增、修訂工作後，本人將繼續以過去所積蓄的能量，期望能儘快的撰成《先秦哲學史》一書，以略盡我對關心中國哲學傳承的朋友們一點棉薄之力。

曾春海

謹識於國立政治大學哲學系
二○○八年元月三十日早晨

自　序

　　五四運動隨後的胡適、顧頡剛、馮友蘭等學者是近代研究漢朝思想的先驅，他們有一共同的概括性見解，那就是漢代儒學的陰陽家化、方士化是儒學的墮落；同時，五行、讖緯的學說是為鞏固統治者的權威而服務的，他們持這一宏觀來解說漢代思想，對後人起了相當的籠罩影響。此外，馮友蘭的《中國哲學史》，將中國哲學分為先秦的「子學時代」與漢朝的「經學時代」兩大時期。前者指周代的封建體制崩解，王綱解紐後，「道術為天下裂」形成百花爭放，百鳥爭鳴的學術多樣化榮景。秦漢統一天下後，在學術思想上有其相應的統合需求，漢武帝採納董仲舒獨尊儒術之建議，致使異采紛呈的諸子之學，榮景不再。馮友蘭總結的說：「董仲舒之主張行，而子學時代終；董仲舒之學說立，而經學時代始。陰陽五行家言之與儒家合，至董仲舒而得一有系統之表現。自此以後，孔子變而為神，儒家變而為儒教。」漢人雖稱儒學為儒家，《詩》、《書》、《禮》、《易》、《春秋》為五種經典，然而，經學與子學不是異質性的對立，相互間是有聯繫和互動的，例如董仲舒是經學中的今文學家，可是他對經典的注解中吸取了不少先秦子學的思想。按清代經、史、子、集的學術分類法，諸如：王弼、何晏屬子學，可是他們也注經，且透過對經典的注解來發展形成自己的思想，因此，經學與子學是很難一刀切的分割。

　　一九四九年以後，大陸學者中亦有專治漢代哲學專史且有專著出刊者。侯外盧、任繼愈所主編大部頭的中國哲學史中，兩漢、魏晉的篇幅不少，可單獨成本的專史。此外，尚有個別學者的專著，例如：金春峰先生於一九八七年在中國社會科學出版社出刊的《漢代思想史》，字數達五十五萬字，內容概括得較全面，論述扼要。這幾本專史代表大陸學者對漢代哲學的具體貢獻，他們共同的優點是架構出兩

漢哲學的體架，材料蒐集得較周備，引證相當多的文獻。相較於馮友蘭的中國哲學史，這幾本著作賦予兩漢哲學豐富的內涵，在史脈中呈現了重要哲學問題的意義，闡釋較深入，較能表達出前後的學者在思想爭論上的分際。然而，他們也有共同的瑕疵，第一是在所涉及的外緣背景上牽扯太多，述說過詳，令人有流於枝節龐雜之憾；第二是他們不同程度的採用唯物史觀的一貫立場來解釋史料及思想，在批判時，意識型態僵固，強分唯心與唯物，對思想人物的社會階級分析及道德觀執信太過。如是，他們不但對中國哲學的理解有不夠客觀和相應處，且常將形上學或存有學與認識論混為一談，他們不但將漢代講「氣」的哲學幾乎都貼上唯物標籤，而且馬列教條使哲學注解呈現了不同程度的黃茅白葦景象。

港臺學界上，觀臺灣相關的研究所碩、博士論文，在兩漢哲學的領域上也做了些專家專題式的研究，學者們也做過兩漢哲學較全面的研究。例如：徐復觀先生完成三大冊的兩漢思想史，材料緊扣，按文獻說話，論述嚴謹，堪稱為經典之作。徐先生有敏銳的歷史問題意識，也有很好的史料文獻學方面的訓練，再加上他個人對現實政治的參與有過切身的體驗。他從歷史的情境及時代焦點性的問題切入漢代，挖掘出豐富而深刻，有體系、有見解的漢代哲學思想。例如：他解釋董仲舒所以有天人相應和禨祥災異的提法，係有鑑於秦漢大一統以來，專制的政治政體形成，且有穩定的結構，帝王大權獨攬，李斯所謂：「獨制天下而無所制」。在政治現實的運作下，專權獨斷產生極大的政治惡化及人民苦痛。董仲舒針對弊端，研擬制約君權及改善政治的辦法，不得不「屈民而申君」及「屈君而申天」。他一方面肯定帝王們既有的專制政權這一事實，另方面倡言貴陽賤陰，意在重德慎刑，尊儒抑法，貴德政教化而以刑法之治為輔。徐先生的《兩漢思想史》學術成就，獲得學界的普遍肯定，然而，該書的主軸如其書名乃定位在思想史。思想史較突出歷史意識，注意在某種歷史條件下，思想與時代、政治、社會如何牽連互動，某思想如何在特定的歷史情境下醞釀而形成，又如何反饋給時代予以作為指導性原則。然而，哲學史是對哲學基本問題，諸如形上學、知識論、價值哲學（道德哲學、美學、宗教哲學）的核心問題予以抽象思辨，著重在概念分析及概念內涵的精確解說、命題的合理建構，論證推理的嚴謹性、理論構築的系統化及自圓其說的合理性，因此，哲學

所探索的學理是不侷限於特定的歷史條件、際遇及所衍生之時代性的問題。哲學旨在探討宇宙人生的終極性原理,追求普遍性及整全性的真理(終極之理);相較於哲學史,思想史所挖掘出來的思想價值,畢竟受限於不同的文化時空條件,屬於人類較短程的心靈活動。

輔仁大學前校長羅光先生曾完成一整套《中國哲學史》的大部頭著作,其中兩漢魏晉的篇幅亦不能算是少。羅先生受過長期而完足的西方士林哲學訓練,他寫的中國哲學史哲學意識清楚,對哲學問題的性質有相當的掌握,問題分類醒目,概念涵義的解說簡明,論述的條理井然,這是他的長處和貢獻;然而,不可諱言的是他的歷史意識不夠深刻。兩漢魏晉哲學對先秦哲學有繼承處,可是它們在其歷史條件與文化時空編織下仍有其獨特的時代課題。為了回應並妥善處理這些時代性的切身課題,漢人對先秦學術思想及魏晉人對先秦兩漢的哲學有其著眼點,而予以選擇性的、綜合性的及改造性的繼承;同時,兩漢魏晉人也有自己獨見而創獲的思想,因此,兩漢魏晉哲學各有轉折、開展而提出不同的問題,形成不同的時代特色和成就。若對漢代及魏晉歷史中的政治、社會、經濟、教育、倫理、文化等,欠缺較全面性的認識,則對兩漢魏晉哲學的問題意識、精神及內涵難有較客觀且相應的理解;然而羅光先生在中國哲學史的撰寫上有其一定的貢獻,可說是瑕不掩瑜。

勞思光先生的《中國哲學史》可說是臺灣地區目前最通行的教本了,他認為寫中國哲學史必須具備三條件:一是事實記述的真實性;二是理論闡述的系統性;三是全面判斷的統一性。前二條件問題較少,第三條件就頗值得商榷而具爭議性了。他認為中國哲學最重要的特質,在於道德主體性及道德實踐的工夫論,簡要言之,即是道德取向的心性哲學,他用這一套設準去分析、解釋、評論整個中國的哲學發展史,讜同伐異,且標出這種研究法是「基源問題研究法」。他在所著的《中國哲學史》第三卷後序自述他是藉著對中國哲學史的撰寫來表達他個人的哲學見解和立場。若是,他是藉寫此書來進行哲學家的哲學思辨與建構工作,已逾越了哲學學者寫哲學史的目的和範圍了。

蓋哲學所能提出的問題多樣而豐富,例如模泰爾愛德勒(Mortimes Adler)在《西方的智慧》一書中,列舉出西方哲學的十大問題:政治問題、人與國家的問

題、道德問題、學藝與偉大名著問題、神學與形上學問題、社會問題、經濟制度問題、美與藝術問題、愛與友誼問題、人與世界問題。每一大課題皆有不同著眼點、思維方法、切入點、注解的可能性，從中國哲學的源起、分化、流變、發展與形成觀之亦然。先秦有所謂「九流十家」的說法，漢代司馬談《論六家要旨》擇其要者就有六家，每一家或學派皆提出一系列問題，其學派內部也可再分化出不同的見解。再就從印度傳入的佛學而言，東晉的格義佛學就有六家七宗，以後發展至隋唐的佛學多達十三宗，因此，中國幾千年來的哲學活動，各家各派經緯萬端，所涉及的問題及講法，方方面面，包羅萬象，多樣且多采。若以道德主體性取向的心性哲學來橫向一切，不但顯得哲學的胸襟不夠開放，哲學的眼光太狹窄，更重要的是會不自覺的影響到自己的哲學心態能否客觀的、同情的、相應的理解與自己立場不相契的其他哲學。

試觀勞思光先生《中國哲學史·第二卷前言》所言：「自漢至唐末，中國文化精神之衰落及哲學思想之混亂，皆已至極可驚之程度。兩漢經術，為後世所稱。然按其實情，則儒學大義已乖，儒學似興而實亡。孔孟心性之論及成德之義，皆湮沒不彰，此中國哲學之大劫也。」按勞先生的看法，儒家心性論才是中國哲學的主流，像漢代哲學以宇宙論為中心，講氣化的宇宙觀、順氣言性論人生價值及政治社會生活是偏離了儒家主脈的心性論立場，據此而判定漢代哲學乃儒家之墮落與歧出。然而，就中國哲學的源流發展史觀之，每一個時代都有不同的歷史文化脈絡與情境，在多元視點下，同一問題，甚至同一學派的同一問題皆呈現出見仁見智的紛然眾論，皆有其哲學涵義與價值。因此，我們寫哲學史的目的之一，就是導引讀者們去接觸、探索各種哲學的提問、思路和內涵，認識各種偉大的哲學心靈。

因此，哲學史的撰寫者，應有開放的心胸，對於中國哲學史脈中所出現過的重要哲學家、所提的有意義之哲學問題，所樹立的哲學理論，應當廣泛的多閱讀原典及相關文獻。同時，撰寫者必須學習去適應哲學家各種不同的心態，消化材料，入乎其內以獲得相應的、同情同理的了解。從該書的目錄顯示其內容分別為：漢代哲學之外緣觀察；漢代哲學之內在解析；漢儒之沒落；道家思想之支解；董仲舒與「天人相應」之觀念；《禮記》之思想；易傳之思想；淮南子、揚雄與王充；結

語。兩漢時期長達四百年，且對先秦諸子的繼承有著錯綜複雜的綜合，就哲學思想史發展的曲折歷程及思想人物之雜多，實非這些綱目所能概括的。董仲舒、揚雄與王充之間是如何銜接成一流脈而不失為跳躍式的斷流，實值得疑慮。此外，《禮記》與《易傳》縱使是在漢代集結成書，但是其文獻來歷及思想涵義，據今考證不少是來自先秦，例如：大陸曾出版的《中國哲學史料書》就把《中庸》等書歸到先秦。再者，就哲學形成的理序而言，究竟是《易傳》、《中庸》係出於形上的抽象思辨來為價值理論作基礎呢？還是由作者透過自身道德實踐所體證到的價值感來超越的解釋存在與變化，而後設地建構出以價值為中心的形上學、宇宙論，並非把價值哲學建基在思辨性的形上學上，這是值得我們再深思的。

　　相較於勞思光，唐君毅先生雖未撰成漢代哲學史的專著，但是觀其對漢代哲學的論述，是較能客觀而相應的正視漢代哲學所內蘊的學術價值。他在所著《中國哲學原論‧原道篇自序》中有段精闢的見解。他說：「吾論漢代之哲學思想中之道，除一為上述之順天應時之道外，二為成就學術之類別與節度之道，三為法天地以設官分職之道，及對人之才性之品類之分辨，對人物之品鑒之道，四為道教之養精神之道，五為春秋學中之褒善貶惡之道，亦即今所謂對人事作道德的或政治價值判斷之道，六為漢代易學中之象數之道，亦即今所謂為存在事物之普遍範疇之道，……合此六者，即可說漢人之觀宇宙之節度，而鍊養精神，以成就人之日常生活，學術人文，政治社會與其價值判斷之節度之道。」漢人所注重的順天應時之道，主要是指由鄒衍的陰陽家五德終始哲學為先驅所衍生於漢人的歷史時代意識。據此，漢人不但在時間意識上有一向後回溯的精神，亦有一種向前期待預測的精神，使人自覺到回顧過去以了解現在，預期未來以立足此際，油然生一歷史的連續性及生命的目的性。這種對未來期待的時間意識，漢初的五行相生相勝觀念，至漢代中葉後，由春秋學的發展，逐漸形成一套有歷史哲學涵義的政治哲學。此外，漢人順天應時以言道德及政治，黃老之學及象數易對宇宙之結構、運行規律及其與人文世界的對應互動關係有深層的哲學意義，我們是不能像勞先生那樣的忽視的。

　　前人對魏晉玄學的研究，當推北大哲學系湯用彤先生的《魏晉玄學論稿》最具創闢性和深度。湯先生出入相關的文獻，深入重要的原典，理出魏晉思想的淵源、

發展和流派；玄學的方法論（言意之辨）；玄學的本體論、自然觀、人生觀、政治思想，還兼及玄學與文學理論、音樂、繪畫。他的公子湯一介先生在寶貴的家學淵源下繼續用功，撰成《郭象與魏晉玄學》。出身北大哲學系的臺灣哲學前輩牟宗三先生，也在湯用彤先生所打下的玄學研究基礎上撰成十章內容的《才性與玄理》一書，解析精闢，論評顯發出不少卓識高見。這三本研究魏晉玄學的著作是啟導後學的經典之作。至於魏晉哲學的專史，大陸學者交出了較好的成績，其中以任繼愈主編，數位學者合作撰寫的《中國哲學史》卷三，及由許抗生等人合著的《魏晉玄學史》較具代表性。這兩本書繼承了湯用彤的主要論點，也補充了豐富的材料和評論，內容完整且較有系統，史脈的接續性也較能把握住，不過，這兩本書仍有前述唯物史觀的色彩，只是情節有輕重之分。臺灣學界儘管在魏晉玄學的專家研究及專題研究上也有不容忽視成果，遺憾的是迄今猶無人撰成內容充實，首尾一貫的魏晉哲學史專著。至於勞先生《中國哲學史》的魏晉部分，向來被從事魏晉玄學的專門研究者評為最貧弱處。

　　本書之撰寫緣於八、九年前筆者政大哲學系的同事，國內外著名的哲學學者沈清松教授擬嘗試策劃一本由數人分工合作撰寫的《中國哲學史》教科書，期能一方面促成臺灣哲學界多位學者合作著書的範例；另方面期能為普設於哲學、中文系的中國哲學史課程撰寫出一套適用的教科書，裨益這一課程的教學。在撰寫分工時，筆者所分派的部分是兩漢魏晉部分，由於日後種種原因，這一有意義的合作寫書計畫似乎未能順利；如今，沈教授已榮聘至加拿大多倫多大學任講座，原計畫則由參與者自行打算了。筆者認為臺灣學界在兩漢魏晉這六百多年的哲學活動與業績，未曾有人寫過一本可供參考及教學用的專史，因此，筆者這八、九年來在繁忙的工作及雜亂的生活事務之餘，盡可能的利用時間，陸陸續續的閱讀相關書籍，認真學習和吸收前人努力的成果而勉力完成，期能裨益於莘莘學子們，在這領域的學習上有一教科書可讀，更企盼引發學界的關注而得拋磚引玉之效果。

　　本書在撰寫態度上，盡可能以上述前人的得失為殷鑑，大體上是針對兩漢魏晉的時代特殊性背景，及哲學的核心課題及精要涵義，採思想史及哲學史交互使用，相輔相成的方法。換言之，筆者的策略以哲學的問題意識為主，歷史意識為輔，行

文時雖涉及外緣背景等問題，為了避免偏離哲學本題而流於龐雜，形成資料堆砌以致小處過詳，大處籠統而把握不住重點。由於筆者所撰寫的是哲學史，因此，選材布局以針對哲學的三大基本問題：天道論，亦即形上學、宇宙論、存有學；認識論，這是中國哲學較弱的一環；價值哲學，注重從天人性命關係中言人性論、價值生命的可能性、工夫實踐法及理想境界的願景。全書注意重要哲學概念的涵義解說，命題的注解及論述系統化、清晰化的可能性。哲學史雖應有客觀的、相應的理解和表述，筆者認為在言當有典獻依據的原則下，不宜對典獻引述太多而影響了思路的通暢，及造成「引」多「釋」少之義。為了求簡明扼要，本書的論述以要言不費為原則。

在題材的選擇上當採集兩漢魏晉六百年間的重要哲學課題及哲學專家予以編寫，綱目求完整而均勻，章節求明晰有序，論述採平實、緊湊和言之有物為原則。本書的題材相較同類的專著，若有題材特色可言的話，有三方面。第一，專章介紹兩漢、魏晉時期的經學。儒家經籍是中國上古文化長期積累而得的民族共慧，非僅止於儒家的一家之言，它可說是中國文化的淵藪和總資源，其內容豐富而多樣。清代章學誠在《文史通義》卷一〈內篇一〉說：「六經，皆史也。古人不著書，古人未嘗離事而言理，六經皆先王之政典也。」事實上，六經不僅止於「史」和「政典」而已，其中涉及宇宙觀、人性觀、倫理學、天人關係說、美學、宗教……等與哲學課題有關的內涵。這些經籍起源甚早，形成經學始於漢代，其影響歷二千年而至今，經學章句，雖遺佚不少，但是相關之訓釋箋注，考證校勘，漢人居功甚偉，迄今猶不失為掌握儒學的鍵鑰。觀中國哲學史著作，兩漢經學猶有不同篇幅的紹述，唯獨魏晉經學部分闕漏，本書不予留白。第二，道德與文學、藝術是最足表現一民族人文精神處，也是價值哲學所關注的焦點所在。在既成的中國哲學史著作中，皆能聚焦於道德哲學，唯獨美學向來被忽視。中國美學發端於先秦，成熟於魏晉，這一可貴的成就不容遺忘，本書特闢專章，以較大的篇幅來紹述兩漢魏晉的音樂、繪畫、書法及人物品藻等美學思想，期能一補前人在撰寫中國哲學史上，這方面的不足。第三，本書以專章紹述東漢趨向道教理論的三本典籍，《太平經》、《老子想爾注》與《老子河上公注》，期能釐清道家與道教的不同處及相互關係

處。筆者必須承認的是本書仍有許多在質量上猶待繼續努力處，例如：兩漢部分，對公羊春秋學的空白，魏晉部分對反玄論的乏力處理，對東晉玄佛的交涉及佛學部分的注解不夠精細等缺失有待未來的用功，本書期能於將來若還有再版的機會，則打算將上述及其他方面可能的粗陋處再加以修正或補充。

　　本書於二〇〇二年初版後，承蒙學界的厚愛，流通順暢，今年五月時五南圖書公司王秀珍編輯電話告知我準備再版，本人趁此機會校正書中的錯字及標點符號，同時補寫了第十一章西晉的玄學之第三節歐陽建的言盡意說，第十二章東晉的哲學之第二節《列子》書與張湛《列子注》之玄思。對第三節的僧肇及第四節的慧遠略作評論。在第十四章兩漢魏晉的美學中也補寫了第五節文學理論。因此本書第二版為修訂版。臺北市五南圖書出版公司鼎力協助本書出版，熱心教育嘉惠莘莘學子，本人頗表敬佩及衷心致謝。

曾春海

謹識於國立政治大學哲學系

二〇〇三年十二月

目　錄

增訂版序　　　　　　　　　　　　　　　　　　　　　　　(2)
自　序　　　　　　　　　　　　　　　　　　　　　　　　(3)

第一章　秦漢之際的黃老之學　　　　　　　　　　　　　　　1
　　第一節　秦漢之際黃老道家的形成、流派與學說　　　　　3
　　第二節　《呂氏春秋》的宇宙觀、人性論及天人關係　　　8
　　　　一、《呂氏春秋》的成書、內容和思想意向定位　　　8
　　　　二、宇宙觀　　　　　　　　　　　　　　　　　　11
　　　　三、人性論　　　　　　　　　　　　　　　　　　13
　　　　四、天人關係說　　　　　　　　　　　　　　　　15
　　第三節　《黃老帛書》的成書、內容和意向　　　　　　19
　　　　一、《黃老帛書》的成書時代與作者問題　　　　　19
　　　　二、天道觀　　　　　　　　　　　　　　　　　　20
　　　　三、論「法」　　　　　　　　　　　　　　　　　21
　　　　四、法與形名　　　　　　　　　　　　　　　　　23

第二章　西漢儒、道、法的互攝和變遷　　　　　　　　　　25
　　第一節　陸賈和賈誼的天道觀及政治論　　　　　　　　27
　　　　一、陸　賈　　　　　　　　　　　　　　　　　　27
　　　　二、賈　誼　　　　　　　　　　　　　　　　　　29
　　第二節　兼採諸家以道家為主流的《淮南子》　　　　　32
　　　　一、《淮南子》的成書、結構及時代背景　　　　　32
　　　　二、「道」與萬物的發生及構成　　　　　　　　　34
　　　　三、認識論　　　　　　　　　　　　　　　　　　37
　　　　四、人的生命之構成與理想境界　　　　　　　　　38
　　　　五、理想的人生境界及政治　　　　　　　　　　　39

第三章　董仲舒與西漢經學　　　　　　　　　　　　　　　45
　　第一節　天人三策說及春秋學　　　　　　　　　　　　47
　　第二節　天人感應及陰陽五行　　　　　　　　　　　　49

第三節　人性論 ... 52
第四節　倫理規範與教化 ... 54
第五節　董仲舒與漢代經學 ... 56

第四章　西漢晚期的嚴遵和揚雄 ... 61
第一節　嚴遵體玄尚無的本體論 ... 63
第二節　《道德指歸》的宇宙生成論 ... 65
第三節　嚴遵的人生觀及政治理想 ... 67
第四節　揚雄的知識說及天道論 ... 72
第五節　揚雄的人性論及政教思想 ... 75

第五章　漢代的經學及讖緯學 ... 79
第一節　「經」與經學 ... 81
第二節　漢代經學中的師法、家法與今古文之爭 ... 84
第三節　讖緯與經學 ... 89
第四節　讖緯的哲學思想 ... 91
第五節　《白虎通義》與讖緯 ... 93

第六章　東漢批判時弊的理性思潮 ... 99
第一節　王充的哲學 ... 101
一、自然氣化的宇宙觀 ... 101
二、性命觀 ... 104
三、知識論 ... 107
第二節　王符對時弊的批判與修正 ... 109
一、宇宙觀 ... 109
二、人性三品說、命相與吉凶 ... 110
三、「敦德化而薄威刑」的尚賢政治思想 ... 112
第三節　荀悅的《申鑒》與仲長統的《昌言》 ... 114

第七章　東漢趨於道教的三本典籍：《太平經》、《老子想爾注》與《老子河上公注》 ... 119
第一節　《太平經》的哲學思想要旨 ... 122
一、氣化的世界觀 ... 123
二、「三一為宗」的道氣關係論 ... 125
三、「上合元氣」的價值實踐論 ... 127

第二節　由黃老道家轉向道教的《老子想爾注》　129
　　一、道　　論　131
　　二、人　　論　133
　　三、價值實踐論　134
第三節　《老子河上公注》的哲學要旨　137
　　一、道　　論　138
　　二、人　　論　139
　　三、價值實踐論　140

第八章　魏晉玄學通論　143
第一節　魏晉玄學的緣起因素　146
　　一、兩漢儒學的異化和衰微　146
　　二、漢末荊州學風之導引　147
　　三、由漢至魏，談辯之風盛行──由清議至清談　148
　　四、王充以後自然無為天命觀之影響　148
第二節　玄學釋義　149
第三節　玄學的課題和方法　151
第四節　玄學的分期及其主要代表人物　154
第五節　清談與魏晉哲學　157

第九章　正始玄學　161
第一節　何晏的玄學　163
第二節　王弼的玄學　165
　　一、生平事略　165
　　二、貴「無」而不賤「有」的本體論　166
　　三、性統情的「性其情」說　168
　　四、理想人格──聖人論　171
　　五、言意之辨的認識論　174
　　六、自然與名教之辨　177
第三節　鍾會所撰《四本論》　180

第十章　竹林玄學　183
第一節　阮籍的玄學　186
　　一、早年志尚及其《樂論》　186
　　二、自然之道與人的質樸之性　188

　　　三、對禮法的批判及對至德之世的嚮往　　189
　　第二節　嵇康的玄學　　193
　　　一、生平事略與著作　　193
　　　二、人性觀　　194
　　　三、養生論　　197
　　　四、聲無哀樂論　　200
　　　五、「越名教而任自然」　　202
　　第三節　融通儒、道的向秀　　205
　　第四節　劉伶的〈酒德頌〉　　210
　　第五節　山濤、阮咸、王戎　　216
　　　一、山　濤　　216
　　　二、阮　咸　　219
　　　三、王　戎　　221

第十一章　西晉的玄學　　227
　　第一節　裴　頠　　229
　　第二節　郭象跡冥圓融的玄學　　232
　　　一、時代的處境與困境　　233
　　　二、自我的探索與理解　　237
　　　三、名教、自我的迷失與命限　　241
　　　四、理想境界的嚮往與入路　　245
　　　五、適性與逍遙　　248
　　　六、結　論　　252
　　第三節　歐陽建的言盡意說　　255

第十二章　東晉的哲學　　261
　　第一節　葛洪《抱朴子・外篇》對玄學末流的批判及儒聖的
　　　　　　重建　　263
　　　一、前　言　　263
　　　二、《抱朴子》外篇對玄學末流之批判　　265
　　　三、理想人格的內涵及修養功夫　　267
　　　四、《抱朴子》外篇理想人格的外王表現　　270
　　第二節　《列子》書與張湛《列子注》之玄思　　273
　　　一、《列子》書與兩晉之際的放達頹風　　273

二、張湛及其《列子注》 276
三、「寂然至虛」與「群品之眾」 278
四、《列子注》中的力命論及評〈楊朱篇〉 282
五、《列子注》中的外王理想 286
第三節　兩晉之際的六家七宗 288
第四節　僧肇的《肇論》 292
一、《不真空論》 292
二、《物不遷論》 295
三、《般若無知論》 297
第五節　慧遠的法性論、神不滅論和竺道生的涅槃佛性學說 299
一、慧遠的法性論 299
二、慧遠的神不滅論 300
三、竺道生的涅槃佛性學說 301

第十三章　魏晉的經學 303
第一節　總　論 305
第二節　三國時期的經學 310
第三節　兩晉的經學 315

第十四章　兩漢魏晉的美學（一） 325
第一節　兩漢魏晉的音樂美學 327
一、兩漢的音樂理論 327
二、魏晉的音樂美學 334
第二節　兩漢魏晉的美學對比——以繪畫美學的觀照點 337
一、漢代美學思潮的特徵 337
二、揚雄論心畫及漢代畫蹟示例 343
三、王弼言意之辨的美學理論 347
四、顧愷之的畫論與畫蹟 350
第三節　兩漢魏晉的書法美學 356
一、漢代的書法美學 357
二、魏晉的書法美學 364
第四節　魏晉的人物美學 375
一、對人物才藻與深情之品賞 383
二、對人物容貌儀態之美的品賞 386

三、玄賞富飄逸感的風神美 387
第五節　魏晉的文學理論 389
一、曹丕的〈論文〉 389
二、陸機的〈文賦〉 394

第十五章　兩漢魏晉的美學（二） 403
第一節　漢魏的飲酒美學 405
一、漢代的飲酒風尚及其美學涵義 405
二、魏晉之際文士的飲酒風尚及美學涵義 407
三、東晉文士的飲酒風尚──以王羲之、陶淵明為例 416
四、結　論 419
第二節　魏晉山水美學 422
一、前　言 422
二、山水與人文情懷之相互關係 423
三、山水美學中的形象美 430
四、山水的玄美 434
五、結　論 442
第三節　《世說新語》中的對話美學 443
一、前　言 443
二、清談中的對話形式與內涵 447
三、清談對話的聲調與辭令之美 454
四、清談對話的機智與風采審美 460
五、結　論 464
第四節　嘯傲的文采風流 465
一、「嘯」的涵義及其美學意義 465
二、「嘯」表「意」的美感形成 466
三、嘯的逸態美與傲態美 467
四、以「嘯」盡意的美感技法 468
五、「嘯」與「嘯」交會的無言之美 470
第五節　魏晉佛教的藝術與美感 474

參考書目 481

第一章

秦漢之際的黃老之學

第一節　秦漢之際黃老道家的形成、流派與學說

「黃老之學」是秦漢之際的道家學者們，假託黃帝而立言，且改造老學，兼綜先秦諸子重要學說內容而成的新道家學派。首先將黃帝、老子當作一種學術來論評，且正式連稱「黃、老」者，是西漢司馬遷從所寫的《史記》開始，司馬遷所謂的「黃老」並不只是將黃帝與老子兩個人名字予以簡單的拼湊，而是賦予一種有別於老學的新學說之學派意涵。東漢王充在《論衡·自然》曰：「賢之純者，黃、老是也。黃者，黃帝也；老者，老子也。黃老之操，身中恬淡，其治無為」，得知「黃老之操」是關於修身、養生和治政的方術。

在諸般中國哲學史的著述中，老子較為人所熟悉，黃帝則較令人陌生，在現存先秦古籍中，《左傳》、《國語》和《逸周書》最早提及有關黃帝的傳說。

《左傳》僖公二十五年載：

> 秦伯師于河上，將納王。……（晉文公）使卜偃卜之，曰：「吉。遇黃帝戰於阪泉之兆。」公曰：「吾不堪也。」對曰：「周禮未改，今之王，古之帝也。」

此處，「黃帝」被卜辭塑造成一古代帝王，表徵為春秋時代的諸侯君主。

又，《左傳》昭公十七年記郯子言：

> 昔者黃帝氏以雲紀，故為雲師而雲名；炎帝氏以火紀，

故為火師而火名。

「雲」與「火」指「黃帝氏」與「炎帝氏」兩個氏族作為圖騰崇拜的標幟，黃帝在此非指一人名，而是一民族或部落的總稱，《國語》具體的記載了黃帝的世系和事蹟。〈魯語上〉詳列了古代帝王世系表，將《尚書》、《詩經》等古代文獻有關夏、商、周三代祖先的傳說，與後出的五帝三王傳說聯繫統合起來，其中，提及黃帝、顓頊、帝嚳等遠古帝王的傳說。〈晉語四〉記司空季子之言處，述及黃帝係姬姓氏族，亦即周族的始祖。《逸周書·嘗發解》藉周武王之言述，及黃帝擒殺蚩尤的故事，該處將赤帝、黃帝和蚩尤說成是各統治一方的氏族領袖，「帝」是指氏族聯盟的最高領袖。至戰國中期之後，百家爭鳴，大國爭霸，有關黃帝的傳說性故事，日益流行，內容也愈趨複雜和豐富。大致而言，提及黃帝者，按照自身的政治需要來塑造黃帝的形象，在諸子百家中，各主要學派都塑造了黃帝的形象。儒家如《尸子》、《荀子》，法家如《商君書》、《韓非子》，道家如《莊子》、《鶡冠子》、《呂氏春秋》，兵家如《孫子》、《尉繚子》，陰陽家如鄒衍等，皆提及黃帝之治事或征伐事。

據《史記》、《漢書》所載，戰國、秦漢之間，善治黃老之學者甚眾，著作也不少，遺憾的是這些著作已多失傳，但從《漢書·藝文志》所載目錄和注解中，得窺託名黃帝君、臣之書者有二十七種。這些黃帝君臣之事，全係六國時或之後的依託之作，且是在有關黃帝的傳說這一基礎上撰述的，值得注意者，這類「黃帝書」或「黃帝君臣書」，以道家類著作最多，可佐證黃帝在哲學史上的重要地位，係由道家學者所樹立的。

一般而言，黃老學派形成於戰國末期，發展和盛行於漢代初期，黃老學說形成於秦漢之際的政治變動、社會轉型和時代思想的需要。蓋戰國後期歷經了長期的政治分裂、社會不安及戰亂痛苦後，人們企

盼能以統一來結束長期的紛爭變亂，隨著秦漢在政治上大一統的趨向，戰國末期原本多元分立的六國文化亦趨於統合。換言之，戰國時代的百家爭鳴局面轉趨百家相互交流與合流之趨勢，道家亦然，逐步走向吸收諸家融合新說，轉化成黃老學派的路向，因此，老學在戰國時代的發展，分化為黃老之學和莊學兩學派。黃老之學結合現實的需要，轉向治術和養生術，其中，在治術上多吸收法家思想而形成道法合流的景象；在養生術上則與方士的神仙術等合流。另一途的莊學則側重「道」在天人關係方面的進展，成就了以齊物逍遙為旨趣的人生哲學，意向於人生境界的自我提升。秦漢之際，學術風貌趨向諸子學之間的相互聯繫、吸收與混合，因此，出入各家、吸納眾學的雜家應運而興。我們甚至可以說，雜家堪稱為先秦學術的總歸結，漢代學術之開端；秦季的《呂氏春秋》與漢初的《淮南子》，被史家稱為雜家的代表作，亦可見秦漢以雜家為主流之徵象。

　　戰國中期以後的道家，雖本於老子，卻有黃老和莊列的分途發展。漢初的《淮南子》受《莊子》的影響較深，和晚周至漢初南方黃老道家的正宗流傳有所不同[1]。既稱「南方黃老道家」，可知晚周至漢初的黃老學派不只一家，有學者認為這一時期的黃老之學可分為楚國黃老學派、齊國黃老學派及《呂氏春秋》等三派[2]。就代表作觀之，《鶡冠子》與《黃老帛書》屬楚國黃老學派，《鶡冠子》將老子的「道」論，改造成元氣說；現流傳的《老子河上公注》屬齊國黃老學。老子楚人也，楚之祖為鬻子，鬻子與太公皆為文王師。鬻子封於楚，太公封於齊；鬻子傳古道術於楚，太公以道術治齊。簡其禮，因其俗，應用於政治上的道術，便是黃老思想的表現。

　　漢初治黃老之學者齊人特多，例如：蓋公設教於膠西，為曹參之

---

[1] 李學勤〈帛書《道原》研究〉收入於湖南省博物館編《馬王堆漢墓研究文集》，長沙：湖南出版社出版，一九九二年，頁1～5。

[2] 吳光《黃老之學通論》，杭州：浙江人民出版社，一九八五年第一版，頁121～128。

師。《史記‧曹相國世家》載曰：

> 及漢定天下，曹參為齊丞相，……聞蓋公善治黃老，乃
> 使人厚幣聘之。公為言治道，貴清靜而民自定，遂推此類，
> 為參具言之。參悅，師事之，齊果大治。及參入相漢，導蓋
> 公之道，故天下歌之。蓋公為參師，然未嘗仕，以壽終。

此外，《樂毅傳》亦列示此一黃老學派授受的系統：

> 河上丈人教安期生，安期生教毛翕公，毛翕公教樂瑕
> 公，樂瑕公教樂臣公，樂臣公教蓋公，蓋公教於齊高密膠
> 西，為曹相國師。

河上丈人即最早注《老子》的河上公，安期生嘗與蒯通為友，與
申公培同時，皆為戰國末年之人。河上公、安期生、毛翕公、樂瑕
公、樂臣公、蓋公，以及後來授太公兵法予張良之黃石公、田叔等皆
為齊人，亦皆發揚黃老之學的人。戰國時代具道家色彩的兵家如孫臏、
孫吳、司馬穰苴，以及秦代的蒙恬等皆為齊人；此外，託名黃帝醫書
《黃帝內外經》而為扁鵲、倉公、陽慶等人所傳授，亦皆齊人[3]。漢
代與老莊思想關係甚密的神仙家、道教皆與齊學相涉，甚至漢代的儒
家經學亦然。皮錫瑞《經學歷史》謂：

> 漢有一種天人之學，而齊學尤甚，伏傳五行，齊詩五
> 際，公羊春秋多言災異，皆齊學也。易有象數占驗，禮有明
> 堂陰陽，不盡齊學，而其旨略同。

---

[3] 見《史記‧倉公傳》。

足見齊國黃老學在晚周、秦、漢之影響，可謂源遠流長。

以上三派對漢代黃老之學影響甚鉅。王鳴盛說：「漢初，黃老之學極盛。君如文、景，宮閨如竇太后，宗室如劉德；將相如曹參、陳平；名臣如張良、汲黯、鄭當時、直不疑、班嗣，處士如蓋公、鄧章、王生、黃子、楊王孫、安丘望之等皆宗之。」[4]。漢初君臣、學者不但崇尚黃老的無為之學，以致黃老之學成為時代的主流思潮，卻不排斥其他學術流派，而且還兼容並蓄的吸納他家以充實自身的內涵。觀漢代歷史，從漢高祖至漢武帝之間的六、七十年，可謂為西漢推行黃老無為之治的時代。

究其原因，還是受時代歷史發展的條件和形勢所制約。蓋秦漢鼎沸之際，戰事連連，社會劇盪，經濟重挫，生靈塗炭，俟西漢政治的大一統，亟思社會元氣的恢復，經濟之重振，同時，暴秦亡滅的教訓是西漢知識份子所欲探究與借鏡的史事。陸賈《新語‧輔政第三》謂：「秦以刑罰為巢，教育覆巢破卵之患。」、〈無為〉第四云：「秦非不欲治也，然失之者，舉措太眾，而用刑太極故也。」。賈誼〈治安策〉謂：「秦王置天下於法令刑罰，德澤無一有，而怨惡盈於世，下憎惡之如仇讎，禍既及身，子孫誅絕，此天下之所共見也。」[5]，於〈過秦中〉云：「繁刑嚴誅，吏治深刻，賞罰不當，賦斂無度，……自君卿以下，至於眾庶，人懷自危之心，親處危苦之實，咸不安其位，故易動也。」[6]。如何緩和政府與百姓間的緊張關係，不重蹈暴秦橫征暴斂和嚴刑苛法的覆轍，以及如何安定社會民心，與民休養生息，成為漢初重要課題。在議論紛然中，黃老清靜無為的政治思想，儼然成為主流思潮。

---

[4]《十七史商榷》卷六。
[5]《漢書‧卷四八‧賈誼傳》。
[6]《史記‧卷六‧秦始皇本紀》。

早在劉邦入關之初就約法三章,謂:「殺人者死,傷人及盜抵罪,餘悉除去秦法。」[7],這是漢際採與民休息,無為之治的開端,漢惠帝二年(公元前一九三年)曹參繼蕭何為漢相,敬重善治黃老言的蓋公,其大政方針採貴清靜黃老的黃老術。在蕭規曹隨下,「守而勿失,載其清靜,民以寧一。」[8],與蕭何「因民之疾秦法,順流而與之更始。……蠲削煩苛,約法省禁。」[9],前後相承,相互呼應。惠帝四年,削法令妨吏民者,廢除挾書律。高后元年(公元前一八七年)廢除三族誅,妖言令。從漢初六十餘年觀之,歷高祖、惠帝、文帝、景帝皆一貫地實行過無為而治的政策,其中,曹參與竇太后起了關鍵作用。曹參所採與民休息的無為之治,天下俱稱其美;崇信黃老之術的竇太后歷文帝、景帝和武帝三朝,前後提倡黃老治術約四十五年左右。

第二節　《呂氏春秋》的宇宙觀、人性論及天人關係

一、《呂氏春秋》的成書、內容和思想意向定位

今本《呂氏春秋》歷來在史料的真實性上較少爭議,但在寫作年代上,作者及覽、論、紀的順序等問題上,仍存異議。就成書概況而

---

[7] 見《史記‧高祖本紀》。

[8] 見《史記‧曹相國世家》。

[9] 見《史記‧蕭相國世家》。

言，《史記・呂不韋列傳》曰：

> 莊襄王元年，以呂不韋為丞相，封為文信侯。……是時
> 諸侯多辯士，如荀卿之徒，著書布天下。呂不韋乃使其客，
> 人人著所聞，集論以為〈八覽〉、〈六論〉、〈十二紀〉，
> 二十餘萬言。以為備天地萬物古今之事，號曰《呂氏春
> 秋》。

據《史記》所載，呂不韋有門客三千人，可見集論性質的《呂氏春
秋》係作者人數眾多的集體創作之書。「八覽」指八方之觀覽，「六
論」指六合，即《莊子・齊物論》所云：「六合之外，聖人存而不
論。」；就當時而言，〈八覽〉、〈六論〉賅備「天地萬物古今之
事」。〈十二紀〉乃貫通全書的骨幹，其〈序意〉曰：「凡十二紀
者，所以紀治亂存亡，所以知壽夭吉凶也。上揆之天，下驗之地，中
審之人。若此，則是非可不可，無所遁矣。」。該書以〈八覽〉、
〈六論〉、〈十二紀〉為綱，其內容遍涉先秦諸子。《漢書・藝文
志》著錄雜家言二十家四百零三篇，《呂氏春秋》被列入其中，為巨
擘，也是此類纂書之濫觴。該書是中國思想史上，首部有統一體例，
形式整齊完整的集體撰述著作，漢初成書的《淮南子》和《史記》，
在編著方法和體例上皆受到其直接影響。

　　有關《呂氏春秋》中覽、論、紀的順序問題，歷來有二成說：
《史記》的〈呂不韋列傳〉和〈十二諸侯年表〉認為八覽在首、次六
論、再次為十二紀。高誘所注《呂氏春秋》及序，則認為呂書原是十
二紀在前、次八覽、最後是六論，兩種說法雖各有理由，然而，順序
的變動很可能與漢代思潮的轉變相關。至於其所出入的諸子之學，計
有儒家的教育、樂論等六藝之遺文；明堂陰陽之學；道家尚清靜養生
之術；墨家非攻救守及非樂說；農家農桑樹藝之事；兵家用兵決勝術

……等等。關於著書成書的時間,大致有兩說:一說謂《呂氏春秋》成書於秦統一中國之前夕[10];另一說謂其產生於秦末,兩說迄今未能定論。

在內容方面,《呂氏春秋》以積極且開放的態度看待戰國諸子。該書超越學派的門戶之見,廣採諸子有價值的學說綜合條貫於一書。對先秦諸子取擇善而從的態度,少批評貶抑,多積極肯定,以繼承和發展為取向。對各家推崇的宗師如老聃、孔子、墨子等,做出率直中肯的評斷,〈不二〉云:

> 老聃貴柔,孔子貴仁,墨翟貴廉,關尹貴清,子列子貴虛,陳駢貴齊,陽生貴己,孫臏貴勢,王廖貴先,兒良貴后。此十人者,皆天下之豪士也。

《呂氏春秋》不但能以關鍵性的一字點出諸子之長處,且能不迴避當權的秦政權,對時政及史事進行客觀的理論探討和盡可能的公允評價,例如:〈先己〉謂:「當今之世,巧謀並行,詐術遞用,攻戰不休,亡國辱主愈眾,所事者末也。」這是直言不諱的「非今」之論且頗中肯。至論該書的思想意向,歷來有三說:(1)東漢高誘在《呂氏春秋‧序》云:「此書所尚,以道德為標的,以無為為綱紀。」意指傾向於道家學派;(2)《四庫全書提要》作者認為:「大抵以儒為主,而參以道家、墨家。」;(3)清代盧文弨曰:「《呂氏春秋》一書,大約宗墨子之學,而緣餘以儒術。」。三說中,以高說為是。蓋此書雖屬集體共作,然而,呂不韋自莊襄王元年至秦始皇十年,公元前二四九年至二三七年,共做了十二、三年的宰相,在編書的主導作用是可

---

10 見任繼愈編《中國哲學發展史‧秦漢篇》,北京市:人民出版社,一九八五年初版,頁1。

想見而知的，在呂不韋的主觀意向裡，道家思想居最高指導原則。觀書中對諸子之間所做出的評價，孔子、墨子和老子皆在被推尊之列，在涉及孔、墨、老的高下時，又特別崇尚老子。〈當染〉肯定了「孔子學於老聃」的傳說，〈有度〉區別出孔墨仁義之術是不能行於天下的外學；並認定「唯通乎性命之情，而仁義之術自行矣。」，至於什麼是「性命之情」呢？老子法自然的無為，莊子不失萬物性命之情的因而不為屬之。換言之，對《呂氏春秋》而言，得道術根本的老莊思想是內學，道家所揭示內在於天地萬物的「道」，乃是宇宙中具統攝性的最普遍規律。

二、宇宙觀

宇宙如何發生及萬物如何生成，是秦漢在大一統格局下所需建構的整體宇宙觀。《呂氏春秋》在這一問題上構造了形式嚴整的世界圖式，為秦漢的自然哲學打好了基礎，《呂氏春秋》的宇宙觀乃融合道家、陰陽家、《易經》思想而來。〈大樂〉曰：

> 太一出兩儀，兩儀出陰陽，陰陽變化，一上一下，合而成章。混混沌沌，離則復合，合則復離，是謂天常。天地車輪，終則復始，極則復反，莫不咸當。日月星辰，或疾或徐，宿同不同，以盡其行。四時代興，或寒或暑，或短或長，或柔或剛，萬物所出。

《老子》書以「一」代稱「道」，謂「聖人抱一為天下式。」（二十二章）、「萬物得一以生。」（三十九章），「太一」指宇宙原初混沌為一的第一實體。高誘注曰：「兩儀，天地也。」太一由渾一未化的基元狀態逐步分化出天地，天地又分化出在性質和作用上呈現對稱

結構陰與陽，陰陽亦指兩種相對待勢力的承擔者，即「氣」。〈知分〉云：「凡人、物者，陰陽之化也。」萬物的生成歷經「合」與「離」二階段。〈有始覽〉謂：「夫物合而成，離而生。」，「合」指天地陰陽之和合；「離」指一物脫他物而成自立體。陰陽不但生成萬物，且促使事物的發展呈現了起伏性。這一起伏性的發展，從整全的歷程觀之，又呈現了循環性，〈圜道〉云：「精氣一上一下，圜周複雜，無所稽留，故曰天道圜。」，「精氣」指陰陽，有時專門指氣中的精華部分。〈盡數〉云：

> 精氣之集也，必有入也。集于羽鳥與為飛揚；集於走獸
> 與為流行；集於珠玉與為精朗；集於樹木與為茂長；集於聖
> 人與為瓊明。

「精氣」意指事物存在的第一本質，對生物而言賦予生命活力，賦予聖人智慧。《呂氏春秋》以陰陽合和，化生萬物為宇宙發生論的原理，這一原理，在漢代以後深受陰陽家的影響，頗為普遍。

太一為總攝天地萬物的普遍規律，無端無尾，萬物的生成發展皆離不開它，同時，天地萬物所稟受的自然天性及其運動規律，具有客觀獨立性，不能以人的意志改變它。〈貴當〉云：「性者萬物之本也。不可長，不可短，因其固然而然之，此天地之數也。」，儘管如此，《呂氏春秋》亦有部分思想受五行家影響，將自然的天賦神祕化。例如：〈應同〉曰：

> 凡帝王之將興也，天必先具祥乎下民。黃帝之時，天先
> 見大螾大螻。黃帝曰土氣勝，土氣勝故其色尚黃，其事則
> 土。

這種機祥災異的天人感應說，開了漢人神祕的天人觀，卻也逆反了道家自然無為的天道觀。

三、人性論

《呂氏春秋》雖未專言人性的整體結構，但是在〈盡數〉言及人當如何層層的養生以享盡天年處，表露了形、神、精為構成人生命的三重結構。〈盡數〉謂：

> 畢數之務，在乎去害。何謂去害：大甘、大酸、大苦、大辛、大鹹五者充形，則生害矣。大喜、大怒、大憂、大恐、大哀五者接神，則生害矣。大寒、大熱、大燥、大濕、大風、大霖、大霧七者動精，則生害矣。

「形」指生理的感官機制及慾望，甘、酸、苦、辛、鹹指人向外攝取食物之質性，對生理的機能產生利害之影響。喜、怒、憂、恐、哀為人的心情反應，「神」似乎涵括了人的情緒、情感等心理層和精神層。寒、熱、燥、濕……等指人所處的外在自然環境之氣候屬性，影響了人自然生命所本的「精」。「形」、「神」、「精」三者間具有有機的層層互感互應之關係，形體的不健康會影響人的心神狀態。例如：嗜慾無窮的侈樂，招致人心神的不得清靜；另一方面，形為神的表徵憑據，若依此義，則心神為形體活動的主導者。情慾的放縱無節，招致生理形體的機能曲失其宜，因此，形體生理的健全與否，繫於心神的正確而充分之認知與主導。換言之，心神對形體有統御指導作用，〈情欲〉云：

> 天生人而使有貪有欲，欲有情，情有節，聖人循節以止

欲，故行不過其情也。

形神不但就自然生命法則而言是有機地互相影響，就人生的價值觀之，神藉形表意，形體具備彰顯意義，亦即表徵心神之義的人文意涵。

《呂氏春秋》雖未明言神是否亦由氣所造生，但肯定神與氣的互動相成之關係，蓋形神相親相濟，形造於氣，氣具流動性，形神既緊密互動，則精氣與精神之間具相持相長的互動相成之關係。換言之，人的理智運用及精神活動的支持亦有賴於精氣，則精神的活動必待精氣流通於形體內。形體能維持健康，亦即形體感官的功能運行正常，精神官能才得以健全活動和發展，此際，神也可提升氣，音樂得以教化人心，乃基於這一理論。既然，結合成人之整全生命的精神與氣可以互感互動且相提升存在的意義，理論上，兩者所以能對應感通，當屬同源同構的兩種對比之異質，兩者皆秉「太一」而生，以致「神合乎太一」達乎「深微玄妙」成為可能"。在精氣與精神相融洽周浹下，呂書相信「精充天地而不竭，神覆宇宙而無望。」（〈下賢〉）。精氣神之「精」似乎指形（氣）、神之至要者，亦即至精者。〈論人〉：「無以害其天則知精，知精則知神。」、「知神之謂得一」，「一」指流動不居的「精氣」，亦即萬物賴以成長的「精氣」；「得一」即指「集精氣」，而集精神係集精氣的要件。《呂氏春秋》認為貴生、養生的原則在於使精氣運轉能暢通，其方法在愛惜精神。〈先己〉謂：「凡事之本，必先治身，嗇其大寶。……精氣日新，邪氣盡去，反其天年。此之謂真人」。

「嗇其大寶」的「嗇」指愛護珍惜意，「大寶」指生命中所稟賦

---

11 侯外廬、趙紀彬、杜國庠著《中國思想通史》卷一，北京：人民出版社，一九五七年初版，頁658。

的原精原神，這是類同於老子「為道日損」的保養精神工夫，「損」指化解一切貪執妄為與外逐外馳，以便導入返道無為的順天任性狀態。換言之，這是基於天人同理同構同情的形上信念，法天之本靜以修習人之本靜，亦即精神的專一和超越執心習性，以使心境臻於虛靜凝斂的無為狀態。

四、天人關係說

　　將宇宙視為一有機的大整體是《呂氏春秋》宇宙觀的基調，也是天人關係的基礎。〈大樂〉謂：「太一出兩儀，兩儀出陰陽。」、〈知分〉云：「凡人物者，陰陽之化也。」、〈情欲〉謂：「人之與天地同，萬物之形雖異，其情一體也。」。該書認為：凡萬物之間屬同質同源同理者，必然會相互感應，「感應」意涵著萬物之間含具著有機的內在聯繫，人與天地萬物「其情一體」，則相互間有同情同理的感應性。《呂氏春秋》常將「氣」與陰陽連用，陰陽即氣。因此，陰陽化生萬物乃指「氣」化生萬物。陰陽之所以能相感應，在於兩者之間共同蘊涵統一原理──「太一」，〈應同〉曰：「類同相召，氣同則合，聲比則應。」，氣的功能除了化生萬物外，猶內在於物成為其發展的規律，同是兼具促使萬物趨於完滿化的活力義。簡言之，氣無所不在，無時不流動不發用。宇宙係一由含太一的陰陽之氣不斷化生、發展、流動不已，且相互感應的宇宙，四季的周行亦即氣的運行，在這種氣化流行，以氣為本的機體宇宙觀下，天地間萬物的成長歷程係一互相感應和攝受的歷程。

　　既然是天人一理，人與人、人與萬物的生命互相聯繫，相互歸屬，因而，人若能思善盡自我生命，則終得走出狹窄的自我意識，走向天地萬物整全的大生命。因此，善盡性命之情者，須將仁愛通向天地萬物，蓋「仁也者，仁乎其類者也。」（〈愛類〉），人生的意義

和目的在於「全性」，鑒於天為人的價值來源，理想人格的聖人，其生命意義在善盡一己及萬物本於天的性命之情。簡言之，與道合一的聖人在於其能超越自私自利的侷限，大公無私的輔助萬物得盡性命之情而「全其天」，即滿全天所賦予人或萬物者，因為，盡性命之理乃係順性命之理，也即順道。

這種「全其天」的天人關係說，應用於現實政治上，則期望為政者能由「貴己之生」，轉向重視貴人民之生的價值目標上，以理性和仁德契合於天道，與天下人合而為一。《呂氏春秋》發揮了儒家成己成人成物的德化理想，要求為政者在治國理民上應以「仁義以治之，愛利以安之，忠信以導之。」（〈適威〉）的價值原理[12]。在面對人自然稟賦的性命之情上，以教化來啟導人民欲榮惡辱等較高級的人性來提升原來只知重私利的低級性命之情；人君必須以身作則，以大公無私的行為做全民的表率，導向貴天下人之生的崇高目標上。

對為政者而言，「嗇其大寶」的愛惜精神在自身宜涵養虛靜無為的心靈或精神狀態，同時，為政者更應以所涵養之大公無私的心態行自然之數以盡天下人的性命之情。對治政者去私、貴公、重生所依循的統貫之理或自然之數何在呢？《呂氏春秋·序意》謂：

> 凡十二紀者，所以紀治亂存亡也。所以知壽夭吉凶也。
> 上揆之天，下驗之地，中審之人。若此，則是非、可不可，
> 無所遁矣！

十二紀出於《呂》書對生命的尊重，細膩的觀察生命各種現象，特別是生命發展的規律，它從各種角度詳載四季運行的規律，與人生命榮衰間的關係，總結出治政者的時政與時令間的律則；大體而言，「法

12《呂氏春秋·勿躬》。

天地」係《呂》書治國的最高法則[13]。自然是天道的法則，為政的法則不能違背天道運行的法則。十二紀分為春、夏、秋、冬四季，每一季又分成孟、仲、季三紀，每一紀有五篇文章，另有〈序意〉一篇，共計六十一篇。十二紀的目標是研究天道以尋找政治、社會與人生的規律，它教人排除主觀的私心意念，行事要循事物變化的客觀之理和勢能（「行其數」），亦即在法天地中因循而不妄為。〈任數〉謂：「古之王者，其所為少，其所因多。因者君術也。為者臣道也。為則擾矣，因則靜矣。」，「因」的要旨在認識事物發展的客觀規律，且配合這些規律，因勢利導的處理事業以謀取成功。

十二紀紀首吸收了天文學、曆法學、農藝學的知識與經驗，成為農業生產與生活的最高指導，它以《管子・四時》為基礎，吸收並改造五行思想，成就自己龐博的統一體系。它以四時架構了四個系列，每一系列都占三個「紀」，各紀都講求生產、政治、祭祀等要適應四季的變化規律，否則將招致天災人禍，夾雜了天人感應的神祕色彩。十二紀正好與十二個月對應，亦即用陰陽家的曆法（月令）作為十二紀的框架。每一紀的第一篇，上涉及天文，中涉及人事，下涉及物候，例如：春季是生命啟動期，〈本生〉、〈貴生〉明示生命的可貴，以〈貴生〉、〈去私〉提醒治者注重養民之生的目的，〈貴生〉、〈情欲〉講取用養生物的適當規範。在四時配五行、方位、色調……中，以木為春之德，色尚青，取春季草木繁生，綠意盎然，陽氣上升，宛如太陽東升，故方位尚東的類比義；夏、秋、冬季以此類推。又如夏季萬物茂盛亨通，對人而言，發育成熟到可施行教育了，則有〈勸學〉、〈尊師〉諸篇；且提及音樂與教化的關聯，在夏三紀

---

[13] 黃公偉先生在《道教與修道祕義指要》一書中指出：「在『失道而後德』和『失德而後法』的新潮思想，功利法治觀念巨流中，差不多戰國諸子都放棄了他們的本位思想而趨於法。……而唯獨呂氏為保存人文傳統的元氣，大膽提出順天順情，仁乎其類的溫情言論。」，可見《呂氏春秋》兼採儒言，仍有可貴的政治理想性。

中，論音樂的多達八篇，形成一特色。秋季為採收期，對人而言，為修身或教養的成果檢驗，對行為偏差者予以制裁，如：〈論威〉、〈蕩兵〉、〈決勝〉等篇論及刑戮、法制、征戰之事。冬季為萬物終成期，論及死葬及氣節問題，施政重點置於「賞死事，恤孤寡。」（〈孟冬〉），例如：〈至忠〉、〈介立〉等篇討論士人應有的氣節與國風，以期「死之得當」，「死而有價值」等，且提列一些典範人物以供思賢效法，〈節喪〉、〈安死〉等篇討論如何使死者安息。

從地域文化的分布而言，若說《管子》屬於齊魯文化；《鶡冠子》、《淮南子》屬楚文化；《呂氏春秋》則屬三晉文化，此三處文化在宇宙觀上頗有相似處。就政治而言，《呂氏春秋》係本治事，其所關注者為政事上所以存亡的原因，該書隨處可見其對歷史事件的反省，總結歷史教訓以作為治國之最高指導原理和原則。《呂氏春秋》法天地，尊重客觀自然法則的思想有其合理性，但是其將人文、社會視為自然界的摹本，一廂情願的要以自然界為全然的典範來規劃人文、社會生活，顯然混淆了自然理序和價值理序，未釐清兩者之間的範域。再者，該書係將所信奉的人文、社會特徵，比附投射在自然界上，再運用人尊天畏天的心態，要求人應絕對的法天，則得失互見，例如：時政應配合時令的規律是對的、人當興發類比於天地普化普載之特徵，而自覺大公無私之德，思安養人類群體生命的情懷是可取的；但是天人之間神祕而難以檢證的感應災異之說，就哲學而言是值得商榷的。

第三節　《黃老帛書》的成書、內容和意向

一、《黃老帛書》的成書時代與作者問題

在一九七三年十二月被發現的湖南省長沙馬王堆三號漢墓中，起出了大批古代帛書，其中，《老子》帛書有甲本、乙本，在甲本卷後和乙本卷前，皆抄錄了古佚書。乙本卷前的《經法》、《十六經》、《稱》、《道原》四篇，引起了學者們的重視，從書中避邦字諱，不避惠帝劉盈諱，可判斷其抄寫年代當處漢惠帝至漢文帝初年。觀其內容：第一篇《經法》講法；第二篇《十六經》議兵；第三篇《稱》言辯證邏輯；第四篇《道原》論道。唐蘭先生認為四篇雖體裁各別，但是相互聯貫構成一整體性，不但是一本書，且係《漢書‧藝文志》所著錄的《黃帝四經》四篇，這一說法雖有其理據，但未成定論。這四篇古佚書既同《老子》書抄在一起，是黃老合卷的明證，因此，我們將之稱為《黃老帛書》較合宜。在成書年代上，主要集中在戰國中期說與戰國末期說之間，其中以成於戰國中期說較具說服力。在產生的地域上，就目前的研究概況，則以齊國作品或楚國作品的主張者為多。王博先生認為該書係南方作品，作者不是楚人，而屬戰國中期以前越國人的作品，就思想內容而言和范蠡較一致；陳鼓應先生則指出「歷史上范蠡由越至齊，以後直接發展了以《黃老帛書》四篇為代表的齊國黃老之學。」，儘管如此，《黃老帛書》流行於西漢初年，堪代表西漢初年的思想潮流，是可以確定的。

二、天道觀

《黃老帛書》從其整個思想傾向觀之，係以道德形名法術為本，又重視陰陽術數和兵學，其理論基礎在於道論或天道觀；其中，有同於老子道論處，也有不同處，那就是特別重視天地之道或天地之理，亦即天道觀。

《黃老帛書》四篇皆論及道，例如：《經法・道法》云：「虛無刑（形），其裻冥冥，萬物之所從生。」意指萬物所從生的本源——道，具混沌無形狀的虛性，道的虛性非空無所有，而是無具體形象的混沌狀態。四篇中以《道原》篇對道的描述最具系統性，所謂：

> 恒先之初，迥同大虛。虛同為一，恒一而止。溼溼夢夢，未有明晦。……萬物得之以生，百事得之以成。人皆以之，莫知其名。人皆用之，莫見其刑。一者其號也；虛其舍也；無為其素也，和其用也。……獨立不偶，萬物莫之能令。

道的體性為虛、一、恆和無名的。道自身「獨立不偶」係絕對的終極實有，係天地萬物賴以產生的根源，卻不受制於任何萬物。道本身虛而無形狀，自自然然的運行萬物而不具意志性，其生物成物呈現了廣大和諧性及普遍的規律性；同時，道係天地萬物各種自然屬性的總來源，道自身非概念認知的對象，具無限的可能性而無任何的侷限性。有形萬物既由無形的道所生成，是道表顯的憑藉，萬物循依道生成實現後，又復返於道的原始狀態，生成萬物的道，不但內在於萬物而無所不在，並且也是不受時間制約的。換言之，道是無始無終的，但是可以透過有始有終的事物得以體現，道不但是天地萬物的來源，也是

人的精神和認識能力的源泉。《經法・名理》云：「道者，神明之原也。神明者，處於度之內而見於度之外者也。處於度之（內）者，不言而信。」。

　　《黃老帛書》吸收了中國上古長期積累提煉出來的天文學知識和經驗，對深蘊於自然界的客觀規律確信不疑。《經法・論約》云：「四時有度，天地之李（理）也。」，「有度」指自然界的運行有規律可循。《經法・論約》曰：「日信出信入。……列星有數，而不失其行，信之稽也。」，天象的存在及相互的運行，皆有其自身秩然之序和客觀規律，扼言之，天道是有常數和常律的。天道運行周而復始的循環律即是一可見的恆常律則，觀天道循環往復的過程中，恆呈現陰陽、柔剛、晦明、左右、牝牡……等兩兩一組具對稱性的對待物。這類對待物相需相成，所謂「陰陽備，物化變乃生。」（《十六經・果童》）、「牝牡相求，會剛與柔，柔剛相成。」（《十六經・觀》），《黃老帛書》中的天道乃「天地之恒常」，亦即「天地之道」、「天地之理」。除了上述「陰陽備」，亦即「兩相養，時相成。」（《十六經・姓爭》）這一律則外，「極而反，盛而衰，天地之道也」（《經法・四度》）是另一律則；總之，陰陽相養相成律，循環往復律，對稱相待律及盛極而衰律，是《黃老帛書》中所可以歸結出來的四大天道運行的規律。

三、論「法」

　　《黃老帛書》首篇〈經法〉的篇名中即有「法」字，其他三篇中，除了〈道原〉外，皆提到「法」，該書視「法」或更好說「法度」為治國工具及判斷是非的尺度。〈經法〉開宗明義的提出「道生法」這一核心觀念，那就是以「道」為制定法的本根，制成可依名循實以檢覈名實的成法，成法乃依據「道」所具現出來的法則，表徵了

「道」的本身。因此，《黃老帛書》強調嚴守成法，守一（道），亦即效法「道」，《十六經‧成法》謂：「循名復一，民無亂紀。」。所謂「道」也就是「天道」或「天常」，是治政之君所應遵循的，書中屢言「主執道」、「聖王用此」，意指明主法道的本於一和無為。所謂「天道」、「常道」乃指由「道」分化出陰陽，再流行出四時，陰陽與四時的推移和變化皆有其天然的常規常則，可被人認識而依循為常法。

至於人事界中能由天道所體察、衍生出來的法理，《經法‧君正》云：「天有死生之時，國有死生之政。因天之生也以養生，謂之文；因天之殺也以伐死，謂之武。（文）武並行，則天下從矣。」。所謂「三功」，《經法‧論約》有云：「始於文而卒於武，天地之道也。四時有度，天地之李（理）也。」、「有數，天地之紀也。三時成功，一時刑殺，天地之道也。四時時而定，不爽不代（忒），常有法式。……（人）事之理也，逆順是守。」，四時運行所依循的經常性法則及顯示於天地變化之數紀，是法天地之道的人事界所應遵循的常則，因此，人為法本於自然法，治道本於天道為天人一貫之理。《十六經‧觀》云：「春夏為德，秋冬為刑。先德後刑以養生。……先德後刑以養生。……先德後刑，順於天。」、〈姓爭〉章云：「刑德相養，逆順若成。刑晦而德明，刑陰而德陽，刑微而德章。」，一年四時有「三時成功」，生生之陽德甚為章明，而「一時刑殺」相較之下為晦而微，觀察天道生生之德與刑殺交互為用。《經法》篇將天之生養擬人化地稱為「文」，將天之刑殺擬人化地稱為「武」，天道乃陰陽之道，「生殺」、「文武」、「刑德」等皆從不同面向和蘊意來開顯天道。

在《黃老帛書》中「陰陽」已成為統貫自然界和人類社會，即人事界的宇宙範疇，形成了認識和解釋天人關係的理範或法式。在「道生法」的理念下，法與天道是一而二，二而一的體用關係，自「體」

而言為「道」，自被人所認識和效法而言，則是具人間行為準繩效用的法度或法式。《黃老帛書》遵天道，循天常，因天則而立人則（法度），且憑藉準天道而立的法度來裁判是非曲直、治國理事。例如，天道的運行以春生、夏長、秋收、冬藏的四時職分，則輔佐君王治國的臣僚也應各有分工合作性的職分。該書突顯了「法」、「法度」的治法概念，且衍生了形名思想。

四、法與形名

《黃老帛書》採老子及范蠡的思路，把法與天道聯繫起來。「道生法」的法必須能被人們所普遍瞭解和有所遵循，因而產生了形名觀。《經法・道法》云：

> 虛無有，秋毫成之，必有形名。形名立，則黑白之分已。故執道者之觀于天下也，無執也，無處也，無為也，無私也。是故天下有事，無不自為形名聲號矣。形名已立，聲號已建，則無所逃跡匿正矣。

「形名」一詞原作「刑名」，蓋「刑」、「形」乃相通的古字。「名」以指稱「形」，「形」以符應「名」，統治者應以「道」觀天下，超越自身的偏執心，以虛靜心為天下事建構一套形名的機制。形名既是對事物見知的標準，也是判斷公是公非的標準，人的言行若符合「形名」即稱為「正」；建立「形名」的規範且公布之，則是非判然而無所逃匿了。《十六經・正亂》云：「帝曰：謹守吾正名，毋失我恆形，以視（示）後人。」，又謂：「欲知得失，請必審名察刑（形），刑（形）恆自定，是我俞（愈）靜。事恆自㐌（施），是我無為。」。「形」、「刑」不但相通，且也都和「型」通假，具「模

型」、「範型」、「法典」、「準則」等意義。「形」與「名」之間在意涵上仍有可區別處,「形」較趨於指客觀的標準,「名」則指該客觀標準的表現或表達。確立形名則可規範群體生活的行為,循名責實,矯偏治亂,因此,《十六經‧行守》云:「名正者治,名倚者亂。」。

《黃老帛書》是一部具特色的道家黃老之學的著作,在漢初,該書被當作道家之言來引用或論述,例如:《十六經‧觀》所言:「聖人不巧,時反是守」、「當斷不斷,反受其亂」等句子。這一情況說明了漢人把《黃老帛書》視為道家作品,而非法家或別家之作。事實上,黃老之學以「道生法」所衍生的形名法術,做無為的手段與老子無為本義有別外,其主張議兵,以戰爭手段解決爭執,與老子視兵為不祥之物有著顯著的差別。《黃老帛書》以道德形名為本,又重視陰陽數術、兵學,雖成於先秦卻頗流行於漢代,可視為表徵漢初思想的一部書。

第二章

西漢儒、道、法的互攝和變遷

第一節　陸賈和賈誼的天道觀及政治論

一、陸　賈

　　陸賈的生卒年、籍貫和他生平的出處，由於史料有闕，無法詳知，他主要的活動期，在漢高祖劉邦在位至漢文帝即位初年之間。其生卒年大約是秦始皇十七年（公元前二三〇年）出生，至漢文帝四年（公元前一七六年）逝世。他被司馬遷視為「有口辯士」，劉邦的一位謀士或所怠慢的「豎儒」，亦是漢初的啟蒙思想家，至於其著作，據《漢書・藝文志》所載，賦三篇，已失傳。漢志「儒家」類載曰：「陸賈二十三篇」，《史記》本傳提及《新語》十二篇，因此可能有失傳的部分。漢高帝認為陸賈的話別開生面，故稱其書為《新語》，至於《新語》一書的真偽性，雖有如《四庫全書提要》持懷疑態度，可是大多數學者認為是真實的。

　　在天道論方面，陸賈摻合了《易》、《老》的思想，他從《易》生生之德的觀點言天地人三才架構下，人應贊天地之化育以與天地合生生之仁德。《新語・道基》云：「天生萬物，以地養之，聖人成之，功德參合而道術生焉。」所謂「道術」係天地人三者互動統合於生生之德者。〈道基〉云：「陽氣以仁生，陰節以義降，……乾坤以仁合。……仁者道之紀，義者聖之學。」，聖人「懷仁仗義」、「故曰聖人成之。所以能統物通變，治情性，顯仁義也。」，〈道基〉聖人以好生之德的價值心靈，契應天地之生生，以特有的靈明「統物通變，治情性」實現眾生的生命價值於仁義的條緒中，因此，就天人的

合理關係言之,「仁者道之紀,義者聖之學。」(〈道基〉)陸賈生活在變亂紛乘的秦漢之際,也難免受黃老思潮的影響,他認為萬物的存在和變化乃是形氣轉續不息,變化永無窮盡於「聚門」或「同域」之中。然而,在世界生成起作用的天地、陰陽「大鈞」或者「造化」是無慮無謀的,亦即無意識的自然動力,一切變化是從「德」中產生,「德」又是從「道」中而來,以「道」為本。他在〈道德說〉中云:「物所道(導)始謂之道,所得以生謂之德。德之有也,以道為本。」、「變及諸生之理,皆道之化也,各有條理以載於德。德受道之化而發之各不同狀。」,「道」的自身無形無臭,「平和而神」;「德」是在「道」的運化歷程中,由無而有者。他的天地之道說受《老子》影響,具自然法則的涵義。據〈道基〉所言的天道指日月的照耀、星辰的羅列、四時的運行、陰陽的調暢、大氣的流布、以及五行的相生相剋。其所言的地道指大地所運載的五嶽、四瀆、流泉、飛瀑、樹物所養,萬根所含。至於人道則受《易經》的影響,人具萬物之靈,以仁義好生生之德,參贊化育來完成宇宙萬物整體的大生命。

陸賈從人類文化的演進過程來論述其政治觀。他在〈道基〉中申論了其「道術」說,謂人類文化的發展,必透過聖人的參與和創造,才能善於配合自然法則而以人文化成世界。其間可分成三時期:「先聖」在人類無知無識的混沌狀態,教民熟食五穀,構宮室以居,製衣裳以蔽體,造舟車以利行,立罰則以明是非,消弭亂源,保障人民生命財產的安全。時至「中聖」期,民雖畏法,但缺少禮義的薰陶,中聖乃本飽食而後教的原理,設立辟雍庠序各級學校,教以道德原理和倫理規範。教育目標在培養親子之親,君臣之義,務使強不凌弱,眾不暴寡,轉化貪鄙之心,使之有高尚的情操,旨在營造社會整體和諧而有序之文化,這是人類由蒙昧進入文明的時期。俟「後聖」出,乃刪述古代載籍而訂定五經,倡六藝之教,上承天文,下統地理,窮究人事,建立五倫常範,創立國家諸般典制禮儀以垂後世。這一時期的

人類文明由物質而提升至精神，於是有文學、音樂、美術、工藝、雕刻之創作。「先聖」、「中聖」和「後聖」相承相貫的人文化成事業，其意義在於「統物通變，治性情，顯仁義」，把物性世界化為文明的理性、德性和美感世界。三聖雖有前後的不同，卻貫通於「天人合策，原道悉備」〈道基〉之「道」。「道」是歷久不變，萬古常新的經國治事之常理常道；「術」則因時制宜，代有不同。因此，陸賈《新語》首篇取「道基」，次篇取「術事」。

綜觀陸賈的治國之「道」，仁義乃治國的最高指導原則，所謂：「仁者以治親，義者以利尊。萬世不亂，仁義之所治也。」（〈道基〉）雖然，在他的三聖之治中亦兼行刑罰之治，卻只能視為仁義的補充和輔助。陸賈將其以仁義的德治為主，賞罰的法治為輔的儒法調和思想，謂為「中和」的理想政治觀，他說：「行中和以統遠，民畏其威而從其化，懷其德而歸其境，美其治而不敢違其政。民不罰而畏罪，不賞而歡悅，漸漬于道德，被服於中和之所致也。」（〈無為〉）

二、賈　誼

賈誼（公元前二○○～一六八年），河南洛陽人，少年時代「以能誦詩書屬文稱于郡中」[1]，其著作保留得最完整的是五十八篇的《新書》，今分為十卷，依照各篇內容的不同，可區分成三類：事勢、連語、雜事。另外《漢書・藝文志・詩賦略》著錄了賈誼賦七篇。賈誼所著的〈道德說〉、〈道術〉、〈六術〉反映了受過黃老思想的影響，然而，其思想的主要特色是儒、法的結合。

在天道觀方面，〈道德說〉謂：「物所道始謂之道，所得以生謂之德，德之有也，以道為本，故曰：道者，德之本也。」，「德」是

---

[1] 《史記・屈原賈生列傳》。

「道」從無到有的一項不可缺少之轉化環節。萬物的始元是道，萬物得於道且據以存在和變化者謂為德，德以道為根本，德涵具道、德、性、神、明、命六理，可範圍天下一切事物之理，推明所有的法律制度。蓋道所賦予萬物的條理皆載於德，發為各種不同的形貌。德可資以「生物又養物」（〈道德說〉）、「德生理，理立則有宜，適之謂義。」（〈道德說〉）。德所生的六理之「理」乃指各種具體事物的規律、原則或特性。他認為陰陽、天地、人物皆以六理為度，六理概括天時、人事，內度成業，謂之六法，六法蘊藏於內，六術變化於外，彼此互相感應而為六行。天地陰陽的變化循乎六行合乎六法，人也應該謹修仁、義、禮、樂、智、信、「六行」，以配合內度成業的六法，「六法」既明，則天道與人事的大節才能稱得上周備圓滿。

他還對「性」的來源、人性的性質做了理論性的解釋。他在〈道德說〉謂：

> 性者，道德造物。物有形，而道德之神專而為一氣。……性，神氣之所會也。性立，則神氣曉曉然發而通行于外矣，與外物之感相應。

所謂「性，神氣之所會也。」，「神」和「氣」乃是「道」與「德」的別名，道雖為神，卻必載於德，相合成「性」；換言之，載於德的神才能發揮作用，形成有性情的事物，亦即能與外物感應，顯發其神氣之會的所以然。然而，萬物的形質由何而來，「氣」由何而來，「德」與「氣」、「形」在宇宙發生論上有如何生成上的關係，則賈誼未做說明。

在人性觀方面，他從歷史上諸多的君主，分別的材性上有上、中、下等不同的資質，他認為「上主者，可引而上，不可引而下；下主者，可引而下，不可引而上；中主者，可引而上，可引而下。」

（〈連語〉）。上主者以堯、舜為代表，中主者以齊桓公為代表，視其與之相處共事之權臣的賢善與否，而可以為善或為惡；下主的材性是惡質的，邪人與之性近而合，賢正者與之性遠而離。賈誼材性的上、中、下三等分說，在中國人性論史上，開董仲舒「性三品」之先河。

賈誼細察人的行為習性乃由後天環境長期薰染和潛移默化的積養凝塑而成，他特別強調教育對人格之培養和塑造之功能。他非常關注倫理教育的重要性，在先秦典籍中有提及「人倫」的概念，尚無「倫理」的概念，賈誼是最先使用「倫理」這一語詞，《新書・時變》云：「商君違禮儀，棄倫理。」、〈輔佐〉云：「以禮義倫理教訓人民。」按許慎《說文解字》的解釋：「倫」的本意為「輩」，以後被引申為「類」、「比」。「理」的本意為治御，以後被引申為條理、道理之意；「倫理」合起來指依人與人之間的輩分關係，條理其間長輩與晚輩、前輩與後輩或同輩之間的理序和規範。

賈誼透過其對太子教養的重視，表達了他對教育學程的規劃，他將之計畫成四步教育階段：胎教、學前教育、學校教育與成人教育。他是最早提及胎教的學者，他認為應慎擇太子之母，基於教養、道德觀念行為有世代的傳遞性，〈胎教〉云：「必擇孝悌世世有行義者。」；同時，胎兒在母腹中應注意合乎禮樂、健康飲食文化的調教。學前教育的內容則並重體、德、智三者。學校教育分二階段：九歲入小學，學習一些基本的禮儀制度；十五歲進大學（古稱太學），學習治理國家的一些基本原理和方法，亦即「大道」（治道）、「大節」。成人教育一方面學習考察人君之過錯，另方面研習諷誦詩、箴諫，其教育宗旨在啟發受教者的自覺性，使之改惡修善，成就德智雙修的理想人格。

在政治思想上，他承襲孔孟的民本主張，〈大政上〉云：「聞之於政也，民無不為本也。」，國家的興衰，君權的安危主要繫於人們

的支持與否。他基於儒家教育政治與教育合一的德治理念，主張為政負有教化人民的責任，他說：「夫民之為言也，瞑也；萌之為言也，盲也。故惟上之所扶而以之，民無不化也。」（〈大政下〉）為鞏固統一的政權，必須以仁義為本，敬士愛民以安定人民的生活為施政著眼點，他說：「教者，政之本也；道者，教之本也。有道，然後教也。」（〈大政下〉）。他區別禮與法之異與相互關聯，禮教導引人民日益遷善離惡，具有鞏固國家，安定社稷的功能；以禁制取向的權勢法制居輔助性的功能。禮教之治為政治本要，禮教的目標在於「君仁臣忠，父慈子孝，兄愛弟敬，夫和妻柔，姑慈婦听，禮之至也。」（〈禮篇〉）。在禮教的核心德目中，他頗重視「敬」德與「信」德，「敬」係待人治事真誠無欺和嚴肅認真的態度，他說：「接遇肅正謂之敬，反敬為嫚。」（〈道術〉）；「信」則是尊「道」守「道」的態度，「敬」與「信」為「誠」之一事的兩面。

第二節　兼採諸家以道家為主流的《淮南子》

一、《淮南子》的成書、結構及時代背景

　　《淮南子》原書名為《淮南鴻烈》，東漢許慎、高誘都注過。蓋《漢書‧藝文志》雜家類錄有《淮南內》二十一篇，《淮南外》三十三篇。高誘謂此書：「號曰《鴻烈》。鴻，大地；烈，明也。以為大明道之言也。」，後來劉向校書時，又加上「淮南」，成為《淮南鴻烈》這一書名。《隋書‧經籍志》才稱為《淮南子》，且視之為「雜家通眾家之言」。今本《淮南子》計二十一篇，「述而不作，以通為

作」是其特色，《淮南子》是西漢皇室貴族淮南王劉安主持編著的。《漢書》指他「招致賓客方術之士數千人，作為內書二十一篇，外書甚眾，又有中篇八卷，言神仙黃白之術，亦二十餘萬言。」。東漢高誘在〈淮南鴻烈解序〉謂：「天下方術之士，多往歸焉。於是遂與蘇飛、李尚、左吳、田由、雷被、毛技、伍被、晉昌等八人，及諸儒大山、小山之徒，共講論道德，總統仁義，而著此書。」。

至於該書的著作背景，扼要言之，係因應漢代大一統的政治格局而衍生的學術、思想、文化之綜理統合需要。戰國末年，承大鳴大放的百家之學餘緒，趨於在多元並立中，相互綜攝吸納的統合思潮，《淮南子》遠承晚周稷下學風，近襲黃老治術，意在統合百學，以成一家之言，回應大一統的時代需求。

《淮南子》與《呂氏春秋》雖同屬集體編撰之書，卻在構作體例上及思想特徵方面各承風貌。《呂氏春秋》分十二紀、八覽、六論，共一百六十篇短文，每篇短文皆列舉了例證，該書試圖將各個道理相聯繫起來，呈現蘊涵關係，形成龐大的思想體系。《淮南子》除〈要略〉外，只有二十篇，每篇處理宇宙間某一層面的諸系列問題，例如〈天文〉言天文問題，〈地形〉談地理問題。〈要略〉敘述編者的編書綱領，謂：「言道而不言事，則無以與世浮沉，言事而不言道，則無以與化游息。」「道」是理論核心之本，「事」指具體的經驗界事物，是實現、印證道本之末事。高誘〈序〉稱該書「其旨近《老子》。澹泊無為，蹈虛守靜，出入經道，言其大也，則燾天載地，說其細也，則淪於無垠。及古今治亂存亡禍福，世間詭異瑰奇之事，其義者，其文富，物事之類，無所不載，然其大較，歸之於道。」，該書討論自然現象或社會事務，皆歸結到《老子》道家的「道」本上，因此，該書內容或有不一致處，大體而言，該書為「通眾家之言」，集黃老大成的淮南道家，仍有其思想的整體性。

二、「道」與萬物的發生及構成

　　《淮南子》的宇宙觀堪謂為漢代最完整而豐富的,「宇宙」一詞在中國哲學中,《淮南子》首先賦予哲學涵義。〈齊俗訓〉謂:「往古來今謂之宙,四方上下謂之宇,道在其間,而莫知其所。」,「宇宙」指在時空統合場中,一切具體的存在者,亦即天地萬物的總稱。以「道」為究極性存有的《淮南子》,其宇宙觀涉及「道」本論,宇宙萬物的發生說及構成說。從哲學而言,對天地萬物的真實存在,及其所以存在的形上依據之探討,謂之存有論(Ontology)。研究天地萬物的構成原質,及其生成變化的動態勢能、發展歷程之學問,稱作宇宙論(Cosmology)。在西方哲學傳統裡,前者的課題是 being(存有),後者是 becoming(生成變化),共同構成西方哲學的形上學(metaphysics)之內容。在中國哲學傳統中,作為存有之本真和存在根據的第一原因,常被視為生化的根源和終極歸處,《淮南子》即為一例證。「道」在《淮南子》文中被稱為「一」或「無」,這是存有論的意涵;同時,「道」也常常和「氣」、「陰陽」連用,具宇宙論意涵,亦顯露出帶有陰陽家論「道」的稷下道家之痕跡。

　　《淮南子·天文訓》云:「道始於一,一而不生,故分而為陰陽,陰陽合和而萬物生,故曰『一生二,二生三,三生萬物』」,其中「道始於一」是存有論的意涵。「一而不生」是存有論本根意義的生,指「氣」之實然的所以然,「氣」開顯「道」,「道」是「氣」表現的內在依據,「一」分化為「陰陽」、陰陽合和以生萬物,乃「一生二」以下的歷程,這是涉及萬物的發生及構成的氣化宇宙論型態的宇宙論。

　　在「道」本的存有論上,有五要點:第一,道是萬有所從出的本根,〈原道訓〉云:「道者,一立而萬物生矣」、〈詮言訓〉謂:

「一也者,萬物之本也,無敵之道也。」。第二,道是存有者的本真,萬物若能與道同德,就是如其所如,適性適情;反之,則自我異化而受挫折。〈覽冥訓〉謂:「夫道者,……順之者利,逆之者凶。」。第三,道是萬物實現的內在依據,亦即實現原理,〈俶真訓〉云:「今夫萬物之疏躍枝舉,百事之莖葉條(梓),皆本於一根,而條循千萬也。」。第四,道是絕對而無所不在的,〈繆稱訓〉云:「道至高無上,至深無下,平乎準,直乎繩,員乎規,方乎矩。」,本根性的道體是遍及萬物、內在於萬物的,而非萬物之一,同時,道也是無限存有特性之究極根據。第五,道既內在亦超越,就內在性而言,道內在於萬物,不離間於萬物亦不等同於萬物。就「道」內在於物且為物之本質而言,特別稱之為「德」,然而,道雖內化而為具體存在者的本質,卻不侷限於任何特定的存有者,就這一義而言,道係超越於具體存有者的存有。「道」係就超越性而言,「德」係就內在性而言,質言之,「道」與「德」是存有的二面向,「道」是就存有論言,「德」是就宇宙生成論而說。《淮南子》將「道」稱為「一」或「無」時,是存有論意涵,當把「道」與「氣」、「陰陽」一起出現時,則為宇宙發生論或生成論的意涵。

「道」延伸於解釋萬物的生成構造上,訴諸陰陽氣化說。「氣」(cosmic forces)字在《淮南子》總共提了二百零四次[2]。氣是萬物的原質,構作了《淮南子》氣化的宇宙論,在宇宙論的型態上,氣化論屬解釋生滅變化的生成論,有別於構成論[3]。在《淮南子》,氣具有

---

[2] 日本學者平岡禎吉在〈《淮南子》中出現的氣之研究〉一文中所提到的統計數字,見於福永光司〈道家的氣論和《淮南子》的氣〉一文之引用,一九七八年出版《氣的思想》,頁128。

[3] 董光璧解釋說:「生成論和構成論的不同在於,前者主張變化是『產生』和『消滅』或者『轉化』;而後者主張變化是不變的要素之結合和分離。這兩種觀點在古代東方和西方都產生過,但是東方生成論是主流,而在西方構成論是主流。」

能鼓動萬物以成變的動態勢能，氣的變化歷程是由一氣先分化為陰陽，陰陽是一體之氣的兩側面，陰陽相對偶，互動互補，和合以生成變化庶物。

〈本經訓〉云：

> 陰陽者，承天地之和，形萬殊之體，含氣化物，以成坱類。

〈氾論訓〉云：

> 天地之氣，莫大於和，和者，陰陽調，日夜分，而生物。春分而生，秋分而成，生之與成，必得和之精。

〈天文訓〉對氣化宇宙的生成過程，有段較完整而精要的描述：

> 天地未形，馮馮翼翼，洞洞灟灟，故曰太始。道始生虛霩，虛霩生宇宙，宇宙生氣，氣有涯垠[4]。清陽者薄靡而為天，重濁者凝滯而為地。……天地之襲精為陰陽，陰陽之專精為四時，四時之散精為萬物。

天地尚未形成時，尚無具體的存在物，只存有「道」，「道」對天地萬物享有先在性，萬物的生成由「道」啟始，「道」幾經化生的過程，產生無形而能構作萬物的原質——「氣」。換言之，有形的存在物生於無形的氣，氣是實在的，由虛而不實的虛霩所派生，氣出現

---

4 余嘉錫《四庫提要辨證》卷一四，北京：中華書局，一九八〇年五月版，頁829～833。

後，再由氣化生天地陰陽四時萬物。總而言之，《淮南子》以「道」為總攝天地萬物的究極根源，對萬物的多樣性及生滅變化，則藉「道」分化的陰陽二氣來解釋。《淮南子》還更進一步的將陰陽二氣與五行相結合，成一宏觀式的結構系統，運用這一系統來解釋天地萬物的整體性存在。〈天文訓〉擬構了九天、五星兩系統，九天分布於八方和中央，各附有二十八星宿的三、四個星宿，二十八星宿又與地上的國土相對應，形成天地一體化的一套系統，至於五星系統乃屬五方系統。〈天文訓〉云：

> 何謂五星？東方木也。……執規而治春……南方火也。……執衡而治夏。……中央土地。……執繩而制四方。……西方金也。……執矩而治秋。……北方水也。……執權而治冬。

「淮南子」所構作的宇宙系統與《呂氏春秋》十二紀體系頗類似，其間的不同：《呂氏春秋》以四時、十二月的時令，亦即時間為範疇；《淮南子》以東、南、西、北、中五方位的空間為範疇。

三、認識論

按《淮南子》的宇宙觀，在大時空統合場中的天地萬物，係由原質——「氣」，依九天五星結構系統及其運轉規律而存在、活動的。因此，人應該認識遍存自然界中客觀的規律。〈人間訓〉認為能正確認識自然的人才是真正的智者，所謂：「曉自然以為智」。在從事認識活動時，應自覺自省，勿受個人主觀意志、既有知識之成見的干擾。〈詮言訓〉云：「執玄鑒於心，昭物明白，不為古今易意。」，這一見解說明了客觀知識的獲得，是認識活動的目標。對於經驗世界

原理原則的探求，在攝取方法上要透過知識的學習及實際經驗的累積，所謂「不若愚而後學」、「服習積貫之所致」（〈詮言訓〉）。

《淮南子》默認了大自然的齊一律，認為現象界事物有其內在具一致性的本質，及運行變化的客觀律。若能物各付物的理解和對待，「各用之於其所適，施之於其所宜，即萬物一齊。」（〈齊俗訓〉），換言之，客觀的認識事物本性，使之各循其性律活動，則事物可以「各使其性，安其居，處其宜，為其靜。」（〈齊俗訓〉）；正確的認識事物存在活動所依循的因果律，在營求順利的經驗生活是必要的。〈氾論訓〉云：「以實從事於宜，不結於一迹之涂，凝滯而不化，是故敗事少而成事多。」，尊重事實，從具體的經驗情境出發，攝取分殊化的實然之知，以處理殊別性的具體問題，因事制宜，是他知識與行動相配合的認識論之特色。此外，在對經驗知識的認知上，《淮南子》提醒吾人對現象的觀察要仔細入微，注意其差別所在，〈說林訓〉云：「水雖平，必有波；衡雖正，必有差；尺寸雖齊，必有詭。」。最後，值得吾人注意的是，《淮南子》宇宙觀的形成，與漢代天文、曆法、氣象、農業科學的研究和發展息息相關。

四、人的生命之構成與理想境界

〈精神訓〉在宇宙的生成說中亦解釋了人生命之所由生及構造內容。如前所言陰陽氣化合和，剛柔相成以生萬物，「萬物乃形，煩氣為蟲[5]，精氣為人。是故，精神，天之有也；而骨骸者，地之有也。精神入其門，而骨骸反其根，我尚何存？」，可見構成人之生命者乃形軀、精神二成素，分別源自天地陰陽二氣，「精氣」指陰陽協調妙合之氣。人的生命成於氣之精，則生命解消後亦還歸於天地之氣。

---

[5] 高誘注曰：「煩，亂也」，煩氣即亂氣。如是，則「精氣」當指陰陽協調不亂之氣。

「精氣」是否可再剖析為形質屬性或精神屬性？精氣是否可為形上之氣及形下之氣的混合體？從《淮南子》所言仍是模糊不清的。人的精神稟受於天，人的形體稟受於地的人性構成說，對應於以天統地的天人關係，則精神與形體間也有以神統形的形神關係。

蓋人源於天地，故天人之間有相副關係。〈天文訓〉陳述人類比於天，而有類同的天人相副說，謂人有四肢、十二關節、三百六十骨節的架構模型，猶天有四時、十二月、三百六十日的曆數，亦即時序、結構是相互對合的。更進者，天人之間不但有對應的結構，且在各自的功能控御上亦彼此相仿。〈精神訓〉更細緻地從人的外表結構、臟腑候徵和感官功能來印證人這一小宇宙，與自然這一大宇宙相契符應。〈天文訓〉及〈精神訓〉所衍生的自然擬人化及人的自然化，係奠基於氣化宇宙論的理論。

人與天地在氣化宇宙觀的理論下，既是同構相副及同氣相應，則人不但可從縱向的與天地相感應，且也可橫向的與同稟一氣之萬物共感共應。由是觀之，人與萬物皆同出一氣所化，相互間是密切聯繫的，蓋構作人與萬物的原質——「氣」是感應流通的，因此，人與萬物係一有機的整體。物與物之間，人與人、人與物之間呈現一息息相關，相感應流通的開放系統。〈天文訓〉謂：「物類相動，本標相應。」，〈覽冥訓〉進一步說：「夫物類之相應，玄妙深微，知不能論，辯不能解」，人對「物類之相應」只能知其然而不知其超越的所以然，這是由於宇宙的奧祕深微，及人自身認識能力有侷限的緣故。

五、理想的人生境界及政治

人的生命既是由形神所共構，形神相互影響，互補相成，因此，養形與養神宜兼顧不能偏廢，宜平衡不宜偏執。形神交養可使人耳聰目明，心思清明以審知禍福。然而，若從價值的高下而言，「心」、

「神」、「形」有階梯式的排序，〈精神訓〉云：「故心者，形之主也；而神者，心之寶也。形勞而不休則蹶，精用而不已則竭」，〈詮言訓〉明確的指出「神貴於形也。故神制則形從，形勝則神窮」。形體會因行為的張狂和自身的貪墮而淪於不保，蓋養形重於養神，則神明日喪，心思不能充分伸張其生命力，以致行為舉措不得當。〈原道訓〉主張「故以神為主者，形從而利；以形為制者，神從而害。」，雖然，形神應交養，神為主形為從，以神導形；然而，神明之修養必須扣緊形體，養神不能離開養形，〈本經訓〉云：「故至人之治也，心與神處，形與性調；靜而體德，動而通理。」。

「至人」、「真人」是《淮南子》指稱在生命的潛修中，能體德通理，契合於「道」的人，亦即理想的人生境界之指標。〈精神訓〉描述「至人」說：「夫至人倚不拔之柱，……抱素守精，蟬蛻蛇解，游於太清，輕舉獨往，忽然入冥。」，「抱素守精」是從養神的功夫中守精全神；「入冥」是冥合於「道」的生命奧境。〈精神訓〉對「真人」的描繪也頗為淋漓盡致，其言曰：

> 所謂真人者，性合於道也。故有而若無，實而若虛，處其一不知其二，治其內不識其外。明白太素，無為復樸，體本抱神，以游於天地之樊，芒然仿佯於塵垢之外，而逍遙於無事之業。

這段話是揀取《莊子》〈齊物論〉、〈德充符〉和〈大宗師〉觀點串連起來的，可見《淮南子》也繼承了許多莊子的論旨。「真人」一詞首見於《莊子》，《淮南子》不但取其名，也襲其意，視「真人」乃是超越俗情、遺世獨立、而與「道」同一者。《淮南子》對「真人」及「至人」在用法上有一致處，那就是指謂對體「德」證「道」臻至充足圓滿境界之人格典範者，亦即實現理想的人生境界

者，這是涉及修持功夫和理想人格特徵的人生哲學涵義。

此外，「至人」有別於「真人」而與「聖人」同具的一涵義，那就是能法「道」治國的理想政治家。〈繆稱訓〉云：「周政至，殷政善，夏政行。……至至之人，不慕乎行，不慚乎善，含德履道，而上下相樂也，不知其所由然。」，「含德履道」指人自覺地認同、修養內在之「德」，人之本真或「道」內化於人而為人的本質。《淮南子》不但豐富的運用老莊式的語言來刻畫真人、至人的人生崇高境界，亦構作了至人、聖人治世的心境與外顯的功業。〈本經訓〉曰：

> 故至人之治也，心與神處，形與性調，靜而體德，動而理通。隨自然之性而緣不得已之化，洞然無為而天下自和，澹然無欲而民自樸。……故德之所總，道弗能害也；智之所不知，辯弗能解也。不言之辯，不道之道，若或通焉，謂之天府。

至人之治在內心上，養神修性，體德通理而冥合於道（天府）。臻於與道冥契的至人，以圓熟的大智慧，虛靜無私的大胸襟，超脫了片面之知的聰明炫耀，也超脫了偏狹自私的嗜慾之束縛。因此，有圓熟通達智慧者方能洞然無為，而達治世之和諧並育；有豁達開朗胸襟者方能圓應無偏執，而達民風純真樸實之治世。

那麼有大智慧大胸襟的政治家如何實踐其無為之治呢？基本上，《淮南子》與晚周稷下以來的黃老道家合流，擬將道家思想運用於政治技術的實用層面，發展出具目的性的工具型道家[6]。但是，若透過「尊君」、「重法」立場的對比，《淮南子》和黃老道家仍有區別。

---

[6] 視稷下以降的黃老思想為「工具性的道家學派」見於美國哈佛大學史華慈（Berjamin Schwartz）教授所著〈黃老學說──宋鈃和慎到論評〉（劉文靜譯），上海：古籍出版社《道家文化研究》第四輯，一九九四年，頁128～146。

蓋《淮南子》沒有君尊臣卑或「道生法」之類的論調,該書與司馬談的道家為本,百學為末之立場相契,因此,《淮南子》與班固「兼儒墨,合名法,知國體之有此,見王道之無不貫」的雜家相類。百家之興務為治之學,以道家為本融合消化百家的《淮南子》,其著作群畢竟是政治人物,其學說意向在君人南面之目的上。基於天人相副相應的機體性哲學,《淮南子》體德契道的目的在於藉「含德履道」的手段來治平天下;換言之,《淮南子》所採的道家無為政治要藉因德循道,亦即回歸物性與自然律來實現的。

《淮南子》的無為之治,可由多方面來觀其實現的原則,在人我關係上,就君臣關係而言,要客觀地瞭解臣僚的不同才性,整體分工地去規劃安排各個人之職責任務;要言之,適才性所以人盡其才,是其對待官僚集團的原則。〈主術訓〉云:「有一能者服一事。力勝其任,則舉之者不重也;能稱其事,則為之者不難也。毋小大脩短,各得其宜,則天下一齊,無以相過也。聖人兼而用之,故無棄才。」,就君民關係而言,《淮南子》對民本思想作了施政原則的推論。〈詮言訓〉曰:「為治之本,務在於安民。安民之本,在於足用。足用之本,在於勿奪時。勿奪時之本,在於省事。省事之本,在於節欲。節欲之本,在於反性。」的民本之治旨在不擾民的安民原則。擾民之亂源,主要出於統治階層的縱慾窮歡,官僚們貪污受賄,對百姓橫征暴斂,以致民生塗炭,民怨載道,解決之道在回歸素樸本性,崇尚節慾省事原則。漢代係以家庭為社會骨幹的宗法社會,無為之治宜善順宗法社會的人倫情誼,化民成俗,安樂社會。〈繆稱訓〉云:「忠信形於內,感動應於外。」,〈泰族訓〉有段具體而深刻的解釋,謂:「故先王之制法也,因民之所好,而為之節文者也。……因其寧家室、樂妻子,教之以順,故父子有親;因其喜朋友而教之以悌,故長幼有序。」,可見以道家為本的《淮南子》係以道攝儒,兼綜儒道以務治的。蓋人倫係出於人的天性,亦即自然之性,聖人之治只是因循

人倫的自然天性而導出種種的社會倫理教化。

　　無為之治在用物處事上也有其原則可循，在面對自然物上，強調認識物性及其起作用時的客觀規律，因物之性以盡其用。《淮南子》在政治上廣括一切可用者為治世之具，不論四時的時序時令或五行的材質，只要能用其所當用則必顯其效用；〈繆稱訓〉謂：「物莫所不用」、〈泰族訓〉對四時之化，五行異氣之和，主張「聖人兼用而財制之」。對政治事務的處理，《淮南子》主張採用乘時應變、因勢利導、順乎人心以成就事功，蓋自然界的存在及其活動皆有其客觀的性向勢能，例如：火炎上，水就下等。〈氾論〉等說聖人處理事務「無常儀表，時屈時伸」，靈活理解和運用原則「以乘時應變也」，進一步言之，則凡事「不結於一跡之途，凝滯而不化。是故敗事少而成事多。」，至於百姓也有共同的情志慾望，不能漠視和背逆，應善解民意的脈動，順水推舟，因勢以利導之。〈泰族訓〉謂：「聖人之治天下，非易民性也。循其所有而滌蕩之。」，因此，《淮南子》的無為之治係因順自然之性、自然之勢的作為，故為一事功取向的工具型道家。

第三章

董仲舒與西漢經學

第一節　天人三策說及春秋學

　　觀《史記・儒林列傳》和《漢書・董仲舒傳》，皆未明確交代董仲舒的生卒年。董仲舒，號桂巖子，廣州人（今河北省冀縣東南），透過相關文獻資料的記載，我們可約略得知其生卒年範圍，他大約生於公元前二百年到一九六年，卒於公元前一〇七年後，一〇四年前之前。《漢書》本傳謂他「少治《春秋》」，卻未說明其師承。他的〈賢良對策〉對歷史有著深遠的影響，但是他的仕途崎嶇，在相膠西王之前，作〈賢良對策〉後，曾相江都王，他的兩次出仕皆因「恐久獲罪」之故，為時不長。晚年，過著「伏陋巷」的清苦生活，著力於注書立說；《春秋繁露》是他的代表作，共八十二篇，其內容係從《春秋》的基礎上繁衍而出，涉及宇宙、人性、政治、社會、教育和經濟等領域，十分複雜。從經典研究而言，他的思想從《春秋》，特別是從公羊家的經學基礎上發展而形成的。

　　漢文帝於公元前一六八年下詔謂：「孝悌，天下之大順也。……廉吏，民之表也。」，因而設孝廉之選。漢武帝時仍重視賢良與孝廉二科的察舉，察舉的對象，多為公卿或郡縣的屬吏，或是治經學的儒生和有德行的處士，被察舉出來的賢良或孝廉，送到京師通過課試才能為郎，其中賢良一科，必要時由皇帝親自舉行策試。「策試」是由皇帝出一有關時政的考題，被策試的賢良寫成文章來對答，若對答「合時宜」可立即派任官職。鼂錯、董仲舒、公孫弘等人，就是在「策試」時被皇帝發掘者；察舉在漢代可說是低階官吏或儒生登高位的一個重要階梯。

　　董仲舒以賢良對策的時間問題，在《漢書・武帝紀》與《資治通鑒・漢紀》記載相互出入，〈武帝紀〉載其時為元光元年（公元前一

三四年），《通鑑》謂建元元年（公元前一四〇年），歷來學者羅列文獻各有不同的主張，迄今仍未能有鐵案如山的定論。《漢書‧董仲舒傳》載：「武帝即位，舉賢良文學之士，前後數百，而董仲舒以賢良對策焉。」，董仲舒的〈對策〉，就是有名的〈天人三策〉。他在〈對策一〉中說：

> 故漢得天下以來，常欲善治而至今不可善治者，失之於當更化而不更化也。

〈對策三〉言：

> 《春秋》大一統者，天地之常經，古今之通誼也。今師異道，人異論，百家殊方，指意不同，是以上亡以持一統法制數變，下不知所守。臣愚以為諸不在六藝之科，孔子之術者，皆絕其道，勿使並進，邪僻之說滅息，然後統紀可一而法度可明，民知所從矣。

歷史上稱漢武帝「罷黜百家，獨尊儒術」，便是由董仲舒這一對策。事實上，孔子六藝中不具《春秋繁露》的陰陽、五行、災異說。蓋陰陽、五行、災異、數術係當時流行的學說，遂以儒家之名混入儒學中。以後又出現易緯、詩緯、書緯、禮緯、樂緯、春秋緯、孝經緯等經緯數，使漢代的儒學成為陽儒陰雜之學。

獨尊儒術是政治干預學術，將思想大一統於儒學，雖有利於政治及國家的統一，卻造成了學術和政治本身的傷害。蓋在權威政治下統一思想，儒家聖人和經典在意識型態的塑造下，成為判斷是非的絕對準據。漢王朝以設五經博士為利祿，引誘士人鑽研儒術，凡悖反儒術者則被視為「離經叛道」、「非聖無法」的罪人，而以刑罰治罪迫

害；在利誘及威嚇雙重作用下，一般士人不但崇拜聖人及經典，也懾服於政治權威中。學術思想被威權箝制，則學術趨於封閉的一元化，欠缺多元化、自由化的活力，如是，學術淪為被政治使喚的奴婢，政治界失去學術界的良師益友而走上僵固與腐化。在社會生活方面，儒學被鑄造成社會意識，不但束縛了個人獨特的才智與創造力，也易限制個人的個性發展。

第二節　天人感應及陰陽五行

　　董仲舒認為天生萬物，所謂：「天者萬物之祖」（《春秋繁露·順命》），人亦由天所生，「為人者，天也。」（《春秋繁露·為人者天》），人既由天生，則當與天同類而合一。他說「以類合之，天人一也」（《春秋繁露·陰陽義》），「類合」指人處處與天相應，這是基於「以類動者也」（《春秋繁露·同類相動》），天人感應係基於同類相應的原理，是透過陰陽五行之氣而相互感應的。他從中醫謂人的病症與天氣的感應，推廣到人和天的意志間可相互感應。他說：「天者，百神之君也，王者之所最尊也。」（《春秋繁露·郊義》）。蓋天人感應是導致吉凶禍福的主因。天人感應說的主對象是皇帝，有二層涵義：一則謂天子代表天意，人們應服從天子，蓋「君權神授」；另方面期求皇帝要尊天保民，約束一己的行為以符合天志的規範。他說：「屈民而伸君，屈君而伸天。」前者要求人民服從天子，後者旨在以天志約束天子。從漢代的權力與秩序關係而言，由天下的混亂失序而歸於治，建立大一統的王權是有客觀需要的，因此，統一的君權是社會整體秩序的象徵，鞏固君權才能達成穩定社會秩序的目的。然而，專制的君權也易濫權而造成社會傷害，因而又需藉神

道設教以約束天子的行為。董仲舒認為，天子上承天，下治民，是國家安治的關鍵，有賴天子「心正」才能正官民以實現正道[1]。

然而，實然之君有私心太重而不正，乃至做出禍國殃民之事來，天人感應理論於是提出災異說，以便對天子能產生約束和警悟的作用。所謂：「國家將有失道之敗，而天乃先出災害以譴告之；不知自省，又出怪異以警懼之；尚不知變，而傷乃至。以此見天心之仁愛人君而欲止其亂也。」[2]，這就是天人感應的災異譴告說。災異是顯示天意的徵兆，「災者，天之譴也；異者，天之威也。譴之而不知，乃畏之以威。凡災異之本，盡生於國家之失。」（《春秋繁露・必仁且智》）。災異是針對國家之失而予人君示威的天意，期盼人君施行仁政王道是天意，悖反天意的，則以災異及亡國來威脅。天意所示的災異，具體而言，是透過氣來傳達，進而言之，人君要主動透過天氣變化的異常來揣測天意，至於天氣的變化則來自陰陽五行之氣的運行。

董仲舒認為：天有十端，那就是天地、陰陽、五行和人，天和人透過其間的陰陽五行之氣而相互感應。陰陽是對待而統合的兩種性質與功能，五行是運轉於宇宙間相勝相克的循環系統；陰陽五行之氣上承天意，下示人君。他對陰陽五行的解釋構成了他的宇宙觀。《春秋繁露》的〈陽尊陰卑〉、〈陰陽位〉、〈陰陽終始〉、〈陰陽義〉、〈陰陽出入上下〉、〈天地陰陽〉等六篇專論陰陽。陰陽從天氣的運行方法而言，北方是天氣運行之終而復始處，陰陽在北方會合，同時亦分別而行。在冬至之後，陰向西方入地下，陽向東方出地面；春分時節，陽在正東方，陰在正西方，陰陽皆各一半在地上，一半在地下，稱為「陰陽相半」；夏至時節，陽大抵上出地面，陰則入地下。秋分時節，陽在正西方，陰在正東方，也是「陰陽相半」。然而，秋

---

[1] 《漢書・董仲舒傳》曰：「故為人君者，正心以正朝廷，正朝廷以正百官，正百官以正萬民，正萬民以正四方。……王道終矣。」
[2] 同上。

季陽氣漸衰，萬物也隨之漸衰；冬至，「陰出而積於冬」，草木枯竭，禽獸藏匿，稱為「空處」。他對舉陰陽的性質和作用，謂陽氣的作用性質是煖、予、仁、寬、愛、生……等，係上天生生之德的「德」表現；陰氣的作用性質為寒、奪、戾、急、惡、殺……等，係「刑」的表現。陽氣之發動由正月至十月，對萬物的生、育、養、長實現天道生生之德，陰氣在陽氣履行其任務的期間居虛的地位，俟陽的功德告一段落，物未復生之前，顯現其作用。自然現象隨陰氣的作用而呈現戾、惡、奪、殺的刑殺特徵，陽氣促成萬物的春生夏長，「任歲事」、「出實入實」合乎天道之「義」。董仲舒依據陰陽運行所顯陽氣及陰氣作用的久暫之別，謂天意是任德遠刑，貴陽賤陰的，且由陰陽是否符合天道生生之德，判陽尊陰卑，再由尊卑辨陽氣的屬性為善，陰氣的屬性為惡。

在董仲舒的整體宇宙觀中，陰陽之氣流轉循環，推動四時的運轉，萬物也得以生生不息的動力。陰陽、四時、五行，再配上方位，相互間緊密聯繫，協調配合，互動互成。董氏稱運轉四時、化生萬物之功能的氣為元氣，在元氣運化中所顯的陰陽二氣乃天道之常；五行與陰陽皆助成天地生養萬物之功，五行依從於陰陽，陰陽導領五行。董氏將陰分為少陰、太陰，分別代表秋、冬；將陽分為少陽、太陽，分別配以春、夏。如是，陰陽運行分別以四時表示其節紀，他再以五行中的木、火、金、水，分別配合春、夏、秋、冬，於夏之末別稱季夏以土配合，如是以完成陰陽五行的結合。五行相互間存在著「比相生而間相勝」的規律，「比相生」指木、火、土、金、水的排列秩序，相比鄰者之前者生後者；「間相勝」指間隔的兩行間，前者剋後者，例如：木剋土、土剋水。五行的運行規律，顯示天所賦予的職能和規律，五行各行其能，促成春生、夏長、秋收、冬成的生成規律。總而言之，生生之德係天志，陰陽五行運行的規律，有其正當性和適宜性，係施展生生之仁德的天律；因此，仁與義係天之意志與規律，仁是義的基礎，義是仁所依循的經常性規範。

第三節　人性論

　　董仲舒認為陰陽之氣在天亦在人，天人一氣貫通。他從人生理上的形體構造、心理上的情意及精神上的道德結構來分述天與人是類比對應的。他在《春秋繁露·人副天數》中興緻勃發的對照比附人諸般形體構造，與諸天象及天所運行的時序節數；在心理情緒上，他以春生、秋殺、夏養和冬藏表示天之喜、怒、哀、樂。在〈陰陽義〉中，人心理上的四種情意與天之四情、四時、四季農業生產的步驟相擬配；在精神上，人的德性承天而有，且與天對應相感。《春秋繁露·為人者天》曰：「人之形體化天數而成，人之血氣化天志而仁，人之德行化天理而義。」，可知「仁」源於天志，人之「義」本於天理，人受天命以參贊化育於天之四時，因此，人幾乎是天抽離其神性後的模本或化身。

　　董仲舒對人所稟賦予天的性命內涵，從心、性、情三層面論述。先就性、情的涵義而言，〈深察名號〉云：「性者，質也。」，〈實性〉曰：「性者，天質之樸也。」。他承告子自然之性的思路，視「性」為人不假後天教化的自然生命，自然的質樸本性無倫理上的善惡德行，「性」雖有行仁義的可能性，但就其渾然未覺的自然狀態而言，只能稱為善的質性或潛在待開發的善。董氏論人性與善的關係，是撇開人口素質中最上層的「聖人之性」與最下層的「斗筲之性」，只就占高比例的「中民之性而言」。董氏未予「善」下過本質定義，他在〈深察名號〉中只是相對的比較了聖人之善與中民之善的區別。聖人之善在體現當時倡行的社會倫理規範，所謂：「循三綱五紀，通八端之理，忠信而博愛，敦厚而好禮，乃可謂善；此聖人之善

也。」。他認為孟子的性善說採人禽之辨，係善的低標準，若以聖人之善衡之中民之性，則不能肯定為善。他說：「性有善端，動之愛父母，善於禽獸，則謂之善；此孟子之善。……聖人之所謂善，未易當也，非善於禽獸，則謂之善也。」，可見董仲舒對「善」的認定是採取高標準的，且係是在德行上已實現的善。

董氏的性未善論，頗類似荀子的人性論，「性」只是天生可造就成善的材質，未能視為已然之善。他以「情」來解釋人之不善或惡，所謂：「情者，人之慾也。」[3]，「慾」指人天生的情慾生命，隨諸般誘惑的刺激，任本能衝動而盲目反應。「慾」實際上既昧且貪，究其所以然，〈深察名號〉謂：「身之名取諸天，天兩有陰陽之施，身亦兩有貪仁之性；天有陰禁，身有情欲衽，與天道一也。」、「天地之所生，謂之性情，性情相與為一瞑，情亦性也。」。性情縱慾，放蕩無歸，不合應然之別，謂之惡，至於遏惡的力量，董氏訴之於「心」。〈深察名號〉曰：「衽眾惡於內，弗使得發於外者，心也。故心之為名衽也。人之受氣苟無惡者，心何衽哉？吾以心之名得人之誠；人之誠有貪有仁，仁貪之氣兩在於身。」，「誠」指實然之狀態；「衽」指衣襟，引申為禁禦、削弱義。董氏以陰陽為構作宇宙中萬物的普遍原理，人與天既有結構上的對應關係，謂人身有性之仁與情之貪二者，源生且對應於天的陰與陽，在陽善陰惡的宇宙範型下，董氏將「性」置於可善之域，將「情」置於生發惡的原因。同時，依其陽德陰刑的天道觀，人之德化人格訴諸仁性的教化與對情慾的禁制。人之稟氣既有善質的仁氣與惡質的貪氣，心有限制貪氣外化的作用，那麼，心如何禁制情慾之失度而使之歸正合善，則是倫理教育的課題了。

---

3 同上。

第四節　倫理規範與教化

　　董仲舒在《春秋繁露・深察名號》中云:「名性不以上,不以下,以其中名之。」,於〈實性〉曰:「聖人之性不可以名性,斗筲之性又不可以名性,名性者,中民之性。」,就經驗界而言,聖人之性和斗筲之性是屬於善惡兩極化的人,在人群中占比例較小。「斗筲」為量器,「斗筲之性」指難以教化的惡人本性,因此,就常人社會而言「性」,宜針對占社會比例較高的「中民之性」來立論。對董仲舒而言,民者瞑也,指未覺悟的一般人民,他們雖具善質,仍需待王者的教化才能實現善;換言之,「中民之性」即指絕大多數人的本性。

　　董氏認為對一般百姓施以教化以善良社會風氣,是君主治政的重要目標,為達成這一目標,樹立百姓應當遵循的倫理道德規範是必要。他說:「行有倫理,副天地也」、「察天人之分,觀道命之異,可以知禮之說矣。」[4],因此,他提出了三綱五紀的倫理規範[5]。三綱指君臣、父子、夫婦的人倫關係,所謂:「君為陽,臣為陰;父為陽,子為陰;夫為陽,妻為陰。陰道天所獨行,其始也不得專起,其終也不得分功,有所兼之也」[6]。「綱」原指提綱的總繩,引申為人倫關係中居於主要或支配地位義;換言之,君統率臣,父統率子,夫統率妻。董仲舒謂:「諸所受命者,其尊皆天也。雖謂受命於天亦可。」[7],蓋子受命於父,臣受命於君,妻受命於夫,受命者為尊,被

4《春秋繁露・天道》。

5《春秋繁露・深察名號》謂:「循三綱五紀」。

6《春秋繁露・基義》。

7《漢書・董仲舒傳——賢良對策》。

統屬者為卑，故「尊壓卑，固其義也。」，而「卑勝尊」則是逆命，逆命者當被克制。「五紀」指三綱之外的人倫關係[8]，然而，若君、父嚴重違忤禮法，亦即「君不君」、「父不父」時，為臣者亦可不尊上，為子者不承親。

董仲舒除「三綱五紀」外，還提出了「五常之道」的人倫道德，「五常」指仁、義、禮、智、信。仁是對待別人之常德，能惻怛愛人，與人和順不爭，對人好惡合理而無傷害他人之處。義是對待自己的原則，所謂「義在正我，不在正人。」，要實現仁義之德，必須有知，蓋「仁而不知，則愛而不別也。」[9]；具體而言，人們應根據行事的規範和準則活動，使言能當務，行能中倫。「仁」用以理人倫，聖人以為治首。禮和信是相輔相成者，被視為天意，尤其是禮，董氏明確指出應按個人爵位的等級，享用不同的生活內容，制定名物度數而不能有所逾越；不但如此，除貴族、官僚外，地主、商賈等也當受禮文的限制。禮的作用，主要是「體情」以「防亂」，民循禮則不致爭、流、亂，對中央集權頗有鞏固的作用。在五常之中，以仁、義、禮三常德為主，總而言之，不論是「三綱五紀」或「五常之道」，不但確立了社會倫理的規範，及維繫了社會秩序，且樹立了君主的威權，鞏固了中央集權的體制。

---

8 《白虎通義》把「五紀」發展為「六紀」，謂：「六紀者，謂諸父、兄弟、族人、諸舅、師長、朋友也。故《含文嘉》曰：『君為臣綱，父為子綱，夫為妻綱。』又曰：『敬諸父兄，六紀道行。諸舅有義，族人有序，昆弟有親，師長有尊，朋友有舊。』何謂綱紀？綱者，張也；紀者，理也。大者為綱，小者為紀。所以張理上下，聖齊人道也。」。

9 《春秋繁露‧必仁且智》。

第五節　董仲舒與漢代經學

　　秦朝用焚書坑儒和以吏為師，以法為教的政策來統一思想，終告失敗。漢武帝採用董仲舒提出的「六藝之科，孔子之術」，亦即獨尊儒術來統一天下思想。所謂六藝就是六經，指儒家的典籍：《詩》、《書》、《禮》、《樂》、《易》、《春秋》。獨尊意指儒家的典籍推尊到經典的權威地位，只許人們研究、闡揚，不許質疑、批評、悖反；至於獨尊的方法，採取利祿以資誘因。漢公孫弘治《春秋》經得以從布衣而升入天子三公，封為平津侯、董仲舒因對策受賞識而得以任命為江都相。漢元帝以後，「公卿之位，未有不從經術進者。」，[10]此後，儒家經學對於政治決策、政權結構都起極具指導性的作用。漢代採行了一系列措施，使經學、利祿與政權相結合，例如：西漢立《五經》博士，到東漢已有十四個博士。《易》有施、孟、梁丘、京氏；《尚書》有歐陽、大小夏侯；《詩》有齊、魯；《禮》有大小戴；《春秋》有嚴、顏。經學指導、影響了政權，政權也利用經學，經學的思想凝聚力為政權的統一及鞏固提供了服務。漢代頗多討論經學的會議，全國性的大會有兩次：一次是西漢宣帝甘露三年時的石渠閣會議，一次是東漢章帝建初四年時的白虎觀會議，宣帝及章帝皆親自參加。白虎觀會議編集《白虎議集》，且由楊終、班固著為通義，即存留至今的《白虎通義》，簡稱《白虎通》。由該書可得知能滿足彼時漢政權需要而被選擇者，據周桂鈿的研究指出：「首先為封建政治者正名、天人感應、君權神授、圖讖緯書、陰陽五行、古老傳說，

---

10 皮錫瑞《經學歷史》，中華書局，一九五九年十二月，頁101。

音韻訓詁，凡是可以用來證明封建統治合理性的，均加採用，為我所用」，「其次是將有利於鞏固封建社會秩序的思想內容蒐集起來，加以法典化，為當時社會的統治階級提供政治服務，例如三教、三正、三綱六紀、宗教等。所謂三綱，就是『君為臣綱、父為子綱、夫為妻綱』這是維護封建統治的三大基本原則。」[11]。

董仲舒對漢代的經學有極重要的影響和地位，班固在《漢書・董仲舒傳》曰：「自武帝初立，魏其武安侯為相而隆儒矣。及仲舒對策，推明孔氏，抑黜百家。立學校之官，州郡舉茂材孝廉，皆自仲舒發之。」；劉歆謂董氏潛心治經「為群儒首」。董氏在經學的影響上，章太炎謂：「董、何之學，霧塞一時。」，董指董仲舒，何指何休，二位都是《公羊學》家，「霧塞一時」指董氏學說對後世以至清代的影響。班固說他「推明孔氏」，指董氏在漢代新局面下，繼承和發展了儒學，他雖明於五經，精治的是《公羊春秋》；「推明孔氏」可理解他藉助《公羊春秋》發揮一己思想，轉化成理論、時論。他在上疏條奏和著作中常宣示「《春秋》之道」、「《春秋》之義」、「《春秋》之法」，這些「道」、「義」、「法」在經學發展史上形成經義即理論的思想。同時，董氏也樹立了「通經致用」的學風，其《公羊春秋治獄》堪謂為典範，蔚成漢代以《春秋》決獄、以《尚書》的〈洪範〉察變及〈禹貢〉治河、以《詩》三百篇當諫書，反映了通經致用這一特色。

《春秋》本是魯史，它以魯國國君紀年。由於魯君是周朝的諸侯，故該書為表示尊周室的大一統觀念，在紀年的體例上「先言王而後正月」、「王正月」。《公羊傳》不只記錄史事，且更進一步的闡釋《春秋》經文。董氏既推本《春秋》，也就崇法《公羊》，他不但

---

11 周桂鈿《中國歷史思想(二)》秦漢卷，臺北：文津出版社，一九九三年初版，頁
　276～277。

發揮《春秋》微言,更闡釋了《公羊》義例。當他被命為《春秋》博士,《公羊傳》成為研究孔子「微言」的重要經典,蓋《春秋》含有孔子治世的「微言大義」,《公羊傳》最能得聖人之旨。《春秋》的微言大義有所謂「十指」、「六科」。「十指」乃舉事變有重焉、見事變之所至者、因其所以至者而治之、強幹弱枝,大本小末、別嫌疑,異同類、論賢才之義,別所長之能、親近來遠,同民所欲、承周文而反之質、木生火,火為夏,天之端、切譏刺所罰,考變異之所加[12];至於「六科」的內容與「十指」相似,面廣意深。董氏認為《春秋》記載了二百四十二年的歷史,「十指」、「六科」不但總結經驗教訓、宣揚王化仁恩,且有尊君任賢、安養百姓,還有究明陰陽、五行、四時等學說,因此,該書的格局和宗旨在於「德澤廣大,衍溢於四海,陰陽和調,萬物靡不得其理矣。」他將春秋時代的歷史,分成「所見」、「所聞」、「所傳聞」等,他認為孔子「筆削」《春秋》,或「微其辭」、或「痛其禍」、或「殺其恩」,係以時代的變遷決定筆法,成為日後今文經學家講變法改制的藍本,構成了公羊學著名的「三世說」。

　　他的春秋大義除了「十指」、「六科」、「三世」說外,尚有「二端」、「五始」;受命改制說及道名分說。「二端」指「小大」與「微著」之分,「聖人繫心於微而致之著也。」蓋聖人能見微知著,由小見大。「五始」見於《春秋繁露》:「《春秋》之道,以元之深正天之端,以天之端正王之政,以王之政正諸侯之位,以諸侯之位正境內之治,五者俱正而化大行。」,簡言之,「五始」指由元、天到天子、諸侯以及國治王安之正道。受命改制說旨在解釋《春秋》的政權更替觀,董氏認為新王朝建立新政權源自承天受命,新王朝對舊王朝而言,係易姓更王,非繼前王而為王。因此,依《春秋》意

---

12 《春秋繁露‧十指》。

向，必須改正朔、易服色、更稱號以「順天志而明自顯也。」[13]。所謂道名分指《春秋》講究的名實關係，亦即在政治、社會的關係網絡中所被界定的名位，應當與其所賦予的理份相契合。他申述其義說：「故號為天子者，宜視天如父，事天以孝道也。號為諸侯者，宜謹視所候奉之天子也。號為大夫者，宜厚其忠信，敦其禮義，使善大於匹夫之義，足以化也。士者事也；民者，瞑也。士不及化，可使守事從上而已。」[14]。

　　以董仲舒為代表的今文經學，在西漢被立為學官，不能立為學官的家學，只能在民間授受傳播。西漢末年，劉歆提議把《左氏春秋》、《毛詩》、《逸禮》、《古文尚書》皆列於學官，漢哀帝讓劉歆與《五經》博士討論其提議，這是今古文經學爭議之第一次公開化，後人將劉歆所提出的這四種經學稱為古文經學。西漢被立為學官，由博士們所講授的經書係用漢代通行的隸書寫成，稱「今文經」；至於民間流行的經書是用先秦的篆書寫成的，稱為「古文經」。周予同為皮錫瑞《經學歷史》所寫的〈序言〉中，曾為今古文經的思路差異做了區分。他說：

　　　　今文學以孔子為政治家，以「六經」為孔子致治之說，
　　所以偏重於「微言大義」，其特色為功利的，而其流弊為狂
　　妄；古文學以孔子為史學家，以「六經」為孔子整理古代史
　　料之書，所以偏重於「名物訓詁」，其特色為考證的，而其
　　流弊為繁瑣。

　　今文學家將儒家經書視為政治法典，動輒從經書引用語句，予以解釋、引申，將自己的政見、思想附會其中，謂為經書中的微言大義

---

[13]《春秋繁露·楚莊王》。
[14]《春秋繁露·深察名號》。

所含，期能產生功利性的政治、社會效益。古文學家認定孔子是史學家，六經只是史料上的文獻整理。他們研究六經著重於考證，注經愈注愈多則流於繁瑣，迷亂了六經的義理。不論今古文學，漢代經學有師法、家法。所謂師法指對經學最先形成一家之言的解說體系，例如立於西漢學官的易學有施讎、梁丘賀、孟喜、京房等諸解說體系，形成不同的師法；《禮》經有大小戴師法；《春秋》經有公羊、穀梁、左氏三家師法。師法確立後，學師法的經師各有自己的理解和發揮，就構成了一家之言，稱為家法；換言之，家法是從師法中分出來，例如《易》經有施讎師法，傳授給張禹，張禹再傳授予彭宣，因此，施氏《易》的師法派下又有張、彭兩個家法。大致而言，師法並不多，而立於學官的每一位博士大概有自己的家法，同時，家法的內容要比師法豐富，因為家法不但要注解經書，而且還要解釋師法。皮錫瑞《經學歷史》謂：「師法別出家法，而家法又各分專家。如幹既分枝，枝又分枝，枝葉繁滋，浸失其本。」

此外，經學的滋長在漢代又衍生了讖緯，讖指圖讖或讖記，緯指緯書或緯學。讖的性質是「詭為隱語，預決吉凶」的神祕性預言。漢代許多人製造讖以資達到自身的政治目的，例如陳勝以魚腹丹書「陳勝王」揭竿而起。讖由來已久，西漢成、哀之後開始流行，至王莽、劉秀極力標榜而流行一時。漢人為了增加讖言的權威性而利用孔子的聖人地位及儒家經典來附會讖言，例如附會於《春秋》經者有《春秋》讖。緯指織布的橫線以相較於經之指織布的縱線。緯書係附會經書而另編的新書，西漢哀、平以後到東漢前期，編緯書成為一種時髦，蓋漢人有抒寫新見，附會於經書以成為經學支流。圖讖與緯書合流，形成思潮，被後代合稱讖緯。緯書的內容頗複雜，既有注解經書內容者，也有譏刺時弊者；有神化孔子的荒誕言說，也有「地有四遊」的科學臆想。總之，讖緯是經學的支流，著作雖多，但經後代多次禁毀，已喪失殆盡，如今只存輯佚本。

第四章

西漢晚期的嚴遵和揚雄

嚴遵（或作尊），字君平，原姓莊，東漢明帝叫劉莊，班固作《漢書》避諱，改稱莊為嚴。嚴君平係蜀郡成都人，秉性淡泊，為高人隱士。《漢書·王貢兩龔鮑傳》說他「專精《大易》，耽於《老》、《莊》。」，《漢書·藝文志》未著錄其著作，《隋書·經籍志》著錄為《老子指歸》十一卷，《唐書·經籍志》則為十三卷、十四卷（含末尾序目），今本唯存七卷至十三卷，另附序目。《老子指歸》從漢、晉、隋、唐以來，歷代學者如揚雄、皇甫謐、劉昭、陸德明等都引用過，可見於現存的《老子指歸》下經與上經佚文中。該書的殘缺蓋在元末明初。嚴遵關於「道」、「玄」、「有生於無」等思想，不但對他的學生揚雄的「太玄」有影響，且影響了魏晉玄學。

第一節　嚴遵體玄尚無的本體論

嚴遵在《道德指歸》卷十中，針對「道」的體性，說明人錯誤的及正確的明「道」方法。他說：「道無常術，德無常方，神無常體，和無常容。」。人的感覺認知、情慾、念慮及藉以表達的語言，不但不能明「道」，反而造成明「道」的阻礙，疏離「道」，喪失了與「真元」、「自然」、「道」契合為一。因此，人若執定於分度明的人文禮節及繁瑣綱紀，則在封疆畫界的分化與對立作用中不自覺的「設偽萬方」而迷失了「道」。嚴遵強調離知去慾，具有赤子之心的人才能體道，那就是，能超越念慮及情慾的人才能體會「玄德」而歸於虛無。他在《道德指歸》卷九中說：「聖人去力、去巧、去知、去賢」、「無為無事，返樸歸真，無法無度，與變俱然。」；反之，若用力、用巧智、起臆度情慾者，則「背本去根，向末歸文。」。總而言之，嚴遵主張對「道」是採體認默契的進路，廢棄俗智巧心，是回

歸玄德淳樸的起點。他在卷十三說：「反本歸根，離末去文，元元始始，寡以然眾，一以應萬，要以制詳，約守真一，謂之少聞。少聞故能知。」要言之，求道者應凝聚專一粹靜的精神「思無思之思，求無求之求，明白四達，……，反眾人之所務而歸乎虛無。」（《道德指歸·卷十一》）。嚴遵描述了得「道」者的境界情狀，他說得「道」者在體道後「神與化游，志與德運。聰明內作」〈卷十〉，這一與道相契的心靈境界是難以盡言和盡意的。嚴遵體認道體而與道玄同的方法，係生命主體在生活世界中做超越的觀省與內證本體的進路，這種訴諸生活體驗的形上智慧，可謂為由主觀境界體證出客觀實有形態的形上學。

至於「道」的存有論或本體論，嚴遵主張「無」是「有」之本，「無」指道體的自身，「有」指道體藉以開顯自身的天地萬物，「道」是天地萬物的始元和本根。天地萬物依據「道」而得以存在、生長、發展，扼言之，「道」乃天地萬物各顯其性、各逞其能、各順其化、各歸其宗的根據。嚴遵所謂：「萬物所由，性命所以，無有所名者謂之道。」（《老子指歸·卷二》），就道的體相而言，「道」乃為一無形、無象的存有，亦無意識活動的特徵，所謂：「夫道之為物，無形無狀，無心無意，……虛無澹泊，恍惚清靜。」（《老子指歸·卷二》）。

「道」雖無形無象，然而，其所蘊涵的存有原理及所呈顯之規律卻具永恆相。「道」之無形無象意謂其無處不在、無處不有，決定著萬物之性能、形象及發展變化之趨向。天地間的品類繁多，形象萬千，性能各異，情態無窮，因此，吾人實難以任何具形質性的「有」來統攝。蓋形質性的「有」，無論多大皆有其終了的限度，不能創造與運化品類繁多、無窮的世界，是故，不被任何形質特性限定的形上實體──「道」或「無」，方能容得天地間繁然萬有的多樣性特質而各自生長變化。嚴遵說：「夫天地有類而道德無形，有類之徒莫不有

數，無形之物無有窮極。」《老子指歸‧卷三》，「道」之體性虛而無形，開顯「道」的「道」之載體——萬物卻有形有徵，「道」以內在且無為的發用方式遍及於宇宙寰宇之中。嚴遵以「不用」與「用」為喻，解釋體與用之關係。「用」依於「不用」，「為」依於「不為」，「不用」、「不為」即存於「用」與「為」之中。「用」與「為」乃可藉感覺認知，「不用」、「不為」是其內在本體，他說：「道德無形而王萬物者，無心之心存也。天地無為而萬物順之者，無慮之慮遠也。……不用之用，用之母也。」《老子指歸‧卷九》。

第二節　《道德指歸》的宇宙生成論

　　嚴君平繼承老莊由無生有，以及《周易乾鑿度》：「有形生於無形」的宇宙發生論。他在《道德指歸‧卷八》「道生一」及卷七，分別講述了宇宙發生論的歷程：

　　　　無者生有形者，故諸有形之徒，皆屬於物類。……夫天人之生也，形因於氣，氣因於和，和因於神明，神明因於道德，道德因於自然。〈卷八〉
　　　　一者道之子，神明之母，太和之宗，天地之祖，於神為無，于道為有。……故其為物也虛而實，無而有。……虛無為常，清靜為主。……故一者萬物之所導而變化之至要也。〈卷七〉

嚴遵依順著《老子》：「道生一、一生二、二生三、三生萬物」的宇宙化生圖式，予以細緻的詮解而發展建構其宇宙發生論，說明宇宙由

無生有,由簡而繁的生成過程。大抵上,他是採取虛無為源,氣化為流的架構,而以有形與否區分宇宙發生的程序為兩階段。第一階段係在有形的天地萬物生成之前,包括道生一,一生神明,神明生太和;這一階段為虛無期,虛無與實有的界限端繫於有形與無形。第二階段指天地生萬物及萬物進一步的分化,含括太和生天地以及天地生成萬物之道。

在第一個無形的虛無階段中分化為四層次,「道」為形上之至極,被稱為「虛之虛」。《老子指歸‧卷七》謂:「一者道之子,神明之母,太和之宗,天地之祖。於神為無,於道為有,於神為大,於道為小。故其為物也,虛而實,無而有,……深微不測。」,就「一」的體性而言,係「陽而無表,陰而無裡」〈卷八〉的混沌狀態,不具上下左右的分別相,通達無境,為一切尚未產生的原始狀態,所謂:「為道綱紀……為太初首者」。「一」以虛故能生「二」,「二」指「神明」,其基本特性與「一」相同,但是已脫離混沌狀態而進入清靜狀態。《老子指歸‧卷八》謂:「存物物存,去物物亡,智力不能接而威德不能運者謂之二。」。由「一其名也,德其號也」〈卷七〉得知「一」約當《老子》書中的「德」,「道」、「德㈠」、「神明㈡」皆屬「無」的階段;至於「神明」所生的「太和」則進入氣的階段,「太和」約當《老子》二生三的「三」。《老子》的「三」指陰陽二氣相盪相生而成,嚴遵謂:「一清一濁,與和具行。天人所始,未有形聯坅埒,根繫於一,受命於神者謂之三。」(〈卷八〉)。「三」乃清、濁二者之交融體,雖不顯形象徵兆,卻根連於一,為天人物之起始。由「道」、「一」、「神明」、「太和」所聯成的第一階段而言,「無」係天地萬物所從來的本根,簡言之,道德是一切存有者的最後根據。由道德衍化的第一階段,其運化具無心、無意、無為的虛無特徵,所化生的萬物亦按其自然本性而生滅變化;道德即「一」,亦是作為客觀世界本來面目和固有規律之

「自然」。

　　第二階段涉及太和生有形的天地，及天地生成有形的萬物，天地
萬物的形質來自氣的運化。嚴遵承順漢代的陰陽五行宇宙觀，謂：
「夫天地之道，一陰一陽分為四時，離為五行，流為萬物。……陽氣
主德，陰氣主刑。」（《老子指歸・卷十二》）太和為氣，氣以下的
宇宙生成歷程為「有」的階段。嚴遵吸收《易》學中視「道」為一陰
一陽之相互轉化、相互推移之規律，將之運用於詮釋萬物與道係蘊涵
關係；同時，涵天地萬物之形聲端緒，而為天地萬物之宗祖的「道」
乃是蟄伏於萬物內之生命動機。天地萬物由太和之氣分化為現象界的
存有者後，有反覆相對之變化生成作用，在陰陽氣化的作用中，人物
各具不同之稟賦，在自發性的本性活動中完成自身自自然然的職分。

　　綜觀嚴遵的宇宙發生論之第一和第二階段，天地萬物追溯其所由
來的根源是同根同源的。《老子指歸・卷八》謂：「天地人物皆同元
始，共一宗祖。六合之內，宇宙之表，連屬一體，氣化分離，縱橫上
下，剖而為二，判而為五。」，因此，天地萬物之間相互聯繫成一同
根性的機體宇宙。同時，道德之生物乃自自然然的「不生而物自生，
不為也而物自成」（〈卷七〉）。嚴遵在〈卷七〉中以多般用語來表
達道德生物於無思無為的自然狀態中，諸如「陰陽自起，變化自
正」、「消息自起，存亡自正」、「虛實自起，盛衰自正」、「和平
自起，萬物自正」。他以萬物自生自化的「自正」說法，說明了萬物
的自發性及其活潑的生機，進一步發展了老子的無為思想。

第三節　嚴遵的人生觀及政治理想

　　嚴遵的人生觀以全身養性為最基本原則，全身是以保全自身的自

然生命，即「貴生」為原則，養性是以保全人本然的性命和飽滿的精神為原則。他在所著的〈座右銘〉中，首先提及「口舌者，禍福之門。」失言有招致亡身之禍的可能，接著，他列舉了嗜慾、貨利、嫉妒、讒佞、殘酷、陷害、淫戲、嗜酒等八種招致人傷生害性的因素。[1]他的道家取向之人生觀中，亦兼有儒家思想，〈座右銘〉所謂：「忠孝者，富貴之門；節儉者，不竭之源。」。嚴遵認為身外之物的名位財貨對人具有難以抗拒的誘惑，探究其中原因，世俗性的知識與情慾結合而生執著計較的自私自利情結。若要遠離禍患，嚴遵認為人應超越世俗性的偏見，超越一己之私及小聰明。《老子指歸・卷九》謂：「塞其聰明，閉其天門，關之以舌，鍵之人心，非時不動，非和不然，國家長久，終身無患。」，為免除世俗對己身之困擾，他甚至主張隱遁避俗，然而，「避俗」並非只是為了遠離禍患，其積極的意義在返璞歸真，與道相契合，所謂：「去眾離俗，與道為常」[2]。

在「道」化生天地萬物的歷程中，人稟得「道」所賦予人的真實「性命」，亦即內化於人己身中的「德」，人應珍惜與道相通的內在之「德」或「性命」。所謂：「是以含德之士重身而輕天下，……明於輕重之稱，通於利害之變，故萬物不能役而天下不能徭也。」[3] 含德之士在重身貴德的意向下，專注於以清靜為本，虛無為常，復全性命以與道相契，充分體現素樸之本性。嚴遵在追求超脫俗累的精神境界上，與莊子的人生觀頗有互通處，他認為心靈可超脫世俗，與天地同遊，與變化俱存，在物我兩忘中物我融為一體。此際，人與萬物的相處態度是靜氣以存神明，虛心體認道德，覽天地之變動，觀萬物之自然，「因實應變，不預設然，稟微統要，與時推移，取捨屈伸，與

---

[1] 見〈座右銘〉收錄於嚴可均之《全上古三代秦漢三國六朝文》之〈全漢文〉卷四二。
[2] 《老子指歸・卷十二》。
[3] 同上，卷八。

變俱存。」[4]。扼要言之，嚴遵的人生觀以崇尚道德的自然狀態為目標，放鬆自己，擺脫困擾，順從造化之自然，俟達超意識的自然心境「不為虛而虛自起，不為靜而靜自生，不休神而神自定，不和氣而氣自平。」[5]。全身養性的人生觀不僅旨在離煩惱、避禍害，更富有長保喜樂，實現心靈之桃花源的積極意義，所謂「樂無樂之樂，安無欲之欲」[6]。

然而，嚴遵的人生觀並不只嚮往在虛心靜氣中存神明原道德，品味萬有，享受與天地人物交融一體的和樂理想，他也留心在多險惡的人間世中，如何對待殘酷的現實。他認為真正的聖人是應該能留意世俗所輕忽的細微處，深明於憂患而不落其咎，他仍重視老子所言「守柔」、「守愚」、「棄智」、「謙下」、「不敢為天下先」等明哲保身的處世哲學。換言之，理想的人生應當在期求與「道」融合的悠樂中知道憂患，如是，人雖應長保自然無為之心，卻也要在「道德廢，淳樸亡，其物並作，知故流行」[7]的險惡中知福亦知禍，才不致禍而傷身害性。

嚴遵有鑒於漢武帝以後，侯王貴族及地主豪紳奢靡之情事日熾。奢靡之風導致不顧群生，不憂世淫，無視於生民之貧窮，國家財富日損，百姓飢寒困窮，社會災難無窮。於是，他發揮老子貴廉止貪，清靜無為的思想，謂「治國之道，生民之本，嗇為祖宗，是故明王聖主損其容，卑宮室，絕五味，滅聲色。」[8]。同時，他也宣揚儒家民為貴的民本思想，謂：「君得道則萬民昌，君失道則萬民喪。萬民昌則宗廟顯，萬民喪則宗廟傾。故君者民之源也，民者君之根也。」[9]，君臣

---

4 同上，卷七。
5 同上，卷十。
6 同上，卷十。
7 同上，卷十二。
8 同上，卷四。
9 同上，卷八。

關係是相依互賴的唇齒關係，上下相保才能確保社稷之全而共享長久的和樂，因此，當權者的舉措應柔心弱志，不以滿足一己的私利為優先，而該當順民、重民，以福國利民為優先。質言之，愛民順民的民本原則，才能使當權者勿私心自用而能清靜無為，與民休息而長保國家社稷的康泰。同時，嚴遵批判西漢以來的災異與政治關係說，謂政治的禍福並非來自上天的神祕政治，乃取決於治者能否依自然界運行的時序來行事，他說：「災變並發，非天降禍，世主無道。」[10]。

此外，漢武帝實施「罷黜百家，獨尊儒術」的政策，禮制規建逐步繁瑣細密，社會風俗習慣及群體的綱紀端賴此而繫之。禮制雖可調整社會內部秩序，體現大一統的秩序力量，嚴遵也看出漢代禮文制度的弊病在於流於形式，疏離人內在心靈的根源，缺乏真實之情感。他尖銳的批判流於虛文的漢禮，謂：

> 夫禮之為事也，中外相違，華盛而實毀，末隆而本衰，禮薄於忠，權輕於威，信不及義，德不逮仁，為治之末，為亂之元。詐偽所起，忿爭所因，……是故禍亂之所由生，愚惑之所由作也。《老子指歸・卷七》

漢代的禮治至嚴遵的時代已僵化為內外不符的腐敗淵藪，因此，被嚴遵稱為治之末與亂之源，許多政治、社會上的禍害起於這種名實不符的僵化禮教。他透過道家哲學，洞識了漢禮已淪為僵化之體制，及其所帶來的「名」之侷限，儘管如此，禮文制度從運行群體生活的功能而言，仍不失為一種鞏固政局的政治機制，及規範倫常的禮教機制。嚴遵雖批判漢禮之積弊，卻仍肯定其可能的正面價值，他針對漢禮的弊端而思以道家清靜無為的心態救治漢禮能健康的運作。他陳述

---

[10] 同上，卷十二。

了理想的儒道兼綜之禮治,是謂:

> 是以,立民於昭昭,而身處於混冥,教以不知,導以無
> 形,孝悌不顯,仁義不彰,君主無榮,知者無名,無教之
> 教,洽流四海,無為之無通達四方。動與天地同節,靜與道
> 德同容。《老子指歸・卷十一》

榮顯與虛榮導致禮制使人在誘因下,動機變質而生弊端,刻意的彰顯
孝悌仁義的形貌,反而易流於刻板與僵化。嚴遵肯定儒家上仁上義之
君能體道而行,順時而為,禮教之施不違反人性的真摯之情,讓人民
於自然真實的狀態下與禮教契合,過著文質協調和諧的有禮生活。

　　嚴君平的政治思想中,也承襲了《黃老帛書》將道家的無為之治
與法家的法度之治合流的思潮,他吸收了法家政治思想中權能區分,
亦即君臣不同道的理念。《韓非子・主道》謂:「明君之道,使智者
盡其慮,而君因以斷事。……君不窮於能,……臣有其勞,君有其成
功,此之謂賢主之經。」。質言之,知人善任,循法度治政的君逸臣
勞是道法合流下的無為之治,這是嚴遵形成其政治思想的一個重要面
向。因此,他並不全然的接受《老子》絕聖去智的觀點,他要求君主
在選才用人時,應去除己私,大智明察。《老子指歸・卷九》說:
「賢者為佐,聖人為主。」,對嚴遵而言,君主是掌有最高政權者,
持賞罰二柄,立定客觀且具權威性的法律度數,群臣是法律度數的忠
實執行者,所謂:「奉主之法,順天之命」(同前)。道法合流下,
道體法用,亦即道家存有論意涵的道德分流而為法家政治運作意涵的
法術,這是西漢由文、景之治所採的黃老形名、《淮南子》及嚴君平
的《老子指歸》一脈相承的君無為而法與臣有為思想。

第四節　揚雄的知識說及天道論

　　揚雄，字子雲，生於漢宣帝甘露元年（公元前五三年），卒於新朝天鳳五年（公元十八年）。《漢書·揚雄傳》說他是「蜀郡成都人」；明清兩代編修的《郫縣志》說他是郫縣人。〈揚雄傳〉描述他「口吃不能劇談，默而好深湛之思，清靜無為，少嗜欲，不汲汲於富貴，不戚戚於貧賤。」。揚雄青少年時，曾在嚴遵門下讀書，嚴遵的思想和操守對他的一生具有重要的影響。揚雄的著述可分為兩個階段，他在前期熱中辭賦的著作，他寫的辭賦頗似司馬相如，又深受屈原的影響，以諷勸為目的，可惜他對成帝勸而無效，因而改變了他對辭賦的態度；甚至，他此後不再作賦了。揚雄後期著述的興趣主要在哲學和政治方面。〈揚雄傳〉說他「以為經莫大於《易》，故作《太玄》；傳莫大於《論語》，作《法言》。」，《太玄》在結構上模仿《周易》，在思想上吸取《老子》，是本有系統的哲學著作：《法言》論究人生之道及政治社會思想，有別於《太玄》的論述宇宙變化之道。綜觀其著作，《辭賦》、《太玄》、《法言》、《方言》構成了揚雄的主要學術著作。

　　揚雄於《法言·君子》云：「通天地人曰儒」，他肯定人類有認識客觀事物及其規律，也懂得人類生活的能力。《法言·問神》曰：「人心其神矣乎！」、「聖人存神索至，成天下之大順，致天下之大利，和同天人之際，使之無間也。」，「索至」指追求最深的道理。人心具微妙的認識能力，可研求最深的道理，能調和天人，促成天下的大順及大利；綜言之，心是能認知天、地、人、事物的認知主體，亦係能與天地人感通契合為一體境界的本體。

　　人的視、聽、言、貌、思的認知活動是屬於性的，《法言・學行》云：「學者，所以修性也。視、聽、言、貌、思，性所有也。學則正，否則邪。」。知識所以有用，不但在於解決實際的問題，也在於能預見未來的可能性。揚雄強調見聞在增進知識上的重要性，《法言・吾子》云：「多聞則守之以約，多見則守之以卓。」，經驗知識和道德判斷可透過事實的驗證。他說：「君子之言，幽必有驗乎明，遠必有驗乎近，大必有驗乎小，微必有驗乎著；無驗而言之謂妄。」，君子之言，包括知識之言及道德之言，若要檢視其是否真實，則言必有驗，若所言與言及的事實相符應則為真，若言與實不相符則為妄。

　　在天道論方面，他以「玄」作為萬物據以存在與活動的終極根源。揚雄繼承西漢哲學的宇宙生成論，謂「玄」是產生天地萬物的源頭，且將萬物以類相聯，有規律的相聯。「玄」雖無處不在，卻是感官所不能直接感知的。《太玄》〈玄圖〉云：「玄也者，天道也，地道也，人道也。兼三道而天名之。」，「玄」是兼具天道、地道和人道三者的總規律。《太玄》〈玄攡〉曰：

　　　　玄者，幽攡萬類而不見形者也。資陶虛無而生乎規，攡
　　神明而定摹，通同古今以開類，攡措陰陽而發氣，一判一
　　合，天地備矣。天日回行，而剛柔接矣。還復其所，終始定
　　矣。一生一死，性命瑩矣。

「規」指天道成規的天，「神明」指天地，「攡」是舒張展開的意思，「攡」乃聯繫意，「摹」為分判、區畫意，「攡措陰陽而發氣」意謂錯綜陰陽而發出氣來，「天日回行，⋯⋯還復其所」是渾天說的體現，「玄」是統攝萬物的形上實體，具有無處不在的普遍性，因此，萬物是「玄」的體現，攡、陶、生、攡、定、通、開、發係「玄」生成天地人及萬物的活動。

　　《太玄》一書的結構，同以渾天說為基礎的《太初曆》相應[11]。
《太玄》構造了一套「九九大運，與天終始」的框架，全書八十一
首，每首九贊而成七百二十九贊，每兩贊代表一日，再加「踦」、
「嬴」兩贊，共為三百六十五日半，與一年的天數相合；《太初曆》
以冬至為中氣之首。《太玄》以八十一首構成全書，以代表冬至的
「中」為第一首，「中」首表示陽氣將要發生作用，八十一首的世界
發展模式，係由「玄」包括三方；每方三州，共為九州；每州三部，
共為二十七部；每部三家，共為八十一家，其世界組織模式深受當時
所流行的陰陽五行說影響。他將「應」以前的四十首代表著陽氣由微
至盛的發展過程，「應」以後的四十首，則代表陰氣由微至盛的發展
過程。〈太玄圖〉中把八十一首分成始、中、終，各占二十七首，每
九首為一天，八十一首分成九段代表九天，揚雄又把九段的模式與五
行所代表的時間、空間相聯繫，且將五音、五味、五色等與之作為同
類而相比附，他把五行相生視為「玄」之「德」的表現，五行相剋則
是「玄」之「刑」的表現。

　　他在〈玄文〉中為表達世界萬物係一「新故相代，陰陽迭循」的
動態過程，提出了「罔」、「直」、「蒙」、「酋」四概念，他將此
四概念同四方、四季相配合，藉以說明萬物的發展係由無形經過有
形，再到無形的過程，謂為「出冥入冥」。他說「夫道有因有循，有
革有化。」乃以因和革相資為用來說明事物發展的基本規律，在事物
萌發、成長和衰亡的過程中，他指出新生事物雖然微弱，卻富有生命
力，處衰敗運勢的事物則貌似強大，卻是趨於消滅之途的。他認為
「玄」是「發氣」者，「玄」本身不是氣，玄即是宇宙萬物的本根，
亦蘊涵了宇宙變化中周而復始的原理。「玄」的運行方式是往復、是

---

[11]《漢書・揚雄傳》曰：「其用自天元推一晝一夜陰陽數度律曆之紀，九九大運，與天
　終始。……與《太初曆》相應，亦有顓頊之曆焉。」《顓頊曆》為秦曆，《太初曆》
　係在秦曆基礎上，成於漢武帝太初年間。

動靜，通過動靜，宇宙萬有生滅不絕，周而復始，「玄」作為宇宙變化所依循的規律者，顯示了平衡準則。

太玄圖是一玄，三方，九州，二十七部，八十一家，及其所構成八十一「首」，及其中之七百二十九「贊」所構作而成；此太玄圖之圖式是事物發展和運動的綱領，其表達的宇宙發生律則為「同本離生」。該律則謂萬事萬物係由一個本源所分化出來，被分化出來的事物雖有不同，相互間卻又旁通統貫，彼此聯繫，在其宇宙發生論裡，先由「玄」分化出天地，然而，再有宇宙萬物。〈玄攡〉云：「噓則流體，唫則凝形。是故：闔天謂之宇，闢宇謂之宙。」，「噓則流體」指陽氣主發散，成為天體而轉動；「唫則凝形」指陰氣主收斂，成為大地而定形。闔天，指容納蓋覆天地，稱之為「宇」，亦即空間；闢宇，指天地有了開端，稱為「宙」，亦即時間。天地與宇宙是相聯繫的，且有其交感互動的規律。

第五節　揚雄的人性論及政教思想

在人性道德善惡屬性上，揚雄繼承荀子處多於孟子。《法言・修身》曰：「人之性也，善惡混，修其善，則為善人；修其惡，則為惡人。氣也者，所以適善惡之馬也與。」。以氣說人的實然之性，不但承自荀子，亦遠紹告子。由《孟子・告子》得知告子言：「生之謂性。」，性指人生而具有的自然本能、慾望，又云：「性，猶湍水也，決諸東方則東流，決諸西方則西流，人性之無分於善不善也，猶水之無分於東西也。」，告子以為人性本無善惡，卻可經後天外鑠的修養而具有仁義道德之美德。荀子的性惡說指的是人實然的生理及心理機能和慾望，荀子透過其所意謂的知識心靈，可藉「師法之化、禮

義之道」以「化性起偽」[12]；揚雄所謂「善惡混」係以善惡為某種實然的經驗事實，因此，後天的修養是主導善惡混的人性傾向於善或惡的關鍵。揚雄承荀子心之靈明能知及為人身的主宰義，他以心為神明，且以心所發的神明作用言心。[13]若僅以氣性言善惡，不但未能考察善惡的意義為何，而且也不足說明道德本性的存在和其形上依據。

儘管如此，揚雄頗重視後天的學習，與教育對實現君子人格的必要性。《法言·學行》云：「天下有三門：由於情慾，入自禽門；由於禮義，入自人門；由於獨智，入自聖門。」、「禮義之作，有以矣夫！人而不學，雖無憂，如禽何？學者，所以求為君子也。」、「學者所以修性也，視、聽、言、貌、思，性所有也。學則正，否則邪。」，「君子」既是為學的教育目標，為學的內容是禮義，修養的著力點在「視、聽、言、貌、思」的思想與言行，則老師的教導塑造之功能非常必要。《法言·學行》云：

> 務學不如務求師。師者，人之模範也。……一卷之書，必立之師。習乎習，以習非之勝是也，況習是之勝非乎？

若學習不藉教師予以指導，則可能習非而成非，若教師引導學生學習，則學生可以習是而勝非。在師資的品評上，揚雄認為小知之師不足以為人師，能理解事理之根本的大知之師才能引導學生入於聖道，可貴的大知之師才足以為人師。[14]在知識的攝取上，若要廣多聞見以成為智者，則要瞭解「多聞則守之以約，多見則守之以卓。」《法言·吾子》的求知原則。在實現「君子」這一教育目標下，行為規範的踐履較知識的授受更為重要，所謂：「學，行之上也。言之，次

---

[12]《荀子·性惡》。

[13] 揚雄稱心為神，後來宋代理學家也常稱心為神。

[14] 見《法言·問明》。

也。」（《法言・學行》），此外，朋友的砥礪，名譽的崇尚，勤奮有恆是良好學習的配合條件。

　　修性以成就君子人格既為揚雄的教育目標，可見其教育觀係道德取向的人生正道關懷。他注重教師與禮義在道德生活上的規範與陶冶作用，可見他的教育理念是以孔子的儒門為依歸的。他說：「天之道不在仲尼乎？」[15]，因此，學者不但應立志修養成君子，且君子之德必須內外兼修，符合儒家文質彬彬的理想境界。禮義是文飾君子德性人格的儀文，自愛自敬則是禮文所要表達的品德及人文精神的內涵了。[16]至於德性修養的實踐性起點則在於孝悌，《法言》一書中特別闢了〈孝至〉，孝愛之情沐乎天理，是天倫之親的根本，孝愛之情不只是汩汩血緣的親子相承關係，且是生命意識深處所涵有的沛然感恩與敬愛之情，是人子反哺報恩的生命倫理基礎。

　　在治道方面，揚雄提出「道有因有革」的觀點。《太玄・玄瑩》云：「夫道有因有循，有革有化。因而循之，與道神之；革而化之，與時宜之。故因而能革，天道乃得；革而能因，天道乃馴。……知因而不知革，物失其則；知革而不知因，物失其均。」，從政治歷史觀之，有因有革是治道的普遍規律。「因」與「革」不但是治道應採取的方法，且有其實施的原則，「因」要合乎「理」，「革」要合乎「時」，因此，面對傳統的治道透過理性的省察與批判，視其是否合理合時，合則因循，不合則革新。先王的政治信仰、法度與禮樂制度皆然，務求因應變化，得其時宜的合理性。例如，在歷史不斷的變遷發展中，值西漢末年，讖緯流行，天人感應的思想與迷信瀰漫一時，至王莽時變本加厲，其假讖緯符命，災異怪誕之說不勝枚舉。揚雄對天人感應、鬼神仙怪及長生不死等迷信嚴加批判，他以「疾虛妄」來

---

15 見《法言・學行》。
16 《法言・君子》曰：「自愛，仁之至也；自敬，禮之致也。」。

表示病世風之虛妄;「疾」猶荀子〈非十二子〉的「非」字,「虛」者不實,「妄」者不真。同時,他對讖緯符命、天瑞占星及五德終始說皆視為無驗不實之妄說,這些傳統的說法都應該革除。

在合理合時的可因循部分,是以儒家為本的仁政、德治、尚賢及禮樂教化等理想,其中,以德化天下是最高的政治理想。《法言・先知》云:

> 君子為國,張其綱紀,議其教化。導之以仁,則下不相
> 盜。臨之以政,則下不相詐。修之以禮義,則下多德讓。

以具有教化功能的綱紀,亦即指具有法度形態的禮義,禮義的教化目的在教導人民明於人倫,崇尚禮義,趨善而抑惡。《法言・五百》謂:「川有防,器有範,見禮教之至也。」,禮教不僅於規範人民的社會行為以防患惡行,更具有教化人民,使之明禮尚義,達到化民成俗的德治理想,蓋禮針對人的性情之向外活動而規範以人倫秩序。因此,在人際互動中,言行發乎情節止於禮規,則可使人趨於中正和平而消弭爭亂失序的亂象。總之,揚雄承繼了儒家傳統的政治理念,那就是,政治是道德人倫的延伸。

第五章

漢代的經學及讖緯學

第一節 「經」與經學

　　孔子之前，學在王官，學術與教育為貴族所專有。孔子刪詩、書，定禮樂，贊易，作春秋，可算是整理修訂，不能視為嚴格義的著作。孔子自稱「述而不作」，馮友蘭解釋為「以述為作」是有道理的。孔子對所整理修訂的典籍典制未稱之為「經」，後人稱「經」未必是歸因為孔子所作。蓋儒家之外，其他家的典籍，例如：老子的《道德經》；墨子的《經》、《經說》、《漢書·藝文志·方技略》有黃帝內經、外經之醫書等皆稱「經」，「經」字本義原是「織從絲」。《文心雕龍·宗經》云：「經也者，恒久之至道，不刊之鴻教也。」、〈釋名釋藝典〉謂：「經，徑也。如徑路無所不通，可常用也。」可見「經」是載「道」的，「道」是普遍的、不變的常理常道。因此，「經」所載記的當指宇宙人生可長久依循的常理常道。凡一學派所治之學若言之有據，持之有理，且系統化為一套常理常則者，其著作皆可視為「經」，具經典之作的意義。

　　六經被稱為「經」，首見於《莊子·天運》所載孔子嘗謂老聃曰：「丘治詩、書、禮、樂、易、春秋六經以為文。」，但是〈天運〉為《莊子》外篇，外篇文字頗多偽託，是否為秦以前的文字，不無可疑，且莊子筆下所記孔子的話，也頗多疑問。《荀子·勸學》云：「學惡乎始？惡乎終？始乎誦經，終乎讀禮。」，可見戰國末年確有對詩書稱「經」的事實。儒家之書，以這六者為經，當首見於《禮記·經解》謂：「入其國，其教可知也；其為人也，溫柔敦厚，詩教也；疏通致遠，書教也；廣博易良，樂教也；絜靜精微，易教也；恭儉莊敬，禮教也；屬辭比事，春秋教也。」，這段話雖然是儒

家經典論六經旨要的最早文獻，但是仍有商榷處，蓋〈經解〉的行文之間，對所述六種儒典並未稱經。《禮記》係七十子後學所記，〈經解〉所用「經」字，其涵義可能同於《禮記·中庸》所云：「經綸天下之大經」的「經」字意思；若是，則該篇所指的這六種儒門典籍，為經綸天下之大經，分別有其人文教育之意義和價值。

以「經」之名尊稱儒典始於漢武帝立五經博士。《漢書·武帝本紀·建元五年》載曰：「春，罷三銖錢，行半兩錢。置五經博士。」。這是首見「五經」處，未見樂經，可能彼時已佚失。值得說明者，齊魯韓三家詩立博士皆在武帝前，[1] 但是只被尊稱為詩博士，並無「經」博士之尊稱；漢武帝立五經博士後，「經」遂成為正式且普遍化的尊儒典之名稱。雖然，儒家之稱「經」先早於荀子，次見於《禮記·經解》，官方稱儒經則始於漢武帝；至於「經」字和書名連在一起，則至南宋時才有的，[2]「六經」另外被稱為「六藝」，也是漢人的稱法。最早見於賈誼《新書·六藝》所載：「詩、書、易、春秋、禮、樂，六者之術，謂之六藝。」；此外，《史記·孔子世家》也稱六經為六藝。班固在《漢書·藝文志·六藝略》中將儒典列為九種書序：易、書、詩、禮、樂、春秋、論語、孝經、小學。如此，經書的範圍被擴大了。雖然，在班固書序中列於後的論語、孝經和小學未立博士，無與六經並列的地位，但是，班固這一列書序法，已將六藝擴大成儒家經典的總稱了。

漢武帝實行罷黜百家、獨尊儒術的政策，係先前經過儒學復興及

---

[1] 《漢書·儒林傳》載：「韓嬰，燕人也，孝文時為博士。」、「轅固，齊人也，以治詩，孝景時為博士。」《漢書·楚元王傳》載曰：「文帝時，聞申公為詩最精，以為博士。元王好詩，諸子皆讀詩。申公始為詩傳，號魯傳。」

[2] 今人屈萬里考宋人廖剛的《詩經講義》為最早用「詩經」二字者，此書約成於南宋初年，其後，「易經」、「書經」、「詩經」等成了普遍性的稱法。

儒道互絀二個歷史發展的過程。[3]漢武帝獨尊儒術乃採取了董仲舒「天人三策」的主張。其中的策三云：

> 《春秋》大一統者，天地之常經，古今之通誼也。今師異道，人異論，百家殊方，指意不同，是以上亡以持一統法制數變，下不知所守。臣愚以為諸不在六藝之利，孔子之術者，皆絕其道，勿使並進，邪僻之說滅息，然後統紀可一而法度可明，民知所從矣。[4]

在獨尊儒術中，《詩》、《書》、《禮》、《易》、《春秋》五部儒書被朝廷法定為「經典」，這五本經典規範了政治和社會生活秩序，也凝聚了官方的意識型態。既確立了「經」，也就衍生了「經學」，首見於《漢書‧兒寬傳》謂武帝時：「以寬為掾，舉待御史，見上。語經學，上說（悅之）。」。在漢代所謂「經學」係指儒家者流和官僚集團對朝廷所法定之「經典」的闡發和論說，由此而累積建構的學問。就與經學密切相關的五經博士而言，文帝時，《詩》已列入學官；景帝時，胡毋生和董仲舒皆以治《春秋》為博士，可知《春秋》已列入學官，因此，武帝只是增置了《易》、《尚書》和《禮》的博士。

---

3 章權才《兩漢經學史》，臺北：萬卷樓圖書有限公司，一九九五年初版，頁84～87。

4 《漢書‧董仲舒傳》。至於對策出於何年？有下列四說：建元元年說，司馬光《通鑑考異》主之；建元五年說，齊召南《漢書考證》主之；元光元年說，王先謙《漢書補注》主之；元朔五年說，今人蘇誠鑑《董仲舒對策在元朔五年議》主之。其中以元光元年說較具說服力。

第二節　漢代經學中的師法、家法與今古文之爭

　　「師法」在先秦儒學的《荀子·儒效》就已提出，所謂：「人有師有法而知，則速通；勇，則速威；云能，則速成；察，則速盡；辯，則速論，故有師法者，人之大寶也；無師法者，人之大殃也。」。荀子強調師法主張以儒為師，為儒家注入凝聚力，且藉此而建立師道與學統。漢初的「師法」固緣於秦火後，不得不依賴宿儒憑記憶口授來學習，宿儒們對經文音義、注疏、訓詁有其特定的說法，從學的人只能遵循，不能改變，這種授受的途徑，久之形成所謂「師法」。事實上，漢初所提的「師法」係對先秦儒家傳統的繼承和在客觀形勢的需求下的新發展。

　　皮錫瑞在《經學歷史》說：「漢人最重師法，師之所傳，弟之所受，一字毋敢出入；背師說即不用。師法之嚴如此。」[5]。漢初的師法可溯自漢初的經學先師，亦即武帝建元前後，經學先師們對五經的傳授。《史記·儒林傳》曰：

　　　　言《詩》於魯則申培公，於齊則轅固生，於燕則韓太
　　　傅。言《尚書》，自濟南伏生。言《禮》，自魯高堂生。言
　　　《易》，自菑川田生。言《春秋》，於齊、魯自胡毋生，於
　　　趙自董仲舒。

---

[5] 皮錫瑞《經學歷史》第三章〈經學昌明時代〉，臺北：河洛圖書出版社，一九七四年初
　　版，頁77。

經學師法初生時，內容較素樸，主要體現在篇目、經文、音義、訓詁等方面。經師們對經義之闡發逐步建立暸解釋體系，同時，經義的闡發有各種表現形式，其所形成的「條例」乃是主要形式。「例」源於《春秋》之立例以求義，《春秋》藉事以明義，事之類型有限，而義之差別無窮，故立標識以表示，避免混淆。春秋之文，凡事同而詞同者，後人謂之「例」或「正例」，取天地之常經義；事同而詞異者為「變例」，乃古今之通義。「例」的概念可藉文例、義例和法來理解，文例即行文，同類相歸，書法一致，係例的表現形式；義例是例的實質內容，藉事以明義；法是行為規範的法則義。總之，「例」可說是以特定的「義」所建立的「法」。

　　五經博士初立時，各經學先師分別建立其師法，例如：《易》經的承傳脈絡中，據《漢書‧儒林傳》所載，田何是孔子授易的六傳弟子，《易》在秦代視為卜筮之事而免於禁書之列。田何傳《易》在入漢之後，王同、周王孫、丁寬、服生為田何傳《易》的四位高足，均著有《易傳》數篇，田何定的師法藉這四位高足的說法可彰顯出來。師法之產生與漢初立五經博士時，考慮如何確立經典文本、擇取經義、選拔經師……等有關，師法確立後，又衍生了家法。皮錫瑞說明了其間的分別和關係，他說：

　　　　前漢重師法，後漢重家法。先有師法，而後能成一家之言。師法者，溯其源；家法者，衍其流也。師法家法所以分者：如《易》有施、孟、梁丘之學，是師法；施家有張（禹）、彭（宣）之學，孟有翟（牧）、白（光）之學，梁丘有士孫（張）、鄧（彭祖）、衡（咸）之學，是家法。家法從師法分出，而施、孟、梁丘之師法又從田王孫一師分出者也。[6]

---

[6] 同上，第四章〈經學極盛時代〉，頁136。

　　就師法與家法的歷史發展而言，兩漢經師的師授，大抵在歷程上經過三階段，其一是漢武帝時期產生了第一代經學先師和師法；其二是在昭、宣之後，產生了第二代經學大師和家法；其三是在西漢末年至東漢，家法又衍生了眾多學派。第一代經師及其弟子們思想較激進，好論政，主要特徵有：歌頌「去無道，開有德」、肯定「禪讓」和「讓賢」、謳歌「明堂」自由議政以致趙綰、王臧等招致殺身之禍。雖然，初期經學思想有些不受朝廷歡迎，但是，「師法」中也有些理論和主張受到朝廷重視。這些受朝廷重視的言論諸如別內外、差賢不肖、分上下、辨尊卑貴賤等原則可促成朝廷建立穩定的社會政治秩序和規範，有鞏固政權的實利，這也是漢政權所以尊經尊儒，確立經學及師法權威的原因之一。例如：象數易學家標新立異，曾詐言其師田王孫死前獨傳侯陰陽災變書給他，後來，同門揭發他，朝廷得知他改師法遂不任他為博士。蓋田王孫的師法溯自田何，孟喜改了田王孫的師法也就是偏離了田何的師法，茲事體大，朝廷為維護權威不得不重視。五經的受朝廷重視與否端繫於內容之不同而異，其中，最受朝廷所重視者為標榜大一統思想的《春秋公羊學》。[7]

　　漢武帝獨尊儒術，基本上是以統一思想為手段來達成政治大一統的目的，就民族文化及學術思想這一視域而言，利弊互生。獨尊儒術，統一思想於儒家，其優點在確立儒家思想在中華民族的文化與精神上的主流地位，有助於凝聚文化意識，建立人倫道德的共識，鞏固國家的統一；其缺點是使學術文化定於一尊而趨於一元化，不利於多元化的百家思想自由蓬勃的發展。雖然，罷黜百家並未真正貫徹，蓋百家思想只要具普效性的價值，就不易在生活實用面上被消滅，例如：陰陽家的曆法、醫家的醫藥、兵家的軍事學、法家的律令制度、道家的治術和養生術等等。再者，獨尊儒術則儒家聖人和經典成了判

---

[7] 同註3，頁80～103。

斷是非的絕對標準，營造了國家與社會的意識型態。一方面，這一舉措導致了儒學的獨大與膨脹，吾人由清代《四庫全書總目》所載錄歷代研究儒學的專著和子部中涉及儒學者，相當於諸子研究成果的總和。另方面，儒法合流的漢代儒家思想提倡君尊臣卑等倫理思想，強化了君權，助長了君主專制政體，不但造成中國此後專制之弊害，也阻礙了個人思想的發展，迫害有識之士，甚至儒學內部的爭議也受到專制政權之箝制，今古文經學之爭，就是一明證。

　　漢惠帝四年下除挾書律，蒐集古籍以求文化之承傳，於是，秦亡之前，私藏未焚之書，次第出現。早先出現的經書，為《尚書》伏生所傳和三家詩等，皆用隸書寫出；武帝晚期，魯恭王壞孔子宅，於壞壁中發現秦前文字所寫成之《尚書》、《禮記》、《禮》、《春秋》、《論語》、《孝經》；哀帝時，劉歆校祕書，得《周禮》、《左氏傳》，又《毛公傳》、《詩經》，都是用古文寫的，於是，乃生今古文之別。在五經中，今文多在先，且都設立了博士，計有《易》的施、孟、梁丘、京四家；《書》的歐陽、大、小夏侯三家；《詩》的齊、魯、韓三家；《禮》的大、小戴二家；《公羊》的嚴、顏二家，共為十四博士，全屬今文家。俟古文經被發現後，今文家持反對古文經立場，指其為偽造，至此，今古文演變成對立局面。

　　今古文之爭，始於劉歆提議古文經傳如古文尚書、易禮、左氏春秋應立於學官，遂引發今文家的強烈反對。由西漢末年持續到東漢末年，爭論不絕了兩百年，直到鄭玄注群經，雜揉了今古文之說，才告一段落。大體而言，今古文學之間存在著不可調和的差異性。今文經學指六經大部分是孔子作的，其中所雜前代史料為孔子托古改制之憑藉，以便能微言大義，六經的主旨在義不在史事的記載；古文經學家認為六經皆屬前代史料，清人章學誠「六經皆史說」即本於此，古文家認為孔子述而不作，信而好古，整理前代史料以承續文化。今文家指斥古文家偽造經書，顛倒五經；古文家指責今文家保殘守缺，黨同

妒真。茲轉取一表[8]以示今古文學差異之大要。

今　　文　　學	古　　文　　學
1. 崇奉孔子	1. 崇奉周公
2. 尊孔子為受命之素王	2. 尊孔子為先師
3. 視孔子為哲學家、政治家、教育家	3. 視孔子為史學家
4. 以孔子為托古改制	4. 以孔子為信而好古，述而不作
5. 以六經為孔子所作	5. 以六經為古代史料
6. 以春秋公羊傳為主	6. 以周禮為主
7. 為經學派	7. 為史學派
8. 經的傳授多可考	8. 經的傳授不大可考
9. 西漢皆立於學官	9. 西漢多行於民間
10. 盛行於西漢	10. 盛行於東漢
11. 斥古文經為劉歆偽造之作	11. 斥今文經為秦火殘缺之餘
12. 今存儀禮、公羊、穀梁及小戴禮記、大戴禮記、韓詩外傳	12. 今存毛詩、周禮、左傳
13. 信緯書，以為孔子微言大義間有存者	13. 斥緯書為誣妄

今古文經之異，透過這一對比性的比較表或可清楚些，但是此表係今文家學者所列，難免稍帶今文家的主觀成分，例如：古文經學第八條「經的傳授不大可考」即為一例。若從哲學的觀點來考察用漢代通行的隸書所寫的今文經，與用先秦篆書寫的古文經，在解釋經書的內容立場上有何得失，則可借用周予同為皮錫瑞《經學歷史》所寫的序言中一段話可明示：

　　今文學以孔子為政治家，以「六經」為孔子政治之說，

---

8 此表轉引自王靜芝編著《經學通論》，臺北：國立編譯館出版，一九七二年初版，頁88～89。

所以偏重於「微言大義」，其特色為功利的，而其流弊為狂妄；古文學以孔子為史學家，以「六經」為孔子整理古代史料之書，所以偏重於「名物訓詁」，其特色為考證的，而其流弊為繁瑣。[9]

第三節　讖緯與經學

「讖」指圖讖或讖記，「緯」指緯書或緯學。讖由來已久，西漢成、哀之後開始流行，經王莽、劉秀極力提倡，曾為一主流政治思想。讖屬「詭為隱語，預決吉凶」的神祕預言，《後漢書·方術傳》謂：「王莽矯用符命，及光武尤信讖言，士之赴趣時宜者，皆騁馳穿鑿，爭談之也。」。漢人為了提高讖言的權威性，利用孔子聖人的尊號及儒典來附會，例如：附會於《春秋經》者有《春秋讖》，附會於《詩經》者有《詩讖》。讖在治世可成為鞏固政權之工具，在亂世可收籠絡人心為奪權效力。

若「經」為織布的縱線，則「緯」為織布的橫線；五經既已確定，則緯書為另編的新書以表示與經相配合。讖緯是經學的支流。讖屬迷信預言，緯書的內容則很複雜，由目前輯佚的部分緯書資料觀之，既有注解經書的內容，也有譏諷時弊者，有神化孔子的荒誕之言，也有「地有四遊」之科學臆想。自西漢哀、平以後至東漢前期，編緯書已蔚成一潮流，且也附會於經書，於是，圖讖與緯書合流，成一思潮，後代合稱讖緯。

至於讖緯的源流，秦漢以來出現一批方士化的儒生，將陰陽數術

---

[9] 同註5，〈序言〉頁3。

帶進儒學裡。董仲舒雜揉儒、道、法、陰陽家的思想，建構了神祕化的天人感應說，成為後來讖緯災異說的主導思想。漢代方士化的儒生為了使經學與政治和現實利害結合在一起，神化了孔子，他們把六經加上神祕的色彩，提出了「孔子為漢制法」的預言；這些方士化的儒生製造了許多讖緯，強化了經學的權威性和正統地位。王莽時徵通「天文、圖讖、鐘律、月令、兵法」等「天下異能之士，至者前後千數。」[10]，這是方術之士得以大量製造圖讖，將零星的讖語，匯成篇籍的主要原因之一。東漢光武帝的中興也是利用了讖緯，且提倡之，因此，東漢時研習讖緯形成一股流風，甚至，善於附會圖讖者得以加官進爵，而反對圖讖者如桓譚則被貶黜。就儒典的文本性質而言，與讖緯存在很大的差異，茲轉載一對比表[11]如下：

儒 典 文 本	讖　　　緯
1. 古代的歷史文獻	1. 編造和雜揉古代的神話傳說
2. 孔子編輯整理的教科書	2. 方士化儒生編造的神學祕典
3. 孔子為導師聖人	3. 孔子不僅是聖而且是神
4. 不語怪力、亂神，不知見缺	4. 記神話離奇怪誕之說，無所不知，無所不曉
5. 語言明晰，以歷史為根據和借鑒	5. 詭為隱語，預示當前及未來的吉凶禍福
6. 經者正也，七經為儒學正宗思想	6. 緯以附經，七緯為儒教神學異端
7. 經為史學、哲學	7. 讖緯為神學宗教

　　讖在先，緯在後，讖緯附經，原以輔經為目的，可是，讖緯在東漢時代，被號稱「內學」，尊為「祕經」，盛極一時。彼時讖緯不但提升到與經典同等的地位，且有後來居上，取代經學的趨勢。

10《漢書‧王莽傳上》。
11 轉錄於鍾肇鵬著《讖緯論略‧前言》，臺北：洪葉文化事業有限公司，一九九四年初版，頁5。

第四節　讖緯的哲學思想

　　讖緯的內容雖博雜而豐富，其中也有具哲學思想者，大略而言有天人感應說、卦氣說、《周易‧乾鑿度》的宇宙發生論及人倫規範。天人感應說承自董仲舒，董氏認為吾人可透過陰陽五行之氣的運行變化來窺測天意；他在《春秋繁露‧陰陽義》云：「以類合之，天人一也。」。天人之間既屬同類，則可相互感通應合，人體內的陰陽五行之氣與天地間所充滿著的陰陽五行之氣是相通的，天人之間可藉此而相互感應。《易緯‧通卦驗》發揮了董仲舒的天人感應災異說。《春秋繁露‧必仁且智》云：「災者，天之譴也；異者，天之威也。」；〈通卦驗〉進而指出：日月蝕、地震、五穀不登、飄風折木、大水、雷電擊人等災異是由於君臣失職，不順天地、不敬事宗廟社稷，以致遭引天對君主的警告、譴責。《易緯‧稽覽圖》解釋寒溫顛倒，氣候異常，係因有道之臣不見用於不肖之君，即「有實無貌」。或因巧佞之臣以逢迎時君而致富貴，亦即「有貌無實」而導致天人感應之反應。

　　孟喜的卦氣說及承繼他的京房「京宮八卦」、六日七分說，開漢代占驗取象的象數易學。所謂卦氣說，大體上是把六十四卦的卦爻符號系統同曆數、氣象結合起來，進行占驗，預測吉凶禍福。具體言之，那就是把六十四卦與一年的四季、十二月、二十四節氣、七十二氣候、三百六十日配合起來進行占驗。在古代農業社會，時令季節、天候對農業生產的內容和時機有重要的決定性，物候是節氣的標誌。依循物候來從事農業生產，不違農時，則可獲致豐收和生活上的順利吉祥；反之，若不察物候，違逆農時，則農事欠收，不利於生計而遭

凶禍。卦氣說內容的繁瑣博雜易於附會天人感應和隨意自圓其說，《易緯》中如〈乾鑿度〉、〈稽覽圖〉、〈通卦驗〉等，以卦氣占驗災祥，解釋天人感應。屬於孟京象數易學一派的《易緯》卦氣說，把曆法、氣象和八卦牽扯起來，宣稱卦氣決定時令的順序及節候的變化，且更進一步的將物候、災異之出現與政治、人事、帝王的措施是否適當，甚至與個人的品行附會起來以示天人感應說。

在《易緯》之中，以〈乾鑿度〉首尾一貫，頗富哲學思想，《四庫提要》指該篇「於《易》旨有所發明，較他緯獨為醇正。」，該篇也是《易緯》八種中保存最完整者，它對宇宙發生論有較具系統性的說明。〈乾鑿度〉卷上云：

> 夫有形生於無形，乾坤安從生？故曰：有太易、有太初、有太始、有太素也。太易者，未見氣也。太初者，氣之始也。太始者，形之始也。太素者，質之始也。氣、形、質具而為離，故曰渾淪。渾淪者，言萬物相渾成而未相離，視之不見，聽之不聞，循之不得，故曰易也。易無形畔，易變而為一，一變而為七，七變而為九，九者氣變之究也，乃復變而為一。一者形變之始，清輕者上為天，濁重者下為地。

文中所言「太易」、「太初」、「太始」、「太素」、「渾淪」、「天地」等等，皆係涉及宇宙生成論的語詞。「太易」乃「未見氣」的階段，「太初」為「氣之始」乃「氣」的始萌芽狀態。「太始」和「太素」是「氣」在初生之後的兩個階段，分別為「形之始」和「質之始」。「太初」和「太始」、「太素」乃是〈乾鑿度〉所謂的「氣、形、質具」，此三者不相離，故曰渾淪，為三者相具含的整全狀態。鄭玄注〈乾鑿度〉卷上說：「以其寂然無物，故名之為太易。」。吾人觀該卷所描述從「太易」至產生「天地」的過程，就是

「由無生有」的宇宙生成過程。「太初」、「渾淪」用語分別來自《莊子》、《淮南子》,「一」、「七」、「九」來自《易》。就宇宙生成的程序而言,「渾淪」以上為形而上的「道」之層次。「一者形變之始」的「一」乃象生乾坤之太極,據〈乾鑿度〉:「乾、坤相並而生」一語可知。「一變為七,七變為九」當指器物界或現象界之變易層次。

〈乾鑿度〉從《易・繫辭上傳》天地上下尊卑的說法,結合了董仲舒君為臣綱、君主臣順的三綱式倫理。該篇卷上云:「天動而施曰仁,地靜而理曰義。仁成而上,義成而下,上者專制,下者順從。正形於人,則道德立而尊卑定矣。」,這是在漢代確立中央集權制下的儒法合流之威權政治倫理。〈乾鑿度〉以《易》的宇宙論為基礎,企圖論證三綱及五常倫理之合理性。卷上曰:「《易》者所以經天地,理人倫,而明王道。是故八卦以建,五氣以立,五常以之行,象法乾坤,順陰陽,以正君臣、父子、夫婦之義。」,又云:「道興於仁,立於禮,理於義,定於信,成於智,五者道德之分,天人之際也。」。這是承西漢以五行的架構解釋一切,將仁、禮、義、信、智比附配對五行之方位、秩序和特性的傳統,五常德稟於五氣,合於「天意」。

第五節 《白虎通義》與讖緯

漢武帝設「五經」博士,及東漢,立了十四博士。《易》為施、孟、梁丘、京氏;《書》為歐陽、大小夏侯三家;《詩》為魯、齊、韓三家;《禮》為大小戴;《春秋》為《公羊》嚴、顏二家。就派別而言,經有數家,家有數說,各家所持的繁瑣章句,多者達數十、百

萬言。漢章帝建初四年（公元七九年）召集儒生們聚集於白虎觀，講論「五經」同異，這是一次統一經義經說的會議。東漢章帝不但親臨，且親自裁決，做出結論。章帝命令班固將會議結論予以編輯，定名為《白虎通義》或《白虎通》[12]，這是皇帝欽定的儒典，在東漢深具權威性。《白虎通義》雖兼採古文經說，卻以今文經學為主，其中又大量徵引讖緯，蓋讖緯在彼時被尊為「祕經」、「內學」，被認為是孔子的心傳和微言大義。

擬人化的「天」是《白虎通義》崇信的至上神，係具意志性和權威性的「上帝」，天鑒視且譴告懲戒時君。《白虎通義·災變》云：「天所以有災變何？所以譴告人君，覺悟其行，欲令悔過修德，深思慮也。」，君主施政若能順承天意，則天人之際的感應可使陰陽和諧，萬物並育，天且會降符瑞以示嘉獎。《白虎通義》深受緯書影響，認為統理一切的天是至高無上的，對宇宙萬物的生成論，也係吸收《易緯》的說法，兩者咸認為「元氣」或「氣」是由上天所派生。《白虎通義》採用緯書的說法，謂：「人稟陰陽氣而生，故內懷五性六情。……陽氣者仁，陰氣者貪，故情有利慾，性有仁也。」，人的生命由天所生，陰陽五行之氣不但具體的形構成人，且決定人的性情，人之「性」本於陽氣，具有仁愛親和的屬性；人之「情」本於陰氣，傾向於冷漠、貪婪。[13]

《白虎通義》的人倫道德觀係董仲舒與讖緯的合流。《易緯·乾鑿度》說：「八卦之序成立，則五氣變形。故人生而應八卦之體，得五氣以為五常。」，對照《白虎通義》，則有〈情性〉云：「故人生而應八卦之體，得五氣以為常，仁、義、禮、智、信是也。」。董仲舒儒法合流的「三綱」說，有源於《韓非子》者，《韓非子·忠孝》

---

[12] 對該書的稱法，《後漢書·班固傳》稱《白虎通德論》；《隋書》、《舊唐書》稱《白虎通》；《新唐書》稱《白虎通義》。

[13] 此意通於《孝經·援神契》所謂：「情生於陰，以計念；性性於陽，以理契。」。

說：「臣事君，子事父，妻事夫，三者順則天下治；三者逆，則天下亂；此天下之常道也。」，「常道」指綱常，亦即不可變的法則。董仲舒謂：「王道之三綱可求於天」[14]，他用至高無上的神權、天經地義、陰陽之道來論證君為臣綱、父為子綱和夫為妻綱的「三綱」說。他認為三綱和五常是「王道」，是絕對的不變法則，所謂：「道之大原出於天，天不變，道亦不變。」[15]，緯書和《白虎通義》予以發展。緯書是經書的支流，其義據經書，然而也衍及旁義，三綱大義為後世名教所尊，儒家經典無明文載之，乃見於《禮緯·含文嘉》。《白虎通義·三綱六紀》引之，且進一步的闡釋，謂：

> 三綱者何謂也？謂君臣、父子、夫婦也。六紀者謂諸
> 父、兄弟、族人、諸舅、師長、朋友也。故〈含文嘉〉曰：
> 「君為臣綱，父為子綱，夫為妻綱。」又曰：「敬諸父兄，
> 六紀道行。諸舅有義，族人有序，昆弟有親，師長有尊，朋
> 友有舊。」何謂綱紀，綱者張也，紀者理也。大者為綱，小
> 者為紀，所以張理上下，整齊人道也。

「紀」由「綱」衍生，較綱低一層。三綱說由董仲舒提出，確立了君權、父權和夫權；緯書和《白虎通義》進行了理論的闡述和體系的完成，成為後世人倫道德的總綱。荀悅說：「仁義之大體，在於三綱六紀。」[16]，三綱說定位了君尊臣卑，男尊女卑的位差倫理，提振了君權、父權和夫權，後世帝王一直都予以肯認和提倡。

　　由《白虎通義》所確立的讖緯經學成為東漢的正統思想，《白虎

---

14 《春秋繁露·基義》。

15 《漢書·本傳》。

16 《漢紀·成帝紀》。

通義》大量援據了讖緯,明顯稱引讖緯者就多達二十多處,若將《白虎通義》與讖緯對照,則「百分之九十的內容出於讖緯。」[17]。《白虎通義》引證經典,遇有經有緯者,往往先引讖緯,再引經書,這種先用讖後引經的現象,反映了在《白虎通義》中讖緯的地位甚至高於五經。《白虎通義》的核心思想仍在君權天命的天人感應說,受天命的帝王君主都是「聖人」。讖緯中言天人感應之感生、異貌、受命、符瑞、封禪等神權政治的儀範,《白虎通義》予以繼承和肯認。

就產生《白虎通義》的白虎觀經學會議之背景和意義而言,約有數端,此會議是東漢繼西漢宣帝石渠經學會議而有的大規模、長時間之經學會議。就彼時今古經之消長而言,今文經在師法家法的分化發展下,所傳經籍在章句注解上繁多瑣碎;據桓譚《新論》和劉勰《文心雕龍》所言,秦延君解《尚書》注「曰若稽古」四字就已長達二萬言,注〈堯典〉篇名就達十餘萬字。經學家如此繁瑣釋經,在彼時並非孤例,今文經學的大義在當時被責難為「章句小儒,破碎大義。」;至於古文經學,其內涵有可待發揮處,《古文尚書》、《毛詩》、《穀梁》、《左氏春秋》等雖不立學官,卻被朝廷擢高第為講郎。今文經學的章句繁瑣有待刪汰的需要,古文經學有被扶持的期待,為了緩和今古文學家的第三次鬥爭,尋找共同的思想基礎,確立維繫漢政權的意識型態,漢章帝「稱制臨決」在所召開的大會中「撰定國憲」[18],產生了《白虎通義》一書。

至於《白虎通義》的思想基調,係以今文經學為主調,融匯包括古文經學在內的各家學說之集合體,不但引用「經書」,且引用「讖書」和「緯書」。它實現了章帝所提出的「扶進微學,尊廣道義」的指導思想,它在「尊廣道義」的旁徵博引中引用了《周禮》、《論

---

17 侯外廬《中國思想通史》卷二,北京:人民出版社,一九九二年六刷,頁229。
18 《後漢書‧曹褒傳論》云:「孝章永言前王,明發興作,專命禮臣,撰定國憲,洋洋乎盛德之事焉。」班固所言的「國憲」意指由《白虎通義》及《漢禮》所構成書。

語》和《孝經》，提升了此三書的地位。它在綜攝融匯諸學中以鞏固
封建禮教為主，其中〈爵邑〉、〈分封〉、〈世襲〉、〈宗法〉和
〈三綱六紀〉等篇，用嚴明社會高低之序的「等級」所貫穿，塑造了
延伸至魏晉時代的世家豪族。《白虎通義》針對親屬血緣的宗法社會
結構，凝聚宗族情感，建構嚴密的宗族倫理網絡。書中有一節篇幅專
論「宗族」，對「宗」和「族」的性質、倫理及目的做了說明，它
說：「宗者何謂也？宗者，尊也，為先祖主者，宗人之所尊也。……
古者所以必有宗何也？所以長和睦也。大宗能率小宗，小宗能率群
弟，通其有無，所以紀理族人也。」，又說：「族者何也？族者，湊
也，聚也，謂恩愛相流湊也。……生相親愛、死相哀痛，有會聚之
道，故謂之族。《尚書》曰：以親九族。族所以有九何？九之為言究
也。親疏恩愛究竟，謂之九族也。」。此外，《白虎通義》中有「姓
名」一節，謂：「人所以有姓何？所以崇恩愛，厚親親，遠禽獸，別
婚姻也。故紀世別類，使生相愛，死相哀，同姓不得相聚者，皆為重
人類。」。最值得重視者，乃是《白虎通義》強化三綱六紀為統攝家
庭、社會和政治的全面倫理網羅，穩固和永續漢政權的王朝。書中的
〈三綱六紀〉對全國統攝性的綱常倫教，提出了扼要的說明，所謂：
「三綱者何謂也？謂君臣、父子、夫婦也。六紀者，謂諸父、兄弟、
族人、諸舅、師長、朋友也。故〈含文嘉〉曰：君為臣綱，父為子
綱，夫為妻綱。又曰：敬諸父兄，六紀道行；諸舅有義，族人有序，
兄弟有親，師長有尊，朋友有舊。」，基本上係屬於宗族倫理的取
向。

第六章

東漢批判時弊的
理性思潮

第一節　王充的哲學

王充（公元二七～九一至九六年之間）字仲任，會稽上虞（今浙江省）人，東漢前期具代表性的哲學家，著作有《譏俗》、《政務》、《養性》等已佚之三書，以及現仍流傳的《論衡》一書。兩晉之際的葛洪及寫《後漢書・王充傳》的范曄所見到的《論衡》都是八十五篇本。王充此書具爭議性，譽者讚為「冠倫大才」，貶者斥為「詆毀聖賢」。王充在《論衡》中具自傳性的〈自紀〉，自謂著書的主旨在「考論實虛」；從破時弊而言，著力於「疾虛妄」，從立義而言，旨在經過辨真偽、審虛實後「使俗務實誠」，亦即「求實誠」。王充樹立實事求是的準則，儘管是儒典，只要有背「實」處，也就事論事的予以問難、譏刺。是以《論衡》書中有〈問孔〉、〈刺孟〉、〈非韓〉，打破時人迷信與尊古的弊端；因此，書中有〈變虛〉、〈疑虛〉、〈惑虛〉……等篇，以理性的思辨來批判漢代以來所流行的陰陽五行災異之說。王充推尊桓譚的理性精神，力倡平實的理性務實哲學，凝聚成一時代的思潮，為其後的王符及漢末的仲長統、荀悅、徐幹承繼。茲分述王充的宇宙論、性命觀、知識論。

一、自然氣化的宇宙觀

王充遠承先秦荀子天的自然義、道家「道」的自然無為義，近接西漢儒學的氣化觀，融匯成自然氣化的宇宙觀，王充藉這種宇宙觀來滌清漢代以來天人感應的災異說，及相關的迷信色彩。漢儒或王充傾向於將「氣」視為構成萬事萬物的根源要素，氣化生了天地，然後

「天地合氣，萬物自生。」[1]，然而，「氣」之生天地，天地之生萬物，非出於意識性的活動；換言之，萬物之生不是出於他者的意志，而係自自然然的「自生」。他說：「天動不欲以生物，而物自生；此則自然也。施氣不欲為物，而物自然，此則無為也。」[2]，氣化的過程是天無為而物自生，是王充破除天的神祕性，確立自然無為而自生的氣化論，突出其宇宙論之特點。王充在漢儒氣化宇宙觀的脈絡下，雖然也認為天地是含氣之自然，且宇宙萬物的生滅與運行與氣有關，他的宇宙論仍有其創見處，除了自生說外，且提出元氣化生說。葛榮晉說：「王充進一步把道家的『自然』概念同『元氣』範疇結合起來，主張『元氣自然論』。他認為元氣派生萬物。」[3]。王充係吸收先秦以來的「精氣說」，轉化成元氣自然論，提出「元氣」是天地萬物的始基和根本。王充對「氣」如何化生成萬事萬物的形構歷程，雖未予以具體詳細的說明，但是其「氣變物類」[4]的「氣變」說卻是涉及事物變化之描述與變化原理之說明的重要概念。對於呈現在世界中萬物種類的多樣性，王充認為是稟氣的不同，所謂：「稟性受氣，形體殊別。」[5]。

　　有學者對《論衡》書中「氣」字的使用做了些初步的分類。氣之在於天者，如「天氣」、「元氣」等；氣之在於自然界者，如「節氣」、「寒溫之氣」、「兩氣」、「歲氣」等；氣之於「人」的生成者，如「精氣」、「人氣」、「血氣」、「神氣」、「身氣」、「光氣」等；氣之於人事的作為所產生的影響，則有「形氣」、「賞氣」等。[6]

---

[1] 王充《論衡・自然》。

[2] 同上。

[3] 葛榮晉《中國哲學範疇導論》，臺北：萬卷樓圖書公司，一九九三年，頁24。

[4]《論衡・無形》。

[5]《論衡・道虛》。

[6] 林麗雪《王充》，臺北：東大圖書公司，一九九一年，頁215～216。

　　王充對於人的形構與生命活動也運用了「氣」的概念做關鍵性的說明。《論衡・無形》謂：「形氣性天也。」，且進一步解釋說：「用氣為性，性成命定。體氣與形骸相抱，死生與期節相須。」，蓋「人稟氣於天，氣成形立；則（形）命相須，以至終死，……死則氣減（滅），形消而壞。」。王充的「氣」的概念較具抽象意涵，而少物質性意涵，其抽象意涵頗豐富，兼含區辨義、表徵義、原則性及功能性，在哲學上有一定的宇宙論建構意義。他的「元氣」具生機意[7]，「元氣」是生命的質素，通常指大化未分成陰陽之氣的最精微之氣。〈詩諱〉謂：「元氣，天地之精微也。」，人不但稟受元氣，且係元氣中較渥厚的部分，亦即精氣。〈論死〉云：「人之所以生者，精氣也。」，精氣中尚有品質更高的陰陽處在調和狀態之「和氣」，亦即中和之氣。

　　至於王充與漢代宇宙觀的關係，我們必須先瞭解漢代宇宙觀有三說。其一是蓋天說，是古代天文學的一派別，可能溯源於殷周時代，先是「天圓地方」說，後演變成「天像蓋笠，地法覆盤。」。蓋天說在西漢出現渾天說以後，分成三種看法：一種看法是認為天蓋斜倚於地，形成倚（敧）蓋說；一種認為天像拱形的斗笠，成為笠蓋說；另一種認為天是平的，像車蓋，即方天說，王充是方天說的重要代表人物。蓋天說在西方近代天文學傳入後，在天文學界已漸失勢。渾天說肇端於西漢落下閎，至東漢張衡形成體系，西漢末期的揚雄和桓譚最早言及渾天說，渾天說認為天像球形，故以「渾天」取學說名。渾天說可以用儀器的實驗來證明其正確性，它對中國過去的王朝制定曆法有指導作用；它認為天地只是浩瀚的宇宙中一物質結構體系，在這體系外，尚有無限的宇宙，亦即天地有限，宇宙無限說。渾天說在張衡之後的千餘年間，在曆法界、天文界具有顯著的影響力，渾天說與現

----

[7] 《論衡・狀留》云：「草木……元氣所在，在生不在枯。」。

代的球面天文學相近，其代表作是《渾天儀注》。第三說是宣夜說，傳留下來的資料極少，主要見於《晉書‧天文志》的記載，其主要觀點是認為天係無色無體的廣大空間，其中充滿著無限的氣，推動日月星辰之行止。從東漢《黃帝內經‧素問、六微旨大論》也可略見此說內容。宣夜說由於在制定曆法方面，提不出成熟的思想體系和量度方法，以致未能得到天文學家們的肯定。三國時代的楊泉著《物理論》，在批評渾天說及蓋天說之際，肯定了宣夜說的觀點，他說：「夫天，元氣也，皓然而已，無他物焉。」；宣夜說持氣論的宇宙觀，顯然對王充是有影響的。[8]

二、性命觀

人和動物稟受天所施放的元氣而生，王充謂：「俱稟元氣，或獨為人，或為禽獸，並為人，或貴或賤，或貧或富；……非天稟施有左右也，人物受性有厚薄也。」[9]。對人而言，天氣（包括星象）決定人的形體骨相、善惡之性及禍福吉凶、壽夭之命；簡言之，天之氣決定了人的「形」、「性」和「命」，不但如此，天之氣也決定了社會的治亂。王充在概論前人之人性論後，認為從孟子到劉向，對人的情性未得出結論，唯世碩、公孫尼子之徒得其正。他認為天地萬物之間遍存差異性，人性亦是有善惡差別的。王充綜合前人之見，謂孟子言人性善屬中人以上，荀子言人性惡屬中人以下，揚雄言人性善惡混者指大多數的中人；據之，王充推導出人性有善有惡，人才有高有下，人命有貴有賤。他的人性上、中、下三分說，影響後世而出性三品說，就人性論與政教之相互關係而言，持性善論者著重在明君賢相的教

---

8 周桂鈿《中國歷代思想史㈠》秦漢卷，臺北：文津出版社，一九九三年初版，頁436～439。

9《論衡‧幸偶》。

化，持性惡論者要求刑法制度之治的法治，持性三品說者則衍生出教化與刑罰兼行、人治與法治互補的政教要求。人性的善惡可在與後天環境的互動時改變，他在〈率性〉云：「其惡者，故可教告率勉，使之為善。」。換言之，教化施於前，法禁治於後，稟賦惡者亦可轉變為善，可見，王充所言的人性善惡非人性的超驗層，而是實然的氣性，亦即經驗層的性向。值得注意者，他對人性的善惡傾向，不側重在人自身的自覺自主性，而側重於外在環境的影響，例如，他解釋善良的人民，由於無法忍受飢寒的煎熬而變壞。會導致饑荒的天災在自然界而言是必然的，可是對因天災而導致人性之向惡而言是偶然因素，若政治舉措得當，人民得以共渡難關而預防了動亂，則政治因素在防惡上亦一偶然因素。

　　王充依其個人的經驗所及，導出「德」與「福」不一致的觀感。他在《論衡・命義》中說：

> 　　夫性與命異，或性善而命凶，或性惡而命吉。操行善惡者，性也；禍福吉凶者，命也。或行善而得福，是性善而命凶；或行惡而得福，是性惡而命吉也。性自有善惡，命自有吉凶。使命吉之人，雖不行善，未必無福；凶命之人，雖勉操行，未必無禍。

從人世經驗而言，「德」與「福」的不一致亦是事實，這是「性」與「命」的不一致，善惡與命中所冥定的禍福雖不一致，但是王充未充分論證善惡自身的內在價值；隨著「性」、「命」的不一致，他卻衍生出三性和三命說。三性指「正者，稟五常之性也；隨者，隨父母之性；遭者，遭得惡物象之故也。」[10]，正性指人所稟得的仁、義、禮、智、信五種常德之性，隨性指稟得父母基因的遺傳性，遭性指人所遭

10《論衡・命義》。

遇的偶然因素以致造成不良的後天命運,例如:孕婦因不慎而造成嬰兒初生的某種遭遇。對應三性,則有正命、隨命與遭命三命,「隨命」就德福關係而言,指善行得福報,惡行遭禍報,與王充的德福不相干立場相異,因此,王充只肯認正命和遭命。人事禍福的命運常受制於外在的偶然因素,例如:國難當頭時,大命難逃,人的官運也受制於人的壽命之長短,所謂「國命勝人命,壽命勝祿命。」[11]。因此,王充總結出人事的際遇所遭致的福禍受制於不可預期的偶然因素,但就歷史法則及自然法則而言,這些對人而言的偶然因素,卻是歷史及自然在其發展中所必然遭遇的。王充的命運說或運命說隱含了歷史決定論與自然決定論的色彩,他說:「命則不可勉,時則不可力,知者歸之於天。」[12],他把「命」、「時」視同「天」一般委之於客觀必然性。王充對人改造時勢的作為力,顯然是持悲觀論調的,因此,有學者評之曰:

> 這些性命論,尤其是命的思想,是王充仕途失意以後產生並強化了的消極思想。王充後期失去抗爭、疾虛的朝氣,只講命,似乎在多方為自己的落魄辯解。《論衡》前面三卷十五篇可能都是後期之作。……個別篇仍然有些朝氣。如〈物勢〉反對用五行相勝來解釋動物的相互制約,……而用物勢、利便等形體特徵來解釋,……。[13]

這一評論是對王充的生世及思想做了客觀理解後的公允之論,頗值得參考。

---

11 同上。

12 《論衡·命祿》。

13 見周桂鈿《虛實之辨〈王充哲學的宗旨〉》。北京:人民出版社,一九九四年初版,頁131。

三、知識論

　　王充在知識論上所提出的有意義議題，主要是對真知識的概念和驗證方法。漢武帝獨尊儒術，立五經博士後，許多學者埋首經書，作章句之學；東漢時代，附會經書的緯書，獲得權威地位，不少追求利祿的文人，投身於荒謬的讖緯迷信。此時，儒學流落迷信氾濫，孔子被神化，桓譚因不信讖緯而被冠上「非聖無法」的罪名。王充對桓譚《新論》推崇備至。王充是位求實求真的學者，無依傍，無情面忌諱，他對經、傳、諸子所見、世俗之說皆持理性的質疑態度，獨立思考，只問真偽，黜偽存真。他在《論衡》中批判所見書籍中的虛妄言論和所增飾的內容，《論衡》之作，旨在求實求真，疾虛妄，努力將虛妄顯於真。由於王充的博學，對古今史事、諸子百家、天文地理和經傳讖緯、民間迷信、風俗習慣皆有涉獵，因此，他的疾虛妄，求實求真，有客觀的認知和依據，不拘限於狹隘偏頗的陋巷中。他作〈問孔〉、〈刺孟〉二篇，乃針對漢儒守師信古，不能懷疑問難而有所啟發；他作〈實知〉、〈知實〉等篇，係針對將孔子神化的各種不實說法，做詳細而深刻的分析批判。因此，就「疾虛妄」的觀點而言，王充的《論衡》是為破妄求真，亦即求真知識而作，非為賢者立論。

　　王充在《論衡‧效力》中將人的能力分成兩種，所謂：「博通疏通，儒生之力也；舉重拔堅，壯士之力也。」，「壯士之力」為體力，可轉用為勞動力；「儒生之力」以學問為力量，又可分為做人的學問及知識的學問。敦品勵德的儒生不但能提升道德品格，還能增長知識、培養智慧。他在〈效力〉說：「叔孫通定儀，而高祖從尊；蕭何造律，而漢室以寧。案儀律之功，重於野戰。」。知性與德性兼用可制定人類社會所需要的各種法律、制度、儀禮、典章，改造思想，安定社會，因此，論道議政的賢儒之力，遠勝於壯士之力對促進社會

的進步。

王充反對漢人將孔子神聖化為「生而知之」、「神而先知」[14]，王充肯定博覽古今的聞見之知，認為知識愈豐富、能力愈強，則知識份子改造社會的力量也愈大。在知識的追求上，王充強調學、思、行三者須並用，他以知識的攝取法來說明：一為聞見之知，即感覺知識，二為由思辨進行推論和類比所獲得的思慮之知，三為藉好學多問所獲致的學問之知，四為透過天天實踐所獲致的知識與技能，即日為之知。[15] 王充特別強調學以致用，能知能行，理論與實踐結合的實踐之知，他說：「凡貴通者，貴其能用之也。」[16]，「貴通」指博學後能融會貫通，「貴用」指知識不但要融會貫通，且能靈活運用於社會、人生之實際問題上。

在檢驗知識的真偽問題上，王充提出「效驗」和「證驗」的方法。《論衡・薄葬》云：「苟以外效立事是非，信聞見於外，不詮訂於內，是用耳目論，不以心意議也。」，又曰：「事莫明于有效，論莫定於有證。」。對真知識的檢驗依據有二：一是有感覺經驗的效驗為依據，一是要有心意辨說的邏輯論證；換言之，知識內容之真偽，與知識內在邏輯形式推理之正確無誤，是檢證知識真偽能否確信之二大依據。王充在〈知實〉謂：「事有證驗，以效實然。」，「證驗」是對知識做過實然的「效驗」後，再進行邏輯論證形式的檢查；換言之，對王充而言，真知識既要合於邏輯形式的正確有效性，也須合乎經驗事實的對應符合性，亦即概念與實在一致化的真實性。

---

14 《論衡・實知》。

15 聞見之知見於《論衡・實知》。思慮之知、學問之知也見於該篇。「日為」的實踐之知見於「程材」篇。

16 《論衡・超奇》。

第二節　王符對時弊的批判與修正

　　王符，字節信，約生於東漢和帝、安帝之間，卒於桓帝、靈帝之際，安定郡臨涇縣（今甘肅省原縣西）人。他從小即長期涉獵諸子百家，學問厚實，對當世的政治、社會現實問題，頗富人文關懷之心。彼時，東漢政治、社會長久累積隱含的各種矛盾不斷浮現出來，衍生了諸般實然性的問題和困境；王符對這些現象和問題做過翔實的觀察和瞭解，對問題的癥結也做過冷靜的思考，細密的分析。他隱居著述，雖未做官，卻能對政治、社會的時弊理解深刻；對時弊的針砭切中要害且提出有見解的修正之道。他累積的著述有三十多篇文章，由於自稱「潛夫」而將著作稱為《潛夫論》，卻不意以此著作出名於世。

一、宇宙觀

　　在宇宙觀上，王符承襲了元氣本原論，認為元氣、精氣及其變化產生了天地、萬物和人。他說：

　　　上古之世，太素之時，元氣窈冥，未有形兆。萬精合併，混而為一，莫制莫御。若斯久之，翻然自化，清濁分別，變成陰陽。陰陽有體，實生兩儀，天地壹鬱，萬物化淳，和氣生人，以統理之。[17]

17《潛夫論・本訓》。

他的宇宙生成論，大抵上是深受漢代氣化宇宙觀，特別是集大成的《易緯‧乾鑿度》的影響。「元氣」是渾淪未化的宇宙終極本源，「元氣」自化後，分化成質清的陽氣和質濁的陰氣，開出天地的場域，天地（陰陽）感合化生萬物及人。此外，他吸收了《老子》的「道」作為「氣」之根源，且規範了氣的運行變化。他解釋說：「道者，氣之根也。氣者，道之使也。必有其根，其氣乃生，必有其使，變化乃成。」[18]，他進一步解釋宇宙生成萬物的質素和功能作用。他在宇宙演化過程中，首先提出元氣，再說到天地、萬物和人，最後歸攝於「道」，因此，「道」是統攝天、地和人的本源，具備元氣整全的屬性。元氣分化為天、地、人時，道亦內寓其中，所謂：「天道曰施，地道曰化，人道曰為。為者，蓋所謂感通陰陽而致珍異也。」、「天本諸陽，地本諸陰，人本中和。三才異務，相待而成，各循其道，和氣乃臻，機衡乃平。」[19]，天人感通，削弱神祕的吉凶禍福說，增強原係《易經》天、地、人三才交感的思想。天人之際良性的相感互動取決於天道之施，地道之化，人道之為，是否各循其道，相互之間是否「相待而成」，產生天泰、地泰、人亦泰的交融和諧，一體平衡之狀態。王符和諧有序的機體宇宙觀與《中庸》：「致中和，天地位，萬物育」的思想也是相呼應的。

二、人性三品說、命相與吉凶

王符從人天生的智能差異上，將人性分成上、中、下三品，他說：「上智與下愚之民少，而中庸之民多。」[20]；中庸之民在人類所占比例甚大，是可以德化的對象，少數極惡之民違法犯法是法制懲治

---

18 同上。

19 同上。

20 《潛夫論‧德化》。

的對象,他說:「數陷王法者,此乃民之賊,下愚極惡之人也。」[21]
王符將智能的高低與德行的善惡結合起來,論人性社會中實然的善惡,在中國哲學人性史上觀之,頗為突出。

在命相與吉凶方面,首先他論究了人與鬼神的關係,他說:「鬼神與人殊氣異務」、「非有事故,何奈於我」、天神「與人異禮」[22]。在迷信盛行的東漢,王符雖不得不承認鬼神的存在,但是他反對捨人事而任鬼神,人鬼殊氣,異世也異禮,人鬼之交涉應有分寸,他反對繁卜濫祀,特別是要人勿事不符合禮節的祭祀。王符在〈巫列〉中列舉了一系列歷史上有識之士,反對祭祀所祈禱的例子,稱許他們「可謂明乎天人之道,達乎神民之分矣。」。

漢代頗流行占夢及以骨相論人事的吉凶禍福,王符對這些流行的社會文化頗為關切,並予以哲學的論評。在夢占吉凶上,王符認為縱使奇異的夢,或許有吉凶的徵兆,人所應抱持的回應態度是「常恐懼修省,以德迎之,乃其逢吉,天祿永終。」[23],修合乎常理常道的德性人品,是實現吉兆及逢凶化吉的必要條件,在營造吉凶的主客觀諸因素中,人自身的人為因素,居決定性的關鍵因素。他說:「凡人道見瑞而修德者福必成,見瑞而縱恣者福轉為禍,……,見妖而戒懼者禍轉為福。」[24],人事的吉凶,主要繫於人的動機和行為,最後由命來總決,巫祝只是在締結人事吉凶的歷程中,居次要的輔助角色和作用,人自主自覺自行的德行因素實居主要的關鍵地位。換言之,先滿足美德義,再行祭祀鬼神,鬼神才足以賜福予人,若無德性,即使「延神」、「祭天」,也難以避禍。王符主張修善德以卻凶災而致福善的思想,與《易‧繫辭上傳‧十二章》:「履信思乎順,又以尚賢也,是以自

---

21 《潛夫論‧述赦》。
22 《潛夫論‧卜列》。
23 《潛夫論‧夢列》。
24 同上。

天祐之，吉無不利。」頗有契應處，大抵上是抱持得道者天助，或天助有德之人的宗教倫理信念，這是一種假神道設教的宗教人文精神。

同理，王符對骨相的看法亦然。他在〈相列〉認為，人的形體「著性命之期，顯貴賤之表。」，所謂「一人之身，而五行八卦之氣具焉。」意指人形體中諸部位，皆可與五行八卦的「象類」相附會，亦即與某些事物的形象相類似。具體言之，王符謂「骨法為祿相表，氣色為吉凶候，部位為年時」，那就是說，骨架象徵人的祿位，可類比附會可做多大的官；氣色是吉凶的徵候，兆示了壽命的長短。王符認為這些都是「能期其所極，不能使之必至。」，依他的意思是，先天的好骨相結合後天自覺性的人為努力，才能實現骨相所表徵的吉相之最大可能性，若只依恃骨相之佳，而乏人為的後天努力，則未必可實現吉相。

三、「敦德化而薄威刑」的尚賢政治思想

儒家傳統的政治思想是德治為主，法治為輔，以重德慎刑為主調。王符法治有其不可或缺性，且須嚴格執行，所謂：「法令賞罰者，誠治亂之樞機也，不可不嚴行也。」[25]然而，法治究竟是以懲罪治姦來防止人作惡為亂，扮演對德治的輔助、修補角色，實現人與人互愛互助，使社會充滿人性光輝和溫暖，才是政治崇高的目標。王符在〈本訓〉說：「法令刑賞者，乃所以治民事而致整理爾，未足以興大化而升太平也。」，推動道德教化之治才是政治正本清務的正道所在，所謂：「人君之治，莫大於道，莫盛於德，莫美於教，莫神於化。」[26]。

王符詳考歷史上政治的興衰成敗原因，總結出政治所以敗亡的共

---

25 《潛夫論・三式》。
26 《潛夫論・德化》。

同弊病在於不喜歡任用賢良。王符在〈實貢〉指出「國以賢興」乃是
「古今之常論，而世所共知。」，他認為每個時代都有相較下的賢
人，「世未嘗無賢也，而賢不得用。」[27]。歷代有其不同的選賢制度，
西漢初期採薦舉制度，漢文帝時，「詔諸侯王、公卿、郡守，舉賢良
能直言極諫者，上親策之，傅納以言。」[28]，漢武帝亦採「親覽」對
策，[29] 若推薦不實，將受到懲罰。漢代舉薦的範圍，初期是詔舉賢
良、方正，州郡察考孝廉、秀才，至東漢擴增了敦樸、有道、賢能、
直言、獨行、高節、質直、清白、敦厚等。由於薦舉的範圍擴大，內
容繁多，皇帝無法一一親自策問，於是弊端漸生，重大的弊病是「竊
名偽服，浸以流竟，權門貴仕，請謁繁興。」[30]，主要的問題是舉才
不實及權貴人家的營私舞弊。當時流行的民謠，如「舉秀才，不知
書；舉孝廉，父別居；寒素清白獨如泥，高第良將怯如雞。」[31]，即
反映其中的流弊。

　　王符也深刻瞭解流弊所在，他在〈本政〉說：「群邪黨進」、
「正士獨蔽」。他在〈實貢〉說：「志道者少友，逐俗者多儔。」意
指從俗的人，互相標榜、推薦而得官職，而志於道的賢人，曲高和
寡，乏人推薦，晉用者少，蓋賢者氣節高，不媚事權貴，以致不得選
貢。王符思考改進之道，他認為可借鏡於古代諸侯的貢士方法。那就
是進貢一位賢者稱為好德，如能再進貢一位賢者，就是尚賢。朝廷有
加賞薦賢有功的制度，但亦有懲處薦才失當的制度，即若薦舉者不貢
才或薦舉不實則有降官級及削封地的懲罰。王符在〈考績〉認為朝廷
若能認真的重視選才、嚴審名實的相符性，採有效的賞罰辦法，則將

27 《潛夫論・潛嘆》。
28 《漢書・文帝紀》。
29 《漢書・武帝紀》。
30 《後漢書・左雄傳》論。
31 《後漢書》，轉引自《古詩源》卷四。

可「別賢愚而獲多士」，可惜，他本身未獲用，理想也落空。

第三節　荀悅的《申鑒》與仲長統的《昌言》

荀悅（公元一四八～二〇九年）字仲豫，潁川潁陰（今河南許昌縣）人，相傳為戰國荀況十三世孫。他著有《漢紀》、《崇德》、《正論》、《申鑒》等書，《申鑒》五篇是探討政治、社會問題的重要著作。荀悅屬於東漢末年的思想家，以「性三品」說、「三勢」說及「教法並行」為核心思想；他的「性三品」說是建立在「性」、「命」兩概念上。《申鑒‧雜言下》云：「生之謂性也，形神是也。所以立生終生者之謂命也，吉凶是也。夫生我之制，性命存焉爾。」，「性」指人天生的形神，亦即人之形體、精神的屬性特徵。「命」指人事的吉凶禍福。「性」、「命」相結合而有天命、人事之不同，荀悅因此而有「性三品」及「三勢」的天人關係說。

「性三品」說見於《申鑒‧雜言下》，所謂：「有三品焉。上下不移，其中則人事存焉爾。命相近也，事相遠也，則吉凶殊也。」三品中，上品、下品性行有定向，吉凶的後果變化不大，占大多數人的中品，透過人事的作為影響，可使本來相近的命運，發生後天的變化，而各有不同的吉凶後果。荀悅將「性」、「命」和「人事」三者協調起來，他在〈雜言下〉說：「君子循其性以輔其命」才能實現好命。若一個人「乘天命以驕」或「違天命以濫」，則「性」、「命」和「人事」的努力三者不能協調互濟，如是，該人縱使是好命也會轉變成壞命。

所謂「三勢」說，旨在分析人事的作為力量及其侷限，他說：「夫事物之性，有自然而成者；有待人事而成者，有失人事不成者；

有雖加人事，終身不可成者；是謂三勢。」[32]。三勢說與性三品說是相互關聯的，在性、命、人事三者之間，他特別強調人事對吉凶禍福的重要作用。他在《申鑒・俗嫌》批判了卜筮、忌諱、淫祀等迷信，強調「德斯益，否斯損」，他在該文中還進一步解釋「益」、「損」說：「吉而濟，凶而救之謂益，吉而恃，凶而怠之謂損。」，他強調盡人事的努力及正人事之品德，在趨吉避凶的過程中能起一定範圍的積極作用。他說：「尊天地而不瀆，敬鬼神而遠之，除小忌，去淫祀，絕奇怪，正人事，則妖偽之言塞，而性命之理得矣。」[33]，在自然性命的範圍內，有其客觀的定性和活動規律，天人感應式的祈請禱告是無濟於事的。

荀悅在三品、三勢中重視人的靈覺作為能力及品德之端正，在政治上提倡教化取向的德治及懲惡防邪的法治兼容並行。他在《申鑒・政體》云：「故凡政之大經，法教而已矣。」，對應於性三品說，他強調教化的推行對中人的轉向好或壞具有關鍵的重要性。至於下品的小人之性，不能自覺向善，「危則謀亂，安則思欲，非威強無以懲之。故在上者必有武備，以戒不虞，以遏寇虐。」（同上），對頑劣不悟的小人，荀悅訴諸威刑峻法的制約。對於占人口高比例的中人，他說：「若夫中人之倫，則刑禮兼焉。」（同上）、「故凡政之大經，法教而已矣。」（同上）。至於上品之才，則宜以德治的教化為主，荀悅說：「故禮教榮辱以加君子，化其情也。」（同上）。仁、義、禮、智、信，是對三品人物行教化、刑法之治的總原則和目標。

仲長統（公元一七九～二二○年）字公理，山陽高平（今山東省鄒縣西南）人。他曾參丞相曹操軍事，著《昌言》三十四篇，十幾萬言，此書已佚，今保存於本傳三篇：〈理亂〉、〈損益〉、〈法

---

32 《漢紀・高后紀》卷六，此書係荀悅奉獻帝命，用《左傳》編年體將《漢書》改寫成《漢紀》。後人評為「辭約事詳，論辯多美」（《後漢書・荀淑傳附荀悅傳》）。
33 同上，《漢紀・武帝紀一》卷十。

誠〉；嚴可均《全後漢文》輯存二卷；《群書治要》、《意林》等書中也保存部分內容。

仲長統所面對的東漢晚期，政治腐敗，戰亂不息，經濟殘破，社會動盪不安，漢政權岌岌可危，知識份子多寡廉鮮恥，道德淪喪，所謂：「利害交爭，豈顧憲制，……周、孔徒勞，名教虛設。」[34]。仲長統在這種讖緯災異迷信之說破產，社會大動亂，人們對前景悲觀的時局，使他可比其前的王充、王符等較少顧慮和束縛，對漢末政治的腐化及讖緯迷信提出深刻的剖析和尖銳的批判。

他對歷史上朝代的更替，治亂的循環做了充分的觀察，抽繹出客觀的規律，否定君權天命論。他指出政權的更替不是出於天命的意志，而是權力鬥爭的「智」與「力」之較勁，在亂世中產生新政權後，人心思定，天下亦較穩定，新獲政權者無所不用其極的利用這一時機，鞏固王權，建構及強化中央集權體制。當中央集權體制穩固後，王權毫無顧忌，窮奢極慾，以天下人的勞苦所得來供奉一姓一室之奢慾，可見權力使人腐化之現象。王權腐化後，各級官僚體系也隨之相繼腐化，綱紀敗壞後，招致外患內亂，終至政權崩解，天下陷於大動亂，在新一輪的權力角逐者，最後的勝利者又藉天命之聖名登基為天子。仲長統觀察出中國歷史的法則，總結的說：「存亡以之迭代，政亂從此周復，天道常然之大數也。」[35]，歷代王朝的腐化和敗亡，其關鍵因素在中央集權的封建體制使君主坐享特權後，產生人性的異化，淪於不仁不智的昏君、暴君，終導致國破身亡的歷史悲劇。他將這一歷史悲劇產生的主因，歸於「富貴生不仁，沈溺致愚疾。」[36]。

仲長統在分析歷史發展的治亂因素後，區分了「天之道」與「天道」的不同，他說：「所貴乎用天之道者，則指星辰以授民事，順四

34《全晉文・覈性賦》。

35仲長統《昌言・理亂》。

36同上。

時而興功業，其大略吉凶之群，又何取焉？」[37]。「天之道」指有自然法則可知，客觀運行規律可循的天文曆法，係人能參贊化育以建功立業的範域；所謂「天道」者，指與吉凶之祥有關的災異迷信之讖緯及巫醫卜祝，他說：「故知天道而無人略者，是巫醫卜祝之伍，下愚不齒之民也。信天道而背人略者，是昏亂迷惑之主，覆國亡家之臣也。」[38]。他在釐清了理性所對的「天之道」，與迷信所對的「天道」有別後，針對兩者所導致的治亂後果之不同，確立了針砭時弊的指導性原則：「人事為本，天道為末。」[39]，所謂「人事」指「人略」，也就是知人善用，規劃周密可行的制度、建立賞罰機制……等政事。王充較強調自然無為，忽略了人事的積極作為力，仲長統指出人本身的理性認知和實踐改造的力量，這是他與王充同中有異之處。因此，在政治思想上，他有同於道家言天之道是自然無為的，卻有肯定人道有為之不同於道家處。仲長統有鑒於「道有大中，所以為貴」至和本於大中，因此他主張「人主臨之以至公」，改善「時王之政不平，直正不行。」的時弊。為維持主政的公平正直原則，他強調人主應根據公平正直的原則，制度要與時推移，因、革、損、益，他說：「作有利於時，制有便於物者，可為也。事有乖於數，法有玩於時者，可改也。」[40]。基於公平正直原則，他抨擊了當時三種待改革的社會風氣，那就是「天下士有三俗：選士而論族姓閥閱，一俗；交游趨富貴之門，二俗；畏服不接於尊貴，三俗。」[41]，他尤其對「豪人」[42]，及上層、門閥世族的不合理社會結構，不義的特權政治，予以尖銳的批判。

---

37 見《群書治要》。

38 同上。

39 同上。

40 以上數引，出於《後漢書・本傳・理亂》。

41 見《意林》引。

42 「豪人」指東漢時期由地主、工商和官僚因利益結合所產生的豪強大地主。

第七章

東漢趨於道教的三本典籍：

《太平經》、《老子想爾注》

與《老子河上公注》

　　西漢初年所流行的黃老之學，聚焦於治國經世之道，君人南面之術，學術旨趣在司馬遷所謂之「無為自化，清靜自正」。而東漢的黃老道家變相於祠祀求神而與神仙家合流，漢代儒、道相摻的《太平經》乃這一變相的產物，且為道教提供了理論的準備，成為最早的道教經典。東漢初期，方術之士將老子神化而為禮拜祠祀之對象，蓋西漢末年已產生「黃老道」與「方仙道」等方術派別。漢明帝之弟楚王英曾將老子與浮屠如神般的禮拜；桓帝於宮中立黃老、浮屠之祠，且三次於苦縣祠祀老子，欲「存神養性，志在凌雲」。可知，桓帝之世，祭祀黃老、求長生，係帝王的宗教需求；及靈帝之世，東海地區張角的太平道與巴蜀漢中張修、張魯的五斗米道興發，崇尚黃老，黃老道家在這一歷程中逐漸蛻變為道教。

　　從道教的醞釀、發展和形成觀之，東漢末年，道教已逐步形成一具教會組織的宗教團體，擁有信徒、神職人員及教主。三國和西晉政權對道教採疑慮和制約的步調，道教發展在這一時期受抑；至東晉，杜子恭等人才將道教逐漸恢復和發展。東晉的道教在佛教的影響下，經過陸修靜、寇謙之等人的仿效，道教的教規教義逐漸成形且完備。《太平經》是在道教發展至一定規模後，將道士講道的重要內容予以整理而成，其在早期道教的功能上，具有在社會上層傳布及作為興國廣嗣之術的作用。東漢末年的太平道及五斗米道悉奉黃老，其中五斗米道又以「五千文為教」，《老子道德經》五千文既受到重視，因此，學者們以道教立場來注解《老子》的著作問世，亦屬自然之事。《老子河上公注》與《老子想爾注》屬這方面的最早著作，依史脈，《老子河上公注》當早於《老子想爾注》，為解說之便，茲先紹述《太平經》，次述及《老子想爾注》，後述《老子河上公注》。

第一節　《太平經》的哲學思想要旨

東漢末年《太平經》的出現並非偶然，蓋西漢末年已有甘忠可所造的《天宮曆包元太平經》。甘忠可為齊人，山東沿海燕齊一帶，自戰國後期以來，陰陽五行、神仙方術流行。《包元太平經》的內容雖已不可詳考，但是由書中所言五行相生相剋的思想，其來源當自戰國後期的齊人鄒衍；而《太平經》，據《後漢書・襄楷傳》言「專以奉天地，順五行為本」、「其言以陰陽五行為家」係傳鄒衍之說。據《前漢書・李尋傳》謂：「甘忠可……言……天帝使真人赤精子下教我此道」，「赤精」者「純」也，主火德；葛洪《神仙傳》謂老子「顓頊時為赤精子」，因此，「真人赤精子」當屬傳說中的仙人，今本《太平經》中的「真人純」或源自此而演變得來。此外，《包元太平經》和《太平經》皆取名「太平經」，乃取「致太平」義，由這幾點理由，可看出《太平經》與《包元太平經》當有歷史的淵源和思想內容的密切關係。

最早記載《太平經》的史籍是漢末靈帝時牟子的《理惑論》，該書提及「神書百七十卷」，當即指《太平經》，且視之為講「長生」的道教著作。學者們對《太平經》的作者和成書時間雖不一致，較可採信說法為，該書由干吉、宮崇等道士所著，時當安、順之際。[1]《後漢書・襄楷傳》謂襄楷於桓帝時獻此書說：「前者宮崇所獻神書，專以奉天地順五行為本，亦有興國廣嗣之術。」，此事早於牟子的《理惑

---

[1] 可參考湯用彤〈讀《太平經》書所見〉，載於《湯用彤學術論文集》，北京：中華書局，一九八三年出版；王明〈論《太平經》的成書時代和作者〉，載於《世界宗教研究》，北京：一九八二年，第一期。

論》。

　　《太平經》內容龐雜，編纂者之一的干吉託言此書得之於老君，然而書中所言有涉及河洛圖書之類、聖賢之辭、夷狄胡貊之語、奴婢之文、善文奇策、殊方祕道……等。然而，就核心思想而言，襄楷視之為「奉天地，順五行」以求「致太平」的書，也是「興國廣嗣」求長生有後嗣的書。其中除黃老、神仙說外，還大量的吸取了漢代儒家言天人感應、陰陽五行氣化思想、祥瑞災異之說。《太平經鈔·癸部》對《太平經》釋書名，謂：

> 太者，大也；大者，天也，天能覆育萬物，其功最大。平者，地也。地平，然後能養育萬物。經者，常也，天以日月五星為經，地以岳瀆山川為涇。[2]

總括其義，「太」、「平」、「經」當指天地生養萬物的常理常道。《太平經》成書的時代，朝政昏暗腐敗，外戚宦官干政、社會離亂、民變四致，社會批判湧現，撥亂返正的致太平之治世乃全民共同的心願，作者表明欲將此書獻給「有德之君」以治國興邦。

　　關於《太平經》有哲學涵義的思想要旨，我們可從「氣化」的世界觀、「三一為宗」的道氣關係論，以及「上合元氣」的價值實踐論等三方面來紹述。

一、氣化的世界觀

　　漢代哲學流行氣化的宇宙發生論，其歷程係由「無」而「有」，

---

[2] 王明依《太平經》殘本卷五七、《太平經鈔》和《太平經聖君秘旨》及其他相關的引書，編成《太平經合校》，北京：中華書局，一九六○年初版。他在該書中企圖復原《太平經》原書一七○卷的原貌，係目前較完備的文本，他在前言中指出：《太平經鈔》甲部係後人偽補，主要是抄自時代較晚的《靈書紫文》。

「無」指潛存的無分別無對待之混沌狀態,漢人以「元氣」來稱謂,「元氣」一詞最早見於西漢董仲舒《春秋繁露・王道第六》及《春秋繁露・重政第十三》[3],意指構成萬物的本根或始基。由元氣自身的運行分化而衍生陰陽、五行,再透過陰陽五行的感合而衍生天地人及萬事萬物。漢代這套經長期發展所構作的陰陽五行之世界構成論,由《太平經》直接繼承。

《太平經》云:「天地開闢貴根本,乃氣之元也。」[4],「元氣」是氣化生萬物的本根,第一因。「氣之元」指氣混沌未分的原始狀態,故以「元氣」稱之。元氣充盈瀰漫在整體世界之中,萬物由之構成而具形狀及分殊性的個別規定,所謂:「元氣乃包裹天地八方,莫不受其氣而生。」[5],元氣在未分化之時,其本身也是「自然太和之氣」,此時,它也預含可資氣化分別的一切可能性,等待在運化時,將事物的分別差異性逐漸顯現。《三者為一家陽火數五訣》謂:「天地未分,初起之時,……雖無分理,其中自有上下、左右、表裡、陰陽,具俱相持而不分別。」,同時,《經鈔》戊部云:

> 元氣恍惚,自然共凝成一,名為天地;分而生陰,陰而成地,名為二也;因為上天下地,陰陽相合施生人,名為三也。

元氣的分化在於其變異性,其化生萬物係依陰陽氣對稱互轉,相反相成的互動作用而致,上下、左右、表裡係陰陽的對稱性結構形式。陰

---

[3] 董仲舒《春秋繁露・王道第六》云:「元者,始也,言本正也。道,王道也。王者,人之始也。王正則元氣和順,風雨時。……王不正則上變天,賊氣並見。」、〈重政第十三〉云:「元猶原也,其義以隨天地終始也。……故元者,為萬物之本。」。

[4] 《經鈔》乙部〈修一卻邪法〉。

[5] 同上。

陽氣根於元氣，陽極則轉化成陰，陰極則轉化成陽，根於元氣的陰陽氣不但相互轉化，且相互因喜愛而感合成中和之氣才能氣化萬物而不息。若無對稱轉化及感合中和之機能，則元氣無以氣化萬物，故《太平經》云：「天下凡事，皆一陰一陽，乃能相生，乃能相養。」[6]、「陰氣陽氣更相磨礪，乃能相生。」[7]、「夫生者皆返其本，陰陽相與合乃生。」[8]，《太平經》的宇宙發生論顯然是對《易》的吸收和發揮，一陰一陽既相對稱，亦互相轉化和感合中和，萬物得以生生不息。陰陽氣對稱推移互動的歷程係元氣氣化世界的普遍法則，其中，對立與轉化是作用歷程，相合以相生才是宇宙目的所在。陰陽氣相通往來，交感得中的協調平和狀態是氣之中和，或可稱為「中和之氣」。《太平經》反覆的強調陰陽氣相合的重要性，所謂：「中和者，主調和萬物者也。……陰陽者，要在中和。中和氣得，萬物茲生，人民和調，王治太平。」[9]。

二、「三一為宗」的道氣關係論

《太平經・和三氣興帝王法》謂：「元氣有三名，太陽、太陰、中和。」，再依三種性質的氣之三分架構法，解釋整個存在界中自然、人與人類社會的對應結構系列，所謂：

> 形體有三名，天、地、人。天有三名，日、月、星，北極為其中也。地有三名，為山、川、平土。人有三名，父、母、子。治有三名，君、臣、民。欲太平也，此三者常當腹

---

6 王明《太平經合校》・〈丁部〉，北京：中華書局，一九九七年十月版，頁221。
7 同上，〈癸部〉，頁727。
8 同上，〈庚部〉，卷一一九，頁678。
9 同上，〈乙部〉，卷一八～三四，頁19～20。

心，不失分銖矣，使同一憂，合成一家，立致太平，延年不
疑矣。

將宇宙、人與萬物三分的範疇分類法，可溯源於《易》天、地、人三
才的概念。茲將《太平經》的細分法予以圖式如下：

元氣	太陽 太陰 中和	形一 丨 體一	天：日、月、星（北極為其中） 地：山、川、平土 人：父、母、子	一 治 一	君 臣 民	三者合一，致太平

就天、地、人而言，〈三五優劣訣〉云：「天地人同本一元氣，分為
三體。」，又〈和三氣興帝王法〉謂：「三氣合并為太和，太和即出
太平之氣。……陰陽者，要在中和。中和氣得，萬物滋生，人民調
和，王治太平。」，太平氣由太和產生，太和是由三氣中的中和氣調
和陽氣與陰氣，中和氣是萬物得以滋生的宇宙生命實現原理，中和氣
體現在人類社會，則群居和睦，實現太平之治的理想。

在陰陽調和成中和氣的生命大原理中，有一核心要素，那就是
《太平經》的至上存有——「道」。《經鈔》乙部對「道」予以本體
學涵義的表述，謂：「夫道何等也？萬物之元首，不可得名者。六極
之中無道不變化。元氣行道，以生萬物，天地大小，無不由道而生者
也。」，「道」是萬物得以生成和變化的終極原因，六極內的天地萬
物之所以能有變化係依據「道」；「道」也是調和萬物，使之各得其
所，各行其事的神妙作用。《太平經》謂：「神者，道也。」、「夫
道者，乃大化之根，大化之師長也。」，因此，「道」在存有學上有
本根義、至高義，在宇宙發生論上有生成義、律則義、調和律。

在「道」與「氣」的相互關係上，「道」是元氣的動力因，從
「道」言「氣」，「道」是主導「氣」化生萬物的動力因和規範其運

化的方向和律則；由「氣」言「道」，「氣」是「道」的載體，「道」內在於「氣」，蓋「道」無所不在，而「元氣乃包裹天地八方，莫不受其氣而生。」[10]，因此，元氣之生成萬物係依循內在的「道」而行，亦即「元氣行道，以生萬物」。「氣」在變化發展中構成天地萬物，其內在的依據是深不可測、妙運無窮的「道」所使然；調和陰陽氣之互動推移以生生無窮者，就是神妙的「道」。「道」既是萬物的本根、同一性，則位居統合萬物及調和宇宙中萬物整體性的終極實在或存有；「道」致萬物於中和狀態，使天地有所定位，萬物和諧並育，為《太平經》的最高形上總原理。王明對「道」和宇宙中萬物之關係，有精闢的闡釋：「就每一具體事物而言，它既與同一類屬（陰或陽）的其他事物發生聯繫，又與相對待的另一事物發生陰陽對待的關係。整個宇宙是一張普遍聯繫之網，每一具體事物或現象皆是這張大網上的一個紐結，它既受整個宇宙的影響，又對宇宙整體發生作用。」[11]，統領這張宇宙形上大網者，捨「道」其誰？

三、「上合元氣」的價值實踐論

　　《太平經》內容之龐雜，由思想來歷而言，可說是將陰陽家、神仙家、道家、黃老之學、漢代儒學、墨家及兩漢的各種方術予以兼容並蓄。至於其追求的價值理想，在個人的長生久視，家國的「興國廣嗣」及世界性的「太平世」，它既有超現世的神仙憧憬，也賦有儒家入世的人倫規範及道德教化以「致太平」。因此，《太平經》的實踐功夫，除了修持長生久視的養生術外，也重視東漢以來「三綱六紀」的儒家人倫規範。《太平經鈔》乙部指出：三綱六紀所以能長吉的原因「以其守道也，不失其治故長吉。」。

---

10 同註6，〈丙部〉，卷四○，頁78。
11 王明，《太平經研究》第六章，臺北：文津出版社，一九八四年十月版，頁117。

成神仙與致太平是《太平經》的二重目標，在這雙重價值的工夫
入路上，一方面修持精、氣、神的合一以長生久視，另方面合天、
地、人三者為一以致太平；前者是每個人都可追求的，後者則為人君
的使命，在此，我們只論述《太平經》的精、氣、神合一說。
「精」、「氣」、「神」都是「氣」，皆由「元氣」所衍生的三氣，
元氣乃氣之始，《太平經》把元氣純純的氣之始稱為「一」。對人而
言，人身上的元氣就是精氣，「精氣」本指一種精靈細微的物質；扼
要言之，「精氣」之「精」指氣之精。

《太平經》對「精」、「氣」、「神」三者的關係，有段精要的
話為之剖析：

> 三氣共一，為神根也。一為精，一為神，一為氣。此三
> 者，共一位也，本天地人之氣。神者受之於天，精者受之於
> 地，氣者受之於中和，相與共為一道。故神者乘氣而行，精
> 者居其中也。三者相助為治。故人欲壽者，乃當受氣尊神重
> 精。[12]

人的生命係由天地間的精、氣、神三要素組成，缺一不可。瞭解生命
所成的要素及其緊密的相互關係後，《太平經》指出「受氣尊神重
精」，亦即精氣神並重合一，是人活出健康長壽的必要守則，一言蔽
之，就是「守一」。《經鈔》壬部對「守一」做了更深層的注解：

> 古今要道，皆言守一，可以長存而不老。人知守一，名
> 為無極之道。人有一身，與精神常合併也。形者乃主死，精
> 神者乃主生。常合則吉，去則凶。無精神則死，有精神則

---

12 同註6，〈癸部〉，卷一五四～一七〇，頁728。

生。常合即為一，可以長存也。常患精神離散，不聚於身中，反令使隨人念而游行也。故聖人教其守一，言當守一身也。

蓋人的「形氣」若缺乏「精氣」和「神氣」則死，「精氣」和「神氣」的聚駐處所是「形氣」，「守一」，就是人要自覺自主自動的修持三者合一之工夫，從此三者的相互關係而言，人身上的「元氣」就是「精氣」；換言之，「精氣」是「元氣」在人身上的顯現，對人的生命有主宰性。人之既生就已稟賦了「精氣」，由「精氣」所展現出來的神妙莫測之能力，稱之為「神」或「神氣」，人必須由「精氣」化「神」才能健康長壽。工夫要旨在「守一」還神，亦即指人得透過切身對「精氣」的體證和提煉，才能上合人之初所稟賦的「元氣」成為「委氣神人」。綜觀《太平經》宇宙發生的歷程與人生價值提升的實踐歷程，構成上下雙迴向的體用合一關係。從宇宙發生論言之，由元氣在氣化的歷程中化成陰陽氣，再由陰陽氣化成人類，這是由體顯用的程序。從價值實踐論言之，人透過上合元氣的守一修持，由精氣體證及凝煉元氣，臻於「委氣神人」以享健康長壽，這是由用顯體之歷程。宇宙中萬有，人與天地本同一元氣，人得以為萬物之長，係因人獨得氣之精的「精氣」，獲得可以「委氣神人」上契「元氣」的獨厚條件。

第二節　由黃老道家轉向道教的《老子想爾注》

東漢末的《老子河上公章句》、《老子想爾注》中的許多論旨與《太平經》相應合，因此，這兩本在東漢專門注解《老子》的重要論

著，可視為由黃老道家轉向道教教理的轉折性理論。魏晉以降，道教徒將這兩本書並列為必讀的典籍。

隋志及兩唐志未著錄《老子想爾注》，唐玄宗《道德真經書外傳》與五代杜光庭《道德真經廣義》登錄《想爾注》二卷，且都註明「三天法師張道陵所注」；至元末之後，該書或失傳[13]。敦煌莫高窟所出古本，有編為斯坦因六八二五號，今藏於倫敦大英博物館之殘卷，卷末題「老子道經上」，下有分行橫排「想爾」二字。正統道藏九八九冊正乙部《傳授經戒儀注訣》登錄了《想爾訓》道經上，並謂：「河上、想爾注解已自有殊」，不但出現《想爾訓》異稱，也產生「想爾」，不但是書名，也有可能是人名，又以「訓」為注經之稱，係東漢人注經用語之一。此外，與《傳授經戒儀注訣》性質相同，成書時代相近的另一部道經《洞玄靈寶三洞奉道科戒營始》中則稱之為《想爾注》，然而，不論《想爾》、《想爾訓》或《想爾注》，向來著錄皆稱二卷。在排序上，道經在前為上卷，德經在後為下卷，同於《河上公章句》，異於《老子指歸》與帛書《老子》之德經置於道經之前，據此或可推知其成書時代較近於《河上公章句》。陳世驤在〈《想爾》老子道德經敦煌殘卷論證〉中謂：

> 《登真隱訣》（卷下之）言及入靜室之法，及《真誥》（卷十八）言有「靜室法」。俱謂「閉氣存想」或「存想入室」則「功曹使者，龍虎真君，可與見語」。且並云是「漢中詩」，則原出張修所傳（靜室）甚明。而「存想」，在此詩中有特殊意義。若然，則或張魯拖言入靜室「存想」見神，以注《老子》，而名其注曰「想爾」也。

---

13 見李豐楙〈老子《想爾注》的形成及其道教思想〉，《東方宗教研究》第一期，一九九九年十月，頁155。

道教徒的修持法中，有採在靜室中靜坐，專注精神，閉目內視，又據李豐楙的講法：漢晉之際流行存想、存思之修練法，教人聚精會神以存想。當人沉入存想時，彷覺有仙人降臨啟示，因而記下其真言誥語，用以訓示「初迴」，故稱之為「想爾」[14]。至於該書作者，唐玄宗與杜光庭皆明指張道陵；《傳授經戒儀注訣》則認為《想爾》係張魯到西蜀時，為開引初入教者所作，這是當代學者多歸為張魯著書的原因。但是，饒宗頤於其《老子想爾注校證·解題》中認為《想爾》是張陵之說，張魯述之；或係張魯所作，而託始於張陵，要為天師道的家學，其間，張魯為定稿及傳播的關鍵人物。從思想內容與時代相互關係而言，該書反映了這段時間的民間宗教現象與宗教意識；同時，該書在中國思想史上是第一部以道教立場注解《老子》的書，開啟了藉道家著作發展形成道教教義的風氣。在早期道教發展史上，《想爾注》是老學與長生成仙說及民間道術方士合流的代表作，今存莫高窟殘卷中，經與注連寫而不分章次，不便尋閱。饒宗頤依《老子河上公章句》本次第，分注章數，成《老子想爾注校證箋》便於觀覽。

　　至於《想爾》所蘊涵的哲學思想，茲分為道論、人論及價值實踐論三方面扼要紹述。

一、道　論

　　作為早期道教重要教理的《想爾》，是透過對《老子》「道」思想的吸收和改造而建立的理論基礎，它在注解《老子》十四章「是無狀之狀，無物之象」處云：「道至尊，微而隱。無狀貌形象也。」[15]，

---

[14] 見李豐楙〈老子《想爾注》的形成與其道教思想〉，《東方宗教研究》第一期，一九九九年十月，頁155。

[15] 本書所採用的文本依據饒宗頤《老子想爾注校證箋》，上海：古籍出版社，一九九一年十一月初版。

至尊的「道」在道相上是形而上的實有。「混而為一」處，注曰：「道者天下萬物之本。」，形而上的「道」在道用上係生化一切的本根。黃老道家在宇宙發生論上，將《老子》的「道」注解成微小而無所不在的「氣」或「精氣」，此義可見諸馬王堆黃老帛書、《管子》四篇、《韓非子·解老》、《呂氏春秋》、《淮南子》、《老子指歸》、《老子河上公章句》。《老子想爾注》亦然，不但謂「道」「微而隱」且「中有大神氣」（注《老子》二十一章「惚兮恍兮，其中有象。」），此「神氣」的質性為「微者道清」（注《老子》十四章「摶之不得名曰微」）之清氣。扼要言之，「道」係「清」且「微」的「大神氣」，「清」，意指純粹樸實而不雜，「微」指其形貌幽隱而不可見，「神」指化生萬物的無窮妙用。

在《老子》書中「一」是對形而上之「道」的另一種稱謂方式，意指「道」的整全性和無分化性。《想爾》將《老子》十章「載營魄抱一能無離」注解為「一散形為氣，聚形為太上老君，常治崑崙。」，從此，「太上老君」成為對老子的人格神格化後的稱呼。同時，《想爾》的「道」脫離了《老子》書中所原有的自然義，成為有意識的「神」，所謂：「道尊且神，終不聽人。」（注《老子》三十五章「執大象，天下往」）。《想爾》的「道」在神格特徵上有欲與不欲，能喜樂厭怒，能為人間設生與死以司賞罰，成為宇宙中掌至上權威的神靈，於注《老子》十一章「三十輻共一轂，當其無，有車之用。」處稱為「道神」。此外，《想爾》注《老子》二十二章「聖人抱一」處云：「一，道也。」，可推知「一」就是「道」，亦是隱微的清氣，再經擬人的形象化和神格化後成為至上的「道神」，亦即「太上老君」。如是，道、一、氣與道教教主「太上老君」四位一體，日後道教中「一化三清」的說法，即源出於此處[16]。

---

16 梁宗華〈道家哲學向宗教神學理論的切換——《老子想爾注》道的剖析〉刊於《中國哲學》，第九期，一九九九年十一月，頁28。

二、人　論

　　《想爾注》就宇宙萬物渾括一體的狀態稱謂「道」，其使用「道氣」一詞則從「構成」天地萬物的宇宙生成而稱謂，「道氣」是構成萬物最根本的「氣」或質素，又可稱為「元氣」，凡天地萬物，人的內在精神或外在形體皆由道氣所構成。「道」、「道氣」、「元氣」似無嚴格分別，皆係人生命的本真，《想爾注》所以用道氣言「道」，似與道教「長生不死」、「肉體飛升」的人生終極目的有關。同時，《想爾注》中尚使用「精」、「精氣」和「微氣」等語詞來表述人的精神活動之承擔者，例如：「人之精氣滿藏中」、「入人身為根本」、「微氣歸之」，「精氣」專用於「道氣」在人生命中的一種表現，謂：「所以精氣，道氣之別名也。」。

　　早期道教對人的整個生命，大致以「精、氣、神」三者結合的「三合義」作解釋，《太平經》以「精」為「陰氣」，「神」為「陽氣」，「氣」為「中和之氣」；《想爾注》則以形氣為「陰氣」，「神」為「陽氣」，「精」為「中和之氣」，其所以不同，旨在破《太平經》的「偽伎」、「邪文」。蓋《太平經》謂：「四時五行之氣來入人腹中，為人五藏精神，其色與天地四時色相應也。」，且作人畫像說：「神長二尺五寸，隨五行五藏服飾」，《想爾注》斥之為「指形名道」的「偽伎」；且反對《太平經》所言的內丹煉形術和胎息之法，駁斥《太平經》設四時五色神以存思祭拜、消災、解厄、求福之法。

　　施舟人在〈道與吾〉一文[17]中，對道家與道教典籍中的「吾」和

---

[17] 見施舟人〈道與吾〉一文，刊於《道家文化研究》第十五輯，北京：三聯書局，一九九九年三月。

「我」作了對比性的探討,他認為「吾」、「我」的用法有其概念上的差異,道家藉「吾」字強調主體的自我意識,有真君、真宰的意涵。「我」字在道家指涉一存在的生命實體,不涉及心靈意識,是故,「吾」幾乎等同於「道」,一種內在於人的心靈之「道」,「我」則側重於人的形與身。道家這種具自我意識的內在心靈主體——「吾」,至道教的典籍,則轉化成活在人身中,職司人體內各種功能的「永生的神明」,為長生久壽奠基。這一對比的研究成果有助於我們解讀《想爾注》,藉此二概念而對人論有所瞭解。綜觀該注書在《老子·道德》中提到「吾」字者有六例,提到「我」字者有三例,其中有一例是我、吾兩次交錯並用。在「吾」字六例中,有五例被《想爾注》釋為:「吾,道也。」,在「我」字三例中,有兩例則注為「我,仙士也。」;較論「道」與「仙士」,顯然「仙士」是學道者,非「道」的本尊,因此「道」的層級高於「仙士」;轉而言之,「吾」高於「我」。《想爾注》對「吾」、「我」的二重觀類同於《莊子·齊物論》「吾喪我」一命題中,將「吾」視為「我」的真宰或本真,「我」是形軀「吾」,亦即「吾」對外開顯的資具,吾與我體同而質異。觀三十七章《想爾注》道經殘卷的人論,吾與我的關係已為道教做妥「以吾為神」的準備。

三、價值實踐論

《想爾注》藉《老子》的思想資源,發展和形成其長生成仙說,蓋學道之人慕道的最高目標在長生。《想爾注》曰:「道人……但歸志於道,唯願長生……。」、「欲求仙壽天福,要在信道,守誡守信。」。福壽雙全是《想爾注》所嚮往的人生理想價值目標,它所指出的功夫實踐入路在「奉道誡,積善成功」,期能在這一歷程上將「精氣」積結成「神」,如此,精、氣、神三合一則可福壽雙全。觀

《老子》文本原無長生成仙之說，《想爾注》改造《老子》相關的言說予創造性的詮釋，形成信道寶精以求長壽的道教教義。在方法上，《想爾注》常改字求解，藉題創新。例如：將《老子》二十五章「道大、天大、地大、人亦大。域中有四大，而人居其一焉。」中，兩「人」字改為「生」字，且注曰：「生，道之別體也。」，又將《老子》七章「以其無私，故能成其私」，兩「私」字改作「尸」，且注曰：「不知長生之道，身皆尸行耳」，「尸」又分二種，一為世俗人之身，不能長生，另一為仙士之身，可尸解成仙。

　　求福壽雙全既是《想爾注》的人生價值理想，則其實踐工夫為何呢？信道守道是前提，至於如何守道，則《想爾注》有具體且細密的解說，它提出清靜結精的「養生法」與守道誡行善「積德法」為必要的兩種修持法。就前者而言，《想爾注》承精氣神和一則長壽的傳統說法，於注《老子》二十一章「其中有信」處曰：

> 古仙士寶精以生，今人失精以死。……精者，道之別氣也，入人身中為根本。

因此，《想爾注》認為長生之道，首當愛氣、惜精和保神，實踐的要則在保持心境的清靜與平和。它由遮撥法表述清靜平和之心境，所謂：「情性不動，喜怒不發」，使「五藏皆和同相生」（注《老子》四章「和光同塵」）。就世俗生活經驗而言，易動人情性，發人喜怒者為貪名求利的慾望，《想爾注》承《老子》身親於名的貴生寶性說，倡言恬淡無欲求、外功名，提出重壽輕祿的價值觀。它把人對富貴享樂的執求解釋為「有為」，有礙養生之道，把人修持「樸素」、「合道」稱為「無為」。同時，它將世俗之人執求富貴享樂、縱情肆慾視為「愛身」，反而容易亡身；它將道人惜精愛氣保神及積善守誡稱為「寶身」，有益於清靜和長壽。它把所主張的自然清靜之養生法

稱為「真道」、「真文」。

《想爾注》在求福壽上異於《太平經》者在積善守誡，它說上天有司過之神「天曹」持左右契記錄人的善惡，左契記善，右契記惡，若積善過於積惡則可保住精神而長壽。[18]它倡言至誠守善，不用祭餟。陳麗桂解釋說：

> 站在宗教家的立場，《想爾注》教誠它的徒眾，必須以
> 最大的虔誠，由衷地守道行善，所謂心誠則靈，一念之誠，
> 自能產生不可思議的效果，使邪惡不能進，……。[19]

在積善守誡的「積善」方面，主要踐履的德目皆係《老子》所輕貶的。《想爾注》於《老子》十八章：「大道廢有仁義，六親不和有孝慈，國家昏亂有忠臣。」處注曰：「上古道用時，以人為名皆行仁義」、「道用時，家家孝慈」、「道用時，忠臣子孝，國則易治。」，它將儒家所重視的仁、義、忠、孝、慈等美德與《老子》的「道」結合，轉化成「道」所運行的作用表現。《想爾注》對儒家人倫美德之肯定和吸收，反映了黃老道家吸納儒家德性論的特色。

《想爾注》首見使用「道教」一名[20]，它所標示的基本教義是「奉道誡，積善成功，積精成神，神成仙壽。」[21]，在內守精保身，外行善積德的價值實踐論中，又以行善積德為信道行道的根本。在《想爾注》中所制定的道誡具行善積德義者有：「學知清靜」、「行忠孝」、「不為貳過」、「不貴榮祿財寶」、「施惠散財」、「寧人

---

18 見註15，注《老子》二十一章「其中有信」。
19 陳麗桂〈道家向道教的理論轉化——以《老子想爾注》為例〉，臺灣政治大學中文系主辦「第三屆漢代文學與思想學術研討會論文集」，二○○○年五月，頁27。
20 同註15，頁24。
21 同註15，頁17。

負我，我不可負人」等等，其中又以「行忠孝」為最基本的美德。行忠孝仁義的目的不在企圖君主的恩賞，而在期求蒙受天報福壽。

第三節　《老子河上公注》的指學要旨

魏‧嵇康《高士傳》云：「河上公不知何許人也，謂之丈人，隱德無言，無德而稱焉，安丘先生等從之，修其黃老業。」[22]，兩晉之際的葛洪謂：「成帝時，老子《章句》有安丘之學。」[23]，有學者據此而推測《河上公注》成書於西漢[24]。有的學者如谷方、日人武內義雄等認為出於晉朝。日人小林正美認為現行本《河上公注》係經過三次名稱的變化和一次內容的調整而成，亦即經過東漢末期、西晉末期及劉宋時期等三階段而成定本。有的學者則考辨該書成於東漢中後期，例如：王明及湯一介，本書暫採此說[25]；蓋王明的研究是：「戰國之末，當有『河上丈人』，但並未為《老子注》。漢文帝時，實無河上公其人，更無所謂《老子章句》，今所傳《老子河上公章句》，

---

22 《太平御覽》卷五一一。

23 《抱朴子內篇‧佚文》，見王明《抱朴子內篇校釋》，頁 333。

24 金春峰在其《漢代思想史》中認為，《河上公注》所使用的名詞、思想特色及學風非魏晉時期，而較屬於漢代。他推斷該書當出現在西漢，北京：中國社會科學出版社，一九八七年初版，頁 381～390。

25 王明所持的主要理由有二：一是章句之體盛行於東漢；二是老學在西漢初期側重治國經世，東漢中後期則側重治身養生。《河上公注》雖兼論二者，卻以後者為主旨。其考辨詳於所著〈《老子河上公章句》考〉，收入其《道家和道教思想研究》一書，北京：中國社會科學出版社，一九八四年，第一版。湯一介採王明的觀點，且略作若干補充，見湯一介《魏晉南北朝時期的道教》一書第四章〈《老子想爾注》與《老子河上公注》〉，臺北：東大圖書公司，一九八八年初版。

蓋後漢人所依托耳。」[26]，饒宗頤在其《老子想爾注校箋》中考證了《想爾注》很可能曾吸收《河上公注》。湯一介引據若干文獻認為《河上公注》前於《老子想爾注》，可能是漢末和三國時流傳於南方的一種《老子》注本，他還指出了葛洪作《抱朴子》其中有些思想源於《河上公注》[27]。茲依道論、人論、價值實踐論，簡要紹述該書的哲學思想。

一、道　論

《想爾注》視「道」、「一」與「氣」是同一存有。在《河上公注》中，「道」是最高的形上存有，其注《老子》一章曰：「始者，道本也。吐氣希化，出於虛無，為天地本始也。」，「道」為天地萬物所同出的本根，對天地萬物享有先在性和內在性。不同於《想爾注》者，《河上公注》認為「道」較「氣」與「一」更為根本，所謂：「母，道也，元氣之祖是矣。」（《纂圖互注老子道德經》第五十九章注），天地萬物皆由「元氣」所構成，「道」則為「元氣之祖」。該書注《老子》五十一章曰：「道生萬物，德，一也。一主布氣而畜養。」、注四十二章云：「（道）始所生者㈠，一生陰與陽也。陰陽生和、清、濁二氣，分為天地人也。」；「一」既主「布氣」，所布的最原初之氣為「元氣」，注第二章云：「元氣生萬物而不有」。在「道」的運行下，「一」或「德」或「元氣」或「精氣」分化陰氣和陽氣，陰、陽兩氣交感衍生出清氣、濁氣及中和之氣。由該書注二十一章云：「言道稟與，萬物始生，從道受氣。」得知萬物之生成係從「道」來受「氣」，「道」為天下母，「一」或「元氣」

---

26 見前揭書，頁302。
27 見前揭書，頁118～121。

為「道」之子；元氣能生萬物而不執有，係採取無為而無所不為的自然方式。所謂：「道無為而萬物自化成」（注《老子》四十三章）。該書於注《老子》「道法自然」處云：「道性自然無所法」，意指「道」的本性是率性而任自然的。

二、人　論

　　「道」係產生天地、人與萬物的共同根本因，貫通人與天地萬物相互聯繫與作用的樞紐。《河上公注》於《老子》四十七章注曰：「天道與人道同，天人相通，精氣相貫。」，「精氣」係一種細微而具活力的質素，瀰漫在人的身心及天地之間，構成人的身心得以與天地萬物相感應溝通的通路。精氣是陰陽契合得最美好的元氣，《河上公注》三十六章云：「人生含和氣，抱精神，故柔弱；人死則和氣竭，精神亡，故堅強。」，又於注十章曰：「人能抱一，使不離於身則長存。一者，道始所生，太和之精氣。」，「精氣」是「元氣」亦即「太和之精氣」。該書注四十二章云：「萬物中皆有元氣，得以和柔，若胸中有藏，骨中有髓，草木中有空虛與氣通，故得久生也。」，又於六章注曰：「根，元也。言鼻口之門，乃是通天地之元氣所從往來也。」，人與天地萬物在構成的質素上是同根的元氣，在結構的形式上是具整體性及對應的結構性，在功能作用上是互動互補而相成的。

　　中醫認為「五臟」是人身體內部的重要器官，與人精神的旺或衰密切關聯。《黃帝內經・素問・宣明五氣》中云：「五臟所藏，心藏神，肺藏魄，肝藏魂，脾藏意，腎藏志，是謂五臟所藏。」，《河上公注》承繼此說，於《老子》六章「谷神不死」處注曰：

　　　　谷，養也。人能養神，則不死也。（按：明初建文刊六

子本《纂圖點注老子道德經》作：「人能養其神氣，則長生不死。」）神謂五臟之神也。肝藏魂，肺藏魄，心藏神，脾藏意，腎藏志，五臟盡傷，則五神去矣。

五臟各有維持生命機能的職司，且相互聯繫協調，達成整體生命機能的動態平衡，五臟中亦各有其活動的魂、魄、神、精、志等五臟神。若人體中的五臟受到傷害，則五臟神也受牽連而萎靡不振，甚至失去活動力導致人體生命機能喪失而告死亡。人若能「抱一」亦即「道」之子的「一」，又稱「元氣」、「精氣」、「太和之精氣」，則五臟神飽滿，相互協調合一，則形神契合健旺，生命得以健康而長壽；「神」是精氣凝聚起來的統合性表現。

三、價值實踐論

對《河上公注》而言，「道」係統攝宇宙人生的最存在根據，也是至上的價值根據；「道」是實踐人生意義及最高價值所在，人應當認識之且效法而體現之。《河上公注》在生命意義和價值的實踐論上，以人君為主要的宣講對象，其旨趣在開示人君應當善於法道以養生，從而裨益於為政，因此，《想爾注》的仙士、得道者，在《河上公注》則轉身份為人民，所關注的價值目標在養生及治國。《河上公注》於《老子》四十三章處注曰：「法道無為，治身則有益於精神，治國則有益於萬民。」養生為本，由養生而推及治國。

該書在注《老子》第一章處，區分了「常道」與「非常道」的內涵，不可道的「常道」係指自然長生之道，「可道」者為經術政教之道。在人對「道」的體現上，該書指出：「常道，當以無為養神，無常安民。」（第一章注），又注三十五章處云：「用道治國則國安民昌，治身則壽命延長，無有既盡時也。」。《河上公注》常將治身與

治國並列兼論，若套用王弼的體用、母子、本末關係範疇，則《河上公注》以治身為體、為母、為本，治國為用、為子、為末；不但如此，且兩者之間有「真」與「俗」及「先」與「後」的關係。該書注《老子》六十四章云：「聖人學人所不能學，人學智詐，聖人學自然，人學治世，吾人學治身，守道真也。」，「治身」是學自然長生的常道，「治世」是經術政教的「可道」，當以常道為本的「非常道」。

　　「治身」既為無為養神的自然長生之道，《河上公章句》中論「治身」者最多。養神係具體的針對養五臟神而言，其所對治的目標是傷害五臟的人之情慾，該書注第五章處云：「人能除情慾，郁滋味，清五臟，則神明居之也。」。因此，在治身的首要方法上是人當清心寡慾，清靜五臟，虛靜無藏執，如此，「五神」才能常駐而健旺。此外，尚採行其他相關的幾種方法，其一為呼吸行氣應和緩寬舒，《河上公章句·成象》第六章云：「用氣當寬舒，不當急疾勤勞。」；其二為愛精氣神明，該書注第五十章「修道於身，其德乃真」云：「修道於身，愛氣養神，益壽延年，其德如是，乃為真人。」，值得注意者，《河上公注》已將神仙家的「肉體飛升」說，引入《老子》注中，例如：注十三章云：「使吾有身，得道自然，輕舉升雲，出入無間，與道通神，當有何患？」，得見該書被視為道教經典的原因了。

　　在治國方面，《河上公注》在樹立「道」的最高形上原理下，治身與治國有著共同的原理原則，人君的治身牽連著治國。該書注十章云：「治身者愛氣則身全，治國者愛民則國安。」，能治身愛氣者才能治國愛民。注三章曰：「上化清靜，下無貪人。」，君與臣民的互動關係是上行下效，風行草偃，人君不但有正面示範作用，也具有對臣民的負面作用。該書注五十八章云：「人君不正，下雖正，復化上為詐也。」，在上行下隨的治國原理下，人主應體道化民。《河上公注》於《老子》三十五章「執大象，天下往」處注曰：「聖人守大道，則天下萬民移心歸往之也。」，「大道」質樸自然，《老子》十

九章教人應效法而「見素抱樸」,《河上公注》云:「見素者,當抱素守真,不尚文飾也。抱樸者,當抱其質樸,以示下,故可法則。」。君主以身作則,修成無慾、質樸之身心,人民自然潛移默化而國治。《河上公注》中甚多以治身來主導治國的言論,例如:「法道無為,治身則有益精神,治國則有益萬民,不勞煩也。」(注四十三章)、「我好靜,不言不教,民皆自忠正也。」(注五十七章)、「王者輕浮則失其臣,治身輕淫則失其精。」(注二十六章)。總而言之,《河上公注》不但主張以「道」治身,且據之以道身治國,闡揚《老子》清靜無為,去浮華偽飾,尚儉崇樸,清心寡慾,歸真順自然的無為化民之治。

第八章

魏晉玄學通論

　　魏晉玄學是魏晉時代具有代表性的哲學思想主流，歷時約兩百年，雖不能謂長，但其在中國哲學史上，承先啟後的提出了新的問題、視野、方法及內涵，意義非凡，重要性不容忽視。筆者認為，魏晉玄學與先秦哲學、宋明理學和當代新儒家有一共同特徵，那就是，歷史遽變，既有的穩定體制及價值觀遭到時代新情勢的衝擊，社會內在矛盾日趨尖銳化，人心惶惶無以安頓生命。生逢這幾個大動亂的哲學家，在危機感和憂患意識的驅策下，解讀問題之所生，弊病之所在，彈精竭慮地為時代的悲苦、歷史的前程找尋一合理的出路。簡言之，他們處在憂患的時代，擬以哲學的智慧來剖析困境，照亮來路，為整個混亂的時代、困惑的人心做安頓。

　　兩漢尊經尊儒四百年，儒學官學化，且與利祿結合，流於世俗化，隨著今文經與讖緯合流而荒誕不經，古文經學繁瑣支離，再加上經學與現實政治利害的糾纏不清，東漢末年的經學與政治同步腐朽化。從曹魏獲取政權開始，魏晉思想呈現出自由創新，爭鳴繁盛的新局面。從哲學的世界觀而言，魏晉玄學逐漸由漢代以宇宙生成論為中心的課題，轉向形而上學或本體論；從哲學方法而言，則由章句訓詁的漢代經學方法，轉向於辨明析理的名理之學及寄言出意的玄理之學。在人性論上，則由漢代氣化論的性命觀，轉向才性論及人倫鑒識的美學；在人生哲學及政治倫理上，則由漢代儒法合流的漢代儒學觀點，轉向以道體儒用為架構的儒道兼綜論，所呈顯出來的問題是自然與名教之爭及理想的聖人觀。若春秋戰國時期是百花爭放，百鳥爭鳴的子學時代，紛紛建構了各種新學派，則我們可以說魏晉時代是各家相互吸收、從辯證的過程中，融合不同學派的取向，既有哲學史縱向的承繼，也有時代各家間橫向的交流，發展和形成具突出特色的魏晉玄學或魏晉新道家。從大處來看是由當時名、法、儒、道某些部分的基礎上相攝撮合的名理學、儒道兼綜的玄理學及東晉時代玄佛交涉而形成的格義佛理學等三大思潮構作出魏晉玄學的內涵。

本章為通論，擬由魏晉玄學的緣起因素、玄學釋義、玄學的課題和方法，以及玄學的分期和主要代表人物諸面向，來展現魏晉玄學的輪廓與內涵特色。

第一節　魏晉玄學的緣起因素

一、兩漢儒學的異化和衰微

漢武帝採董仲舒「天人三策」獨尊儒術之議，立五經博士。然而，走今文經學路線的董仲舒取晚周鄒衍一派的五德終始說，主張改正朔、易服色，再加以陰陽五行說，構成一套神祕的天人感應之政治學說及災異說，漢代儒學傾於方士化的異化。兩漢之際，讖緯、符命流行，且藉依附經學而提升其深遠的影響力，其迷信、荒誕的成分日隆。

東漢的王充認為迷信與尊古是漢代學術發展的兩大障礙，他作〈變虛〉、〈疑虛〉、〈惑虛〉……等篇，將陰陽五行、讖緯災異怪說，駁斥得不遺餘力；又作〈問孔〉、〈刺孟〉、〈非韓〉等篇打破時人盲目尊古的心理。王充之後，仲長統、荀悅、徐幹相繼撰文，對鞏固政權的護身符——讖緯經學予以批駁。漢儒在經學研究的缺失上有三點：一是動機上多係為了利祿；二是偏枯於章句訓詁，以致繁瑣支離，了無生趣；三是迷信，尤其是到東漢的經學末流，予人有迂腐、固執之印象。他們雖然言忠孝名節、禮樂制度等聖賢人倫道德，但是，當大禍臨身時，他們無能於守經常達權變，既不能救世，亦不能自救。

二、漢末荊州學風之導引

　　荊州太守劉表在天下鼎沸的亂局中，不但能為荊州帶來安定的局面，且大力推動文教[1]，於是，天下文士多依附歸往，各方學者聚集交流，形成一經學的反省改革力量。他們所努力者，雖然仍為改定經典章句，但是治學態度已轉向側重思想的探索，其中，宋衷[2]不僅對儒家經典有後定之功，其最大的貢獻在於對《易》及《太玄經》之注解成就。湯用彤認為荊州派《易注》的新意，或與宋衷同時注意揚雄《太玄》、《法言》有關。雖然，宋衷著作已多佚，但是我們由李鼎祚《周易集解》猶可見其易學風格乃是重義理而兼採象數；同時，宋衷解《太玄》已捨揚雄占卜象數、禍福、吉凶之理念，亦即超越數術而直探宇宙本體與變化之理，啟迪玄意（形上學）之探討。其後，王肅與虞翻開始注意《太玄》皆與宋衷有關。

　　被視同玄學大師的王弼嗣祖，王粲與劉表同為山陽高平人，同屬漢末名士，劉表曾師事之。王粲亦屬荊州學派，長於辯論應機，熟悉宋衷之《易注》及《太玄經注》，在其《文集》中，亦偶見老莊思想之成分，例如：寡慾、守靜，當時與其受宋衷好言天道有關。由此可推知王弼之所以好老莊而注《老》、《易》，鄙棄象數之議論，乃繫於其家學淵源。荊州學派對《易》書研究之自覺精神，轉成為正始年間玄學思想的基礎，荊州學派由繁瑣章句之後定，轉至宋衷、王肅由《易》兼及揚雄《太玄經》之注釋運動，推展了漢魏間本體論之研

---

[1]《後漢書》卷七四下，〈劉表傳〉云：「初，荊州人情好擾，……（劉）表招誘有方，威懷兼治。……關西、袞、豫學士歸者蓋有千數。表安慰賑贍，皆得資金。遂起立學校，博求儒術。綦毋闓、宋衷等撰立五經章句，謂之後定，愛民養士，從容自保。」

[2]《全後漢文》卷八六「宋衷」條云：「衷一作忠，字仲子，南陽章陵人。劉表據荊州辟為五業從事，有《周易注》十卷、《太玄經注》九卷、《法言經》十二卷。」

究。從哲學史而言，漢末荊州學風對漢至魏的學術思想之承轉，提供了重要的資源和動力。

三、由漢至魏，談辯之風盛行──由清議至清談

戰國時期，處士橫議，諸子學盛起，黨同伐異。漢景帝時，黃生、轅固生對湯武是否受命之論辯，猶存此風，貫穿於兩漢的今古文經學之爭尤為激烈。漢代以德取材的徵辟、察舉有對人物品評之風。漢末，黨錮事件前，知識份子不滿時政之衰敗，集結群黨，期以清議力量扭轉時局，不意卻詆毀宦官，遭惹殺身之禍。其後，知識份子一則求計身退，一則仍關切政事，乃曲折迂迴的以鑒識人倫為談辯之題材，此乃歷史上所謂的「清談」。

清談係由清議轉化而來，兩者有別，在內容上，清議主要是政論性，清談則為品鑒人倫及才性名理；就態度而言，清議屬抗爭性，清談則否。蓋東漢時，知識份子之論辯多究心於技巧之運用，所謂「美音制」，其特色在設法提高談辯趣味，聽者為之醉心，清談亦有所吸收。然而，漢代士人的談辯末流已多浮華跡象，係思想貧乏所致，因此，有自覺的知識份子，意在尋求較具深度的思想以自我鍛鍊。這一有深度的思想不但要相應於時代的需求，也要相契於士風的趨尚，因此，魏初士人們由漢末單純評論人物之清議，轉向發展於對玄妙哲理之探索。順勢發展，到正始年間，何晏諸輩已選定以老莊玄論為中心論題的談辯。

四、王充以後自然無為天命觀之影響

漢代由董仲舒所建立的天人感應之天命觀，在東漢被王充、王符等學者不斷的質疑與批判後，欲振乏力，代之而起的是王充等人所建

立的，人所不能盡知和改變的自然無為之天命觀。人對氣運之天既然只能無奈的依順而無能違逆，則面對人力微薄的人生，樂天知命而安命是唯一的選擇了。

漢代所流行的具賞善罰惡意志的上天，被王充等人消解後，至魏晉人所講的天則是自然無為的天命觀。對魏晉人而言，天雖然不具備意識與情感，卻具有無限自行運化之威力，人類的智能不足以改變它，人類行為的善惡及貴賤、賢愚的差別對它沒有感應作用。因此，人的生、死、夭、壽、貴、賤、窮、達，一切皆受這種自然力的天命所支配。漢代所執信之天福天罰，不是上天意識上的福罰，只是自然界無意識的福罰。就人生際遇的無常而言，運命之天予人命定的宿命觀和無奈感傷。

因此，人對際遇之命運，不論貴之、賤之、愛之、輕之，皆出於人的主觀意識作用，人的生死富貴皆出於偶然的、機運的、無意識的運命之天；換言之，人對於運命之天，縱使愛之而天不能獨厚，輕之而天不能薄之。相對於自然無為的力量，人力顯得渺小，這種無目的的、自然無為的天人觀，無助於人生的趣味和希望，也喪失人進取的動力。因此《列子・力命》謂人生於天地之間，「當死不懼，在窮不戚。」、「聊乘化以歸盡，樂天命復奚疑。」。人生既無法擺脫自然天命的支配，則人應識時務，順天安命，隨順人的自然本性及天的自然運勢而生活；因此，魏晉人隨順自然的人生觀，再興先秦道家的人生態度。

第二節　玄學釋義

就「玄學」一詞的源出而言，首見於《晉書》卷五十四〈陸雲傳

（西晉）〉載：「雲本無玄學，自此談老殊進。」、沈一貫《老子通》云：「凡物遠不可見者，其色黝然，玄也。大道之妙，非意象形稱之可指，深矣！尊矣！不可極矣，故名之曰玄。」這段話是用來注解《老子》書中，統攝天地萬物，為一切存在與活動之根源的「道」。蓋《老子》一章即超越的觀省指點「道」作為萬物本根性之玄妙。所謂：「道可道，非常道；名可名，非常名。無名，天地之始；有名，萬物之母。故常無欲以觀其妙，常有欲以觀其徼，此兩者同出而異名，同謂之玄，玄之又玄，眾妙之門。」，「玄」兼攝「有」與「無」，為妙運生生之本。

王弼對《老子》書中「玄」的概念，有注解意義者數端：「玄者，冥也。默然無有也。」[3]、「玄者，物之極也。」[4]、「玄也者，取乎幽冥之所出也。」、「玄謂之深者也。」[5]。綜觀王弼賦予「玄」字的涵義，乃指向存在界的終極性實在，意蘊深遠而不可測知之謂。

觀魏晉人有把「玄學」稱為「玄遠」之學者。例如：《世說新語・德性》載：「天下之至慎者，其惟阮嗣宗？每與之言，言及玄遠而未嘗評論時事，臧否人物。」，又《三國志・魏書・何劭荀粲傳》言及「玄遠」一詞的涵義：

（粲）曰：蓋理之微者，非物象之所舉也。……斯則象

---

3 王弼《老子・首章注》。

4 同上，〈第十章注〉。

5 王弼〈老子微旨略例〉一文。該文在《舊唐書》未載明作者，《新唐書》始標為王弼著，《宋志》及《通志藝文略》均載為王弼著，宋末以後佚。近人王維誠據《雲笈七籤》中《老君指歸略例》及《道藏》中《老子微旨略例》輯成《老子指略》，並且認為即王弼《老子微旨略例》之佚文，其說見於《北京大學國學季刊》卷七，第三號。臺灣的嚴靈峰先生亦於一九五六年六月自《道藏》中揀別，且附校記，又校張君房《雲笈七籤・總敘》有〈老君指歸略例〉一文，並確證為王弼所著，其說見《無求備齋老子集成・初編・老子微旨略例》附記，臺北：藝文出版社。

外之意，繫表之言，固蘊而不出矣。（傅）嘏善名理，而
（荀）粲尚玄遠。

「善名理」指專精於形名的檢核，符應實情，具有法家嚴謹的實證精
神，「玄遠」指抽象於具體事物之形上義理，乃言與象皆不能盡意，
亦就是言不盡意，象不盡理。就魏晉玄學而言，「玄遠」指老莊言
「道」的體用，其核心論題計有「有無」、「得意忘言」、「執一御
眾」、「養生」、「自然與名教」、「聲無哀樂」……等指謂遠離
「事物」，屬於超言絕象的形上學問題。

第三節　玄學的課題和方法

就老學而言，「玄」係統合天地萬物的最高實有，具有獨立不改
的自足之性；「玄學」就此意而言，是相當於哲學中所研究的形而上
學、存有論或本體論。被稱為「新道家」的魏晉玄學，或玄遠之學，
其基本理論在窮根究柢本體論上的「無」與「有」之關係，其人間關
懷則環繞著「自然」與「名教」關係，這一涉及個體與群體的生命安
頓性問題。

對漢代儒家而言，人為一歷史文化的存在，亦係一道德社會的存
在，為營造出一種合理而有序的群體生活，漢代儒家認為，架構出一
套具體的禮法名教以規範家庭、社會和政治的群體生活，則可制約人
們的自然本性，而不致恣意妄為，淪喪道德。因此，漢政權在中央集
權的威權體制下，規制了一套實踐忠孝廉潔等道德禮法，或總稱為
「名教」。這套「名教」依名定教，依教涵化塑造道德理想的社會、
道德人格，可是，從道家的觀點而言，人為造立的名教禮法愈繁複，

則人的自然本性愈失素樸真實。蓋為政者以政治威權挾人性的利害趨避法則，藉「賞」與「罰」二柄來勵行名教，結果是一般缺乏深度自覺的人民為了避害趨利而貌行禮教，心跡不一。若是，久之則人心虛偽失真，道德禮法或名教也因威權的外鑠化而逐漸僵化、虛文化，甚至腐化。

魏晉玄學家大抵上也肯認人是一歷史文化及社會、道德之存有者，如何化解執成心以行名教之弊，及保全人本真的自然之性，得享形神充養，相親和諧，臻於逍遙自在的真人之境，亦係玄學家們所關注的人生哲學。總而言之，如何尋求一種解釋天地萬物的本體論？如何認識調和自然與名教之衝突？如何追求理想的人格與人生？如何建立合理化的社會、政治之群體生活？這些都是玄學家們所提問的哲學性問題。簡言之，在本體論層面的「有」、「無」問題，在人生、社會層面的名教與自然之衝突與調和問題，此兩層面間相接合的天人關係問題，構成了魏晉玄學的哲學課題。

若我們要進一步追問魏晉哲學的主要課題，其具體內容究竟為何？湯一介曾在其《郭象與魏晉玄學》一書中做了較詳細的列舉，他說：

> 在魏晉玄學中「有」、「無」，「體」、「用」，「本」、「末」，「一」、「多」，「言」、「意」，「性」、「情」，「獨化」、「相因」，「名教」、「自然」，「無心」、「順有」等等，這樣一系列的概念、範疇都被成對的提出來了。[6]

觀湯先生的提法，主要集中在王弼（公元二二六～二四九年）至

---

6 湯一介《郭象與魏晉玄學〈緒論〉》，臺北：谷風出版社，一九八七年，頁4。

郭象（約公元二五二～三一三年）這一段時期，若以較宏觀的歷史視角來看，魏晉玄學的發生可回溯至公元二二〇年曹丕篡漢後，其結束則可延伸至公元五八一年楊堅統一南北朝肇建隋朝時，統計約三百六十一年。其間所涉及的問題，實較湯先生以成對範疇方式所提出者為多。例如：在典籍名篇方面有鍾會《才性四本論》所論究的才性名理問題、何晏〈聖人無喜怒哀樂論〉、嵇康〈聲無哀樂論〉與〈養生論〉、阮籍〈大人先生傳〉與〈達莊論〉、楊泉〈物理論〉、鮑敬言〈無君論〉、慧遠〈沙門不敬王者論〉與〈形盡神不滅論〉、僧肇〈不真空論〉、〈物不遷論〉與〈般若無知論〉、范縝〈神滅論〉及裴頠〈崇有論〉。在專題研究方面，除上述以外，尚有「形質神用」、「適性逍遙」、「即色遊玄」、「名士風度」、「聖人觀」、「般若觀」、「空觀」、「禪觀」、「無心觀」、「儒佛觀」……等。此外，尚有玄學史的特殊課題，例如：「正始之音」、「清談」、「格義」、「六家七宗」、「玄學的美學」……等問題。

就玄學的方法而言，相較於漢代經學，玄學革新了治學方法，擺脫了兩漢經學的章句訓詁、神祕荒誕，朝向道家簡潔、抽象、體證及名家辨明析理和法家檢覈名實的方法。粗略分之，可就才性名理及玄學名理觀之。才性名理學針對人的自然才性與人為規制的官僚層級系統間，如何識才選才以達成名實符應的人才學為名理學之重點，其中，鍾會編著的《四本論》，又名《才性四本論》最足為代表。從方法而言，鍾會、傅嘏、李豐、王廣等人襲取戰國時代的名家，如惠施的「合同異」，公孫龍的「別同異，離堅白」等，將感覺經驗轉化成抽象思維性的邏輯分析，這是就方法的形式義而言。從內容而言，才性名理論者把劉劭《人物志》對人之種種才性所做的具體歸納和分析，透過抽象思辨法及「同」、「異」、「離」、「合」等邏輯關係字，辨名析理後，再組合出才性同、才性異、才性離、才性合等四種才性名理的理論類型。他們有別於惠施、公孫

龍之注重一般經驗事物之研究,而轉向於關注人與人之間具有個別差異性的才性之研究。大致而言,他們吸收名家的邏輯分析法,來研究人的品行與才能間的種種相互關係。才性名理學對所研究的問題剖析精微,思辨曲折深婉,使魏晉哲學的思維能力推向條分縷析,縝密精微。

至於玄學名理學,在客觀面上吸收了大量的歷史經驗和教訓,透過道家深邃智慧予以冷靜的解讀和批判。另方面,在主觀方面再採道家「為道日損」的生命實感之體驗功夫,層層證悟出大道「無」的妙用,掘發出客觀的存有論及境界型態的形上學。玄學名理學家將客觀面及主觀面的方法交互並用,契悟了大自然的本體,促成了對時代及自我之理解。換言之,玄學名理學建立本體論的旨趣,在藉著天人關係的架構脈絡中理解自我、定位自我與自然及社會人群的相互關係,處理人生哲學及合理和諧的社會、政治生活,務求人人皆能實現內在生命自足的寧靜與悅樂。

第四節　玄學的分期及其主要代表人物

湯用彤是當代研究魏晉玄學的先輩,他在所著《魏晉玄學論稿》中的〈魏晉玄學流別略論〉一文,首先對魏晉玄學的流派做了區分。他依時間的先後,大致分成四派義理[7]:

㈠為王輔嗣之學,釋氏則有所謂本無義。

㈡為向秀、郭象之學,在釋氏則有支道林之即色義。

7　見湯用彤《玄學‧文化‧佛教》、《魏晉玄學論稿‧魏晉玄學流別略論》,臺北:廬山出版社,頁45～58。

㈢為心無義，乃支愍度所立。[8]

㈣為僧肇之不真空義。

湯氏的分期法，側重在以般若學為主，未以玄學本身為主體。就《老》、《莊》、《易》三玄的研究概況觀之，只論及王弼與向、郭，分法偏窄。

馮友蘭在《中國哲學史新編》對玄學的分期與分派，他說：

> 玄學是有派別的，……都是圍繞有無的問題立論的。一派是王弼、何晏的「貴無論」；一派是裴頠的「崇有論」；一派是郭象的「無無論」。[9]

又說：

> 玄學發展的三個階段中，王弼、何晏的貴無論是肯定，裴頠的崇有論是否定，郭象的無無論是否定之否定。它否定了裴頠對於「玄遠」和「越名教」的否定。[10]

馮氏的分派，顯然是為了套黑格爾的辯證法：正──反（否定）──合（否定的否定）。雖然在辯證法的形式歷程觀上看似合理，但是，就內容意涵而言，裴頠的「崇有論」對王弼「貴無論」基本上是誤解的，並不構成對王弼有效的否定；同時，馮氏分派既以有無問題，但

---

8 此說是否成立已見疑於後世，元代文才《肇論新疏游刃》已啟疑竇。請參見《卍續藏經》第七十二冊，詳細之考證見蔡纓勳《僧肇般若思想之研究》，臺灣師範大學國文研究所碩士論文，一九八五年，頁58～86。

9 見馮友蘭《中國哲學史新編》第四冊，第三十七章《通論玄學》第三節〈玄學中的派別和發展階級〉，北京：人民出版社，頁40～42。

10 同上，頁42。

是如何轉化成「玄遠」和「越名教」亦未充分解說，郭象的「無無論」意涵為何？是否對裴頠的「崇有論」構成有效的否定，也令人質疑不已。

湯一介對魏晉玄學之發展做了階段性的畫分。他說：

㈠正始時期（公元二四○～二四九年）：以王弼、何晏為代表，其中又以王弼為主。

㈡竹林時期（公元二五四～二六三年）：以竹林名士嵇康、阮籍為代表人物。

㈢元康時期（公元二九○年前後）：以向秀為先期人物，再區分為裴頠、郭象二支。

㈣東晉時期：以張湛為代表。

這一分法顯出分期的意義大於理論分配的意義。以時代分期是歷史前後的時序關係為著眼點，其中亦有可議之處。例如，「竹林」指特殊的名士集團，非記時序的年號與另三者有不一致處，但是作為特殊的名士集團，亦係代表特殊的歷史際遇，意在突出特殊的歷史時期。因此，名稱雖有不一貫處，但用以表達時間的用意上仍是可取的。又阮、嵇早年亦及於正始；向秀的時代跨越於竹林與元康時期；張湛的時代也跨越於元康與東晉時期；這在歷史的時序分期法中是難以避免的困難。至於分派不能突出，這與玄學的問題多樣，玄學家並不共同聚焦於某一特定的問題，提出具特色且可相互區隔的理論，構成一問題史有關。大抵而言，湯一介的分期法仍有其可參考和採用處，較遺憾的是，他未處理東晉玄佛交涉的佛學；筆者認為東晉時期似可分成東晉的玄學及東晉的佛學兩部分。

第五節　清談與魏晉哲學

清談始於曹魏正始年間，止於南朝梁代[11]。南朝人劉義慶編著，劉孝標作注的《世說新語》一書[12]，大篇幅的記載了魏晉清談活動，由該書可得知，當時參與清談者大都是些名士，喜研讀《老》、《莊》與《易》。《世說新語・文學》載曰：「三日不讀《道德經》，便覺舌本間強。」，他們勤學敏求，善辭令，談玄論道、剖析妙理，叫做清言、玄談、塵談。「清談」是名士們自發的，不拘形式的小型自由聚談，每次皆有一定的主題，如才性名理學的「才性之辨」，玄學名理學的「有無之辨」、玄佛交涉期的「真俗之辨」等等。

清談的辯論有其進行的方式，最主要的是主客問難式，其情況是先由主家提出內容及個人見解，稱為「豎義」或「立義」，然後，再由一客或數客問難，稱為「咨疑」。若經過主客間往返問辯對答而釐清了問題，謂為「送一難」而「通一義」；若雙方爭執不下，陷入僵局，則雙方可各自保留看法，由第三者出面「釋二家之義，通彼我之懷，常使兩情皆得，彼此俱暢」。清談是充分論理的自由討論會，旨在探尋「理源」。在清談進行時，豎義的主家常是清談高手，擔當主

---

[11] 唐翼明先生在一九九二年，於臺北東大圖書公司出版《魏晉清談》一書，該書分上下兩篇。上篇的標題為「清談的名義、形式與其內容」，下篇標題為「清談的起源、發展及其演變」。該書廓正釐清了「清談」的諸般問題。

[12] 《世說新語》採集了大量已散失的史書資料，涉及的人物有五、六百人，上自帝王卿相，下至士庶僧徒，皆有所記載，是一份研究魏晉清談發展歷史和魏晉學術演變過程的珍貴資料。此書是研究漢末至魏晉間歷史與思想的重要文獻之一。

持人，在習俗上，他們必執塵尾為道具，藉以助談興或顯示自己的身份，表示具有組織、主持和指揮清談的資格；[13] 因此，名士、清談和塵尾三者密不可分。

名理學的才性之辨是帶有老莊色彩的清談，它是由兩漢經學發展至魏晉玄學的一中介環節，也是由漢末魏初的清議轉化為曹魏正始前後的清談之重要分界線。才性二字並提最早見於王充的《論衡》，隨漢末魏初現實政治選士之需要，才性問題重新被提了出來，鍾會將當時清談所討論出來的各種講法，匯集成才性四本論；由此得知清談對魏晉名理學的發展產生很大的作用。

清談對魏晉玄理學也起了重要的促進作用。玄理學家對「有無之辨」的清談是從魏齊王芳正始年間，何晏與王弼二人的談論開始的。何、王兩人皆是清議高手，他們兩人結交了彼時一些清談名士，相互往還，精研玄理，形成熱烈的風氣，兩人企圖將漢代儒家的綱常名教，植基於道家的自然無為的理論基礎上。及西晉，名理學家裴頠著《崇有論》批駁何、王的貴無論及無為政治。

竹林時期的清談名士，旨在發展莊子逍遙放達思想，目的在揭露司馬氏集團假「名教」之名，行違逆人的自然之性，這一虛偽凶殘的面具。據《世說新語·文學》載：「初，注《莊子》者數十家，莫能究其旨意。向秀於舊注引外解義，妙析奇致，大暢玄風。」，郭象《莊子注》的問世，可說是魏晉清談發展的結果，使莊學更為時興，時人因此而稱莊老，不稱老莊。

魏晉清談也促進東晉玄佛之間的相互交融。當時傳入中國的「禪學」與「般若」兩系佛學，採取「格義」或「合本」的方法，即以老莊學說的外典解釋載佛教教義的內典。魏晉佛學，特別是從印度傳入

---

13 塵尾是一種形如樹葉，底部靠柄處較平直，有點像羽扇。清談的主持者靠它發號指揮，猶如一種叫塵的大鹿，搖動塵尾指揮群鹿的行動方向般。清談者一執塵尾，表示身份地位崇高。

的般若性空學說，主要研究「真俗二諦」的蘊意和相互關係，與王弼的「貴無」和郭象的「玄冥」有貌似處。玄學言「無」，佛學說「空」，兩者皆從否定對現象世界的執著開始，務求精神上的自我解脫。因此，佛學也被選為清談的材料。東晉的支道林創「即色論」，他不但親身參與清談活動，且是清談界受矚目的人物。東晉的清談家普遍地受到佛理的影響，清談名流對曾經精研《老》、《莊》的支道林法師甚為敬佩，稱讚他「尋微之功，不減王弼。」[14]。

綜觀「清談」與玄學的相互關係，我們可以說清談是玄學的表現形式和發展動力，玄學是清談的論辯內容。清談所依據的典籍為三玄，就清談的發展史脈觀之，《莊》重於《老》。玄學始自何晏、王弼，所謂玄學或魏晉新道家的理論特色，主要是儒道兼綜，道體儒用，以道化儒。就玄學家與清談及玄學的關係而言，玄學家們處在新舊文化思潮的交替關鍵上，玄學家藉清談得到思想的自由和自我表達；玄學家處在徬徨迷失的人生苦難中，可藉清談來與同好進行思想與情感的交流和分享彼此，且在這一歷程中找到共識和滌除內心的困惑與苦悶。

14《世說新語‧文學篇》。

第九章

正始玄學

第一節　何晏的玄學

這是玄學理論的創始期，以何晏、王弼為主要代表人物，其他尚有夏侯玄、鍾會、荀融等人。魏晉玄學若干主要的論題，例如，道論、有無問題、老不及孔、聖人有情無情論、言意之辨等在此時期被提出。六朝後人因玄學的末流餘緒，而對「正始之音」一詞賦予貶意。然而，正始玄學扭轉漢代僵化沉滯之經學，開創了充滿思辨性、啟發性之玄學新思潮，掀起此後三、四百年之學術波瀾。

何晏與王弼雖皆是正始玄風之開創者，但彼此的成就不同。何晏對清談風氣的倡導有功，《文心雕龍‧論說》云：「迄至正始，何晏之徒，始盛玄論。於是聃、周當道，與尼父爭塗矣！」。蓋何晏善清談且提倡之，由於他擁有權威，且清談對士人有吸引力，因此，崇尚者眾。何晏雖居高位，提倡清談之風，但是就清談思想內容之精熟而言，則何晏僅屬革創者，待王弼玄論出，堪謂「前修未密，後出轉精」。

何晏用心於《易》、《老》、《論語》三書。我們由其主持的《論語集解》可見其援道入儒，將道家本體論的「無」附會於儒典言天道的文辭處。這種移花接木的儒道會通方式，雖可突出「道」的形式特徵，卻遮蔽儒家「道」之大化流行的真實理義。其援道入儒的方式，一方面尊孔，另方面將老子提升至「聖人」之尊位，開後世陽尊儒聖，而陰崇老、莊之先聲。

《晉書‧王衍傳》稱引：「魏正始中，何晏、王弼等主述老、莊，立論以為：天地萬物皆以無為本。無也者，開物成務，無往而不存者也。陰陽恃以化生，萬物恃以成形，賢者恃以成德。」。何晏會

通儒道二家的步驟，首先是將儒道兩家所言之「道」同一化，其次，對「道」賦予道家之「無」與「自然」意涵。他援道入儒之理由乃基於「同類無遠而相應，異類無近而不相違……異於近而同於遠也。」[1]。何晏循「殊途同歸，一致百慮」之原則，謂：「善道有統，故殊途而同歸。」[2]，意指儒道在理論的表述上不同，且各自成家，此係「異於近」者也，但是，兩家立論的終極根據，皆在於本體之「無」。對何晏而言，一切存在及其活動，包括儒家聖賢之德業，皆以「無」為本體，所謂：「賢者恃以成德」是也。

《論語・泰伯》：「大哉堯之為君也，……民無能名焉。」何晏在下注時附會文辭曰：「夫唯無名，故可得徧以天下之名名之。」、「成功，則彊為之名，取世所知而稱耳。」，若要進一步的詳觀其說，則《列子・仲尼》張湛注中存有何晏「無名論」，其中有幾段精要語：

> 夏侯玄曰：「天地以自然運，聖人以自然用。」自然者，道也。道本無名，故老氏彊為之名。為民所譽，則有名者；無譽，無名者也。……無譽者可以言有譽矣！然與夫可譽可言者，豈同用哉！此比於無所有，故皆有所有矣！而於有所有之中，當與無所有相從，而與夫有所有者不同。夫道者惟無所有者也。自天地以來，皆有所有矣！然猶謂之道者，以其能復用無所有也。故雖處有名之域，而沒其無名之象。

何晏的「無名論」是承順《老子》二十五章所云：「吾不知其名，字之曰道，強為之名曰大。」來闡釋，蓋「道」原無名、無譽，人一旦稱之為「道」、譽之為「大」，則「有名」、「有譽」矣。儘

---

[1] 《四庫全書》子部，十四道家類，一〇〇五冊，頁607。
[2] 何晏注《論語集解・為政・攻乎異端》。

管如此,被人賦予名、譽的「道」與現象世界中具體存在物之有名可
譽者不同,若將「道」對比於有形有名之萬物而言,是無形無象的
「無所有」;若將「道」對比於空無則又屬「有所有」,蓋「道」為
天地萬物所由據的形上實體。

我們由何晏解《論語》時,以賢者持道家之本體性的「無」來證
成儒家之德性與德業,那就是他以道家之「道」接枝於儒家之
「德」,而產生「道體儒用」之體用解釋架構,可知何晏為魏晉玄學
或新道家開拓了新的哲學領域。

第二節 王弼的玄學

一、生平事略

王弼,字輔嗣,三國魏山陽高平人(今山東金鄉縣西北),生於
魏文帝黃初七年(公元二二六年),卒於魏齊王芳正始十年(公元二
四九年)。他自幼才情超異,性情純和,唯美尚智,能言善辯,傾好
玄理。王弼治學儒道兼修,在清談場上辯才出類拔萃,深得何晏的賞
識;王弼與同時的文武才人鍾會(公元二二五~二六四年)同享名
氣。王弼的學術著作計有《周易注》、《老子注》、《論語釋疑》³三

---

³《論語釋疑》二卷(或云三卷):此於《隋書》、《新唐書》、《舊唐書》及《經典釋
　文》中皆有著錄,今已不存;唯間見於皇侃(公元四八八~五四五年)的《論語義疏》
　與邢昺的《論語正義》中。清代馬國翰(公元一七九四~一八五七年)《玉函山房輯
　佚書》中的輯本,乃是從皇侃《義疏》、邢昺《正義》與陸德明《釋文》中採輯而得,
　計四十節,合為一卷,這也是目前能看到的《論語釋疑輯佚本》。

種，見於諸史著錄者有《周易略例》〈老子微旨例略〉及〈大衍論〉等。他的注《易》扭轉兩漢以來象數易發展到氾濫無歸的弊習，他的《老子注》下開魏晉三百年老學之玄風。王弼在清談上以自然出拔致勝，晉以後的清談者，每當剖辯理源到最精彩時，會情不自禁的追思「正始之音」。東晉袁宏（公元三二八～三七六年）作《名士傳》將王弼列為「正始名士」。[4]

二、貴「無」而不賤「有」的本體論

　　王弼認為「道」涵融「有」、「無」，其有無論分見於《老子注》、《周易注》、〈老子指略〉及〈大衍論〉。王弼貴無而不賤有的本體論，主要有兩論旨，有與無相涵相需。他說：「將欲全有，必反於無」[5]、「夫無不可以無明，必因於有。」[6]，王弼繼承《老子》有生於無的宇宙生成論，更根源性的轉進成「以無為本」的本體論。「以無為本」的「無」，係超越一般「有」與「無」的相對性，而為一統攝一切的終極性存有的「至無」。「至無」係形而上的道體。就此道體之道相而言，含有無限的特性而無形無名；就此道體之道用而言，其周流運轉之妙用無窮，遍及萬事萬物，可說是無處不在，無時不發用。因此，以「無」指謂本體性的「道」，一方面可表徵著道體之無形無名，另方面也表詮著道體之無限妙用。

---

4 東晉袁宏（彥伯）作《名士傳》，「以夏侯太初（玄）、何平叔（晏）、王輔嗣（弼）為正始名士。阮嗣宗（籍）、嵇叔夜（康）、山巨源（濤）、向子期（秀）、劉伯倫（伶）、阮仲容（咸）、王濬沖（戎）為竹林名士。裴叔則（楷）、樂彥輔（廣）、王夷甫（衍）、庾子嵩（凱）、王安朝（承）、阮千里（瞻）、魏叔寶（玠）、謝幼輿（鯤）為中朝名士。」，語見《世說新語・文學》第九十四條，劉孝標注所引。楊勇校箋本。
5 王弼注《老子》四十章語。
6 韓康伯《周易・繫辭傳》「大衍之數」句下注引王弼曰。

　　就方法論而言，本體義的「無」並不純是抽象思維的產物，而也需由人自身在生命實踐的體證進路上通極於形上的沖虛之玄境，在玄境中觀省「無」之作用於萬物而自行開顯。「無」的妙用，就萬物的存在與活動而言，係萬物實現自身的形上根據，今將萬物視為「有」，則王弼認為不能孤懸或離開萬物而說一「無」的存在，「無」就內在於萬物，且藉萬物自生自化的作用來自我開顯。「無」和「有」的關係是以「無」全「有」，藉「有」顯「無」的體用合一關係。

　　總之，王弼持體用如一的實在論觀點，在他的形上用語中，對「體」的稱謂隨其不同的分殊面和蘊意而有不同的稱謂法。例如，他注《老子》十章處云：「一，人之真也。」、注八十一章曰：「極，在一也。」。他在《老子指略》中以道、玄、深、大、微、遠稱謂之，且解釋說：「然則，道、玄、深、大、微、遠之言，各有其義，未盡其極者也。然彌綸無極，不可名細；微妙無形，不可名大。是以篇云：字之曰道、謂之曰玄，而不名也。」、他在其他地方或稱之為「體」、「宗極」、「太極」、「宗」、「主」、「本」、「母」、「無」……等，雖異言殊稱，卻相互蘊攝，指向絕對的「一」，亦即本體或「無」。

　　對王弼而言，本體絕非離開具體萬事萬物而隔絕單顯之「體」，「體」係寓於「用」中的成用之體，「用」因體而顯，乃是承體起用之用，體用無間，相涵相攝為一。王弼的「體」與「用」乃道的雙重性，他以「有」與「無」這對具對顯性的概念來描述「道」的雙重性。「無」是就天地萬物在探本尋源的回溯性過程中，返回其本根，所謂「天地雖大，富有萬物，雷動風行，運化萬變，寂然至無，是其本矣。」[7]，「寂然至無」之體，一方面意指其渾然無狀無象，寂寥無

---

7 王弼注《易・復卦》，見樓宇烈《老子周易王弼註校釋》、《周易略例・明象》，臺北：華正書局，一九八一年初版，頁591。

體,另方面意謂其無執無為,故能苞通天地,無物不經。作為天地本根的「至無」恆蘊涵著發而為「有」的徹向性。王弼說:「天地之物皆以有為生,有之所始,以無為本。」[8],「道」之「有」性係由寂然至無的道體而發,所謂「發」係「道」長、育、亭、毒萬物,使個物實現的歷程。

道之「無」性與「有」性,關係著萬事萬物生成返轉的生化運行,道之「無」必徹而為「有」,「道」之「有」必返歸於無。質言之,道恆處於徹之、返之、徹之的動態運行。萬物隨道之運行而始於「無」成於「有」,「有」、「無」二性在「道」自然的運行中渾然為一,謂為「玄」。王弼解釋說:「兩者,始與母也。同出者,同出於玄也。異名,所施不可同也。在首則謂之始,在終則謂之母。玄者,冥默無有也。」[9],「無」為「有」所承之體,「有」是「無」所發之徹。「道」之「無」、「有」兩性圓應無方,在萬物生成的過程中,「無」為之「母」,「有」為之「始」,二義渾同。在王弼本體論用語中,諸如體、用;無、有;本、末;母、子……等對顯性概念,係在體用一如,圓融無間的總持性下所做的分別性之解析。其「體」無「用」有,守母存子,崇本舉末,執一統眾,知常御變,存靜制動等諸論點,則係在分別性之總持關係中,統合了原相即不離的體用關係。

三、性統情的「性其情」說

湯用彤〈王弼聖人有情義釋〉一文,謂「王弼學襲老氏,故其討論性情亦以動靜為基本概念。」,又說:「論性情,則所究者心性之

---

[8] 同上,王弼注《老子》第四十章,頁110。

[9] 同上,王弼注《老子》第一章。

源，為形上學之問題。而注重形上學者，恒由天命以推及人事。因此而不能不論：㈠性之本為善為惡，㈡性之質為陰為陽，㈢心性之動靜，及㈣天理人欲之關係。論此四者皆須分辨性情。王弼不論才性而辨性情者，因其為形上之學家也。」[10]，我們可藉著這四項問題來瞭解王弼的人性論及功夫實踐之主張。

王弼在《論語釋疑》中曾謂：「夫喜、懼、哀、樂，民之自然。」，喜、懼、哀、樂為人的情感特徵，既出於人的自然生命，則不必刻意禁絕它；他在注《老子》二十六章處說：「不違自然，乃得其性。不塞其源，不禁其性。」。王弼人性論既採道家，則亦循道家無善無惡的自然本性論之路數，他在《論語釋疑》注解〈陽貨〉第二章「子曰：性相近，習相遠也。」云：「近性者正，……能使之正者何？儀也、靜也。……今云近者，有同有異，取其共是。無善無惡則同也；有濃有薄則異也。雖異而未遠，故曰近也。」，人性的自然本性是人可資以正常發用的本質本能，且天生蘊涵著靜默之儀則規律。就「性」之形上本體而言，性本於「道」無分於善惡，是人與人普遍相同的，但是，從宇宙發生論言人物的生成時，則個別人物隨著氣稟濃薄的不同，內在於氣稟中的「道」已個別化，曰「德」，「德」亦隨氣稟的不同而有不同的性向和表現方式。人與人的個別差異在於氣稟不同，所稟的自然本性也隨之殊別化，這是人人殊異的「自然之質」，以後的宋代張載稱之為「氣質之性」。王弼注《易‧損卦象傳》云：「自然之質，各定其分，短者不為不足，長者不為有餘，損益將何加焉？」。

對王弼而言，「性」係本體論的層級，「情」則是宇宙發生論，亦即人物已生成這一層級。「性」不等同於「情」，但是，當性具實

---

10 見湯用彤《魏晉玄學通論稿‧王弼聖人有情義釋》，收入《魏晉思想》甲編五種之中，臺北：里仁書局，1984年1月版，頁83。

於個體生命或個別化的人物時，則構成自然如己的個體差異，善惡的差異繫於「性」是否能端正「情」，或「情」能否依順於「性」。《莊子‧天地》曾說：「流動而生物，物成生理，謂之形；形體保神，各有儀則，謂之性。」、王弼說：「道不違自然，乃得全性，法自然也。」[11]，道不違自然乃以自然為性，人順任本性之自然也才能如道不違自然般的「乃得全性」。相照於莊子，則王弼主張修性保神以正性全性。王弼的研究學者林麗真說：「王弼所謂的『儀』或『法』，就靜態義講，係指一切自然的規律，它看似靜而無為，卻是隱含著生發、支配萬有與五情的一種隱性的功能；就動態義講，係指一種『以自然為儀』、『以自然為法』、『無違於自然』的人生儀則和態度。人們能使情近性以符合於正的，正是這種『因』、『任』、『無違』於『自然儀則』的態度。」[12]。道家以體用言動靜，靜為體，動為用，靜以制動，動由靜發；王弼注《易‧乾卦文言傳》云：「夫識物之動，則所以然之理可知也。」，物靜態的所以然之理，得透過「動」來開顯。

《禮記‧樂記》將道家的動靜關係用來解釋人之性與情，所謂：「人生而靜，天之性也。感於物而動，性之欲也。」，王弼以寂然至靜既為天地之本，亦為人物之本，動起於靜，則對應於人性的性與情，則衍生情發自性的概念。王弼在《易‧乾卦》的〈象傳〉及〈文言傳〉中注情（含慾）的發動，不違性靜之儀才是正常而能經久。他注〈乾‧象〉所謂：「乾道變化，各正性命。」處云：「靜專動直，不失大和，豈非正性命之情者邪！」，意指以性正情之情，或不違性靜之儀之情，順任無違的正直於性律而活動。「性」所蘊涵的自然儀則，就是事物的自然本性，亦即是天賦的性律，順之則昌，逆之則

---

11 見《老子》第二十五章，出處同註7。

12 林麗真〈王弼「性其情」說析論〉，收入《王叔岷先生八十壽慶論文集》，一九九三年六月，頁6。

亡。王弼說：「不性其情，焉能久行其正？此是情之正也；若心好流蕩失真，此是情之邪也！」[13]，這是發揮漢代道家的說法。蓋漢代道家就自然生命原始渾樸的狀態言「性」，心超乎性，對性所下的功夫在「養」不在「治」，這是道家的修心養性。不論是寡欲的清心或虛靜心，其目的在保任性的原始渾樸，不違逆性律。王弼不但吸收以養生論為主調的漢代道家人生論，且在儒道兼綜的意向下會通了《老》與《易》的核心精神，林麗真評論王弼說：

> 王弼強調以「虛靜」、「柔順」、「無違」為主的人生儀則中，實蘊涵一般「剛直」、「無偽」、「久行其正」的生動精神存在。這種「靜專動直」、「性一情正」的觀念，正是他在《易》之主「健」與《老》之主「靜」精神中，巧於融通儒道歧異的微妙玄思！[14]

四、理想人格——聖人論

聖人是否有情係正始玄學關注的一問題。何晏主張聖人無喜怒哀樂說，承順漢人聖人象天說，及摻入漢魏之際的自然哲學。何晏的天乃自然之天，聖人與天地同德，一任自然，聖人所以能一任自然係涵養的虛靜心，不為物喜，不為己悲，超脫於喜、怒、哀、樂的情緒支配，聖人既已臻於不受外物的纏累和拘絆，則聖人是無情的。何晏聖人無情說係一時流行的論調，為鍾會等人所附合。據何劭〈王弼傳〉

---

13 王弼《論語釋疑》注解《論語・陽貨》「性相近，習相遠也」處。出處同註 7，頁631。

14 同註 12，頁 7。

載：

> 何晏以為聖人無喜怒哀樂，其論甚精，鍾會等述之，弼
> 與不同，以為：「聖人茂於人者神明也，同於人者五情也。
> 神明茂，故能體沖和以通無；五情同，故不能無哀樂以應
> 物。然則聖人之情，應物而無累於物者也。今以其無累，便
> 謂不復應物，失之多矣。」。

聖人的神思睿智與五種情感生活之感受是並行不相悖的。聖凡在
五情感受之異上，聖人有情而無累，常人則另受感情的纏累和拘絆。
聖人虛靜靈明，明白四達，對道體無的妙用能有所契悟，因此，聖人
在應物時能發乎五情而解消偏執之情於神明所契悟的玄理。因此，聖
人情而不情，亦即不偏執於情，以廓然大公的道心，不迎不拒的應物
而不累，使五情之泛起猶船過水無痕，風過竹林不留影。

王弼舉孔子為例，具體的說明其聖人有情論，他說：

> 夫明足以尋極幽微，而不能去自然之性。顏子之量，孔
> 父之所預在，然遇之不能無樂，喪之不能無哀，又常人狹斯
> 人，以為未能以情從理者也，而今乃之自然之不可革。……
> 故知尼父之於顏子，可以無大過矣。[15]

孔子因結識顏回這麼一位得意門生而感喜樂，後因顏回早逝，痛失英
才而感悲哀；孔子的樂與哀係出於人之常性，不違自然之性，可是孔
子「以情從理」，亦即以理化情，或以性正情，故「可以無大過
矣」。此外，王弼在《論語釋疑》，解「肸盻召，子欲往」一般，亦

---

15 何劭〈王弼傳〉載荀融與王弼駁辯《易》「大衍」論，王弼答荀融語。

可佐證被尊為聖人的孔子體沖和以通「無」，應物有「情」而不累。他說：

> 孔子機發後應，事形乃視，擇地以處身，資教以全度者也，故不入亂人之邦。聖人通遠慮微，應變神化，獨亂不能污其潔，凶惡不能害其性，所以避難不藏身，絕物不以形也。

「機發後應」不啻是孔子神明茂，以神思睿知觀照物情以應物，「通遠慮微」亦就是孔子體沖和體證「道」無為的妙用。由此可見王弼在儒道兼綜融通中，以玄聖的內涵抽換儒聖的品節，他再以玄學義所獨尊的聖人來品評孔子與老子，明捧孔子卻暗升老子，而有老不及孔說。《三國志・魏志・鍾會傳注》引何劭〈王弼傳〉曰：

> 裴徽為吏部郎，弼未弱冠往造焉，徽一見而異之，問弼曰：「夫無者，誠萬物之所資也，然聖人莫肯致言，而老子申之無已者何？」弼曰：「聖人體無，無又不可以訓，故不說也。老子是有者也，故恒言無所不足。」。

本體的「無」非言說性的名言概念所對待及所能充盡，本體的「無」係真實的存有，應採主體生命真切體受的體證進路來契悟映發，換言之，本體之知是實踐性的體驗觀照之知，這是立體性的生命境界進路。王弼注《老子》首章云：「故常無欲，空虛其懷，可以觀其始物之妙。」，「空虛其懷」意指對「道」的修證體悟，必歷經虛靜心的治心功夫，亦即實踐性的進路。「體無」之「體」意指實踐、體現義。「體無」之「無」指聖人在功夫實踐的歷程上所達到的無的境界，以及所體認道的「無」的形上原理及妙用。然而，王弼聖人觀

中，雖頗有見地的把「性」與「情」的關係，透過本末、有無、動靜的範疇架構，作哲學性的論證和建構，但是，王弼主張「性其情」的「性」，究竟是道家無善無惡的本真之性，亦即道內在於人生命中的存有，與儒家仁心義性的道德人性論有所間隔。

五、言意之辨的認識論

王弼的言意之辨屬認識論，係奠基於本體論的本末有無之辨上。以無全有之無，是無所不在，妙用無窮的本體，王弼在《老子指略》中云：「道、玄、深、大、微、遠之言，各有其義，未盡其極者也。」，因此，經驗界的概念名言對「道」之體用不足以盡言和盡意。言意之辨出於《周易·繫辭上傳》：「子曰：書不盡言，言不盡意。聖人立象以盡意，設卦以盡情偽，繫辭言以盡其言。」，言說既不足以表述一切，那麼所立的象是否能完足的表意盡意呢？

王弼針對《易》這一問題，吸取了《莊子·外物》的筌蹄之喻來辯解言、象與意三者之間的層層關係。他說：

夫象者，出意者也；言者，明象者也。盡意莫若象，盡象莫若言。言生於象，故可尋言以觀象；象生於意，故可尋象以觀意。意以象盡，象以言著。故言者所以明象，得象而忘言；象者所以存意，得意而忘象。猶蹄者所以在兔，得兔而忘蹄；筌者所以在魚，得魚而忘筌。……然則忘象者，乃得意者也；忘言者，乃得象者也。得意在忘象，得象在忘言。故立象以盡意，而象可忘也；重畫以盡情，而畫可忘也。[16]

---

16 王弼《周易略例·明象》。

言、象、意三者的關係，可從《易》之作者與讀者的互動關係來瞭解。從《易》書作者如何表達其所契悟的意理而言，他先用他所隸屬的語言團體所共享的文字來表述，然而，經驗性的語言文字有其侷限性，有其不能盡言處，且已表述出來者又有不足盡意處。因此，作者為補充語言文字表意之不足，而畫卦立象，以表徵性的符號形象，較生動而富彈性的傳達作者豐富的寓意。就表述的層次而言，「象」高於「言」，皆是表「意」的媒體和歷程，「意」是「象」和「言」所欲盡可能表述的目的；然而，「意」所體悟到的乃是形上的理，合稱為「意理」，「言」與「象」乃因言議比擬「意理」而設，有形跡可尋可憑藉，為形而下者。因此，就王弼的本末關係架構而言，「意」為形而上的層級，乃是「言」、「象」所由據之「本」，針對所擬表述的「意」而言，「言」、「象」是末。

就讀《易》者解讀作《易》者心中的意理而言，「言」與「象」是層層解開意理的密碼，按王弼本末的關係架構而言，其所謂「尋言以觀象」、「尋象以觀意」的歷程，就是「由末返本」的程序。就讀者理解的意義而言，其所循「言」、「象」、「意」的程序恰巧與作《易》者相逆反，因此，讀《易》者尋繹言之理，則可以得象；尋繹象之理，則可以得意。王弼藉《莊子・外物》的比喻而言，言之於象，猶比蹄之於兔；象之於意，猶筌之於魚；蹄是得兔的憑據，筌是得魚的器具。若得兔則可忘蹄，得魚可以捨筌，若拘執言而蔽於象，或執象而失意，則陷於捨本逐末，或執末忘本，而得到作《易》者立言、設象、畫卦所內蘊的意理了。

依王弼之意，研《易》不能執著於言、象不放，以致以言害意和昧於象外之意；讀《易》者宜本著「言」、「象」達「意」的認識，以開放的解讀心靈，本著寄言出意、隨象取義的態度來解《易》。他在注《乾卦・文言傳》處舉出一實例：

> 夫易者，象也。象之所生，生於義也。有斯義，然後明
> 之以其物，故以龍敘乾，以馬明坤，隨其事義而取象焉。

言與象皆以意理為據，例如，用「龍」來表徵乾的剛健之德，用
「馬」來表徵坤的柔順之德。他在《周易略例・明象》中進一步闡明
其旨，他認為只要實現達「意」的目的，可自由取象，若要表徵坤卦
的柔順之德，不必拘執於非取象於牛不可，宜以活潑開放的心態，隨
義取象。

王弼的言意之辨調和了漢《易》大師荀爽的姪孫——荀粲（約公
元二○三～二三一年）與其兄荀俁的爭執。荀粲尚玄遠崇道家，他認
為儒家經典乃聖人之糠粃，引子貢「夫子之言性與天道不可得聞」的
說法為佐證，謂本體義的至道超言絕象，並以「言象不可盡意」之
旨，意圖擺脫章句訓詁的經學。其兄荀俁持相反的看法，他認為六經
乃完足的聖典，微言妙理盡蘊於言象，且以《易・繫辭傳》「聖人立
象以盡意，繫辭焉以盡言」為證，力倡「言」與「象」可盡意說，可
見其宗儒守舊的態度。

王弼崇道不賤儒，他採兼綜調和的策略。他一方面主張「言」、
「象」本身不足以盡意，以破除章句小儒對文字與物象的表面拘執；
另方面，他又倡言以寄言出意和隨義取象的方法來引導人不執於言、
象而能透過言、象的媒介作用，超越的去契悟「言」外之意，「象」
外之理。湯用彤先生對魏晉玄學的言意之辨做了宏觀式的評論，他
說：

> 夫玄學者，謂玄遠之學。學貴玄遠，則略於具體事物而
> 究心抽象原理。論天道則不拘於構成質料（Cosmology），
> 而進探本體存在（Ontology）。論人事則輕忽有形之粗跡，
> 而專期神理之妙用。夫具體之跡象，可道者也，有言有名者

也。抽象之本體，無名絕言而以意會者也。跡象本體之分，由於言意之辨。依言意之辨普遍推之，而使之為一切論理之準量，則實為玄學家所發現之新眼光新方法。王弼首唱得意忘言，雖以解《易》，然實則天道人事之任何方面，悉以之為權衡，故能建樹有系統之玄學。[17]

湯氏對魏晉玄學有深究，他的評論頗為中肯，足供參考。

六、自然與名教之辨

「名教」一詞源出於嵇康的〈釋私論〉，大抵指漢代人為設置的典章制度及造立孝悌仁義之道德禮法等有形的規範。王弼在其著作中使用過「形器」、「制度」、「禮法」、「人倫」……等隸屬於名教概念外延的語彙。他對「自然」採本性、本體義，萬物一方面以「無」為本體，另方面亦係「萬物以自然為性。」[18]，蓋「無」的本性從其徹向現實性的作用觀之係「順自然」。[19]就這一意涵而言，自然與名教的相互關係，相當於「無」與「有」、「體」與「用」或「本」與「末」的關係。

由王弼的言意之辨可知其勿執象而忘其意，導出勿執末而廢其本，再推論出勿因執名教而廢自然本性。王弼未因得「意」、崇「本」而否定揚棄言象、名教（道德禮法等）的價值。他本著體用一如，本末一貫的形上學，倡名教出於自然說，所謂：

　　樸，真也。真散，則百行出、殊類生，若器也。聖人因

---

[17] 見湯用彤〈言意之辨〉一文，出處同註 10，頁 25～26。

[18] 王弼注《老子》二十九章語。

[19] 同上，三十七章「道常無為」語。

其分散,為之立官長。以善為師,不善為資。移風易俗,復
使歸於一也。[20]

　　始制,謂樸散始為官長之時也。始制官長,不可不立名
分以定尊卑,故始制有名也。[21]

「用」係承「體」而發用,若能存守本體,則源源發用而無斷失
之憂,若離間本根之母,淪為無體之用,則將失喪喪源而不復發為
用。因此,若能守母,則子存,亦即固本貞源而得源源相繼的清、
寧、靈、盈、生、貞;若偏執於用而闇於大體,捨本逐末,則失
「母」之「子」終將流於裂、發、歇、滅、蹶之困境。

　　王弼不但將名教與自然置於「母」與「子」的關係架構,謂「自
然」為母,「名教」為子,且將之置於「本」與「末」的關係架構
中。本末關係是體用關係的另一種表述形式,本以統末貫末,藉末以
開顯自身,本末一貫,「末」蘊涵於「本」。因此,從「本」在邏輯
上優位於「末」而言,我們崇本則可舉末,若從矯治流俗偏執於末而
遺忘「本」的弊病而言,王弼以崇本息末來提醒陷溺於執末失本者。
王弼在《老子指略》中有段極精闢切要的崇本息末論,茲載錄於下:

　　《老子》之書,其幾乎可一言而蔽之。噫!崇本息末而
已矣。觀其所由,尋其所歸,言不遠宗,事不失主。……故
閑邪在乎存誠,不在善察;息淫在乎去華,不在茲章,絕盜
在乎去欲,不在嚴刑;止訟存乎不尚,不在善聽。故不攻其
為也,使其無心於為也;不害其欲也,使其無心於欲也。謀
之於末兆,為之於未始,如斯而已矣。故竭聖智以治巧偽,

---

20 王弼注《老子》十八章語。
21 王弼注《老子》三十二章語。

未若見質素以靜民欲；興仁義以敦薄俗，未若抱樸以全篤
實；多巧利以興事用，未若寡私欲以息華競。……故見素樸
以絕聖智，寡私欲以棄巧利，皆崇本以息末之謂也。[22]

「崇本息末」是王弼一表一遮，一正一反的表詮方式。王弼以神
明之茂，體沖和而通悟本體「無」的妙用。他以形上的智慧觀照道體
妙用時的無執、無慾、無累和無為之自自然然的特性予以正面肯定且
教人師法。至於彼時外鑠性的他律性的名教，如標榜仁義、聖智、孝
慈等德目，他並未在實有層上予以否定，同時，他也不正面執意肯定
力倡，他採用道家正言若反，詭辭為用的遮詮方式，藉「息末」以
「崇本」。王弼指出主名教者，在統治上針對妄邪、淫亂、巧偽之弊
而竭聖智、善苛察、滋法律、嚴刑罰，不但未必能消除亂源，且疲於
治標，另方面，在道高一尺，魔高一丈的鬥私智中，滋長了機巧詐騙
的盜賊之心。因此，由實然的歷史經驗觀之，則名教愈興，社會愈
亂；根治之道在崇本而息末，「崇本」意在法「道」的無意欲、造
作，在面對時弊時「不攻其為」、「不害其欲」，而在於「見質素以
靜民欲」、「抱樸以全篤實」、「寡私欲以息華競」，使百姓清心寡
慾，不執心於私慾偏情，自然無心作惡。

對儒道兼綜的王弼而言，名教與自然之辨不在製造兩者間的緊張衝
突，旨在調和，意在以自然的方式使名教之施能興利除弊。名教出於自
然，乃天經地義，名教之弊出於為政者執名教為工具，刻意標榜聖智、
仁義、孝慈等品目，以威迫利誘為手段而淪於捨本逐末，損人利己。王
弼謂：「下德求而得之，為而成之，則立善以治物，故德名有焉。求而
得之，必有失焉；為而成之，必有敗焉。善名生，則有不善應焉。……
凡不能無為而為之者，皆下德也，仁義、禮節是也。」[22]。

22《稽中散集·養生論》

調和名教與自然之途徑，在於崇本立本以舉末，「本」指「自然」，「末」指「名教」而非指弊端。他解釋說：「是以上德之人，唯道是用，不德其德，無執無為，故能有德而無為。不求而得，不為而成，故雖有德而無得名也。」。總而言之，王弼默認名教之社會、政治規範作用，卻不贊同執「名」定規之教，而主張潛移默化的不言之教。因為持貴無論的王弼，崇尚無名無形的本體義之自然，故轉向對名教的態度時，不尚「名」而崇不執著於形名的自然之「教」。他將道家寂然至無至靜的道體，接合於儒家禮樂名教之「有」上，他以「道」體「儒」用的體用關係架構來調和儒家，企圖將儒家人倫之「德」轉化成道家道體發用之「德」。他的儒道兼綜與調和雖具時代的意義，但是未辨明儒家《易》、《庸》形上學及孔孟心性論與道家的本質性不同，一廂情願的將儒用湊上道家之本體，顯有失察處。

第三節　鍾會所撰《四本論》

自東漢光武帝以來，政治、社會上所蓄養成的重德尚性風氣，至漢末曹操時轉標揭「唯才是舉」的舉士政策。到魏明帝即位後「深疾浮華之士」[23]，任用主張觀人先論性行後言才的盧毓為吏部尚書，主持選察天下士吏之務，企圖修正彼時揚才而略性之偏失。魏晉之前，東漢和帝時代（公元八九～一〇五年）的王充在所著《論衡》中提出才性之辨，他說：「操行清濁，性也。」[24]、「夫臨事智愚，操行清濁，性與才也。」[25]，才與性已區分成智能與德操。他認為「性」指

---

23 見《資治通鑒》卷七三〈魏紀五〉明帝景初元年。
24 王充《論衡·骨相》。
25 王充《論衡·命祿》。

德性表現在行為上是清高或污濁，「才」表現為臨事應變上是明智之舉或愚昧之行為。王充的「才」、「性」之辨與東漢實行的「茂才、孝廉」之察舉制度有密切關係，若區隔而論，舉「茂才」者側重在「才」，而舉「孝廉」者側重在「行」。[26] 像東漢中葉以後，王充這般學者持「性」是操行而「才」是幹材之意涵，探討這才性分合與政治實用之關係，係魏晉才性論之先聲。魏晉學者分析才與性的分合同異等關係，討論人的德性人格與社會、政治才用角色的才性關係論。才性論的討論為正始玄學時期，約公元二四○至二五三年左右。

《世說新語·文學》「鍾會撰《四本論》」條注引《魏志》說：

> 四本者，才性同、才性異、才性合、才性離也。尚書傅嘏論同，中書令李豐論異，侍郎鍾會論合，屯騎校尉王廣論離。

由同、異、合、離可看出四本論係指「才」與「性」的四種關係論。《世說新語》的劉孝標之注文，舉四人言四本論，只是各舉一代表性之人，分別為四種才性論之實例，因此，四本論未必是傅嘏等四人所獨見而創獲者。四本論的具體內容雖已不得其詳，不過透過相關文獻仍可略知一、二。主才性同者認為「性」應指天賦的資質，資質之顯用於外即為「才」，性預設了才，才表顯性。持論才性合者，例如：盧毓認為「性」為未實現成操行的本然之善的潛能，有賴「才」在行為實踐中勉力為善；「性」在這一歷程實現為性行，而足被肯定為善人。持論才性異者，認為「性」指識度主體，司度量，膽識者，「才」指藝能主體，營才學、才能、才藝之表現，此派不再把識度看成才能屬性。持才性離者，認為由「性」所發展出來的才，經外塑後可陶成與本性異化疏離的才能，原始的個性僅保留膽、識、操行三者。

---

26 見傅樂成《中國通史》第八章〈漢代的制度與學術〉，臺北：大中國圖書公司，一九六八年，頁218～219。

就才性四本論與當時士族集團間的利害衝突而言，才性同和才性合與經明行修的「通經致仕」門徑是同路向的，才性異和才性離與才德分途，越德而取才是同路向的。就社會、政治的資源競逐而言，才性、取士方式與權力的爭奪，是相互連鎖反應的。史學家陳寅恪指明了這點，他說：

> 東漢中晚之世，其統治階級可分為兩類人群，一為內廷之閹宦，一為外廷之士大夫。閹之出身大抵為儒家之寒酸，……主要之士大夫，其出身則大抵為地方豪族，或間以小族。……魏為東漢內廷閹宦階級之代表，晉則外廷士大夫階級之代表。故魏晉之興亡遞嬗乃東漢晚年兩統治階級之競爭勝敗問題。[27]

曹魏的勢力既屬漢內廷之官系統，出身寒族經禮世家，再加上亂世求才若渴，可理解這一勢力群體欲崛起，當主張才性之「異」與「離」；「才」出於個人的自然稟賦、資具，可推知他們重視自然也勝於重視名教了。至於司馬集團既是出身於外廷的士大夫，乃地方豪族經禮世家，「通經致仕」是對他們緣附進身而言較具有利的保障，因此，他們在才性論上當傾向於主張才性同或才性合，例如：鍾會即為一例，鍾會之編集《四本論》，約在嘉平五年八月之後。[28]

---

27 陳寅恪《金明館叢稿初編‧書世說新語文學類鍾會撰四本論始畢條後》，頁411～412。
28 見林廷顯〈魏晉時代的才性四本論〉，刊於《東海大學哲學研究集刊》，第一期，一九九一年，頁124。又劉劭《人物志》一書大約作於《四本論》興起之同時或稍後。

第十章

竹林玄學

　　嘉平前後，朝野內外一般士人對司馬氏集團的高壓奸詐政治強烈不滿。於是在河內山陽一帶，一些名士逐漸形成以阮籍、嵇康為首的竹林名士群體，史稱「竹林七賢」。據《世說新語・任誕》載曰：

> 　　陳留阮籍，譙國嵇康，河內山濤，三人年皆相比，康年少亞之。預此契者：沛國劉伶，陳留阮咸，河南向秀，琅琊王戎。七人常居於竹林之下，肆意酣飲，故世稱「竹林七賢」。

竹林名士狂放不羈的時風「譽扇於海內」，影響面廣且深刻。七賢中年紀較長的阮籍以奇特的性情，放誕不羈的行為，對禮法之士的批判，汪洋恣肆的文采顯得突出。

　　東晉名士孫盛把聖賢分為三等；「大聖」（指周孔）、「大賢」、「中賢」（指老彭）。孫盛在所著《晉陽秋》中首次記載了嵇康、阮籍等人的事蹟，且稱這些「非湯武而薄周孔」的人為「七賢」。「賢」指道德高妙之人。去魏末不遠的酈道元《水經・清水》注引郭緣生《述征記》說：「山陽縣城東北二十里，魏中散大夫嵇康園宅，今悉為田墟，而父老猶謂嵇公竹林地，以時有遺竹也。」所謂：「山陽」即今河南省修武縣。

　　竹林七賢備受時人以及後世所推崇，在玄學及文學上皆享有很高的地位。按《世說新語・任誕》和孫盛《晉陽秋》的看法，七賢中以嵇康、阮籍和山濤為領袖，其他四人次之。若從哲學史及彼時代觀之，嵇康和阮籍當為真正的領袖。再從《魏氏春秋》、《晉書》將七賢繫於嵇康傳。《世說新語・文學》曰：「舊云：王丞相過江，止道聲無哀樂，養生，言盡意三理而已。」南齊王僧虔《戒子書》云：「才性四本，聲無哀樂，皆言家口實。」這些說法皆肯定了嵇康之人格和思想在七賢中的領袖地位。

第一節　阮籍的玄學

一、早年志尚及其〈樂論〉

　　《世說新語·任誕》謂阮氏家族的居住分布情況為「北阮皆富，南阮貧。」阮籍字嗣宗，陳留尉氏（今河南尉氏縣）人，生於漢獻帝建安十五年（公元二一〇年），卒於魏元帝景元四年（公元二六三年），家境清寒居於南阮。阮籍父親阮瑀文學才華高，傲然獨得，任性不羈，係著名的「建安七子」之一，為曹操父子等所賞識，早年曾受學於蔡邕。阮籍雖早年喪父，然而阮瑀的五言詩對他的詩文創作影響很大。少年時代的阮籍善詩文精音樂，在才藝、性格、風貌上與其父很神似。

　　阮籍青少年時期正值曹魏政權為相對穩定期，頗有濟世的建功立業之志。史書描述他「嘗登廣武、觀楚漢戰處，慨歎曰：『時無英雄，使豎子成名。』」[1]阮籍少時性情恬靜、聰明好學，史書謂：「阮籍幼有奇才異質，八歲能屬文，性恬靜。」[2] 年十四、五歲時，勤讀《尚書》、《詩經》，慕好古代先賢顏回、閔子騫，潛修修己以安人的儒學。[3]同時，他還好習劍術，志在他日參軍，期望能在旗陣飄飄、

---

[1] 見《晉書·阮籍傳》。阮籍將楚漢相爭的將軍劉邦、項羽，以及彼時的謀臣勇士等說成是幸得名氣的「豎子」，可見阮籍的大志及狂傲。

[2] 載於《太平御覽》中的《魏氏春秋》。

[3] 阮籍《詠懷詩》第十九首自述云：「昔年十四、五，志尚好書詩，被褐懷珠玉，顏回相與期。」。

金鼓齊鳴的聲勢中壯懷激烈,一伸建功立業的濟世宏願。當然,他也嚮往在聖君賢臣的同心協力下共創治國平天下的外王事業。因此,他少年時即期待自己將來能知遇於明君,以便發揮自己的抱負理想。至於阮籍的著作主要有:〈樂論〉、〈通易論〉、〈通老論〉、〈達莊論〉、〈大人先生傳〉等政論文。此外,他尚作《詠懷詩》八十餘首,這些論文與詩賦大都蒐集在《阮籍集》中。從他的政論性文章可看到他思想的前後期之變化:〈通易論〉屬儒家思想,〈樂論〉是儒道兼綜著作,〈通老論〉、〈達莊論〉轉傾向道家,〈大人先生傳〉一文強烈的表現出批判漢代儒家所推衍的道德禮法之治。

在他早期著作中的〈通易論〉是宏揚《易傳》中儒家崇德廣業的儒家思想,文中講求父子有親、君臣有序,「子遵其父,臣承其君」的儒家人倫道德規範。在大政方針上主張「立仁義以定性」、「建天下之位,定尊卑之制」如是才足契應天道的陰陽之序與剛柔之節。另一篇〈樂論〉更是直接發揮儒家「安上治民,莫善於禮;移風易俗,莫善於樂」的德治教化思想。他說明了教化所以需要禮樂的理由,謂:「禮樂外內也。……尊卑有分,上下有等,謂之禮;人安其生,情意無哀,謂之樂。……禮定其象,樂平其心;禮治其外,樂化其內,禮樂正而天下平。」禮樂分別滿全了人倫道德之教的不同需要,相互間又相需相求,互補共濟於天下的平治。

阮籍在〈樂論〉中透過道家的本體論賦予儒家樂教的形上基礎及終極目的所在。他說:

> 夫樂者,天地之體,萬物之性也。合其體,得其性,則和;離其體,失其性,則乖。昔者聖人之作樂也,將以順天地之體,成萬物之性也。

音樂的體性貼合天地萬物的體性。人若能在生命活動中契合天地萬物

的體性,則人的生命節奏與天地萬物交泰,和諧感通,渾然與物同體。若無音樂的陶冶教化,人的私心和自我意識較強,貪婪多慾,有損他利己的可能。音樂的薰陶可融洽人與人間的情感,交融人與自然的關係,也使個人的身心得到平衡。同時,音樂可以舒緩時代對人心所造成的壓力,洗滌精神的痛苦。就正面的功能觀之,音樂可以營造群體歡樂的氣氛來治療彼時整個社會的悲痛。因此,阮籍反對當時社會崇尚哀傷之樂。他認為平和悅樂的音樂是人生命內在的需求與託付崇高的精神所在。因此聖人製作音樂不但依順天地萬物整體和諧的韻律,且切合人性所意欲的歡樂愉悅的平和性音樂。他在〈樂論〉所謂:「聖人立調適之音,建平和之聲,制便事之節,定順從之容,使天下之為樂者,莫不儀焉。」他認為雅樂不煩,至樂使人精神平和歡樂,發揮人們遷善知化於無形的樂教目的。

二、自然之道與人的質樸之性

阮籍在稍後的著作〈達莊論〉、〈通老論〉及〈大人先生傳〉中闡明了哲學本體論的自然之道與價值論的至德之世。他在〈達莊論〉中繞過何晏、王弼的貴無論,吸收漢代道家的元氣說結合易經陰陽與合生成萬物的觀點,貫注於《莊子》氣化萬物的機體觀,呈現了儒道融通的玄學風貌之一樣相。他說:「天地生於自然,萬物生於天地。自然者無外,故天地名焉;天地者有內,故萬物生焉。當其無外,誰謂異乎;當其有內,誰謂殊乎。」[4]「自然」是統攝天地萬物,通貫一切,合內外的有機整體。元氣的升降分化出陰陽,陰陽二氣間的「解」、「合」、「相從」產生天地萬物。雖然,天地萬物就其氣化形成的樣態而言,有著千差萬別,但是,就天地萬物內蘊著普遍的規

---

[4]《阮籍集·達莊論》。

律及共享整體的和諧性和統一性而言，阮籍謂：「自然一體，則萬物經其常。入謂之幽，出謂之章。一氣盛衰，變化而不傷。」[5] 這就是自然之道。他在〈大人先生傳〉文中指出：「夫山靜而後谷深者，自然之道也。得之道而正者，君子之實也。」寂靜碧綠的高山與幽深蜿蜒的峽谷交錯互依，有自然界內在的理序和互動規律。認識自然之道，參與俱化之才是君子正常而充實的生命法則。

阮籍由人之身、性、情、神的源出來強調人與自然的緊密關係。他在〈達莊論〉謂：「人生天地之中，體自然之形。身者，陰陽之精氣也。性者，五行之正性也。情者，游魂之變欲也。神者，天地之所以馭者也。」人性源於自然之性，人與天地萬物渾然一體，這是阮籍承繼漢代既有的宇宙生成論。人的形神皆來自自然，在人的整體生命中居自主自發地位的「神」或精神化也稟賦於自然。他在〈大人先生傳〉說：「天不若道，道不若神，神者，自然之根。」「神」既是自然之根，也是人稟受為人的本真，所謂：「太初真人，唯天之根。……夫然成吾體也。」（同前）。人的原始本性是純樸自然的，無私無慾，清靜寂寞。人的本性與天地萬物渾化合一，各適其性，各足其意，人在原始的自然中相互平等，無後天人為意識分化下的尊卑之別，貴賤之分。

三、對禮法的批判及對至德之世的嚮往

阮籍在〈達莊論〉文中指出，人間社會若喪失人的自然之性，則人性異化墮落，「競逐趨利，舛倚橫馳，父子不合，君臣乖離。……是以名利之塗開，則忠信之誠薄；是非之辭著，則醇厚之情衊也。」名利的強烈誘惑，使人離開自己純樸自然的本性，在惡劣的競逐下造

---

[5] 同上。

成父子不合，君臣背離，誠信無存，貪冒、誹謗、悖亂、亂國、亡家之事層出不窮。名利的造設，在人與人之間製造了尊卑貴賤的社會屬性，造成人為的不平等及因此而起的種種是非紛亂和敗德惡行。名利的造設與當時的禮法有關。蓋司馬氏集團的政權基礎是大族高門，特別是以經禮法傳家的漢代儒學世家。所謂「禮法之士」係指投靠司馬氏父子，仰承其意旨以禮法、名教為工具掠奪社會名利資源，及以刑罰之治來束縛下民，鞏固禮法世家既得的名利。

阮籍《詠懷詩》第十六首中以「走獸交橫池，飛鳥相隨翔」來影射司馬氏的禮法集團凶逆橫行之貌。他的〈獼猴賦〉更以擬人化的筆法，借獼猴來喻示高唱道德名教的禮法之士「外察慧而內無度」、「性褊淺而干進」、「巧言而偽真」、「耽嗜欲而眈視」、「舉頭吻而作態」對他們衣冠禽獸的行為表示不齒且憤恨不已。阮籍在〈大人先生傳〉一文中對「誦周、孔之遺訓，唐、虞之道德。惟法是修，惟禮是克。」卻內心不軌，行為敗德的禮法之士予以尖銳的批判，他說：

> 今汝（禮法之士）造音以亂聲，作色以詭形，外易其情，內隱其情，懷欲以求多，詐偽以要名。君立而虐興。臣設而賊生。坐制禮法，束縛下民。欺愚誑拙，藏智自神。強者睽眠而凌暴，弱者憔悴而事人。假廉而成貪，內險而外仁。……今汝尊賢以相高，競爭以相尚，爭勢以相君，寵貴以相加，驅天下以趣之。此所以上下相殘也。竭天地萬物之至，以奉聲色無窮之欲，此非所以養百姓也。於是懼民之知其然，故重賞以喜之，嚴刑以威之。……汝君子之禮法，誠天下殘賊、亂危、死亡之術耳。

阮籍這段話，鞭辟入裡地揭露了彼時的禮法之士，以「詭形」、「詐

偽」、「欺愚誑拙」等種種手段「求多」、「要名」來滿足一己、一家「聲色無窮之欲」。禮法之士為了掩飾他們虛偽的真面目，以及利用和控制百姓為其效勞，乃襲法家訴諸重賞、嚴刑的二柄，挾利害制約之理來行名教之治。因此，在阮籍眼中，禮法之術無異於對天下人予以殘賊、亂危以及致死之殘酷術。

阮籍早年建功立業的淑世之志困厄於黑暗的強權，在遭時不遇，有志難伸的失望和苦悶下，乃轉向道家回歸自然。他對現實的政治社會已失去信心，透過道家形上智慧，他深信「自然一體，則萬物經其常。」面對現實世界生死是非的得失與焦慮不安，他在〈達莊論〉中嚮往「以死生為一貫，是非為一條」的莊子齊物論境界。他對天地開闢之時的至德之世，亦即〈大人先生傳〉所謂「上古質樸淳厚之道」無限憧憬和嚮往。田文棠對阮籍的至德之世標舉了四項特徵：(1)從自然之道和自然人性所共同隸屬的自然本性；(2)由自然人性表現出來無私無慾、無知無為的質樸性和淳厚性；(3)人與人之間無貴賤、貧富、賢不肖之區分的自然均等性；(4)人在無內在私慾私念的牽掛及無外在名利的追求下消解了精神上的壓力和痛苦。同時，人也擺脫了外在禮法規範及等級制度制約的桎梏。扼要言之，人享受內心的與外在言行的充分自由。[6]

至德之世雖令人心儀而嚮往焉，然而時光不能倒流，歷史無法還原，阮籍的竹林名士集團也無力且無奈於改變現實世界，那麼至德之世又如何達成呢？對阮籍，甚至多數道家傾向的名士們將重心安置在自我的覺醒及轉化，亦即藉工夫的精進、本體的體證及境界的不斷開拓與提升來達成理想了。質言之，這也是何以理想的人格，不即聖人論能成為玄學核心論題之一的深層原因。環顧魏晉玄學家，阮籍和嵇康並不把孔子和儒家其他代表人物，作為所構築之玄學的理想人格。

[6] 參見田文棠《阮籍評傳》，廣西：教育出版社，一九九四年十二月初版，頁91～94。

探其原因，我們不難發現阮籍和嵇康深受莊子哲學的影響，而被莊子筆下的真人、至人、神人境界所吸引。

《莊子》書中所標舉的「法天貴真」[7]生命智慧是阮籍領悟「至人」形象的焦點所在。「法天貴真」的「法天」是瞭解自然，效法自然，以依順自然運行的天道法則來處理人與自然間的關係。「貴真」就是自我瞭解和珍重自己生命的本真，忠於自己素樸的本性和純真的情感，不要逐物不返、矯飾虛偽而疏離了自己的質樸淳厚本性。若人人能奉行「法天貴真」原則，則天人不相悖，物物不相害，萬物並育，和諧融洽。阮籍所謂：「不害於物而形以生，物無毀而神以清。」、「與造化為友，……將變化遷易，與道周始。」[8]逍遙自在、遊心無窮的絕對自由心境是至人、真人、神人的重要精神人格特徵。阮籍說：「夫大人者，乃與造物同體，天地並生，逍遙浮世，與道俱成，變化散聚，不常其形。」逍遙自在是道家達於絕對自由的精神境界，在這一歷程中必須有不斷層層辯證地否定流俗，篤實實踐轉俗成真的工夫。在通往逍遙自在的至人路程上，必須超越物與物之間和人與人之間種種對立分化的界線和束縛，臻於與萬物一體，與道同遊之境域。阮籍在《詠懷詩》中有多處描寫至人遨遊長空，遊心無窮的情景，然而，詩文中仍無法掩飾對人間愁苦的掛慮，這是他由儒入道心中有難言之苦，早年淑世之志無法忘情所致。

在至人處理人與人的關係上，阮籍謂：「至人無宅，天地為客；至人無主，天地為所；至人無事，天地無故。」[9]消解自我中心的成見與偏情，不以好惡及預設立場來待人，一切以虛靜心來順應環境，

---

7 《莊子·漁父》云：「聖人法天貴真，不拘於俗。愚人反此，不能法天而恤於人，不知貴真，祿祿而受變於俗，故不足。」。

8 同註4。

9 《阮籍集·大人先生傳》。

客觀的以自然之道來對待自己與他人，總之，無執順自然為其基本的處事原則。

第二節　嵇康的玄學

一、生平事略與著作

嵇康，字叔夜，譙國銍人（今安徽宿縣地區），生於公元二二三年，被司馬昭殺害於公元二六二年。據《晉書‧嵇康傳》載述，嵇康「早孤，有奇才」，「遠邁不群」，「尚奇任俠」，「美詞氣」，「有風儀」，「恬靜寡欲，含垢匿瑕」，「寬簡有大量」。「長而尤好老莊之業」。嵇康講究養生「常修養性服食之事」，又善「彈琴詠歌」。在崇尚人物美學的魏晉時代，嵇康的形神倍受矚目，《世說新語‧容止》形容他的容止說：「嵇康身長七尺八寸，風姿特秀，見者嘆曰：『蕭蕭肅肅，爽朗清舉。』或云：『肅肅如松下風，高而徐引。』」。

嵇康與阮籍一樣有濟世之志，但是對司馬氏政權嫉惡如仇，不但貞定節操不與妥協和出仕，甚至以非周孔而薄周孔的方式對司馬氏做尖銳而露骨的批判。《晉書‧嵇康傳》載：「山濤將去選官，舉康自代。康乃與濤書告絕。」山濤亦竹林七賢之一，得意於仕途。嵇康不齒與司馬氏集團為伍，撰〈與山巨源絕交書〉表露了他對司馬氏政權的不滿。嵇康在文中所提的「七不堪」、「二不可」的理由中，自謂「不涉經學」、「不尊禮法」與「剛腸疾惡……難與俗人相處」最具敏感性而觸怒結怨於司馬昭。後因嵇康友呂安被誣告入獄。嵇康在為

朋友義不負心下，挺身欲保明其事。此事件被結怨於嵇康的鍾會和司馬昭所利用，遂演變成政治迫害殘殺事件，處死了公然反對朝廷所標榜名教的嵇康。

竹林名士的交遊聚集活動，主要在嵇康避地山陽時期。嵇康的大部分著作成於這一時期，可分辨時間的著作計有〈養生論〉和〈答難養生論〉與向秀駁難，〈明膽論〉係與呂安論才性之作，〈與山巨源絕交書〉為與司馬氏集團表態決裂之作，〈家誡〉亦成於此段時期，〈幽憤詩〉作於入獄之後。嵇康的著作早就有所亡佚。《隋書·經籍志》載有魏中散大夫《嵇康集》十三卷，《唐書·經籍志》及《新唐書·藝文志》皆載十五卷，現存有十卷。且《晉書·嵇康傳》所提及的著作，大都尚在，目前以魯迅先生所校勘的最為完善。

二、人性觀

嵇康在著作中對「性」所賦予的涵義大致有三種。其中以「生」釋「性」為第一義；以「生」所稟受的材質當承順之而不可以違逆為「性」字第二義。「性」未感物發動前之狀態「性絜靜以端理，含至德之和平」（〈琴賦〉）為「性」字第三義，是三義中最具重要者，此義取道家「道」內存於人稱為「德」亦即「性」之意涵。

在嵇康的人觀中，「性」與「情」和「心」有密切的互動關係，構成人之行為的正邪與禍福。「情」與「性」的關係在於「性」雖生而有之，卻得因「情」而顯露。「性」是「情」之所由發處，「情」是「性」的發用處。「情」在嵇康著作中有不同的樣態和意義，計有「不情」、「愧情」、「欲情」、「偏情」、「親情」、「性情」、「小情」等。[10] 我們透過嵇康人觀中「情」與「心」的關係，有助於

---

[10] 見何啟民詳列嵇康著作中所用的「情」字文句及釋義，出處見其所著《竹林七賢研究》，一九八七年，頁95～99。

理解「性」與「心」之關係。在嵇康「情」字的語用中「匿情」指存心不良,隱瞞掩飾人的私情。嵇康以藏情匿非為「私」言「小人之至惡」,他在〈釋私論〉一文中區分「公」與「私」,以盡情無措為「公」,藏情匿非為「私」。[11]

在自然情慾之「性」與智用之「心」的關係,嵇康做了突出的分析。他說:「夫不慮而欲,性之動也。識而後感,智之用也。動性者,遇物而當,足則無餘。智用者,從感而求,勌而不已。故世之所患,禍之所由,常在於用,不在於性動。」[12] 生理的需求是維持人生命的基本要求。例如:飢而欲食的本能衝動係「性之動」,粗食與美食同具滿足飢而欲食的作用。然而,當人累積不同的感覺經驗後,心「知」對感覺經驗予以辨識而形成好惡的情感、成見與固執。由於「愛憎亂心」嵇康認為人世間的禍患常肇因於「心」所燃起的無休止之情慾,而非無思慮作用的純生理需求。

「心」的功能所具有的經驗之知,分別作用及無盡慾求,易驅使人趨於人我對立、物我對待的緊張中,造成以自我為中心的私心。人在情慾的氾濫競逐上,由私心所左右的成見及應發出來的險詐、計謀常是包藏禍心的。這一層面的心,可稱是具機心、私智的俗心俗智。嵇康指稱存機心私智的人為小人,所謂:「言小人,則以匿情為非,以違道為闕。何者?匿情矜吝,小人之至惡。」[13] 因此,嵇康教人要仔細的觀察一個人的言行,尋覓其心跡,對照檢視人內心可能的動機

---

[11] 據牟宗三的解釋:「無措即『無所措意』,普通所謂『無心』也。『有情』則有心,即王陽明所謂『動於意』也。……『動於意』則善惡皆壞。壞在有『矜尚』,有隱曲也。有隱曲即有所匿,有所匿,即是『私』,於人則為小人。」可謂善解,見牟著《才性與玄理》,臺北:學生書局,一九七五年,頁338。

[12] 見《嵇中散集》,四部備要,集部,臺北:中華書局據明刻本校刊,一九七○年臺二版,卷四,頁5。

[13] 同上,卷六,頁1。

與外在行為，經過審析細辨後或可明察是非。他說：「故乃論其用心，定其所趨。執其辭以準其理，察其情以尋其變。肆乎所始，名其所終。則夫行私之情，不得因乎似非而容其非。淑亮之心，不得蹈乎似是而負其是。」[14] 因對嵇康而言，心有兩面向，一為違道匿情徇情慾的私心，一為是是非非，明察事理的「淑亮之心」。

此外，嵇康人性論亦有循漢儒氣性及魏晉名士才性論而成說者。大抵而言，嵇康承襲漢儒氣化宇宙觀來解釋萬物由分化作用所形成之具體個別存在者，係肇因於原始的「元氣」或「太素」之至一開展為「陰陽」、「二化」，再流布為「五行」，最後實現為「眾生」、「萬物」之多。他透過陰陽五行氣化流行之殊用來解釋宇宙中萬物多樣化的殊別性言人才性之不同。從四本論的理論觀之，他屬於才性異這一型。他的〈明膽論〉一文係針對人與人之間才性的個別差異而作。他說：

> 夫元氣陶鑠，眾生稟焉，賦受有多少，故才性有昏明。唯至人特鍾純美，兼周外內，無不畢備。……故吾謂明膽異氣，不能相生。明以見物，膽以決斷，專明無膽，則雖見不斷，專膽無明，則違理失機。[15]

「明」指人智力發用為識見之明的高下。「膽」指意志凝聚力和決斷力之強弱，或是俗稱的魄力。「明」與「膽」分屬於人的不同才性，不必同俱生於一人。因此，聰「明」者不必然是有「膽」量者。有

---

[14] 同上，頁2下~3上。〈釋私論〉文中多訛誤。牟宗三於此文雖不從版本上來考其文字出入，然由文脈理路來考察謂：「夫行私之情，不得因乎似『非』而容其非。」當作「不得因乎似是而容其非。」又「淑亮之心，不得蹈乎似『是』而負其是。」當作「不得蹈乎似非而負其是。」才通順。見《才性與玄理》，頁341。

[15] 《嵇中散集》卷六〈明膽論〉，頁6上。

「膽」量者也不必然是位聰「明」者。嵇康認為「至人」兼具識見之「明」與「膽」量之充沛。蓋「至人」得天獨厚,「兼周內外,無所不備」,一般人則才具有所偏至,智及之者,所以未能果敢行事,常是因其有「明」無「膽」。因此,「明」、「膽」殊氣異用,不必相涵相生。嵇康由氣化宇宙觀解釋其中原因。他說:

> 夫論理性情,析引異同,固當尋所受之終始,推氣分之所由。……本論二氣不同,明不生膽,欲極論之,當令一人播無刺諷之膽,而有見事之明。……夫五才存體各有所生,明以陽曜,膽以陰凝。[16]

嵇康就「明」、「膽」所以發生的根源上,尋求宇宙發生論之解釋。他承漢代的理論,謂宇宙的終極實在是渾一未分的「太素」或「元氣」,由「一」分化為「二」即是陰陽「二儀」與「明膽異氣」之「明」、「膽」相對應。氣異所以用殊乃歸因於人所稟受的陰氣及陽氣在質量上各有深淺多寡之不同,因而形成各個人不同的生命氣質。

此外,嵇康更以具體的歷史人物來例證他的明膽異用,不必相涵。他舉一史例謂:「子家軟弱,陷於弒君。左師不斷,見逼華臣。」[17] 用這一有明無膽的實例來佐證自己的論旨。

三、養生論

《世說新語・文學》第二十一條載曰:「舊云王丞相過江左,止道聲無哀樂、養生、言盡意三理而已。」「三理」中「言盡意」為歐

---

16 同上,頁7。
17 同上,頁6上。

陽堅石所提，另二理係嵇康所論究。其中，「養生論」雖係魏晉清談的重要課題，若吾人欲搜求內容則多半付諸闕如。存留至今且載述最詳者，莫若嵇康與向秀的養生論。今《嵇中散集》卷三、四錄有嵇康與向秀互難養生論之文三篇。

魏晉人處動盪不安的亂世，生命有危在旦夕之慮。對時局的壓力、生病的痛苦、心情之鬱悶、死亡的威脅等皆思逃避。因而，魏晉人多思遠離世事的是非，務營養生，企求長壽。再者，自漢以來，醫藥、保健知識漸趨發達。曹魏之時，神仙道教流行民間，魏室一則防避道派聚眾滋事，一則採某養性延命的方術，遂廣集方士於京城。

嵇康的養生理論植基於人天生自然的性命之理，順人的性命之理而輔養、導養之。就人整體性命之構成而言，係由形體與精神結合而成。因此，瞭解人之生理保健的方術與蓄養精神的修養法為養生理論的兩大課題，道家側重養神，道教則偏重養形。嵇康鑒於形神相依互賴的整體認識，因此，他既注重道家的精神之養，亦援引道教的形軀之養。然而，在他形養兼重的養生理論中，養神實居主導養形的統御地位。

嵇康養形說有三端：一是去聲色，二是絕滋味，三是服藥餌。永嘉之亂後，士族中不少人沉湎於酒色美味不能自拔，既敗壞社會風氣也傷身體。人若耽溺於聲色、滋味的官能慾望享受，則官能疲累不堪，身體日益虧損而多病短命。他主張導引服食的養形方法，其〈養生論〉謂：「蒸以靈芝，潤以醴泉，晞以朝陽，綏以五弦。」服食包括攝取與生理構造之形質有類比對應感通作用的天然食物，以及人工煉製的丹藥。有學者認為透過服食來感通或轉化體質，係屬於古代巫術性思考原則，所謂：「相信某一事物之屬性，經過接觸、傳染，可傳達其屬性於另一事物，此即威伯斯特（H.Webster）所謂『屬性傳達原理』」[18]他建議人採食靈芝、醴泉就是基於這一信念。

---

[18] 見李豐楙〈嵇康養生思想之研究〉，刊於《靜宜文理學院（現改為靜宜大學）學報》第二期，一九七九年，頁43。

他對道教採食延命說相當篤信，不但服食且食氣。「食氣」即嵇康所說的「呼吸吐納」及「呼吸太陽」[19]。其中理由是，人既與宇宙天地萬物同稟一氣而生，則可以藉「食氣」補身體的虧損。大抵而言，其法為清晨時分，空氣清新，初升的太陽釋放出朝陽氣。若進行深呼吸，則可由吸入的元氣中獲得新的生命力。據今日科學的研究，具有促進胃腸消化、血液循環、強肝排廢氣、補充血液所需養分及強健四肢的功效。[20]

嵇康針對世俗之人陷溺於傷生害性的智用之欲及「見交則非賒」[21]之害，提出相應的養神養生法。他分析了世俗之人「欲」動「神」馳，神慮轉發，耗損精力，是不能寶性全真的。他在〈答向子期難養生論〉文中說：

> 君子識智以無恒傷生，欲以逐物害性。故智用則收之以恬，性動則糾之以和，使智止於恬，性足以和，然後神以默醇，體以和成，去累除害，與彼更生，所謂不見可欲，使心不亂者也。

至於如何以「恬」來收智用，以「和」來糾性動，嵇康主張採「修性以保神，安心以全身。」[22]的精神修養法，亦即安心修性的修心養性法。嵇康進一步的具體陳述安心修性的要領，他說：「清虛靜泰，少思寡欲。知名位之傷德，故忽而不營，非欲而彊禁也；識厚位之害

19《嵇中散集・答難養生論》。

20 葛兆光《道教與中國文化》，上海：人民出版社，一九八七年初版，頁117。

21 見嵇康答張遼叔〈釋難宅無吉凶攝生論〉。「交」指在現實經驗中能現作現報，可收立竿見影的現實利害者。「賒」則指事物的效驗在短時間內未能顯現，經長時間後才顯功效者，如養神說即屬之。

22《嵇中散集・養生論》。

性，故棄而弗顧，非貪而後抑也。外物以累心不存，神氣以醇白獨著，曠然無憂患，寂然無思慮。又守之以一，養之以和，和理日濟，同乎大順。」（〈養生論〉）可知，他的養神說是歸宗於道家的玄理玄智，將養神超脫於世俗價值觀的束縛而臻於心靈精神境界。當人面對生理及心理種種慾望的誘惑時，不訴諸人為外在的節制，而下自悟的功夫實踐。以神導形的養神功夫是基於明理和自發性的靈修工夫。當養神者在透悟至理及修養有成後，一切生命活動皆出於依順天理之自然。

總而言之，嵇康的養生論可說是出於人生哲理的參悟。那就是說，一位才情放達，崇尚自然與自由的哲人，在飽經現實的曲折和憂患後，意識到人生的短暫和虛無，領悟出在世人的多變和無情中，貴賤榮辱僅是一枕黃粱，覺悟了人在精神上自主自由及自足自在的可貴。因此，我們可以說，他的養生論是在個體生命的自覺與自珍下，企求在有限的生命歷程中，自我生命得以自由的舒展，獲致內在生命自足自樂之機趣。他兼顧養形及養神，又可看出他是從生命有機的整全性來看待身心平衡和諧的發展和自我實現。

四、聲無哀樂論

嵇康的〈聲無哀樂論〉不但涉及音樂的體性、音樂是否有哀樂而視為道德教育的工具，或音樂有其內在的純美價值，以及言意關係。〈聲無哀樂論〉文係嵇康在彼時流行品味哀樂的時尚，以及劉劭、阮籍的〈樂論〉主張制樂行教化以移風易俗和司馬懿集團假儒家的禮樂名教，進行奪權鬥爭等錯綜複雜的背景和因素下寫成。〈聲無哀樂論〉文思理曲折精神，是以辯證的方式——七難七答——進行，類似賦體中的七體，藉所鋪陳的反覆問答方式所形成。

〈聲〉文假設秦客的質疑為反方，東野主人的合辯為正方。秦客

在七難持聲有哀樂的世俗觀點，東野主人則在七答中持聲無哀樂的立場。嵇康在文中以問題為主，採玄學中辨名析理及漢魏之際綜覈名實的方法，反覆辯難，層層剖析，步步批判聲有哀樂的論點，證成聲無哀樂的命題。他假借秦客之口，表述儒家樂論立場，謂音樂反映了人民對政治良窳及所造成之苦樂感受。由音樂的刺激所感受到的哀樂之情思，可以與其所相稱相宜的樂器來契合。不但如此，音樂還可表象人的品質、氣象及社會風情、風氣。

　　嵇康藉東野主人之名，對歷來儒家樂論的論點予以辯駁。首先，他藉著漢儒陰陽五形的宇宙發生論，解釋「五音」係對應構成宇宙萬物之原素原理的「五行」而產生。音樂既是自然的產物，則有其自體及所蘊涵的客觀屬性，此皆獨立於人的主觀意志之外。換言之，自然音之有否美感有其自身的體性，不受制於人主觀的情志和好惡。他批駁儒家持樂音具有與人哀樂之情相對應這一看法是「濫於名實」的。表達哀樂的鐘鼓、哭泣猶表達禮之敬意的玉帛，其身份只是表達內在情意的外在意符或媒體。若就音聲作為表達情意之媒體自身而言，它與所傳述的悲喜之情並無必然的固定聯繫，所謂「均同之情，發萬殊之聲」。世俗所謂的哀樂乃屬於人文世界中，情感主體的情緒屬性，感發於操控意識作用的「心」，所謂「和聲無象，而哀心有主。」音樂對人的感通過程，是音樂刺激賞樂者思想情感的過程，亦是賞樂者對樂聲刺激感受及理解的心理反應過程。至於樂聲本身只是幾組自然音的組合、美的化身，無所謂哀與樂。

　　再進一步分析，不同的樂器及樂曲對人的刺激，只是在聽覺生理和心理上引起躁靜之別而非哀樂之別。例如：琵琶箏笛聲音尖銳高亢，演奏節奏急促，變化多端的曲調予人聽覺生理的刺激強烈剛猛，促使心理的感受鮮明而激動，所謂「形躁而志越」。至於琴瑟的演奏聲，音樂寬廣音感柔曼，用以彈奏節奏平緩的曲調時，聆聽者必須「虛心靜聽」才能感受到柔和清爽之美，心理的反應較為悠閑寧靜。

因此，音感的單、複、高、埤、善、惡之性質差異，能引發躁或靜的自然應合反應，無關涉於音樂有哀樂之別。嵇康推導出「聲音之體，盡音之體，盡於舒疾，情之應聲，亦止於躁靜耳！」。

音樂就其純藝術範域而言，美感的樂曲係由作曲家靈活的運用樂理，巧妙地將分殊的個別音組合成具有節奏變化或整體秩序性、統一性的和諧狀態。音樂欣賞當由純粹的音樂美感來品味、鑒賞曲聲的組合是否有序，統一有諧，亦即節奏是否完美，旋律是否美妙。若欣賞者的審美心靈與整個樂曲，應合得協調無間，則自然會滿足人的美感心靈，對音樂美的忘情追求。嵇康說：「音聲有自然之和，而無繫於人情。克諧之音，成於金石。至和之樂，得於管弦也。」、「和聲之感人心」、「五音會，故歡放而欲惬。」。

〈聲〉文還顛覆了孔子謂鄭聲為淫樂的定論，嵇康藉東野主人之口吻，謂：「若夫鄭聲，音樂之至妙。妙音感人，猶美色惑志，耽槃荒酒，易以喪業。自非至人，孰能禦之。……淫之與正同乎心。雅鄭之體，亦足以觀矣。」鄭聲若就音樂美學的眼光觀之，乃音樂之至妙，令人不禁陶醉於其華麗的旋律中。但是，對自制力薄弱的俗人而言，由於鄭聲「妙音感人」不禁受迷惑而陷溺其中，不能自拔，生活失序以致敗壞社會善良的風氣。先王在「承衰弊之後」為移風易俗而命樂工製造所謂中正平和的雅樂。若就審美情操來品評雅樂，則「絕其大和，不窮甚變，損窈窕之聲」顯然不合音樂美學的美感品味。鄭聲之美雖迷人，但對人格修養成熟，情理交融的至人而言，是能滿足其愛樂的情操，卻不會因此而淪於淫亂的。

五、「越名教而任自然」

在名教與自然這一問題上，嵇康認為名教係由當權的統治者人為造立出來的。因此，他對名教並不像王弼那樣持肯定的態度且由名教

出於自然來證成之。嵇康藉歌頌古代無名教時有美好的自然狀態來批判後來的名教社會，旨在抨擊司馬氏集團所倡導禮法名教的虛偽性，他說：

> 洪荒之世，大樸未虧，君無文於上，民無競於下，物全理順，莫不自得。飽則安寢，餓則求食，怡然鼓腹，不知為至德之世也。若此，則安知仁義之端，禮律之文。乃至人不存，大道陵遲，乃始作文墨，以傳其意，區別群物，使有類族；造立仁義，以嬰其心，制其名分，以檢其外，勸學講文，以神其教。故六經紛錯，百家繁熾，開榮利之塗，故奔騖而不覺。[23]

他推想在原始自然的狀態，亦即「洪荒之世，大樸未虧」，在「至人」、「無文」的世界裡，人們原過著樸實簡單的生活，安然自適，係享有「莫不自得」的「至德之世」。彼時，人與人之間既無爭於嗜慾，自然無從啟人己對立相隔的私心。人與人之間的相處，在無機心巧智的對待下，不分彼此而處於渾然為一的「安知仁義」之境，流露了人性樸實自然的一面。等至人，大道退隱時，統治者以人為的認知區別分化物群，以主觀意識造立仁義之德目與規範。同時，治者又以人為的語言符號「制其名分，以檢其外」，再藉勸學講文開設榮利之門路來內控求名逐利者的心思，構成一疏離自然樸實的虛偽名教世界。因此，嵇康「託好老莊，賤物貴身，志在守樸，養素全真」[24]意向於較名教世界更為根源性、真實性的原真世界。那就是一心回歸到以人之真切樸實的本性為立足點的自然世界。嵇康從他的抒志詩中

---

23 《嵇中散集‧難自然好學論》。
24 《嵇中散文集》，卷一〈幽憤詩〉。

透露了內心的志趣,所謂「猗與莊老、棲遲永年」[25]、「絕智去學,遊心於玄默」[26]、「沖靜得自然,榮華何足為」[27]。

　　嵇康有鑒於司馬氏集團所標榜的禮法世教之虛偽性及戕害人性,而對「名教」全盤予以否定。他提出了極具強烈批判性的「越名教而任自然」主張,他說:

> 夫氣靜神虛者,心不存乎矜尚,體亮心達者。情不繫於所欲,故能審貴賤而通物情。[28]

所謂「越名教」即要人徹底覺悟名教之弊害,從而不尚虛榮,捨棄生理、心理上的不當慾望,不助長人為的禍害,揚棄禮法,超越名教威迫利誘的束縛。所謂「任自然」就是崇尚自然自適的人性原始本真,認同「人之真性無為,正當自然。」[29]。

　　綜觀阮籍和嵇康之所以批駁禮法,吾人可視之為他們對司馬氏集團控制下的黑暗現實,表達內心的極度不滿。事實上,觀兩人的某些言行,可發現與他們反禮法的論調不符合。例如,《晉書》阮籍本傳記載阮籍「性至孝」。阮籍雖自身狂放任誕,卻不許其子阮渾學樣。嵇康在其〈思親詩〉中抒發了其對母親和哥哥「思慈親」、「思報德」的儒理親情,表露了儒教重孝悌的精神。他在〈家誡〉一文中,誠摯地教導其子「非義不言,詳靜敬道。」究其原因,一方面阮、嵇兩人在其文人氣質中有著一種真摯與獨特的生命風姿。世事複雜多變,吾人何能固守世俗的常規,生命應感隨情而發,方不致累於世

---

[25]《嵇中散文集·酒會詩七首》。

[26]《嵇中散文集·重作四言詩七首》。

[27]《嵇中散文集·述志詩二首》。

[28]《嵇中散文集·釋私論》。

[29]見《世說新語·任誕》。

情。

另方面，嵇、阮二人痛斥魏晉時期的禮法已被政治惡勢力挾持運用，以喪失對生命真情的承載之旨。例如，魏晉標榜以孝治天下，然而，司馬氏一方面宣揚「孝」的名教，另方面卻是十足的亂臣賊子，自身就破壞了「忠」的名教。魯迅對其中深層理由，有段中肯的評論可資為對嵇、阮反名教的結語。他說：

> 魏晉時代，崇禮奉教的看來似乎很不錯，而實在是毀壞禮教，不信禮教的。表面上毀壞禮教者，實則倒是承認禮教，太相信禮教。因為魏晉時所謂崇奉禮教，是用以自利，……於是老實人以為如此利用，褻瀆了禮教，不平之極，無計可施，進而變成不談禮教，不信禮教，甚至於反對禮教。[30]

第三節 融通儒、道的向秀

向秀，字子期，河內懷人（今河南武陟地區）。生於魏明帝太和六年（公元二二七年），卒於晉武帝咸寧三年（公元二七七年）。《晉書・向秀傳》謂向秀「雅好老莊之學」、「清悟有遠識」、「少為山濤所知」乃竹林七賢之一，與嵇康、呂安友善。向秀和嵇康、呂安同為閑居自傲反司馬氏的遁世之士。俟嵇康、呂安被誅，向秀為保命而入京做官。司馬昭問他說：「聞有箕山之志，何以在此？」向秀回答說：「以為巢許狷介之士，未達堯心，豈足多慕。」表示已改志向，而得司馬昭的寬待。

---

30 見《魯迅全集》卷三，〈魏晉風度及文章與藥及酒之關係〉。

向秀的主要著作是《莊子注》。《晉書‧向秀傳》云：

> 莊周著內外數十篇，歷世才士，雖有觀者，莫適論其旨
> 統也。秀乃為之隱解，發明奇趣，振起玄風，讀之者超然心
> 悟，莫不自足一時也。

又《世說新語‧文學》注引〈竹林七賢論〉提及向秀《莊子注》能吸引人的地方，謂：

> 向為此義，讀之者無不超然，若已出塵埃而窺絕冥，始
> 了視聽之表，有神德玄哲，能遺天下外萬物。雖復使動競之
> 人顧觀所徇，皆悵然自有振拔之情矣。

顯然，當時士人們最欣賞向秀《莊子注》的地方在其「能遺天下外萬物」臻於「已出塵埃而窺絕冥」的逍遙玄義。他的逍遙玄義影響了郭象的《莊子注》而成為元康玄學的核心論題。但是向秀的《莊子注》今不見單行本。

向秀在宇宙發生論上持萬物自生說。觀《列子‧天瑞》「故生物者不生，化物者不化」[31] 注引向秀言曰：「吾之生也，非吾之所生，則生自生耳。生生者豈有物哉？故不生也。吾之化也，非物之所化，則化自化耳。化化哉豈有物哉？無物也，故不化焉……明夫不生不化者，然後能為生化之本也。」依向秀之意，萬物的生生化化流程係出於萬物的自生和自化。蓋萬物的生化不息，係肇因於不得不生和不得不化的自然原因，換言之，萬物內存了自生自化的生化之本。因此，萬物是自生自化的，而非他生他化的。又《列子‧黃帝》張湛注引向

---

31 張湛注謂「莊子亦有此言」，然今本《莊子》及郭注皆無。

秀言「同是形色之物耳，未足以相先也。以相先者，唯自然也。」考察向秀意，物之所以生化不出於他物而出於自因。因此，道家視為先形色之物而存有的自然，從向秀的思想看來，顯示了內在義而未著力處理「超越」義。

向秀的物自生自化之玄義為其闡釋《莊子·逍遙遊》中「逍遙義」的基礎。向秀認為該文中所借喻的大鵬與尺鷃雖在形體上大小有別，但卻各自有各自的性分。若大鵬與尺鷃只要各自能自足於「任性」和「當分」，則彼此的大小無礙於逍遙。向秀認為逍遙的滿足狀態在於「不失其所待」。「所待」應符合自己本性之所性。因此，萬物雖各自殊異，只要各自「任性」和「當分」，則「各任其性，苟當其分，逍遙一也。」這是向秀所發揮莊子的新義，在哲學史上稱為適性逍遙說。向秀將之應用於人生哲學，既然萬物的本性即是內在於萬物的自然之理，若人人能自我瞭解，超越原有的成心偏見，則可在生活中依順自身自然的情性，而臻於「無待而常通」的自得自足之境界了。

至於如何適性順情，自足於懷？向秀提出了「無心」的化執工夫。《列子·黃帝》張湛注引向秀《莊子注》之言「得全於天者，自然無心，委順至理也。」、「苟無心而應感，則與變升降。」向秀所說的「至理」意指「道」內化成吾人本真的自然之理。人與人在互不侵犯下，無心而應感，隨順情性之自然，則謂之「不為而自然」的意足狀態，這是一種適性逍遙的意境。

魏晉玄學透過「聖人有情」或「無情」的論辯來探究如何對待人的情慾問題，以及處理人的情慾與道德名教之關係。向秀的〈難養生論〉認為人的情慾是天生的，持情慾自然說。他說：「有生則有情，稱情則自然，……且夫嗜欲，好榮惡辱，好逸惡勞，皆生於自然。」向秀同荀子一樣的認為人與人在生理與心理的慾望是一樣的，皆天生於自然。雖然如此，向秀卻不認為人可以無條件的放縱情性。人與動物之不同在於人人具有可資「厚益其生」的「心」、「智」。心智對

情慾的追求具有予以合理調節的功能。此外，他認為我們仍需要外鑠性的社會道德規範「道」、「義」、「禮」來對身心的情慾予以規範和節度。如是，他將身心自然慾望與人自主性的心智及客觀的社會道德規範和莊子的適性逍遙觀做一雙向思考，整合自然與名教的衝突，提出調和儒道的「當分」說。可見，他是一位較平和務實的儒道兼綜論者。

他從童年時代，就為同縣出身的七賢之一的山濤賞識，或許基於年齡的差距較大，彼此沒有深厚的交情。向秀與嵇康、呂安較為親近，可是在生命氣質上，嵇康傲世不羈，呂安放逸而超邁世俗，向秀較為平實而雅好讀書，向秀在〈思舊賦〉中自述：「余與嵇康、呂安接近，其人並有不羈之才，然嵇志遠而疏，呂心曠而放。」喜歡讀書的向秀在二十歲時曾寫過一篇〈儒道論〉，可惜已失傳，我們從他後來所撰的《莊子注》一書中可看出，向秀的儒道立場持儒道調和的取向。向秀可說是七賢中對莊學的研究及對後人的影響最深的莊學愛好者與實踐者。《世說新語·文學》云：「初，注《莊子》者數十家，莫能究其旨要。向秀於舊注外為解義，妙析奇致，大暢玄風。」劉《注》引〈向秀傳〉曰：「秀與嵇康、呂安為友。……秀將注《莊子》，先以告康、安。…及成，以示二子，康曰：『爾故復勝不？』安乃驚曰：『莊周不死矣』」可見向秀深契莊子內在的生命精神，對該書所蘊涵之哲思與穎語能妙析奇致，令其好友嵇康和呂安讀之超然，感動深切，視為神解莊子。劉《注》引〈竹林七賢論〉解釋說：「秀為此義，讀之者無不超然，若已出塵埃而窺絕冥，始了視聽之表，有神德玄哲，能遺天下，外萬物。雖復使動競之人，顧觀所徇，皆恨然自有振拔之情矣。」魏晉玄學在中國哲學史上饒富意義的是莊子的發現，除了名士們在風神氣度上表現出莊子瀟灑飄逸的生命情調外，向秀的莊注所奠基的莊學理論貢獻是別開生面的。向秀的《莊子注》所以能超越舊家的注解，而直通莊子的心靈，不只是基於他對莊

子的喜愛和研究的深入，更繫因於向秀外務不足擾其風流瀟灑的真心和真性情吧！因此，顏延年在〈五君詠〉一文中評點向秀「探道好淵玄，觀書鄙章句。」《晉書》本傳謂：「莊周著內外數十篇，歷史才士雖有觀者，莫適論其統也，秀乃為之隱解，發明奇趣，振起玄風，讀之者超然心悟，莫不自足一時也。」可惜的是，向秀此注已佚失，還好其中有些佚文散見於東晉張湛的《列子注》一書中。因此，向注雖不傳，若我們就張湛《列子注》所引，與傳世的郭象《郭象注》作一對照，雖不得全貌，亦可考見一些差別處。

七賢於歷史上的功過，向來頗具爭議。由於論者的立場不同，角度互異，於是，各是其所是，非其所非，莫衷一是，大抵以儒家修己安人立場言者有應詹、卞壺、虞預、范甯、干寶、葛洪、顏之推、顧炎武等人。其中顧炎武將亡國之罪歸咎於竹林七賢。他在《日知錄》卷十七，〈正始條〉，指責這些名士風流棄經典而尚老莊，蔑視禮法而崇尚放達之風「以至國亡於上，教淪於下，捐戎互借，君臣屢易，非林下諸賢之咎而誰咎哉？」而以同情立場就情理論事者，有李充、戴逵、錢大昕、梁啟超等人。其中戴逵對竹林七賢予同情之意，肯定了嵇、阮等人的行誼。他說：「古之人未始以彼害名教之體者何？達其旨故也。達其旨，故不惑其跡。若元康之人，可謂好遁跡而不求其本，有捐本徇末之弊。……然竹林之為放，有疾而為者也，元康之為放，無德而折中者也，可無察乎！」（《晉書‧卷九十四‧隱逸本傳》）近人魯迅在其〈魏晉風度及其文章與藥及酒之關係〉一文中謂：「季札說：『中國之君子，明於禮義而陋於知人心。』這是確的，……所以古代有許多受了很大的冤枉。例如：嵇、阮的罪名，一向說他們毀壞禮教。但據我個人的意見，這判斷是錯的。魏晉時代，崇尚禮教的看來似乎很不錯，而實在是毀壞禮教，不信禮教的。表面上毀壞禮教者，實則倒是承認禮教，太相信禮教。」

第四節　劉伶的〈酒德頌〉

　　劉伶，字伯倫，沛國（今江蘇沛縣）人，其生平事蹟見於史書所載者，僅見於《晉書》、《世說新語》、〈竹林七賢論〉。《晉書》卷四十九・列傳十九云：

> 　　劉伶字伯倫，沛國人也，身長六尺，容貌甚陋，放情肆志，常以細宇宙、齊萬物為心，澹默少言，不妄交游，與阮籍、嵇康相遇，欣然神解，攜手入林。初，不以家產有無介意，常乘鹿車，攜一壺酒，使人荷鍤而隨之，謂曰：「死便埋我。」其遺形骸如此。……嘗為建威參軍，泰始初，對策盛言無為之化，時輩皆以高第得調，伶獨以無用罷，竟以壽終。

劉容身高約一百四十五公分[32]，容貌醜陋，在竹林七賢中與嵇康形成強烈的對比。現存資料與他有關者，多屬與道德禮法不符應的言談及一些怪誕的行為。他的一生大致上是在放情肆志的自由浪漫中度過。《世說新語・容止》對他的個性氣質描述成「貌甚醉悴而悠悠忽忽，土木形骸。」意指常處在酒醉茫茫，神情素樸而飄逸恍惚的狀態。他胸襟開闊，性情豪邁而不拘小節。另方面，他在社交生活上不濫與人交往，沉默寡言，對世事俗情不留心。劉伶經常手裡抱著一壺酒，乘著鹿拉走的小車，交代僕人提著鋤頭跟在車後，言明自己若醉死，就

---

32 據陳捷《中國度量衡》一書載，一尺相當於 24.12 釐米，上海：商務出版社，一九三四年。

隨地埋葬。他的齊生死、放浪形骸，不執人意地與天地萬物渾融為一之韻味，頗契莊子齊物、逍遙之旨。他曾在泰始年間上書，主張「無為而化」的政治理念，卻被斥為無益的對策。當時，跟他同輩的很多人獲得高第官位，只有他被罷了建威參軍的官職。從另一方面來說，劉伶活在名士多故，少有全者的亂世中，能苟全性命而壽終，也是塞翁失馬焉知非福的大幸了。

　　他的「細宇宙，齊萬物為心」可見諸《世說新語・任誕篇》的記載，嗜酒如命的他，起酒興之際，甚至脫衣裸身於屋內，當他人以此譏笑他時，他竟回答說：「我以天地為棟宇，屋室為褌衣，諸君為何入我褌中？」他的放情肆志與嵇康、阮籍的超脫精神可說是莊子〈齊物篇〉：「道通為一」、「天地與我為一」的心境寫照。他有一回喝醉了酒，跟鎮上的人起了衝突，對方惱怒地捲起袖子，欲揮拳打他。劉伶從容不迫地告訴對方，自己像雞肋般細瘦的身體，那裡有地方可以安放老兄的拳頭呢？對方聽了，不禁一笑而放下了拳頭。劉伶的機智和幽默化解了這場人間的對立性衝突，體現了莊子應世的智慧。又有一次，他的酒病發作得很嚴重，要求妻子供酒，他的妻子急哭了，把酒灑到地上，摔破酒瓶，涕泗縱橫地苦勸他為了健康得把嗜酒之癖戒掉。劉伶卻以自己已無能為力了，必得在神明前發誓，靠宗教的力量以能戒得掉。因而，要求妻子為自己備酒肉向神明發戒酒誓，他的妻子勸戒心切，信以為真，一切照辦，劉伶跪在神桌前，卻祝告神明說：「天生劉伶，以酒為名，一飲一斛，五斗解酲。婦人之言，慎不可聽。」[33] 言畢，取過酒肉，又吃喝得酩酊大醉，酒已成為劉伶生命中唯一可享受不盡的真趣了。《莊子・漁父》說：「真在內者，神動於外，是所以貴真也。其用於人理也……飲酒則歡樂。」劉伶嗜酒不是虛情矯飾，而是出於喝出酒中的真味，抒發出內心的真情真趣，這

33《世說新語・任誕》。

是莊子所說的出乎天性，契合個人本性的「天樂」。因此，他的嗜酒不能只從他容貌醜陋、個性孤僻、不善社交、為了暫時逃避世間的煩惱和心情的苦悶而以酒澆愁的消極價值看待。

《世說新語・任誕》載：「劉伶恒縱酒放達，或脫衣裸形在屋中，人見譏之。」伶曰：「吾以天地為棟宇，屋室為褌衣，諸君何為入吾褌中？」可說是因酒而狂放至怪誕的地步了。《昭明文選》五君詠注引臧榮緒《晉書》說：「伶常乘車，攜一壺酒，使人荷鋤而隨之，謂曰：『死便埋我』。」飲酒是他人生的至樂，只要能滿足飲酒的生命最高價值，也可死而無憾了，就劉伶自身而言，在他的人生境遇裡痛飲美酒似乎是他所能活出生命意義的唯一事情。但是他在一般人眼中卻是位縱酒頹放的社會敗類。例如，《晉書・劉伶傳》評他為「遺形骸」、「陶兀昏放」、「以無用罷」；〈名士傳〉評他「肆意放蕩」、「土木形骸，遨遊一世」、「伶處天地之間，悠悠蕩蕩，無所用心。」《世說新語・容止》描述他「貌甚醜顇，而悠悠忽忽，土木形骸，至於劉伶的個性，本傳謂：『放情肆志，常以細宇宙，齊萬物為心。澹默少言，不妄交遊。……初不以家產有無介意。嘗醉與俗人相忤，其人攘袂奮拳而往，伶徐曰：「雞肋不足以安尊拳。」』又說他「雖陶兀昏放，而機應不差。」他的「機應不差」可謂透悟了老莊無為之道的玄理，他看不起俗人，也不介意俗人看不起他。「酒」使他心靈境界超塵脫俗，使他灑脫自如，與世俗無爭，與不寬容的黑暗時局無爭。他的靈活應變，以一句雞肋怎能擋得了尊拳，使對方轉怒為笑，收回拳頭而去，化解一場危機。

他不與俗人俗事爭，他要爭的是俗人所不敢之爭，他要爭的是與天地順合自然，與日月爭自然之理。他的宇宙豪氣，天地深情寄文託意於他享名於後世的〈酒德頌〉。這百餘字的〈酒德頌〉文簡意賅，意境深遠，豪情萬丈，全文如下：

　　有大人先生，以天地為一朝，萬期為須臾，日月為局牖，八荒為庭衢。行無轍迹，居無室廬，幕天席地，縱意所如。行則操卮執瓢，動則挈榼提壺，唯酒是務，焉知其餘？有貴介公子，縉紳處士，聞吾風聲，議其所以。乃奮袂攘襟，怒目切齒，陳說禮法，是非鋒起。先生於是方捧罌承槽，銜杯漱醪，奮髯箕踞，枕麴藉糟。無思無慮，其樂陶陶。兀然而醉，慌爾而醒，靜聽不聞雷霆之聲，熟視不見太山之形，不覺寒暑之切肌利欲之感情。俯觀萬物，之擾擾焉，若江海之載浮萍。二豪侍側焉，如蜾蠃之與螟蛉。

文中他以「大人先生」自喻，唯酒是務地形神相親，進而與天地自然交融，與萬物渾然一體。他以豪情高志，透過宇宙眼，天地情睥睨名教機制中為個人私利搬弄是非，競相攻擊的禮法之士。劉伶深得莊子的神韻，《莊子・列御寇》有言：「吾以天地為棺槨，以日月為連璧，星辰為珠璣，萬物為齎送。吾葬具豈不備耶？」大自然才是人原始要終的真宰，永恆的歸宿。劉伶的飲酒裸身或許是師習阮籍。[34] 他們透過酒所催化散發的人原始生命力，與天地萬物自然渾合為一。人赤裸裸的從自然而來，赤裸裸的回歸大自然，與天地並生，萬物合一，與「道」冥合，和天地精神相往來。他們皆有得於莊子的曠達神韻。

　　當然，他活在政治險惡的黑暗時代，名士少有全者，仕途不如意，有人被迫退隱，有人卻不得不委身官場以圖苟安性命於一時。劉伶內心的悲愴和難耐的孤獨及鬱悶是難被他人全然瞭解的。他在這悲慘的歲月，辛酸的盛年裡又如何排遣內心的落寞與無奈？他如何營造苦中的作樂呢？我們可從他的五言詩〈北芒客舍〉中，瞭解他的詩心

―――――――――――
34 《世說新語・任誕》第二十條引王隱《晉書》：「魏末，阮籍嗜酒荒放，露頭散髮，裸袒箕踞。」

與詩情所透露的生命情調，他說：「泱漭望舒隱，黮黮玄夜陰。寒饑思天曙，振翅吹長音。蚊蚋歸豐草，枯葉散蕭林。陳醴發悴顏，巴歈暢真心。縕被終不曉，斯歎信難任。何以除斯歎，付之與琴瑟。長笛響中夕，聞此消胸襟。」[35] 北芒即今河南洛陽市北的北邙山，東漢、魏晉的王侯公卿多葬於此。「客舍」猶言客居、寄居。他在詩中陳述在天色昏昧的無月之夜，獨對四周深沉的漆黑。挨寒地期盼望著天亮，以便能抱翅雄鳴啼出響亮的長音。蚊蚋遍藏於茂盛的草叢裡，枯葉紛落於蕭條的林木中。痛飲甜酒才足以消解憔悴的容貌，奏出漢魏時期名為巴歈的武樂才足以舒展苦悶的心靈。蓋在被子裡等候天亮的到來，心中所泛起的憂傷愁滋味，令人難忍受。試問甚麼可以消散心中濃郁的憂傷呢？只有寄濃情於琴與瑟了，此時，忽然傳來夜半長笛聲，傾聽長笛聲不禁消解了心中所積累的愁緒。劉伶詩中謂長夜難眠，借酒壯志，憧憬在巴歈武樂的激勵下，一展建功立業的宿志。然而，他感嘆遭時不遇，有志未伸的怨尤。此時象徵滌邪歸正的悠揚笛聲，緩解了他心中的幽怨。在情懷曲折而細膩的全詩中，使人品味出劉伶高昂志向與現實黑暗的強烈落差，可想見此詩表達了劉伶早期的心態與後期崇尚無為之治及作〈酒德頌〉的心情，迥然有別。

劉伶在〈酒德頌〉一文中塑造了嚮往莊子獨與天地相往來的宏達先生之精神境界。他在文中所謂「大人先生」，在阮籍那兒也曾寫下「大人先生傳」，「大人」出自《周易》原經，例如，乾卦九五爻爻辭：「飛龍在天，利見大人」在魏晉託意為令人尊敬的、高人般的長者。劉伶與阮籍在文中分別使用的「大人」表徵著他們心中所仰慕的人格典範。胡旭指出：「如果將其與《世說新語》、《晉書》等典籍中關於阮籍和劉伶的記載進行對比的話，不難發現，劉伶筆下的『大

---

35 〈北芒客舍〉，見逯欽立輯校《先秦漢魏晉南北朝詩》（上冊），北京：中華書局，一九八三年版，第 552 頁。

人先生」，其實就是阮籍和劉伶的複合體。」[36] 這篇文章可能代表劉伶淑世之志難伸，轉向「細宇宙，齊萬物為心」莊子式的曠達肆情之生命情調，當為劉伶生命後期之作品。他在〈酒德頌〉首段將自己心志託意於所杜撰的「大人先生」形象。他形容大人先生將開闊的天地視為居室，萬年時光視為宛如片刻，把日月譬如居室的門窗，八方原野看作庭院小徑。大人先生肆情縱意地以天空為幕帳，大地為臥席，整天過著無所事事的飲酒自適之生活。劉伶在文中以大人先生自況，氣象不凡，氣度恢弘，所使用的語詞如「天地」、「日月」、「八荒」、「泰山」、「雷霆」……等，真是讀之令人頗感措意超凡。文勢語氣汪洋恣肆，超脫了俗世所侷限的時空，其逍遙自如的精神，出神入化，無滯無礙，令人神往。

　　他在文中不但抒發了《莊子・齊物論》「天地與我並生，萬物與我為一」的宇宙人境界，也展現了莊子〈人間世〉中「心齋」與〈大宗師〉中「墮肢體，黜聰明，離形去知，同於大通」的「坐忘」心境。大人先生在酣醉之際，已冥然與道合一，茫茫拋棄一切外在的塵俗雜務，無所待於外。文中謂貴介公子及縉紳處士等道德禮法之士對大人先生的玩世不恭怒瞪雙目、咬牙切齒。但是，大人先生卻將他們諷刺像蜾蠃與螟蛉的「二豪」。在他眼中道德禮法之士無事生非地造立具意識型態的、有框架式的是非、貴賤，徒生紛紛擾擾，使世事動盪不安，世俗所重視的仕紳、處士在其心中只不過是纖介如水中的浮萍。以大人先生自喻的劉伶所以能馳其神思，不拘執於凡塵，他是以莊子「心齋」、「坐忘」的修養工夫，蕩相遣執，超脫感官上的聲色之誘，昇華俗情物慾，離形去智的顯發真君，同於大通，性道合一，這就是劉伶何以願與幽靜的山林為伍，悠閒自若。他的竹林之遊是一

---

36 見胡旭〈竹林七賢與竹林之遊〉一文，刊於李天會、鄭強勝主編《竹林七賢與魏晉文化》，鄭州市：大象出版社，二○○七年一月一版，頁241。

淨化心靈，沉思玄理，才獲致莊子般的深智。同時，他唯酒是務的「酒」使他在微醉中，放下心中的掛罣，形神相親，形神兼備，放鬆了對生死、禍害、是非的計較，與莊子離形去智的「坐忘」之境有異曲同功之妙。〈酒德頌〉中以大人先生自況的劉伶超然於心知之執，了脫於情識之結，勘破死生之惑，看透了榮辱、是非只是一朝風雲烈日。他的借酒舒展、澆己塊壘、自得於恣意自適的人生觀，是莊子齊物、逍遙另一面向的生命情調之發顯。

第五節　山濤、阮咸、王戎

一、山　濤

　　山濤字巨源，河南郡懷縣人，與向秀同鄉，生於漢獻帝建安十年（公元二〇五年），死於太康四年（公元二八三年），終年七十九歲。山濤年幼喪父，家境貧窮，其人品卻歷練成胸襟開闊，抱負遠大，山濤好老莊之學，為人小心謹慎，介然不群，雖然仕途平步青雲，生活卻非常節儉，頗契道家清心寡欲，懷素樸之志的生命情調。山濤在竹林七賢中年紀最長，他和嵇康、阮籍等人能成為至交，主要歸因於他為人處世的風神氣度，以及性好老莊的共同志趣，《世說新語・賢媛》載：

　　　　山公與嵇、阮一面，契若金蘭。山妻韓氏，覺公與二人異於常交，問公。公曰：「我當年可以為友者，唯此二生耳。」妻曰：「負羈之妻，亦親觀狐、趙；意欲窺之，可乎？」他

日，二人來，妻勸公止之宿，具酒肉。夜穿墉以視之，達旦
忘反。公入，曰：「二人何如？」妻曰：「君才致殊不如，
正當以識度相友耳。」公曰：「伊輩亦常以我度為勝。」

山濤接受其妻窺視達旦的請求，可見他有寬容的氣度，圓應無執的虛
靜心態。觀其與妻子間的對話，也看得出他們相互間的尊敬和從容自
信。一個人的才性稟自於天生麗質，一個人識度能力則來自於人格涵
義的寬宏大量，不但能察人之短，更能欣賞他人的優點。山濤妻子以
超人的「識度」來品評山濤，山濤也欣然告訴其妻，他的朋友也以這
一人格特質來讚許自己，可見他的落落大方。

　　他的飲酒態度亦是如此，他的酒量是八斗內不醉，每次聚飲，將
至八斗時便不再逞強。司馬炎有次暗備八斗酒勸灌山濤，山濤慢飲而
不計量數，飲至八斗自然止杯不飲。[37] 也可得知這位在險惡官場上的
不倒翁，其應酬恰得其分寸，連飲酒也如此而未醉倒過。

　　《世說新語・賢媛》注引《晉陽秋》：「濤雅量恢達，度量宏
遠，心存事外，而與時俯仰。」顧愷之評點他說：「濤無所標名，淳
淵默人莫知其際，而囂然亦入遁，故見者莫能稱謂，而服其偉量。」
他風神氣度上的偉量及識度的通達，不只是他能享竹林七賢之「賢」
名，也是他在仕途上能公正地為國舉才的深層原因所在。他在險惡的
政治環境中能較嵇康、阮籍等人顯得老練、圓融，也在於他淳深淵默
的深沉性格。《晉書》本傳云：「（濤）又與鍾會、裴秀並申款昵。
以二人居勢爭權，濤平心處中，各得其所，而俱無恨焉。」這是他深
刻體現道家「和光同塵」的處世智慧，他的和而不同也詮解了莊子
〈齊物論〉以虛靜心對待多樣化的自然萬物，以「道」的高度行不齊
之齊。他的人生態度和一些政治意態明顯的是具道家傾向的。他對老

<hr>

37《晉書》卷四三〈山濤傳〉。

莊自然涵義的體認，透過人類歷史客觀形勢的發展來詮釋。《世說新語・政事》記載山濤於嵇康被殺後十八年，推舉其子嵇紹為祕書丞。嵇紹彼時屏居師門，欲辭不就，山濤勸解說：「為君思之久矣！天地四時，猶有消息，而況人忽？」意指大自然有消息的推移變化，人也應順應自然大律，隨著客觀形勢的變化而應變，這才合乎自然理律。按《禮記》：「父之讎，弗與共戴天。」山濤言出於《易・豐卦象傳》：「天地盈虛，與時消息，而況於人乎！況於鬼神乎。」魏晉時《易》、《老》、《莊》以玄理相通成三玄，山濤以玄理理解《易》，顯然持道家立場。

　　山濤性好老莊是有文獻根據的，《晉書・山濤傳》云：「濤早孤，居貧，少有器量，介然不群。性好老莊，每隱身自晦。」《世說新語・賞譽》記載了王戎對時人詢問山濤的義理取向的回答：「此人初不肯以談自居，然不讀老莊，時聞其咏，往往與其旨合。」山濤對老莊的喜好側重在吸收老莊的生命智慧，落實在現實生活中，有別於向秀好老莊著重讀書與撰寫上。東晉的大畫家顧愷之慕好竹林名士，曾撰山濤的畫贊曰：「濤有而不恃，皆此類也。」[38]「有而不恃」典出於《老子》第五十一章：「生而不有，為而不恃，長而不宰，是謂玄德。」觀山濤對財物的處理態度，確實有符應此一精神處。據《晉書》本傳的記述，山濤雖然家境貧寒，可是在他仕途通達，享高官厚祿時，卻將自己的財物散給家境較苦的親朋好友們，自己依然過著簡儉的生活。他素好簡樸生活與他愛好老莊哲學有關。《老子》六十六章云：「以其不爭，故天下莫能與之爭。」山濤在四十歲以後的仕途中曾數度向朝庭請求引退或辭職，不但未被准許，且步步高升，可說是他深諳老子不敢為天下先和與人不爭的「隱身自晦」。老莊在辯證法中均主張不偏執於一端而採取辯證性的綜合。《老子》第五章謂：

---

38 見《世說新語・賞譽》。

「多言數窮，不如守中。」《莊子‧齊物論》則主張「聖人和之以是
非而體乎天均，是之謂兩行。」、「樞始得其環中，以應無窮。」山
濤在生活世界中感悟到「守中」及「兩行」的隨順變化，不執於一端
的辯證法原理。他把知雄守雌，和之以是非的兩行思想活用於變化莫
測的世局及詭譎的政情中，以不爭和無私來因時處順、隨遇而安。因
此，他雖然不屈於權貴，有著「介然不群」的人格特質，可是他在險
惡的世局大浪中毫髮未傷，可說是得自莊子的達觀應變，與時俯仰的
玄智和善巧應世之方。

二、阮　咸

　　阮咸，字仲容，陳留尉氏（今河南省開封附近）人，阮籍哥哥武
都太守阮熙之子。竹林七賢中關於阮咸的載述史料甚少，是七賢中受
關注最少，未見流傳的作品，算是七賢中最名低聲微的了。他的年齡
比王戎稍長，是七賢中年紀第二小的，其生卒年已不可考。他是阮籍
的侄子，其放誕不拘禮法的行為與阮籍不相上下，兩人被合稱為「大
小阮」。叔侄之間雖有輩份的差距，卻不拘形跡，常像朋友般共同遊
憩。大小阮皆崇尚老莊思想，鄙視道德禮法之士的偽君子作風，鄙視
流行於權貴間的繁文縟節。我們從少量流傳至今的史料觀之，多載述
阮咸不拘禮法而被禮法之士譏笑的任誕行為。我們從這些事例中卻可
生動地想像他的生命情調。

　　《世說新語‧任誕篇》云：「阮仲容、步兵居道南，諸阮居道
北；北阮皆富，南阮貧。七月七日，北阮盛曬衣，皆紗羅錦綺；仲容
以竿掛大布犢鼻褌於中庭。人或怪之，答曰：『未能免俗，聊復爾
耳！』」按當時的民俗，七月七日有家家戶戶曬衣習俗，無形上各家
藉此展示機會進行貧富的較量。阮咸雖不能免俗，卻採取了不同流俗
的作為。阮咸雖在財物上貧窮，可是其士族之優越門第和身份並不比

人差。當時的名士夏天常喜歡穿犢鼻褌,既通風涼爽,看起來也較灑脫自在,這種短褲較便宜為窮人家常穿,阮咸卻以長竿掛起犢鼻褌,雍容大度,毫不自卑,頗有莊子自足自得,輕時傲物之風。

〈任誕篇〉有一則云:「諸阮皆能飲酒,仲容至宗人間共集,不復用常杯斟酌,以大甕盛酒,圍坐,相向大酌。時有群豕來飲,直接去上,便共飲之。」阮咸赴宗人的聚會,不再用常杯斟酌,改以甕盛酒,大家圍坐在一起相向大酌以盡興。此時,有群豬聞酒香而來飲,阮咸不以為意,與豬共飲,阮咸狂飲酒到情致高處,係出於自然的率性,敢於真情流露,無視於俗情的計較。阮咸用別人認為任誕的行為來落實莊子宇宙論中「通天下一氣耳」及人生論中〈齊物論〉所高標的「天地與我並生,而萬物與我齊一」的玄通大道之境界。山濤曾企圖推荐阮咸任官,阮咸因酒失態敗德,結果以耽酒虛浮而不被重用。[39]他飲酒不用酒杯而用大甕,且不介意與豬共飲,他的喝酒已至荒誕蕩突的地步。阮籍之放達是有所為而作「達」故得「至慎」美名,相較之下,阮咸是無所為而作「達」,始終沉淪於閭巷而未獲握進。

〈任誕篇〉另有一則載及阮咸的任情越禮之行為。魏晉重門第觀念,形成了階級隔閡的時代。士族政治講究血統上的尊卑貴賤,特別是呈現在婚姻上,在那個講究門當戶對的時代,士族與寒門、役門間的通婚是醜聞。結婚的禁忌和繁文褥節特別多,《晉書》本傳載:「(阮咸)居母喪,縱情越禮。素幸姑之婢,姑當歸於夫家,初云留婢,既而自從去。時方有客,咸聞之,遽借客馬追婢,既及,與婢累騎而還。」阮咸的縱情不但越禮而且在喪禮上的失態被人解讀為大不孝。然而,《世說新語‧任誕篇》的敘述與本傳略有不同,其載述

39《世說‧賞譽篇》引〈竹林七賢論〉曰:「山濤之舉阮咸,固知上不能用,蓋惜曠世之儁,莫識其意故耳。大以咸之,所犯方外之意,稱其『清真寡欲』,則迹外之意自見耳。」

為：「阮仲容先幸姑家鮮卑婢，及居母喪，姑當遠移，初雲當留婢；既發，定將去。仲容借客驢箸重服自追之，纍騎而返。曰：『人種不可失！』即遙集之母也。」古代有「不孝有三，無後為大」聚妻生子以延續香火是人子的大孝，阮咸在母親喪禮時用這種大膽唐突的行為方式，頗有以實質性的行為內容及真情來挑戰世俗僵化的禮法，不無對森嚴冷酷的禮法予以揶揄的意味。

三、王　戎

　　王戎，字濬沖，生於公元二三四年，卒於公元三〇五年，琅琊臨沂（今山東臨沂）人。他出身於有名望的大族，王衍、王澄、王導、王敦等著名人物皆是他的親族輩。王戎的祖父曾任魏朝的涼州刺使、貞陵亭候，王戎從小的優渥生活，塑成了他的個性中的一部分特質，少年時即以聰明、勇敢聞名。《世說新語・雅量篇》說：「王戎七歲，嘗與諸小兒遊，看道邊李樹多子折技，諸兒競走取之，唯戎不動，人問之，答曰：『樹在道邊而多子，此必苦李。』取之，信然。」他七歲時能見路旁的李樹結實纍纍到枝條都因受壓太重而垂了下來，推測其果實可能苦澀才不被路人採食。因此，他不為所誘惑，同遊的小朋友自採食後，確證王戎的先見之明。該條注引《名士傳》云：「戎由是幼有神理之稱也。」又載：「魏明帝於宣武場上斷虎牙，縱百姓觀之。王戎七歲，亦往看。虎承間攀欄而吼，其聲震地，觀者無不辟易顛僕。戎湛然不動，了無恐色。」注引《竹林七賢論》曰：「明帝自閣上望見，使人問戎姓名而異之。」[40] 可見王戎小時候不但聰明，且膽識過人。此外，《晉書本傳》又載述王戎的眼睛特別明亮，炯炯有神，凝視而不眩。裴楷見了，驚嘆說：「容眼爛爛，如

---

[40] 《世說新語・雅量第六》。

嚴夏電」。在莊子的〈養生主〉中特別強調人的形神關係中，飽滿自主的精神最具主體性，以形傳神，以神導形。魏晉的人物審美風尚，主張形神相親、形神兼備。因此，王戎的神采奕奕特別引人矚目，在他小時候就特別受阮籍的鍾愛，也深受時人的品賞。《世說新語‧賞譽篇》載曰：「王濬沖、裴叔則二人，總角詣鍾士季，須臾去後，客問鍾曰：『向二童何如？鍾曰：『裴楷清通，王戎簡要。後二十年，此二賢當為吏部尚書，冀爾時天下無滯才。』」王戎和裴楷在小時候即氣宇非凡，如鍾會所預測，日後皆成為西晉政壇上的要人。

王戎飲酒有時狂飲似阮籍，有時掌握節度似山濤。史料中有三則述及王戎飲酒處，值得我們注意。《晉書‧王戎傳》載：「戎嘗與阮籍飲，時兗州刺史劉昶字公榮在坐，籍以酒少，酌不及昶，昶無限色，戎異之。……」王戎在這次的飲酒中初見阮籍，酒只有二斗，阮籍只斟酒予王戎，劉昶不介意，三人各得其所。王戎不解，請教阮籍，阮籍說：「（飲酒）勝公榮者，不可不與飲酒；弱于公榮者，則不敢不共飲酒；唯公榮可不與飲酒。」真是妙答中透顯名士的飲酒亦不乏寬簡有大量者。可是隨著政局的惡化，王戎為苟安而逐步投靠司馬氏集團，而遭阮籍的不齒。王戎生長於門閥世家，不免受家人的價值觀影響，持入世之志。因此，王戎相較於嵇、阮，欠缺嵇康玄學家及阮籍文學家的氣質和韻味，也沒留下著作。阮籍很可能鑒於王戎執意於世俗的官宦之志，因此曾譏諷他為俗物。據《世說新言‧排調篇》載述：「嵇、阮、山、劉在竹林酣飲，王戎後往，步兵曰：『俗物已復來敗人意！』王笑曰：『卿輩意，亦復可敗邪？』」阮籍雖然當其他人的面前譏諷王戎為俗物，王戎卻不生氣，從容回話說，像您們這等人是遇事看得開，不計較的，會有誰能掃你們的酒興呢？阮籍賞識王戎甚久，他對王戎知之甚深，王戎也知道阮籍的話並無惡意，因此，很有風度地以機智之言化解彼此的尷尬，這是王戎具幽默感的穎語，令人佩服。儘管王戎日後在政治立場上轉變而與嵇、阮不同

調，不過他仍真情感念舊時與老友的竹林之遊。《世語‧傷逝》載云：「王濬沖為尚書令，……經黃公酒壚下過，顧謂後車客：吾昔與嵇叔夜、阮嗣宗共酣飲於此壚，竹林之遊，亦預其末……今日視此雖近，邈若山河！」此條記述王戎乘車路過當年七賢竹林之遊「黃公酒壚」的地點，觸景生舊情，不禁悲感泉湧，回憶當初鴻鵠比翼悠遊多麼自適自在。對比於現今的自己猶羈絏的籠中鳥，不但失去自由身，也有莫名的無安全感。

王戎遇大喪面臨了真情與禮文的取捨問題，《世說新語‧德行篇》載曰：

> 王戎、和嶠同時遭大喪，俱以孝稱，王雞骨支床，和哭泣備禮。武帝謂劉仲雄曰：「卿數省王、和不？聞和哀苦過禮，使人憂之！」仲雄曰：「和嶠雖備禮，神氣不損；王戎雖不備禮，而哀毀骨立。臣以和嶠生孝，王戎死孝；陛下不應憂嶠，而應憂戎。」

王戎與和嶠在處理大喪的情禮關係上，有很大的差異。和嶠講究喪禮的儀文度數，很周備地遵守禮制服喪，可是精神氣色不差。王戎無心籌備禮數儀文，悲傷愈常，導致健康情況不良，「哀毀骨立」。《晉陽秋》也載述此事，謂：「戎為豫州刺史，遭母憂，性至孝，不拘禮制，飲酒食肉，或觀棋弈，而容貌毀悴，杖而後起。時汝南和嶠，亦名士也，以禮法自持。處大憂，量米而食，然憔悴哀毀，不逮戎也。」[41] 王戎有哀思之情，為大喪而過度悲哀，和嶠則較顧及別人的觀感而備妥禮數。王戎一任真情之感發，不拘外在禮數形式，可謂任情越禮，宗白華謂：「晉人藝術境界造詣的高，不僅是基於他們的意

---

41 見劉笑標注《世說新語‧德行篇》。

趣超越，深入玄境，尊重個性，生機活潑，更主要的還是他們的『一往情深』」[42]王戎對親人「一往情深」，遇大喪時難掩哀痛的心情，以致「哀毀骨立」，感動劉仲雄而請武帝擔憂王戎的健康情況。《莊子・漁父》云：「真者，精誠之至也。不精不誠，不能人。故強哭者雖悲不哀，……真悲無聲而哀」王戎體現了莊子所說的真悲而哀。《世說新語・傷逝篇》載曰：「王戎喪兒萬子，山簡往省之，王悲不自勝。簡曰：『孩抱中物，何至於此？』王曰：『聖人忘情，最下不及情；情之所鍾，正在我輩。』簡服其言，更為之慟。」王戎自述是位鍾情者，亦即非常重感情的人，有真情才能真悲切，可見他是率真的性情中人。

由於政情險惡，世事無常，王戎晚年在性格上卻變得貪財和吝嗇。我們可從《世說新語・儉吝篇》數條陳述他行事的小氣，例如：「王戎有好李，賣之，恐得其種，恒鑽其核。」、「王戎儉吝，其從子婚，與一單衣，後更責之。」、「王戎女適裴頠，貸錢數萬，女歸，戎色不說，女遽還錢，乃釋然。」以及「司徒王戎，既貴且富，區宅僮牧，膏田水碓之屬，洛下無比，契疏鞅掌，每與夫人燭下散籌筭計。」這是對王戎極端吝嗇的行為刻畫，不過，令人怪異的是他為什麼會將拿去市場販售的李子逐一鑽破李核，以防別人得其好種子？其舉止也表現出他深諳事故，胸有城府，但是也真是小氣到極點了。據劉孝標注引《晉陽秋》曰：「戎多殖財賄，常若不足。或謂戎故以此自晦也。戴逵論之曰：『王戎晦默於危亂之際，獲免憂禍，既明且哲，於是在矣。』」衍申其意蘊，王戎賣李鑽核的行為是在亂世中對不確定的未來缺乏生計上的安全感。因此，這種令人費解的行為，或者是為了苟全性命，於亂世的自毀形像之韜晦策略，然而，王戎的行

---

[42] 宗白華〈論《世說新語》和晉人的美〉，收入《美學散步》，上海：人民出版社，一九八一年版。

止也未必盡是今人詬病的，《世說新語‧德行篇》載云：「王戎父渾有令名，官至涼州刺史，渾薨，所歷九郡義故，懷其德惠，相率致賻數百萬，戎悉不受。」王戎也有雍容大度之慷慨義行。又據《世說新語‧雅量篇》所述：「王戎為侍中，南郡太守劉肇遺筒中箋布五端，戎雖不受，厚報其書。」王戎晚年的貪財吝嗇，或許是出於過度的克勤克儉吧！他雖有財富，卻不揮霍，雖然少了莊子的放達灑脫，卻也是值得莊子肯定的率真簡樸的人。

第十一章

西晉的玄學

第一節　裴　頠

　　裴頠字逸民，河東聞喜人（今山西絳縣），生於西晉武帝泰始三年（公元二六七年），被誅於西晉惠帝永康元年（公元三〇〇年）。他出身於高門顯族，其祖父裴潛官至魏尚書令，父裴秀是西晉開國元勛，官至晉司空。裴頠在學術上博學稽古，尤專儒學且兼明醫術。他的著作著錄於《隋書·經籍志》謂有《裴頠集》九卷，已失佚。現存〈崇有論〉一文，保存在《晉書》本傳中。

　　西晉在人倫道德方面，由正始玄學貴無論的末流所衍生的社會負作用，引起了名教與自然的衝突，造成許多傷風敗德的行為流弊。《世說新語·德性》注引王隱《晉書》曰：

　　　魏末阮籍嗜酒荒放，露頭散髮，裸袒箕踞。其後，貴游子弟阮瞻、王澄、謝鯤、胡毋輔之之徒，皆祖述于籍，謂得大道之本。故去巾幘，脫衣服，露醜惡，同禽獸，甚者名之為通，次者名之為。

這種傷害社會善良風氣的行為不僅盛行於貴游子弟，甚至連朝廷大臣也沾染了。有識之士有鑒於這類破壞禮法的時俗，毅然批判任誕玄風而欲糾矯之者有之。

　　裴頠出身有名的士族家庭，不滿於彼時「口談虛浮，不遵禮法」（《晉書·本傳》）的風氣。他與王衍、樂廣等人辯論之〈崇有論〉係針對當時知識份子崇尚何晏、王弼之貴無思想而立論。他對貴無思想所造成的社會後遺症予以譴責，他在〈崇有論〉一文中說：

> 遂薄綜世之務，賤功烈之用；高浮游之業，卑經實之
> 賢。是以，立言藉於虛無，謂之玄妙，處官不親所同，謂之
> 雅遠；奉身散其廉操，謂之曠達；故砥礪之風彌以陵遲。放
> 者因斯，或悖吉凶之禮，而忽容止之表，瀆棄長幼之序，混
> 漫貴賤之級。其甚者至於裸裎，言笑忘宜，以不惜為弘士，
> 行又虧矣！

薄世務、賤功用、卑賢人之業的賤有尚虛無之時論者，在政治生活中不盡職責不守廉操，在社會生活中不顧禮節漠視倫序，士人的諸般言行已造成了對政治和社會的傷害。裴頠站在維護政教、禮制的名教立場上，提出以「有」為本的崇有論，觀其論點可分為認識論方面、本體論方面及人生哲學方面。

在認識論方面，他認為「有」之存在既為萬物形象之呈顯。在這一層意義之「有」指涉經驗界中，可以作為吾人感覺認識對象的具體存在物、政教制度和具體的道德禮法之規範。「無」乃「有」之不存在的非有，係空無義。因此，他所謂的「無」係指現象界中不存在，不能作為吾人感覺認識對象者而言。平實而論，裴頠這種感覺認識說不足以否定形上界域之存有。

在本體論上，裴頠對於「有無」問題似受向秀自生自化的影響，他肯定「有」自生而非「有生於無」。他在〈崇有論〉文中說：「夫至無者，無以能生，故始生者，自生也。自生而必體有，則有遺而生虧矣，生以為己分，則虛無是有之所謂遺也。」裴頠頗為自信地肯定「無」是有之虧、遺，無不能生有，有來自「有」，亦即「有」，是自生者，「自生而必體有」。這樣的說法，使我們不禁要追問他所謂「有」的本體論意義了。裴頠〈崇有論〉謂：

> 夫總混群本，宗極之道也；方以族異，庶類之品也；形

象著分，有生之體也；化感錯綜，理跡之原也。夫品而為族，則所稟者偏；偏無自足，故憑乎外資。是以，生而可尋，所謂理也；理之所體，所謂有也；有之為須，所謂資也；資有悠合，所謂宜也；擇乎厥宜，所謂情也。識者既授，雖出處異業，默語殊途，所以寶生存宜，其情一也。

　　裴頠對萬物本源的探溯所以然之理，是從現象界具體的存在者著手。他從存在的立場觀萬物，看到的是具體的形象；這些具體的存在物之間，存在著具體的關係脈絡；依循其間的脈絡關係，吾人可尋繹事物間互動之理。若從形上學的方法而言，吾人探求物之所以然，可由二路徑：一為由存在之物溯求其所以成為存在之物的形上根據，所獲致的是實現之理；另一途徑是從萬物的形成，講究其內涵定義，所探尋的便是形構之理。反觀裴頠的方法，則置身於現象界中，將萬物畫分類別，再以各類品物所稟之偏論其所憑外資，而得其理。此理係就萬物之間的化感錯綜關係而言，這是具體存在物之間的脈絡文理。因此，裴頠的「有」係因文理而成其性，因質而得其實。由其立論的意向觀之，裴頠心中之「有」實際上是指向人文界的倫常、名教、制度、禮法……等。若他想以這種涵義的「有」來駁老子的「無」，兩者的對象層級不同，所駁斥的論證徒然無功。

　　從人生哲學而言，裴頠認為老子言虛無係有感於人與外物間的互動關係中有得失、存亡、吉凶之慮，其禍害常肇因於人主觀慾望的膨脹，裴頠說：

　　　　（《老子》）是以申縱播之累，而著貴無之文，將以絕所非之盈謬，存大善之中節，收流遁於既過，反證正於胸懷。宜其以無為辭，而旨在全有。故其辭曰：「以為文不足」。若斯則是所寄之途，一方之言也。若謂至理信以無為

宗，則偏而害當矣。〈崇有論〉

老子「著貴無之文」有著勸世之善意，說明縱慾與行為失節制的蔽害，教人寡慾少私。蓋縱慾則適得其反，「可謂以厚生則失生者也」。寡欲則「所以寶生存宜」。至於儒家提倡的「聖智」、「仁義」，老子在以無全有的觀點上，認為那些主張是「以為文不足」的。裴頠認為老子以「無」來保「有」在人生效用而言，乃片面有理。若以「無」為宗旨，則以偏概全，傷害至理了。

總而言之，裴頠〈崇有論〉係站在維護名教的士族立場出發，提出「有」論，用「有」來概括一切具體的存在，認為世界即統一於「有」。他的「有」實指他所真正關心的道德禮法。他認為服膺禮法，彰顯道德，即是一種「以有濟有」的調和。

第二節　郭象跡冥圓融的玄學

郭象（字子玄，公元二五二～三一二年）生當西晉政治黑暗，社會動盪，民生困苦的時代。身為「王弼之亞」的玄學名士，他究竟如何出入於彼時尚玄虛的貴無說及應世務的崇有論之間，醞釀發展出其獨特的人生智慧來化解時代心靈的困境呢？本節試圖以郭象所處時代的境遇；自我的探索與理解；名教、自我的迷失與命限；理想人生境界的嚮往與工夫入路；適性與逍遙等諸方面考察郭象的人生論之所緣、所據、所疑及所安。本文取材上以郭象的《莊子注》[1]為主。

---

[1] 關於郭象注《莊子》，據史籍記載有二說：一為《世說新語‧文學》謂：「郭象者，為人薄行，有雋才。見秀義不傳於世，遂竊以為己注。乃自注〈秋水〉、〈至樂〉二篇，又易〈馬蹄〉一篇，其餘眾篇，或定點文句而已，後秀義別本出，故今有向、郭二莊，

一、時代的處境與困境

　　知識份子的人生觀，通常是很難擺脫處在劇變中，大時代及大環境的衝擊和影響。西晉（公元二六五～三一六年）從政治結構而言，係一由門閥世族所統治的社會[2]，左思《詠史》詩指這個時代的政治是「世胄躡高位，英俊沉下僚」，西晉的統治集團在本質上是篡曹魏之陰謀集團。雖然這一豪門世族集團在進行篡魏的權力鬥爭過程中標榜著所謂道德禮法，實際的生活卻極為驕奢腐敗與墮落。較之東漢末季的世族重德性、崇名節，西晉世族的貪婪、荒淫和吝嗇實有不及東漢世族處。在經濟政策上，為配合政治的分封制度而採行按官僚品及的占田制和蔭親制。據《晉書‧食貨志》所載：「其官品第一至於第九，各以貴賤占田」，「又各以品之高卑蔭其親屬，多者及九族，少者三世。」這一局面到晉惠帝的元康時期（公元二九一～三〇六年）蔚為一股難以遏抑的搶占和兼併土地之風氣。政治權力和經濟利益的緊密結合和互動，使當時社會罔顧公道的貪財之風，到了幾乎無以復

其義一也」。另一為《晉書‧向秀傳》謂郭象注《莊子》乃係在向秀《隱解》的基礎上「述而廣之」。歷來魏晉研究的學者多有論究，例如：劉盼遂的《世說新語校箋》及〈申郭象注莊子不盜向秀義〉，王叔岷〈莊子向郭注異同考〉、日本學者福永光司的〈郭象的莊子注和向秀的莊子注〉……等等或採古籍中對向、郭二人的不同記載，揭示其相矛盾的矛盾法，或採將古注與各種類書中所引向秀的注予以搜輯，與郭象注對驗，而得相同、相近、相異與二人本中有無所注者的對驗法。以及，湯一介《郭象與魏晉玄學》採行之「思想比較法」，考究二人注莊觀點之互異處，咸多半傾於郭象的《莊》注實有別於向注的一己之見，雖然，郭注中有承向注的看法，亦係經郭象認可而接受者。因此，吾人可採較寬容的態度，將郭注視為反映郭象的思想立場。

2 公元二六五年，司馬炎正式篡魏，建立西晉，為避免東漢宦官、外戚專權之禍，及滿足豪門世族的相助後利慾之索取，封同姓二十七人為王，謂為「輔翼王室」。

加的地步³。

晉武帝時大規模的分封制度，其禍害在元康時期顯現於皇族子弟間的明爭暗鬥。所造成的政治動盪、社會不安，遠甚於司馬氏集團篡魏時的傾軋。最後，釀成了西晉宗室諸王間的相互殘殺。在姻黨相扇、毀譽交紛、朝榮夕滅的元康時期，知識份子的人生態度顯得消極而悲觀。干寶的《晉紀總論》謂：「進仕者以苟得為貴，而鄙居正，當官者以望空為高，而笑勤恪。……由毀世譽亂禮於善惡之實。情慝奔於貨欲之塗，選者為人擇官，官者為身擇利。」彼時，有些知識份子不滿門閥世族的惡劣，「退而窮處，遂終於里閭」以遁世隱逸度餘生。透過《晉書・裴頠傳》所載得知，許多有職守的任官者「屍祿耽寵，仕不事事」更下焉者，則流於「縱酒荒放」、「脫衣裸裎」的縱慾頹廢之途。

羅宗強先生在《玄學與魏士人心態》一書中，對西晉人士心態的變化與較普遍化的特徵，做了廣泛而深入的考察。他標舉西晉人士在時代境遇下的處世心態為「嗜利如命」、「求自全」、「求縱情以自適和求名」與「審美情趣的雅化」的四端⁴。我認為其中的「求自全」係較具體根本性的原因和人生態度。以向秀（字子期，公元二二七～二八〇年）為例，《世說新語・言語》注引〈向秀別傳〉載：「常與嵇康偶鍛於洛邑，與呂安灌園於山陽，不慮家人有無，外物不足怫其心。……後康被誅，秀遂失圖，乃應歲舉到京師，詣大將司馬文王。文王問曰：『聞君有箕山之志，何能自屈？』秀曰：『常謂彼人不達堯意，本非慕也』一坐皆悅。」⁵

---

³ 例如：高官和嶠有「鐵癖」之綽號。石崇任荊州刺史，竟舉州兵搶劫商隊和來往旅客的錢財。時人魯褒作〈錢神論〉予以譏諷。

⁴ 參見羅宗強著《玄學與魏晉士人心態》第三章〈西晉士人心態的變化與玄學新義〉，杭州：浙江人民出版社，一九九一年七月初版，頁167～265。

⁵ 余嘉錫撰《世說新語箋疏》，臺北：華正書局，一九九三年十月版，頁79，在文獻上《晉書・向秀傳》採用《世說新語》所言，而《世說新語》以〈向秀別傳〉所載為本。

　　向秀曾肯認「富與貴，是人之所欲也，但當求之以道義。」[6]因此，他曾不苟且於圖無道無義的富貴，不願與司馬氏集團同流合污，而有與嵇康偶鍛鐵及與呂安一起灌園的拔俗之韻。然而，嵇康剛烈的嫉惡如仇，其〈釋私論〉的「越名教而任自然」，刺痛了司馬氏集團假名教的道德面具下，藏篡權殘鬥的心機。嵇康的高潔正直，堅拒與當權者的妥協，終招致政治迫害的誅殺（公元二六二年）。原本潔身自好，意在求適性任情的向秀，在面對死亡威脅的恐懼下，不得不親自向司馬昭低頭。他被司馬昭當面羞辱時，猶違心阿諛的把司馬昭暗喻為堯，為自己不復採巢許的不合作立場表態。司馬氏集團的殘暴強權，終使向秀這般桀驁的名士所臣服。儘管如此，我們從向秀的〈思舊賦〉「踐二子之遺跡兮，歷窮巷之空廬，惟古昔以懷今兮，心徘徊以躊躇」可得知其舊地重遊，感慨昔日與好友共同沉浸在自然美的自由心境，已不復重現。他的「變節」不在貪好富與貴，而是在面對死亡的殘酷威脅下求生以自保罷了。他追思嵇康與呂安二子的冤死，悲悼往日不受羈縛的自在情懷，感慨自己為求苟安而選擇了歧路。因此，向秀的不義之仕，豈能免除內心的哀怨與徬徨。為求苟安自全而被迫就不義之仕，豈能遂經世的外王之志？[6]在強權及名教的宰制下，又豈能真心棄老莊之自然而遵先秦周孔之真名教？《晉書·本傳》謂向秀在仕途上「後為散騎侍郎、轉黃門侍郎、散騎常侍。在朝不任職，容跡而已。」這些官職在西晉的官制中雖屬重要，以向秀「清悟有遠識」[7]及「沈潛內斂」[8]觀之，他的「容跡」只是為求自全而隱忍

---

[6] 司馬氏集團以入仕來箝制名士，可見諸《世說新語·言語》第十六條：「司馬王東征，取上黨李喜，以為從事中郎；因問喜曰：『昔先公辟君不就，今孤召，君何以來？』喜對曰：『先公以禮見待，故得以禮進退；明公以法見繩，喜畏法而至耳。』」。

[7]《晉書》〈向秀本傳〉語。

[8] 牟宗三評向秀注莊的風格：「較沈潛內斂，不似阮籍、嵇康等之傲放奇懷。」見牟著《才性與玄理》，香港：人生出版社，一九六二年，頁171，臺北：學生書局之再版本（四版）同頁次。

治政，並非積極奮發之建功立業。我們從阮籍（公元二一○～二六三年）任東平相「法令清簡，旬日而還」⁹可知其到郡的不治事，猶裝虛聲「樂其風土」而無治實¹⁰乃假意託身為羽翼，實則意在免禍耳。因為，在司馬氏集團以強權制約離異諸名士的措舉下，是不容許名士們能心懷不滿而隱居不仕的。

　　不滿司馬氏集團的名士們，為苟全性命而以入仕表態。在失去自主的精神和自由的情境下，有「容跡」而傲放如阮籍者，有「容跡」而內斂如向秀者，也有貪財好力以求安全感如王戎者（濬沖，公元二三四～三○五年），處竹林時期的王戎曾經被阮籍欣賞為「清尚」。《晉書・本傳》說他「善發談端，賞其會要」。《世說新語・言語》述及他拒收親故付贈的父喪之禮。可是在入仕西晉後，王戎的嗜財之心，隨仕祿之上升而有增無減，孫盛〈晉陽秋〉引隱士戴逵的話，謂：「王戎晦默於危亂之際，獲免憂禍，既明且哲。」、「戎多殖財賄，常若不足。或謂戎故以此自晦也。」雖然，羅宗強先生認為王戎的自全與嗜財如命，兩者間可並存而無因果關係¹⁰。可是，依王戎對錢財的處置態度，前後判若兩人，筆者仍保留孫盛的看法，王戎的貪財與吝嗇或因處在變亂無常的衰世中，為求自保以蓄財來獲得心理上的安全感。王戎的「容跡」不求勤政，卻心機多端的謀私利，可以苟安求自全的心理來理解。竹林七賢中，尚有山濤（字巨源，公元二○五～二八三年）因占官田而被彈劾。《顏氏家訓・勉學》謂：「山巨源以蓄積取機」與《世說新語・賞譽》載王戎欣賞他「如璞玉渾全，人皆欽其寶，莫知名其器」不一致。魏晉人品評人重視器宇度量，「器」主寬弘深遠，山濤的前後風格不一，或可視為對西晉的前途及一己的命運均不樂觀而求蓄積以自保吧！

9　見《晉書》卷四九〈阮籍本傳〉。
10同註3，頁215。

二、自我的探索與理解

　　「人生價值」指作為人這一有靈性的生命主體，其生命所可能蘊涵的價值理想。人是自知將來會死亡的生命體，也瞭解到今生今世存活的一次性。在面對死亡大限可能將自己生命付之空無的恐懼和無奈，人的靈性自覺到人生的短暫和彌足珍貴，探索生命的內涵及抉擇生命活動的價值方向，是不甘於盲目浪費寶貴生命的每個人所當關心的大事。欲瞭解人的生命這一奧祕，人不得不提出一連串相關問題：人的生命從哪裡來？人如何自我理解？人與有緣並存於天地中的其他人及萬物間，在自我生命意義的實現上有何關聯？我如何確立一種人生態度來面對我的生命的未來，且活出我的生命意義和價值？相信這些基本問題，係每位不能無視於自己的存在者，所難避免探詢的問題。德國哲學家海德格（Martin Heidegger, 1889-1976）說：「一切有關人類本性的哲學理論，就其本身而言，只是一種存有物之存有的理論。而每一種存有的理論，其自身亦只是人類本性的理論。」[11]

　　事實上，以安身立命為軸心問題的中國哲學，其心性論的探索意義，就在於關心人類本性，亦即對「自我的理解」進行千古不息的探究。就這一線索來看待郭象，郭象的人生論旨在對自我進行理解和安頓。綜觀郭象《莊子注》涉及「性」字及其相關的複合詞，總計多達二百六十八處[12]。相關的複合詞，計有「性命」、「性分」、「適性」、「萬物之性」、「物性」、「自然之性」、「本性」、「本性之分」、「真性」、「氣性」、「性氣」、「性情」、「情性」、「屬性」、「形性」、「率性」、「忍性」和「小人之性」等呈現了

---

[11] Heidegger: "What is called Being?" transfered wieck and glenn gray, Harper & Row press P.79.

[12] 除〈莊子序〉出現一次外，其餘皆出現在《莊子注》的注文中。

豐富的多樣性。由此可知,郭象對「性」的概念內涵之探討為其人生論的核心概念。因此,對郭象「性」概念的多方探討是解讀其人生論的首要課題。

　　一般而言,「性」是人與萬物存在的所以然。首先,我們須瞭解,郭象對作為萬物內在本質的「性」從何而來,作了什麼樣的解釋?據《莊子‧山木》注云:「凡所謂天,皆明不為而自然。言自然則自然矣!人安能故有此自然哉?自然耳,故曰性。」「性」是不為而自然的天性,亦即人本具的自然特質。他異於王弼「有」生於「無」的貴無論說法。他以辨名析理的玄學方法,論證「有」與「無」皆不能生萬有。〈齊物論〉注云:「無自無矣,則不能生有;有之未生,又不能為生,然則生生者誰哉?塊然自生耳。」〈庚桑楚〉注曰:「此所以明有之不能為有,而自有耳,非謂無能為有也。若無能為有,何謂無乎?一無有則遂無矣!無者遂無,則有自欻生明已。」從其語脈涵義來分析,他所謂的「有」是既存在的具體存在物,落在現象界中。具體存在物係有限的經驗界個體物,既為此「有」則不能同時兼是「彼有」。至於他所說的「無」非王弼貴無論中所稱謂的形上實體,亦即具有宇宙發生論意義的本體。他所謂的「無」是對反於實際存在的具體事物,乃係不存在(non-existence)或空無(nothing)。此義亦見諸與他同時代的裴頠〈崇有論〉所謂:「虛無是有之所謂遺者也。」他甚至用這樣的概念來詮解《莊子》的「道」不能生萬物。〈在宥〉注云:「窈冥昏默,皆了無也。夫莊、老之所以屢稱無者,何哉?明生物無物而物自生耳。」又〈秋水〉注曰:「知道者,知其無能也;無能也,則何能生我?我自然而生耳。」郭象既解消了老莊原來所賦予「道」或「無」的本體論及宇宙發生論涵義,則人與萬物在「無」亦不能造生的情況下,一切人和萬物的存在都是自生自有的。如是,人的本性是在自生自有中自得的。儘管如此,他仍沿襲了莊子及漢代以來氣化宇宙觀的影響,借用稟氣

說以解釋人與萬物性分之殊異。〈德充符〉注云：「夫松柏特稟自然之鍾氣，故能為眾木之傑耳，非能為而得之也。言特受自然之正氣者至希也。下首則唯有松柏，上首則唯有聖人。」人性有形上的同一性或共性，亦兼具個別差異的個性。郭象在《莊子》注中所言的人性，較偏重於個別化的每一個人所獨具之個人特質的個性，亦即各個人的稟性。

　　每個人個別的稟性係個別化的定限、性分不能相互化約也不能改易，終其一生的成為個人具一致性而與他人無普遍同一性的自性或殊別化特質。郭象簡潔有力的說：「天性所受，各有本分，不可逃，亦不可加。」（〈養生主〉注）個體性係個人所稟受的個別化性分，此個人所具的性分被郭象強調為「自生」、「自有」的。據盧桂珍的研究，郭象所謂「自生」蘊涵了二種意義：一是相對於「他生」而言人物之自生；另一為與「為生」相對，言人物之生沒有目的、意識使之然。[13] 就前者的意義言，「萬物各反所宗於體中而待乎外」（〈齊物論〉）。人物之生既非「他生」，乃而係「自生」，則個體生命的存在根據，乃內在於自身而非另一外物。如是，個體存在的價值蘊涵在當體所同的自性中，個體生命理當享有自足性和自主性。因為，每一個體生命既非「他生」則沒有理由被身外的造生者所統屬而被支使。因此，每一「自生」的個體生命在自生自主自足的境況下，皆享有自身生命的整全性和當體的尊嚴性。就後者的意義而言，「自生」既相對於「為生」，所謂「自生耳，非為生也。」（〈生宥〉注）那麼，每一個體生命有其內在充分的性分價值，沒有理由成為「為生」者達成其「為生」的目的而予以宰制利用。因此，每一個體生命在不淪為「為生」者的工具價值下，皆有其自身的內在價值而與其他個體生命

---

13 參考盧桂珍〈王弼與郭象之聖人論〉，臺大中文研究所碩士論文，一九九二年六月，頁112。

享有不分尊卑、大小、貴賤、美醜……等差別歧視的平等性。

　　「自生」概念下的個體生命，既享有自主自足的尊嚴和眾生平等的被尊重性，則個體生命理當自我認同而回歸自身的內在性分與價值，每一個體生命既有獨特的性分和價值，郭象於是在「自生」的概念基礎上又衍生了「獨化」的概念。他說：「外不資於道，內不由於己，掘然自得而獨化也。」（〈大宗師〉）、「夫死者獨化而死耳，非夫生者生此死也。……生者亦獨化而生耳。」（〈知北遊〉注）個體生命的「生」與「死」既皆非操縱於外在的原因，則人由「生」與「死」始終享有一完全自屬的生命，郭象以「獨化」的概念來論證每一個體生命的自行與自全，人所欻然自生的性分，不止於靜態的自然，且內具自發性的活動能力。我們可從郭象解釋至人行無為之治，在其所以可能的原因中明白這一點。他說：「至人知天機之不可易也，故捐聰明，棄知慮，塊然忘其所為而任其自動。」（〈秋水注〉）蓋本然之性內具自然的自動性，所謂「無為」之治意指「提挈萬物，使復歸自動之性，即無為之至也。」（〈在宥〉注）、「任其自行、斯不言之教也。」（〈田子方〉注）。

　　人的性分不但自生且具有自動自行的自全能力，這一說法令人質疑性分的實現，能夠無待於與所處環境的交互影響嗎？人與環境中相關事物間的交互影響以相成，係一難予以否定的經驗事實。郭象亦肯認這點，不過他本著自生自行的立場進行闡釋。「世或謂罔兩待景，景待形，形待造物者。請問：夫造物者，有耶無耶？無也，則胡能造物哉？有也，則不足以物眾形。故明眾形之自形而後始可與言造物耳。是以涉有物之域，雖復罔兩，未有不獨化於玄冥者也。故造物者無主，而物各自造，物各自造而無所待焉，此天地之正也。故彼我相因，形景俱生，雖復玄合，而非待也。……今罔兩之因景，猶云俱生而非待也。則萬物雖聚而共成乎天，而皆歷然莫不獨見矣。」（〈齊物論〉注）物不但自生，且在自動自行的發展歷程上各自造，這是合

乎「天地之正」的常理。因此，個物在自生、自動自行的獨化原則下，與環境中相關事物的交互關係，郭象不謂之相待而謂之「相因」、「俱生」和「玄合」。獨化的概念與有待、相待的概念是不相容的。然而，獨化亦不謂個體是隔絕於其他事物的孤獨存在者。「獨化」猶容許個體與其他事物在「相因」中「俱生」和「玄合」。「玄合」意謂個體己性自足，雖與他物相因、俱生，卻能保持己身的同一性。郭象將個體與物俱生、玄合而不失去己性的「獨化」概念中置入「和理」。他說：「苟知性命之固當，則雖死生窮達、千變萬化，淡然自若而和理在身矣。」（〈德充符〉注）

三、名教、自我的迷失與命限

郭象由自生、自動、自行、合理的概念，構成自生獨化說。此說在人生論的意義上，己性自足的真性才是自我的真實性。因此，人生價值的探尋指標，應導引至已然存在自我生命中的性分或本性。認識自己的真性，回歸自己的真性，才是活出真實的自我之人生價值所在。換言之，「將使萬物各反於所宗於體中而不待乎外，外無所謝而內無所矜」（〈齊物論〉注）是郭象為人生價值努力探尋後所做的抉擇。可是，這一抉擇只是應然的理想方向，尚有待於吾人自覺自擇後，努力的自我實踐。事實上，在實然的人間世，未能返宗於內在的己性，內在有所矜尚而外有所辭謝的逐外喪真者，不計其數。為什麼人會在有所待的外逐中，迷失自己的本真呢？

回顧歷史，西晉統治集團，多係出身詩禮傳家的豪門士族。在漢代以來尊經尊儒的傳統下，標榜儒家的仁義孝弟、禮規森嚴，對父子、君臣的尊卑貴賤名分頗為執著。司馬炎篡魏為晉後，明採名教之治，將釐定禮律官制和創立朝儀為首務。晉初一方面在官制、朝儀、講經、祭禮、婚喪等虛文上備極講究，務求合符古制，另方面，在選

仕任官上也以崇尚道德名教禮法為準則。《晉書》卷三〈武帝紀〉謂司馬炎下令諸郡中正「以六條舉淹滯」：「一曰：忠恪匪躬。二曰：孝敬盡禮。三曰：友於兄弟。四曰：節身旁謙。五曰：信義可復。六曰：學以為己。」且屢次下詔「士庶有好學篤道，教弟忠信，清白異行者，舉而進之；有不孝敬父母，不長弟於族黨，悖禮棄常，不率法令者，糾而罪之。」（同上）西晉舉用了大批的禮法名士，例如：王祥、何曾、荀顗等人，皆以「至孝」顯赫一時。名教之治藉綜覈名實的校練名理手段來進行。例如：有「孝」之名當具孝行之「實」，孝行之「實」，係可訴諸經驗檢證者，亦即行為須合乎社會習俗的禮教。因此，禮法之士重名尚德，所尚之「德」為符合當時社會所規約的儀則度數。如是，禮法之士為了仕途和利祿，內心有所矜尚。為避害，他們在外在行為中有所掩飾或抑制以撇開易被羅織罪名的言行。他們不但以矜尚之心有所迎有所拒，有違樸實真率的天性，且以校練名理的手段羅織他人的罪名[14]。

　　西晉初期的名教之治，悖本逐末，朝臣浮華矯飾，追逐榮利，結黨營私，衍成虛偽不真的政風。彼時的權貴諸如賈充、何曾、荀顗、王渾等人，在晉武帝的名教之治下，只是外修仁禮而內行荒僻，晉武帝本人不忠不義，為人偏狹忌刻，猶自詡為「宇量弘厚，造次必於仁恕」[15]。這種物喪其真，人悖其本性的現象，可說是人性的自我迷失。郭象認為這些人是迷失在名教之末端，也就是名教之士之跡上。他以「跡」與「所以跡」來分辨儒家經典的禮仁之本末。他說：「所以跡

---

[14] 何曾曾經用校練名理的手段，欲陷害阮籍於不孝之罪，辭理甚切。事見《世說新語·任誕》載：「阮籍遭母喪，在晉文王坐，進酒肉。司隸何曾亦在坐，曰：『明公方以孝治天下，而阮籍以重喪，顯於公坐，飲酒食肉，宜流之海外，以正風教。』文王曰：『嗣宗毀頓如此，君不能共憂之，何謂？且有疾而飲酒食肉，固喪禮也。』籍飲啖不輟，神色自若。」。

[15] 見《晉書》卷三〈武帝紀〉。

者，真性也。夫任物之真性者，其跡則《六經》也。況今之人事，則以自然為履，《六經》為跡。」（〈天運〉注）《六經》所欲表述者是蘊涵在人內在生命的「真性」。《六經》在文字上所表達的只是人「真性」外露的言行之跡。因此，《六經》文字所載的有定限的「跡」或末，人內在的「真性」才是《六經》文字所依據的「所以跡」或本。以「德」、「禮」互為表裡的關係而言，「德者，得其性者也；禮者，體其情者也。情有可恥而性有所本，得其性則本至。」[16]性為情之本質或本據，情是性的流露或顯現。知恥之德為人本性所含，禮為德之「跡」，德為禮之「所以跡」。郭象注《論語・為政》「子曰為政以德」處曰：「萬物皆得性謂之德。……得其性，則歸之，失其性，則違之。」在人生實踐中，若執於名教之禮規而「失其性」，則是違失「所以跡」的踐「跡」。對郭象而言，這就是蹈於名教而迷失自我的虛脫。

從仁與禮觀之，「夫仁義自是人情也。而三代以下，橫共囂囂，棄情逐跡，如將不及，不亦多憂乎！」（〈駢拇〉注）三代以下所以「棄情逐跡」，在於為政者過分標榜《六經》的言教及典制禮規。為政者挾利害取向的賞罰，推行名教之治，在疏離人之內在真性真情的情況下，「仁義連連，只足以惑物，使喪其真。……矜仁尚義，失其常然。以之死地，乃大惑也。……故亂心不由於醜而恆在美色。撓世不由於惑而恆由仁義，則仁義者，撓天下之具也」（同上）。儒家的禮制禮規係先王之陳跡，若離間人內在真性真情的仁，則欠缺所以跡之下的「跡」並不足以恃。郭象批判地說：「夫先王典禮，所以適時用也。時過而不棄，郎為民妖，所以興矯效之端也。」（〈天運〉注）這一批判對司馬炎虛偽的名教之治及禮法名士迷失自我於矜尚外逐而言，不能不謂為真知卓見。

---

16 郭象《論語禮略》注〈為政〉「子曰：導之以政，齊之以刑」一段話。

在郭象的人生論中，命限的概念對人的自知和自處頗為重要。他將「命」的基本涵義界定為：「不知所以然而然，謂之命。」（〈寓言〉注）命對人及萬物定限、分際的方式是自然而然的，不使人感到受意志力的宰制，所謂：「命之所有者非為也，皆自然。」（〈天運〉注）人從一開始有生命就是「命」，「突然自生，制不由我，我不能禁。」（〈則陽〉注）蓋人之有生命，先前並未經過自我的同意及抉擇，何況有生之先前是否有一自我亦成一難題。從郭象所賦予「命」的涵義裡，又可衍生三種值得注意的涵義：性命、遇命及天命。

性命是人天生的稟賦，所稟受的資質性分，定義了該存在者之本質，也同時構成了其內在的定限。觀郭象注《莊》的文字中，所出現與「性」連用的語詞裡，以「性命」一詞次數計達三十二處。「性命」是人「天性所受，各有本分，不可逃，不可加。」（〈養生主〉注）「性命」是人所稟受於天的天性和本分，可稱為性分，是每個人生命內之「至理」，有其「固當」性，郭象曰：「其言通至理，當萬物之性命。」（〈天下〉注）、「明性命之固當。」（〈德充符〉注）從郭象所言及的人之天性處觀之，性命有個人與其他人具同一性者，例如：名教禮規的「所以跡」，前面所說的知恥、仁義。性命亦有指個人與其他人不同，但是對個人一生的歷程而言，卻有前後一致性者，例如：郭象所謂聖人所稟受自然的妙氣。除了聖凡之別外，又猶如智愚之別亦然，所謂：「性各有分，故知者守知以待終，而愚者抱愚以至死，豈有能中易其性者也！」（〈齊物論〉注）。

「遇命」之「命」係人無能預知也未能抉擇，更無法改變的運命或際遇之命。此際遇之命，從發生之際而言可謂為偶然性。然而，就現實因果序列之鎖鍊而言，有其必然的固當性，只是人基於有限的理性和經驗知識，莫能盡知其所以然之故罷了。郭象云：「其理固當，不可逃。……天地雖大，萬物雖多，然吾之所遇，適在於是，則雖天

地神明，國家聖賢，絕力至知，而弗能違也。故凡所不遇，弗能遇也。其所遇，弗能不遇也。所不為，弗能為也，其所為，弗能不為也，付之而自當矣。」（〈德充符〉注）在動態的運命中，人未能盡知，也改命乏力。因此，人生的際遇，不論「遇」或「不遇」皆無自主性，「為」與「不為」皆操之外在客觀的定數之天，人的理性與意志力量亦對之無力而無奈。郭象就這一命況稱為「冥然以所遇為命」（〈人間世〉注）。他甚至消沉的說：「夫我之生也，非我之所生也。則一生之內，百年之中，其坐起行止、動靜趣舍、情性知能，凡所有者、凡所無者、凡所為者、凡所遇者，皆非我也。」（〈德充符〉注）這是郭象對人在遇命或運命的支配下，感到失去自由和自主的悲傷。

此外，郭象的命限觀中，尚有「天命」義。他認為落馬首，穿牛鼻是牛馬本性所注定的，這是牛馬定然如此的天命，而非人為外加所使然[17]。他真正涵義在說明「小大之辨，各有階級，不可相跂」（〈秋水〉注）、「開希幸之路，以下冒上，物喪其真，人忘其本，則毀譽之間俯仰失錯。」（〈齊物論〉注）這種帶有封建意識的天命涵義，雖有合理化門閥世族既得利益的嫌疑，然而，郭象處在西晉中期，在長期的八王之亂之動盪不安中，企盼政治、社會的安定，擺脫人生處於爭亂時代的苦悶，是值得我們予以同情的理解。

四、理想境界的嚮往與入路

郭象的中年和晚年處在晉惠帝在位的元康時期。在這十幾年中，惠帝的愚騃及賈后的昏虐，再加上八王之亂。處在這一時期的士人，既食君之祿，卻無法作為，又不能見機早退。士人們有仕、隱兩難的

---

[17] 郭象《莊子・馬蹄》注曰：「馬之真性，非辭鞍而惡乘，但只無羨於榮華。」

困境，在人生論上呈現了王衍之貴無說與裴頠之崇有論兩種典型。持貴無說者，將老莊的清靜無為轉化成士人恃以成德自全遠禍的依據。他們處在朝之仕，不以事務經心而養「玄妙」、「雅遠」、「曠達」之虛譽。遇政治上的災難變故時，則以清己中立，默然無為來保命全身，甚至退出政壇，拱默山林以自全。不論是在朝容跡或拱默山林，志在苟免求自全罷了。裴頠〈崇有論〉中肯的批判了其流弊為「賤有則必外形，外形則必遺制，遺制則必忽防，忽防則必忘禮」以及「悖吉凶之禮，而忽容止之表；瀆棄長幼之序，混漫貴賤之級」（同上），像裴頠等持貴有論者，雖有志於崇濟先典，扶明大業以益世道人心，然而，在政治的權力場中陷得太深，則易流於驕奢縱慾，擅恣專利，以致於「戀祿位以殞首亡家」[18]。宋代蘇軾所云：「心、跡不相關，此最晉人之病」[19]對二種人生觀的弊害，批判肯切。

郭象歷經西晉前期的名教之治轉至元康時代的士人在政局的險難中，採放曠不拘禮法的放達求全時期。在人生論上也有見於貴無說及崇有論皆心跡不一的流弊與迷失。他面對貴無說者拱默山林的悖棄名教，及身居名教世界之高官卻既羞言名教亦無能效法隱士遺落世事的朝隱者，所共有之「不嬰世事」的缺失。他也瞭解到崇有論者貪戀祿位，爭權奪利而禍害連連的流弊。同時，他兼知貴無說者有止淫慾、息爭亂之可貴處，以及崇有論具經世安人之志的可取處。因此，如何將兩種人生論利害相權的並論，統攝兩利以避除兩害，是郭象人生論的理想。他以跡冥圓融的獨化於玄冥之境作為其理想的人生境界之構圖。

對崇有論者的看法，郭象認為官位及禮規乃名教之跡，智愚及仁義乃性份內事，為所以跡。他朝盼他們不「矜乎名聲，棄乎形制。」（〈大宗師〉注）足於性分之能力，適性安分於職守而無待於逾越性

---

[18] 見《資治通鑑》元康九年胡三省注。
[19] 蘇軾《東坡題跋》卷四，〈題山公啟事帖〉。

分之上的權位、名利。針對這一點，他的命定說和天命觀企圖勸服崇有論者。在工夫入路上，他有鑒於「知以無涯傷性，心以慾惡蕩真」（〈人間世〉注）之弊，要求崇有論者無心而任化。所以「無心」是要人「絕學任性」無待無求，蓋「古不在今，今事已變，故絕學任性，與時變化而後至焉。」（〈天道〉注）「夫外不可求而求之，譬猶以圓學方，以魚慕鳥耳。……學彌得而性彌失。」（〈齊物論〉注）以無心無待的廓然大公之心態來縷應世物，才能玄通彼我，達到跡冥圓融，物物逍遙的理想。他說：「聖人之天機之不可易，故捐聰明，棄知慮，魄然忘其所為而任其自動，故萬物無動而不逍遙也。」（〈秋水〉注）「天機」指人的天性，能「捐聰明，棄知慮」則表示超脫世俗的是非利益之算計和營求，自知己性之真，安人我之命。化掉主觀意欲的成心偏見，在「魄然忘其所為」的心境下為不為之為，不為有所為之為，順人物之自然本性而任其自發自動之化。若是，在玄通人我、物我之理境上，我予人「無動而不逍遙」。

對於持貴無說者，郭象服膺於《莊子·人間世》所云：「天下有大戒二，其一命也，其一義也。子之愛親、命也，不可解於心；臣之事君，義也，無適而非君也。無所逃於天地之間。」他一方面肯認人的真性中含具著仁義、知恥等道德感，另方面也肯認綱維人類群體生活的人倫規範誠屬必要。他說：「明夫尊卑先後之序，固有物之所不能無也。」（〈天道〉注）「夫仁義者，人之性也」（〈天運〉注）同時，他也認為政治生活是人生的一項必要環節。為避免陷於群龍無首的分裂紛爭之人世苦難，一國當有表徵統一性政權的一位君主。他說：「千人聚，不以一人為主，不教則亂。故多賢不可以多君，無賢不可以無君。此天人之道，必至之宣。」（〈人間世〉注）他對拱默山林，志在不縷世務而以養生自全的隱士們，發出了名教即自然的召喚，首先他辨別莊、老之談所以被人有所見棄者，在於捨離「有為之域」，無視於知識份子對人群社會應有的責任。他說：「若謂拱默乎

山林之中而後得稱無為者，此莊、老之談所以見棄於當塗，當塗者自必於有為之域而不反者，斯之由也。」（〈逍遙遊〉注）。

　　他進一步的提出「遊外以冥內」的工夫入路來圓融嬰於世務無傷於見素抱樸，清靜自守的老莊之志。郭象辯說：「夫理有至極，外內相冥。未有極遊外之致，而不冥於內者也；未有冥於內不由於外者也。故聖人常遊外以冥內，無心以順有。故雖終日揮形而神氣無變；俯仰萬機而淡然自若。」（〈大宗師〉注）「遊外以冥內，無心以順有」的實踐工夫，旨在以莊子指稱儒家的內聖外王為架構，聯繫「有」與「無」，溝通「名教」與「自然」，務外無礙於冥內，外內可相冥，貴無說者仍可成全內在精神淡然自若的人生境界。換言之，入世經世的外務，只要持「無心以順有」的心境，仍可使志在養生自全者全性保真而不虧，個體的生命價值仍可兼顧而圓成。他說：「豐盛人雖在廟堂之上，然其心無異於山林之中，世豈識之哉？徒見其戴黃屋，佩玉璽，便謂足以纓紱其心矣！見其歷山川，同民事，便謂足以憔悴其神矣。豈知至至者之不虧哉！」（〈逍遙遊〉注）。

　　貴無論者執於「無」而主清靜無為，崇有論執於「有」而主綜理世務。然而，雙方皆有所見，也為所見而有所蔽。郭象似中觀「有無雙遣」的方法運用，以內聖外王的架構，對「有」、「無」二論進行雙向溝通及辯證性的批判與統合。他在〈莊子序〉中以「神器獨化於玄冥之境」的洞識，將意指國家這一政治機制和運作的「神器」以及「玄冥之境」所意指的個體生命內在之情性及與「道」相冥的精神境界之「自然」相貫通互融和，企求達到個體與群體皆共進適性逍遙的共存共融之人生至境，這是郭象人生論的最高旨趣所在。

五、適性與逍遙

　　郭象於《莊子‧逍遙遊》注謂：「夫大小雖殊，而放於自得之

場，則物任其性，事稱其能，各當其分，逍遙一也。豈容勝負於其間哉！」《莊子》書在〈逍遙遊〉一文中將大鵬之飛描述得「風之積也不厚，則其負大翼也無力。」待六月海上起的大風之助，方得搏扶搖而上九萬里的高空，沒有遮攔阻礙地培風而飛。相較之下，蜩與學鳩，可隨時奮飛，遇榆樹枋樹就停在上面。當氣力不足續飛時，牠們可隨時落至地面而停止。蜩、學鳩與大鵬對比，顯示了其間大小殊能之別，在《莊子》雖有若「小知不及大知」境界上的高下之別，分勝負於其間。郭象對返一實然的差異固然承認，可是皆具圓現稟性的同樣意義，他說：「此比所能則有間矣，其於適性一也。」[20] 換言之，存在界雖萬象殊然，若能任性之真，稱能之宜，則在「各當其分」的境域下，皆一樣的適性和逍遙。因此，郭象的逍遙至境，是人人皆可循適性以盡性而實現的。

盡性之「性」是人人個別所稟賦的自然本性，郭象云：「不知其然而自然者，非性如何？」（〈則陽〉注）「性」，是天生自然，不假人工而自自然然有的性質、性向，所謂「天然耳，非為也，故以天言之。」（〈齊物論〉注）因此，物物皆稟有天生的天性，亦具內在的價值、動力和目的性。盡性的適性逍遙旨趣在順性知足，不逆性傷神。郭象謂：「物各順性則足，足則無求」（〈列禦寇〉注）若從逆性傷神的警惕語而言，則「達生之情者不務生之所無以為。達命之情者不務命之所無奈何也。」（〈養生主〉注）至於一般人會造作逆性傷生之事，郭象分析其中原因在執迷於分化之知及好惡之情的糾纏中。他說：「患害生於役知以奔競」（〈山木〉注）所役之「知」乃「當生而慮死，執是以辨非」（〈齊物論〉注）。其所言的「是非」指好惡之情，牽連著慾望的執著與欠缺理性的追逐。郭象謂：「夫好惡之情，非所以益生，只足以傷身，以其生之有分。」（〈德充符〉注）蓋「夫物情無極，知足者鮮，故得不止，復逐於彼，皆疲役終

20《莊子‧逍遙遊》「去以六月息者」之向、郭注。

身，未厭其志，死而後已。」（〈齊物論〉注）換言之，一般人所以不能適性逍遙的原因，在於執分化之知，好惡之情。知慮發於生理及心理慾望，則情慾放蕩，逐慾無節，捨己所適之性分，跂羨傚效他人。於是，在偽生而競相奔馳中，不但造成一己的煩惱，也帶給他人憂困，所謂：「是以任真者失其據，而崇偽者竊其柄，於是主憂於上，民困於下矣！」（〈在宥〉注）。質言之，喪失內在於一己本真的真性而盲目企羨外在的他物，是逆情失我的弊病之因。郭象云：「夫天下之大患，在失我也。」（〈胠篋〉注）。

郭象為了矯治「知」、「情」對人損性害真的作用，提出了「無心順有」，來治療「失我」之大患。「無心」旨在解消有「知」、「情」之心的「有為」，要人忘卻心術，免除受患的牽累，返歸寧靜沖虛的無我之心境。他說：「夫無心而應者，任彼耳，不強應也。」（〈人間世〉注）、「不施心於其間，泯然與至當為一，而不休戚於其中。」（〈人間世〉注）對郭象而言，人之先天稟賦及後天遇合之環境條件，不論智愚、強弱、貧賤、富貴之別，皆係屬人人各自所稟受的性命，乃自然已定而無可奈何者，其理固當而不可逃。吾人若明通「各有其性」[21] 的性命之限，任性、當分、稱能以得其實，自然能神氣自若的逍遙於自得之場了。因此，適性逍遙旨在教人認識自我、回歸自然的原我真我，接受自己，認同自己，一切順性自適，自足於性分之中而各得其實。「安命順性」可謂為郭象注《莊》的一貫之道，苟不「安命」則有層出不窮的羨欲之累可悲，所謂：「夫物未嘗以大欲小，而必以小羨大，故舉大小之殊各有定分，非羨欲所及，則羨欲之累可以絕矣。夫悲生於累，累絕則悲去，悲去而性命不安者未之有也。」（〈逍遙遊〉注）人與人之間有天生性分上的差異，絲毫不可相跂。若不能知己性以順性，羨欲相跂於他人，則導致「以圓學方，以魚慕鳥，……學彌得而性彌失。」（〈齊物論〉注）因此，郭

---

[21]《莊子‧逍遙遊》向、郭注。

象人生哲學的至理在於人物各自率性而動，自為以成性，扼言之，即適性逍遙之謂也。

　　由於物自生而獨化，因此，人與人之間在稟賦上呈現性分上的個別差異。《莊子》內在之逍遙，依體道修持工夫之高下而有境界上的不同，在郭象則以適性一也，逍遙一也。儘管如此，他仍區分聖人之逍遙是不同於一般人的境界的。他所謂的聖人乃稟鍾靈正氣或自然之妙氣。《莊子‧逍遙遊》原推崇許由不慕榮利，無所動心於天子之位。相較之下，享天子之位的堯則自視缺然。《莊子》書意在對顯許由之獨高與堯之有俗累。然而，郭象將拱默山林，遁世逍遙之「獨高」與執於名教世俗之〈崇有論〉的俗學，予以批判性的雙遣，且擬予以辯證性的統合。郭象心目中的聖人形象乃兼綜儒家式的聖王與道家型態的神人於一爐，他說「神人即聖人也。聖言其外，神言其內。」[22] 扼要言之，郭象的「聖人」著重於外在的功化。至於「神言其內」意指聖人以其靈明虛靜而無執無待之妙心，玄應萬物，體化合變，順萬物之性而與之冥合。在玄通彼我的奧境中，不但聖人自身曠然而無所不適，且能與化日新地任萬物之自然，使物物皆各適其性而皆逍遙於自得之場。因此，聖人雖身處廟堂之上，日理萬機的順有，然而「雖負萬鈞，苟當其所能，則忽然不知重之在身，雖應萬機，泯然不覺事之在己」（〈養生主〉注）。因此，「神言其內」的神人，忘其所以跡，彼我俱暢，逍遙自得。總而言之，郭象視為人生最高境界的聖人，兼攝儒家聖王外王之「聖」與道家神人內在精神飽滿自主之「神」，所渾化而成的「跡冥圓融」境界。這是人間至高的無待逍遙之境，實有別於一般人的有待逍遙。聖凡之間，逍遙雖一，然而境域不同，適性雖一，然而所適之「性」有殊。這種人生論，可謂為郭象在調和自然與名教的時代課題上，齊「名教」之不齊於各個人自足自然之稟性上，所達成的人生哲學。

22《莊子‧外物》篇目注。

六、結　論

西晉人士在人生論上有著仕、隱兩難的迷思與困境。裴頠的崇有論及王衍的貴無論，分別為仕、隱二論的代表。崇有論者雖有志於重振名教倫常，投身於政教事業中，卻易溺於權位名利之遂，流於驕奢縱慾，以致殞首亡家。王衍的貴無論者不以事務經心，崇尚養「玄妙」、「雅遠」、「曠達」之虛譽。此類人士在政治動盪的黑暗期，不論在朝容跡或拱默山林，其志在於個人的苟免自求而已。然而，人不但與自然同在，人也與人同在，離群索居，隔離社會人群，是否能割捨對人世的情懷，排遣內心的孤寂空虛之苦？這是貴無論者人生論之難題。同時，內外不一，心、跡為二，係崇有論與貴無論的難題。

郭象對西晉士人所採的這二種相互衝突的人生論，企圖以玄理的辯證方式予以批判和統合。心、跡為二，或「跡」與「所以跡」的衝突，雖早見於《莊子・天運》，郭象則運用這一語言與概念以突顯為論述中心。在對崇有論的批判上，郭象首先肯定個體的才性為自性，提出適性逍遙的人生價值觀。他強調個體生命的稟性不同，各有資質和限度，實難以改變。因此，個體生命若能順性分之所能，率性而自為，則能適性成性而自足。他說：「返任物性而物性自一，故無跡。」[23] 那就是說，人若能有自知之明，認同自己的真性而致力於自我實現，且意足自樂於自我之實現，則當下即是適性逍遙了，對他而言，「真性」就是個體生命的「所以跡」[24]。反之，若人含羨超過性分能力所能求之誘惑物，逐物無節，則「以圓學方，以魚慕鳥，……

---

[23] 向、郭注《莊子・繕性》。

[24] 同上，〈天運〉注曰：「所以跡者，真性也，夫任物之真性者，其跡則六經。」，「所以跡」指各個人所稟受的性分，亦即人的「真性」，「跡」指名教社會的名位權祿及個人外在之言行。「六經」指形塑名教社會機制與個人言行規範的典據。

學彌得而性彌失。」[25]像這樣迷失自性的人，不但違逆天理之自然，也使自己陷入患得患失的痛苦。因此，天下之大患，在於喪失自我的真性而羨企外物。「失我」之因，在人的「知」、「情」對自然之性的干擾。治療失我之病痛在解消用心、有為的心術之患，以「無心順有」來體現「無我」的精神之境，亦即行止境遇皆依順自身自然之性，及自然之因緣才順當。

然而，郭象的「自性」乃欻然自生獨化於玄冥之域，他一方面對個體的自性及自然之因緣採不可知論，所謂：「然尋其原以至乎極，則無故而自邇也。」[26]因此，個體的存在及活動皆出乎自然[27]而非「道」所使然。另方面，他又認定「道」不能生物使物，所謂：「造物者無主」[28]、「道不能使之得也。」[29]顯然前後論證有不一致處，同時，自生獨化說也否定了個物與個物之間存在的聯繫性和有機之整全性。再者，「玄冥」是幽微難知的混沌狀態，包含生成因及生成狀態。個體是否能自知，且如何能自知處於玄冥之域的真性（自性）呢？郭象似乎欠缺具體的及充分的表述。郭象考察人生之苦與害，見崇有論者不自覺的捨己救人，役知濫情，不安分的競相奔競馳求，故提出安於自性，得於自性說。此既可使生命免於向外馳求之困境，也導人入自足於性的滿足感，這是其可取處。然而，人若因時遇的不濟，而低估了自性的能力，不啻抹殺了人向上的動力和積極奮發之自我改造力。值得注意者，郭象將屬於社會屬性的「分」，如「位分」、「職分」併入自性之性分內涵中，係一混淆之誤。同時，個體生命性分之須「適」，乃是不得不然之無奈，頗有歷史的命定論之悲

25 向、郭注《莊子・齊物》。
26 同上，〈天運〉注。
27 同上，〈逍遙遊〉注云：「自然者，不為而自然者也。」。
28 同上，〈齊物論〉注。
29 同上，〈大宗師〉注。

觀論調。同時,名教即自然說也混同了實然之現實與應然之價值理想,喪失了孟子大丈夫般的健旺鮮活生命力。他對彼時名教的機制是否具有社會正義、國家正義,未能進行檢視、反省和深刻的批判,自然也欠缺人文精神的創發性和對客觀時局的改造訴求。

　　他對王衍的貴無論,則反應其儒家式的悲情,所謂:「子之愛親,命也;臣之事君,義也。」他肯認仁義是人的天性,社會人倫是人生所不能逃避的人文世界。因此,捨離「有為之域」是規避了士人對社會人群應有的關懷及應盡的責任。郭象不但本儒理來批判貴無的隱遁士人,且進而能提出「遊外而冥內,無心以順有」來調適進勸清靜自守的老莊之徒,走向名教世界,嬰於世務而無傷於見素抱樸之素志。他承續玄學兼綜儒道的傳統,將儒家外王取向的「聖人」與道家內在精神境界取向的「神人」、「至人」予以綜理聯貫,所謂:「神人即聖人也。聖言其外,神言其內。」[30]「聖人」的意涵側重於外在的功化之「有」。「神人」或「至人」則側重在虛靜無心所達道的無執之心境,亦即無執之「無」,且將此內涵賦予「內聖」。換言之,郭象的聖人形象之重塑乃將道家「神人」與儒家「聖王」融鑄成一體,亦即郭象玄學所建構的新理想人格。這一儒道兼綜的新聖人,由外在的形跡觀之是處廟堂之上日理萬機的儒家式聖王。由內在精神心境觀之則是玄同彼我,以無執之心順萬物之性,任萬物之自然,與物冥合而臻逍遙自得的莊子式神人。這種兼備道家式內聖及儒家式外王的人生理想之至境,郭象以無心順有,跡冥圓融的「聖人」來表述之。雖然,郭象也述及實踐此一聖人境域的工夫入路,例如:「捐聰明」、「棄知慮」、「遣彼我」……等,期能達到無心無為以冥萬物之異,使萬物自化、自正、自足於自然之天性中,自己也臻於無待逍遙的境界。

───────────────

[30] 同上,注〈外物〉。

　　然而，郭象認為能達到無待逍遙者乃「至德之人」，視為至德之人的聖人，稟鍾靈正氣[31]非一般人之稟氣所能企及。一般人既缺特異的「妙氣」稟賦而有所限制，因此，只能達成有待逍遙。郭象的人生逍遙價值觀有聖凡之別，受制於氣化宇宙發生論，欠缺莊子「道」通為一的形上學根基，這是他主張「道」不能生物的結果。在本體論的留白下，郭象不但難以證成聖人所以能「體天地而合變化」、「與物冥而循大變」之境界。因此，在面對聖人與凡人逍遙境界之不齊下，亦只能在注〈逍遙遊〉篇目處，訴諸人人若能當分、稱能，自足於性的適性，則逍遙一也，所謂：「此章言物各有宜，苟得其宜，安往而不逍遙也。」我們也不必苛責他的人生價值論，欠缺不斷自我提升之層級性的工夫及境界了。其名教即自然終歸是一廂情願的理想而已，他對當時不合理的政權，究竟欠缺像嵇康般傲然抗衡的風骨。他所調和的崇有論及貴無論，或入世之仕及遺世之隱，對當時的黑暗政治採妥協苟安的態度，欠缺剛健奮發的批判和改革精神。這或許是玄學在郭象大暢玄風後，欲振乏力而轉向張湛那般精神頹廢的理由之一吧！

第三節　　歐陽建的言盡意說

　　魏晉玄學在認識論上最精闢的思辨成果，當推言意之辨。言意之辨的核心論題，在於吾人對「有」與「無」的認識和表述方式。王弼對言意之辨的貢獻非凡，他對道體涵融一切可能的屬性，本身卻不侷限於某殊別化屬性的至無特色，點出「道」體的不可名狀性。他注《老子》首章就解釋說：「可道之道，可名之名。指物造形，非其常

31〈逍遙遊〉注謂聖人「特稟自然之妙氣」。

也。故不可道、不可名也。」「名」是用來描述具質料成素，有形狀聲色可藉感覺認知的存有者，也就是有無之辨中的「有」，在現象界中可藉語詞指涉到的具體個物。王弼在〈老子指略〉一文中，對表述「有（存有者或存在物）」及「無（道體自身）」的語言，在使用上做了規約。他說：「名也者，定彼者也；稱也者，從謂者也。名生乎彼，彼出乎我。……名號生乎形狀，稱謂出乎涉求。」「名號」的使用根據存有者之質料屬性，如形狀、顏色……等來陳述，係一指涉性的使用法（referential use）。換言之，名號是對形器界的具體存在者進行感覺認知，獲致概念化的經驗知識，我們或可稱為「見聞之知」。

然而，能恆常者，非時空條件所侷限，亦不受具體的質料特徵所規定，亦非感覺經驗所能認識到的。因此，我們不能用名號來指涉之、狀述之。對王弼而言，恆常性的「道」或「至無」，係由慕道者發出主觀的意向性活動，在生活世界中體認深層的形上屬性，再將所體悟到的「道」之存有狀態（a state of being）藉稱謂來描述一些海德格所謂之「形上學的規定（Metaphysische Bestimmungen）」。相較於名號，「稱謂」隨順主觀的意向目標，乃非指涉性的。王弼在〈老子指略〉中，對「道」使用了「道」、「玄」、「深」、「大」、「微」、「遠」等不同之「稱」。這些「稱」用不同的涵義，同用來指稱「道」，且表述道無盡藏性質中的某些意涵。換言之，「稱謂」的由來，源於人對「道」之實存的體悟，雖可兼用不同之稱謂來表意，卻有無法窮盡「道」之內涵，以及言有窮，意無盡的言不盡意之侷限。因此，稱謂只是意圖表述「道」的抽象符號，係一指稱作用的「跡」。讀者可循此稱謂之跡，超越地返識形上的、所以跡之「指號（index）」。《老子第二十五章》云：「人法地，地法天，天法道，道法自然。」「道」係自然的本真，王弼注曰：「道不違自然，乃得其性，法自然也。法自然者，在方而法方，在圓而法圓，於自然無所

違也。自然者，無稱之言，窮極之辭也。」「道」的體或用皆以自然為本性，其屬性含藏無盡，深不可測，一切言辭的意涵說到此處，則已告言窮辭盡矣。王弼借《莊子·外物》的「筌蹄之喻」來解說言、象與意三層間的相互關係。[32]「言」之於「象」，猶如「蹄」之於「兔」；又「象」之於「意」，猶「筌」之於「魚」。「蹄」與「筌」分別是吾人獲致「兔」、「魚」的器具，因此，我們為獲得形上的意理，可憑藉「言」、「象」為傳媒，卻不可捨本逐末的執著於「言」、「象」，而滯泥不通。再以王弼的「有」與「無」來詮解，則「言」、「象」是「有」的層次，「道」是「無」的層級，「意」是因「有」顯「無」的跳板。「意」不能窮盡「道」，「言」、「象」也不能窮盡「意」。

　　荀俁、荀粲兄弟，據王葆玹的研究：「荀俁既採用『立象盡意說』，便不能不同意『言不盡意』說。就是說他與荀粲的爭論是在『言不盡意』的前提下進行的，其爭論的焦點不在於『言』能否『盡意』，而在於『象』能否『盡意』。荀俁是『立象盡意』說的擁護者，而荀粲則不然」[33]荀粲是玄智之人，尚玄遠之理，與荀俁都是「言不盡意」的論者。至於象能否盡意，牟宗三先生有段精闢的見解，他說：

　　　　「以象以盡意」，此是象所盡之意。有象所盡者，即有其所不盡者。象所不能盡者，即「象外之意」。繫辭以盡言，此是辭所盡之言。固亦有無窮之言而未盡矣，此即「繫表之言」。所以有「繫表之言」，即因有「象外之意」故

32 王弼：《周易略例·明象》，見樓宇烈《老子周易王弼注校釋》，臺北：華正書局，一九八三年，頁215。

33 王葆玹：《正始玄學》，濟南：齊魯書社，一九八七年，頁25。

也。有象外之意，象有限度，有繫表之言，辭有限度。總
之，是言象並不能盡意也，自其盡者而言之，為「言意
境」；自其所不能盡者而言之，則為「超言意境」。[34]

「言意境」，指語言符號世界與人的心靈世界；「超言意境」指
道體的奧妙境域。荀粲將言分為「繫辭之言」和「繫表之言」；將
「意」析辨成「象」所表達出來的「意」，亦即「象」所盡之
「意」，以及「象」所不能全然表達出來的「意」，亦即「象所不盡
之超意」。荀粲說的「象外之意」、「繫表之言」，指「言」或
「象」外之「意」，亦即稱謂超象絕言之「道」而言，牟先生所謂
「超言意境」。

在魏晉的認識論中，有別於荀粲、王弼言象皆不盡意者，當推西
晉歐陽建的〈言盡意論〉。這是他現今僅存的文獻，[35] 他說：「形不
待名，而方圓已著，色不俟稱，而黑白已彰。然則名之於物，無施者
也；言之於理，無為者也。」意指經驗世界的存在物，其所自然呈現
出來的形狀、顏色、結構等樣態及其所以然的自然原理或法則，是獨
立於人所造設的名稱、言辭，以及人的認識而客觀獨立存在的。名言
是對現象界事物的存在與活動具有概念認知和表述的功能，亦即就知
識的意義而言，有暢理辨物之作用。歐陽建說：

> 而古今務於正名，聖賢不能去言，其故何也？誠以理得
> 於心，非言不暢；物定於彼，非名不辨。言不暢志，則無以
> 相接；名不辨物，則鑒識不顯，鑒識顯而名品殊，言稱接而
> 情志暢。

---

34 牟宗三：《才性與玄理》，臺北：學生書局，一九九三年版，頁246～247。
35 現存的〈言盡意論〉見於[唐]歐陽詢等撰著《藝文類聚》卷一九，臺北：文光出版社，
　　一九七四年，頁348。

在人類知識的領域中，人類的知識理性與社會、客觀世界，相互間具有主客的認知關係。語言建構的主要目的在於表達我們對世界的認識和人如何與之互動的思想。歐陽建認為溝通人我、表達思想、辨識事物、敘述的條理化，皆須憑藉名言概念。換言之，透過語言概念化的認知，世界之實有才資以可理解，且真實地展露在我們面前。他所說的這種語言性格，頗相近於王弼的名號，主要係用來認識和表述現象之知的。歐陽建說：

> 原其所以，本其所由，非物有自然之名，理有必定之稱也。欲辨其實，則殊其名；欲宣其志，則立其稱。名逐物而遷，言因理而變，此猶聲發響應，形存影附，不得相與為二。苟其不二，則無不盡，吾故以為盡矣。

名稱與所指涉的對象物，應有相對應的共同約定的聯繫。不僅如此，我們在使用名稱時，不但指涉與之相符應的對象物，且表述我們的認知理性對此對象物所獲致的概念化知識。因此，在這種報導客觀世界事實真理的語言功用中，「名」可隨物的不同而有差異，言亦能因理的運行流程而變遷。歐陽建對「名」與「實」的這種對應符合關係，採用聲發與響應、形存與影附的例子來解說。蓋名言之對應符合於存在之原理原則，猶如音響承隨聲音、影像依隨著形體。在「名」與「實」對應符合，且經驗證無誤的條件下，歐陽建論斷出「言盡意論」的結論。他肯認名言具正面積極的達意功能，可以充盡對現象之知的描述。究問其所以然之理，似乎隱含了一種心物間有一對應結構的理論。那就是說，人認知心靈的邏輯結構與外在客觀世界所蘊涵的邏輯結構，具有形式邏輯的相互一致性。名言是顯露世界面貌的一盞明燈，名言所能照亮的界限，也就是我們所能認知的世界之界限了。質言之，描述這個世界，是我們瞭解這個客觀世界的必要條件。他的

言盡意說與王弼對比下，較接近王弼以「名號」用來表述見聞之知或現象之知的講法。

第十二章

東晉的哲學

第一節　葛洪《抱朴子・外篇》對玄學末流的批判及儒聖的重建

一、前　言

　　葛洪，字稚川，自號抱朴子，晉丹陽郡句容縣（今江蘇省句容縣）人。他生於晉武帝太康四年（公元二八三年），卒於東晉哀帝興寧元年（公元三六三年）。他在所著《抱朴子》外篇〈自敘〉說：「洪年二十餘，乃計作細碎小文，妨棄功日，未若立一家之言，乃草創子書。……凡著內篇二十卷，外篇五十卷，碑頌詩賦百卷，軍書檄移章表箋記三十卷，又撰俗所不列者為《神仙傳》十卷，又抄五經七史百家之言兵事方伎短雜奇要三百一十卷，別有目錄。」葛洪撰寫《抱朴子》，約始於二十一歲，成書於三十五歲左右。《抱朴子》一書的外篇撰述在內篇之前，蓋內篇〈黃白〉一文曰：「余若欲以此輩事聘辭章於后世，則余所著外篇及雜文二百餘卷，足以寄意于後代。」。他的外篇〈自敘〉作於更晚。[1] 在內容特色上，《抱朴子》內篇和外篇的不同可見於〈自敘〉：「其《內篇》言神仙方藥、鬼怪變化、養生延年、禳邪卻禍之事，屬道家。其《外篇》言人間得失、世事臧否，屬儒家。」觀《內篇》內容談玄論道，言神仙道術，專注於個人生命的養生修煉，表達對神仙世界的嚮往，企圖建立一套有關

---

[1] 外篇〈自敘〉提及《神仙傳》，《神仙傳》卷十〈平仲節傳〉記平仲卒於「晉穆帝永和元年五月一日」，該年是公元三四五年，葛洪是年已六十三歲。

神仙道教的理論。〈外篇〉反映了葛洪對所處時代之政治、社會、禮法、民俗、刑治、文學諸方向的認知、評論和期待。在思想立場上，葛洪所自謂的「儒家」實屬漢代儒家的特徵，亦即尊經尊禮且綜攝諸子之學而成一博雜的儒學體系，葛洪在外篇〈百家〉謂：「正經為道義之淵海」，「正經」指被漢代尊為官學的儒家經典。然而，〈百家〉又指明：「子書為增深之川流」。觀外篇的議論，葛洪對人物得失與世事臧否，因時制宜，就事言理，廣引儒、墨、道、法諸家之言，而無專固之弊。此外，外篇思想有許多處是採用東漢以來的諸子思想。其中，以王充《論衡》思想的被採用最顯著，外篇〈喻蔽〉卷中推尊王充為「冠倫大才」、「學博才大」。由外篇〈自敘〉所云：「念精治五經，著一部子書，今後世知其為文儒而已。」可推知，葛洪作〈自敘〉暗比於王充的〈自紀〉，且其外篇的著作動機亦有暗合於王充作《論衡》處。從立論觀之，葛洪與王充同具考論實虛的一貫原則。例如：兩人對宇宙的形構皆歸諸氣的聚散，萬物的生成出於自然而然，非出自天地有意志的造作；對歷史文化採取進化史觀；對聖人一反盲目的崇拜而採理性的省思態度；對世事的論述採取重視效驗的應證方法等。此外，從葛洪所論述的政教思想觀之，有近似王符、荀悅、仲長統、徐幹諸子者。其中，葛洪外篇所論與王符《潛夫論》三十六篇中論天人、教育與政治處多相仿。可見，葛洪思想與王符有關係密切處[2]，及其外篇思想的承襲綜合性特色。

　　一般而言，中國哲學雖有宗派之別，卻有共同的核心課題，那就是以安身立命為訴求的生命之學問。以儒家為例，牟宗三先生認為儒

---

[2] 葛洪的《抱朴子》與王符的《潛夫論》在篇目的訂定上有不少雷同處，例如：〈讚學〉之於〈勸學〉、〈賢難〉之於〈時難〉、〈明闇〉之於〈仁明〉、〈考績〉之於〈審舉〉、〈思賢〉之於〈貴賢〉、〈實貴〉之於〈備闕〉、〈斷訟〉之於〈弭訟〉、〈袞制〉之於〈用刑〉、〈德化〉之於〈崇教〉等。甚至還有篇目相同者，例如〈交際〉篇。

學的精粹所在，乃是「如何成德，如何成就人品的問題。」[3] 因此，人應如何自覺地內省以自我理解？人應如何抉擇生命的意義與託付精神價值？人應如何在世俗中提升自我的生命境界以實現理想的人格，當係中國哲學中一大核心課題。綜觀葛洪的整體思想是以儒道兼攝為大著眼點的。雖然，王明說：「在〈外篇〉裡，只講儒學是救世的良方，絕沒有道本儒末的思想，也沒有調和儒道的旨趣。」[4]

二、《抱朴子》外篇對玄學末流之批判

兩晉士風係逐漸趨於尚「美」輕「德」的時代。然而，士人愛美的流風走上頹廢墮落的歪風，淪於不拘德行，唯任情慾的發洩，《世說新語・德性》載曰：「王子平、胡毋彥國諸人，皆以任誕為達，或有裸體者。」劉孝標注引王隱《晉書》解釋說：

> 魏末阮籍嗜酒荒放，露頭散髮，裸袒箕踞。其後，貴游子弟阮瞻、王澄、謝鯤、胡毋輔之之徒，皆祖述于籍，謂得大道之本。故去巾幘，脫衣服，露醜惡，同禽獸，甚者名之為通，次者名之為。

這些名士在渡江前如此，渡江後，這種視不檢束之穢言穢行為通達之風猶在，所謂「八達」[5] 即是當時任達不拘禮節的代表人物。這些傲

---

3 參見牟宗三《中國文化的省察》，臺北：聯合報社，一九八四年，頁 104。

4 見王明《道家和道教思想研究》，北京：中國社會科學出版社，一九九○年三刷，頁 66。

5 「八達」一詞見於《晉書・光逸傳》，指光逸、胡毋輔、謝鯤、阮放、畢卓、羊曼、恒彝、阮孚等八人。有關八達事蹟，詳見薩孟武《中國社會政治史》一書中已列表說明之。臺北：三民書局，一九八六年版，頁 191～193。

慢放縱，背叛禮教的行徑互相標榜，嚴重的敗壞了政治風氣，干寶《晉紀・總論》謂：「進仕者以苟得為貴。而鄙居正，當官者以望空為高，而笑勤恪。……由毀是譽，亂禮於善惡之實。情慝奔於貨欲之塗，選者為人擇官，官者為身澤利。」

葛洪對兩晉之交的士人言行放肆，相以醜辭嘲戲，酗酒鬧事，悖反兩性倫理，導致禮教崩壞的敗亂現象頗為憂慮。他在《抱朴子》外篇中諸如〈疾謬〉、〈刺驕〉、〈崇教〉等不斷地予以譴責。他說：

> 世人聞戴叔鸞阮嗣宗傲自放，見謂大度，而不量其材力亦傲生之匹而慕學之，或亂項科頭，或裸袒蹲夷，或濯腳於稠眾，或溲便於人前，或停客而獨飲，或行酒而止所親，此蓋左衽之所為，非諸夏之快事也。〈刺驕〉
>
> 禮教漸頹，故讓莫崇，傲慢成俗，……所論極於聲色之間，舉足不離綺繻紈褲之側，游步不去勢利酒客之門，不聞清談講道之言，專以醜辭嘲弄為先，以如此者為高遠，以不爾者為駭野。……誣引老莊，貴於率仕，大行不顧細禮，至人不拘檢括，嘯傲縱逸謂之體道，嗚呼惜乎，豈不哀哉！〈疾謬〉

葛洪針對當時名士的種種醜惡劣行予以激烈的批判，我們從其批評中可折射出他所建構出來的理想人格之特質、內涵以及修養的工夫。他在文中用來指理想人格高下的品階詞不一，大致而言，由低而高可分為士、善人、君子、賢及聖，其中似以「君子」一詞用得較多。我們可從這些人格品第的正面特質來重構出葛洪在外篇中所賦予的理想人格內涵及風範。

首先，他對流行於兩晉之際，士人矯情偽飾而無羈於名教世情的風姿儀態之美，撰文予以解析和批評，他在〈清鑒〉一文中說：「夫

貌望豐偉者不必賢，而形器尪瘁者不必愚。」蓋王充《論衡·骨相》及劉劭《人物志》的九徵說釀成漢魏之人，在鑒識人才上以貌取人的偏頗立場。葛洪在〈清鑒〉文中謂：「區別臧否，瞻形得神，存乎其人，不可力為。」由人外在的聲色氣貌、言行舉止來鑒識人才並不必然可靠。瞻「形」未必可得「神」，觀聲色氣貌未必可測得性情品節，易發生失察謬任之事。因此，理想的人才之鑒別，應該要長期細察其內在的品學，以免被虛偽的假象所蒙蔽。他在〈行品〉一文中析論人的行為品格，既詳細分述了人之各種善良的品格及表現形態，也歷述了人之種種惡劣的行為品格及其表現形態。大致而言，人的諸般善德有：明治亂、持節操、能勤儉、任勞怨、忠友誼、愛國家、不貪婪、不畏暴、臨危不變及處變不驚等。這也都是儒家傳統講究的美德，可藉以綜觀為理想人格的正面特質。至於所提及的人之惡劣品行，諸如：驕傲自恣、貪得無厭、不孝、害人、怠惰、趨炎附勢等皆是理想的人格特質中所未具有的缺點。葛洪認為士人的品德有好有壞，他在〈行品〉文中將士人品德的正邪、才能的高低、任事的成敗周詳細緻的列舉了難分的十種情況，必須審慎鑒察和認真辨別。

三、理想人格的內涵及修養功夫

就基本要求而言，葛洪認為理想人格應兼具「仁」與「明」兩種內在條件。他將「仁」、「明」之德類比於《易》書的天地之德，謂：「乾有仁而兼明，坤有仁而無明。……夫唯聖人與天合德。」乾之所以統坤係因乾獨具坤所缺乏的「明」。因此，葛洪雖認為象天德的聖人仁明兼備，可是，「明」的價值尤勝於「仁」。他在〈仁明〉篇做了論述：

夫心不違仁而明不經國，危亡之禍，無以杜遏，亦可知

矣。夫料盛衰於未兆，探機事於無形，指倚伏於理外，距浸
潤於根生者，明之功也。垂惻隱於昆蟲，雖見犯而不校，睹
觳觫而改性，避行葦而不蹈者，仁之事也。爾則明者，才
也；仁者，行也。殺身成仁之行可力為，而至鑒玄測幽之明
難妄假。精粗之分，居然殊矣。

「明」是人人殊異的才能，「仁」是人人同具的惻隱不忍之道德感。
殺身成仁之事可戮力而行，至於鑒識幽玄的智慧，洞察事理的智能則
不是人人都有的才能。若有仁德的人無判斷真偽的能力，朱紫不分，
思算不分，在判斷邪正的道德判斷上是有所不完備的。若一個人連知
安危，保自身的才智能力都欠缺，那麼他又何能於治國濟民呢？他這
論點契合孔子的「智者利仁」，[6] 觀點頗值肯定。但是，他又說：「以
義斷思，捨仁用明，以計抑仁。仁可時廢而明不可無也。」則屬過激
之論。蓋葛洪雖也徵引孔子：「好仁不好學，其蔽也愚。」[7] 及其他
諸如《詩》、《書》、《易》、《春秋》等經典論證「明」貴於
「仁」的自我主張。可是，「仁」亦非人人可為且事實上都能實踐之
事。我們從《論語》中孔子不輕許「仁」予人，以及孔子所云：「知
及之，仁不能守之，雖得之，必失之。知及之，仁能守之，莊以涖
之，動之不以禮未善也。」[8] 可知「仁」是本根性的美德，且是一般
人不易依守的，同時，仁德的實踐不但需佐以「智」且應動之以
「禮」才算完善圓滿。儘管如此，葛洪以仁智並攝來定理想人格的條
件與本文前言提及的孔子以「智」且「仁」定「聖」的內在條件是相
契合的，質言之，葛洪的理想人格就其內涵特徵言是儒聖。

　　至於儒聖內涵之修養工夫，葛洪先做了儒道對比性的理解。他說：

---

6 《論語·里仁》。

7 《論語·陽貨》。

8 《論語·衛靈公》。

> 儒者，易中之難也。道者，難中之易也。……夫儒者所
> 修，皆憲章成事，出處有則，語默隨時。師則循比屋而可
> 求，書則因解注以釋疑，此儒者之易也。鉤深致遠，錯綜典
> 墳，……德行積于衡巷，忠貞盡于事君，仰馳神于垂象，俯
> 運思於風雲。一事不知，則所為不通，片言不正，則褒貶不
> 分。舉趾為世人之所則，動唇為天下之所傳。此儒家之難
> 也。（《抱朴子》內篇〈塞難〉）

儒者的修養雖有師可求，有注解可輔助讀書，有典章制度依循以行
事，但是學問要廣要深，德行要修到無微不至，咸非易事。在德性
上，葛洪認為應修仁義至公無私的氣象博大之德。在知識學問上，他
很強調以儒家經典為宗，再吸納子學以深廣之。他說：「正經為道義
之淵海，子書為增深之川流」、「不以書不出周孔之門而廢助教之
言。」[9] 外篇中著〈勖學〉一文申論勤學的價值和目的在「清澄性
理」、「察往知來」以及陶冶性情，變化氣質，使人能修養成博通事
理，文質彬彬的君子。他說：「六藝備，則卑鄙化為君子。」[10] 且列
舉一些歷史上的聖賢，謂其能珍惜時光，刻苦成學，獲得廣博的知識
和成功的事業。他主張求學宜務早，學思並行，研習要精。此外，他
認為立志、明師及益友皆具勖學崇教的作用，且撰〈交際〉一文專論
擇友之法。他在〈勖學〉文後又繼以〈崇教〉一文，痛責漢、吳之末
世不重教育，不擇師友，沉迷享受以致衰微。他力陳博覽群書才能洞
察歷史，明辨是非，貞吉免禍。此外，他申言學習可以改善人的習
性，提升人品，要求王公貴族能崇尚儒學及重視教育。大體而言，在
葛洪理想人格的養成教育中，他確立了品學並重、經子並重及師友並

9 《抱朴子》外篇〈百家〉。
10 同上〈博喻〉。

重三原則。

四、《抱朴子》外篇理想人格的外王表現

外王表現指由人的社會、政治及經濟生活的言行，所顯發出來的節操、功業和價值理想所在。葛洪以魏晉三位具社會影響力的知名人物：郭泰、禰衡與鮑敬言為實例，針對他們的言行表現，予以評論藉以反襯出自己的外王理想。他在外篇中分別針對這三個人而撰寫了〈正郭〉、〈彈禰〉、〈詰鮑〉三文。〈正郭〉一文旨在導正郭泰[11]在當時人心中的過當之譽。郭泰代表漢末著名的清議名士，蔡邕曾讚曰：「吾為天下碑銘多矣，未嘗不有慚。唯為郭先生碑頌，無愧色耳！」葛洪的外王志業在淑世濟民，然而，遇時不可為的無道政局，則退而隱逸著述。郭泰游移在仕與隱之間，以清談品評獲盛譽。葛洪文中先引葛洪友人嵇生對郭泰的讚美，謂郭泰學無不涉，有知人之明，匡亂之志，乃「亞聖之器」[12]葛洪一一予以貶抑，他借太傅諸葛元遜的話說：「林宗隱不修遁，出不益時，實欲揚名養譽而已。街談巷議以為辯，訕上謗政以為高。」又借零陵太守殷伯緒之言曰：「林宗入交將相，出游方國，崇私議以動眾，關毀譽於朝廷。……周旋清談閭間，無救世道之凌遲，無解於天民之憔悴。」在葛洪眼中，郭泰不但沽名釣譽，且未能利用其影響力，善盡淑世的言責。葛洪還借用中書郎周恭遠的話說：「林宗既不能荐有為之士，立毫毛之益，……世眩名實，而大亂滋甚。」由葛洪的評論可推知其理想人格的外王表現是得志時當淑世濟民，不得志時應安心隱逸，隱逸時期的儒者一方

---

[11]郭泰，字林宗，東漢太原界休人。博通經典，有弟子千人，為東漢末大名士，不為危言覈論，得免於黨錮之禍，見《後漢書》卷六八。其友人宋子俊讚譽他為「清高明雅，英達環瑋」、「愷悌玄澹，格量高俊，含弘博恕，忠粹篤誠。」

[12]指郭泰的行止與孔子相似，僅稍次於聖人的器識與才能。

面以著述傳道，另方面應善用自己的影響力，發揮明人之明，舉薦人才給朝廷，辨正名實相符關係以建立共識，端正視聽。

〈彈禰〉一文針對禰衡[13]的恃才狂放，誕慢凌人，終招致殺身之禍[14]，予以品評。葛洪總結的說：「言行輕人，密願榮顯，……然修己駁刺，迷而不覺，故開口見憎，舉足蹈禍。……人皆不喜，音響不改，易處何益。」他批判禰衡狂放傲慢的任誕惡行，且以禰衡之禍為戒，勸導兩晉之際士人的狂放任誕之風。其評論與〈譏惑〉、〈疾謬〉等文相互呼應。蓋當時俗士競相模仿玄學名士的放誕驕矜之風，非毀名教，禍害貽世。葛洪在外王淑世上，一方面主張改革禮法升降揖讓之繁重繁瑣弊病，另方面強調人倫以有禮為貴，以禮之敘等威表情敬有其內在價值。從他強調文稱相稱的禮數，以改俗士的放誕之習，可推知其理想人格之外王表現是有禮教，惜護節操者。

葛洪在〈詰鮑〉一文中批評鮑敬言的無君論。據文中所紹述的無君論主要看法是上古無君臣之設，人民不競不營，無榮無辱，彼此渾合為一。自從設了君臣制，則起尊卑之歧見；設賦稅制，則起貧窮之別；天下人因此而有機巧與爭奪，世局因而紛亂不已。葛洪認為人生既有慾望，就會起爭奪。有君之時，也曾出現過太平盛世。若無君制，則盜賊橫行，天下大亂。他認為基於社會進步與分工的期待，君主政制是需要的。鮑敬言謂有了君主則君子的肆酷縱慾，危害天下不淺。葛洪認為這是人蔽，若能得聖君賢相，則可去除昏君之蔽。同時，若能研訂良好的制度，例如：帝王後宮之制依據《周禮》，官守

---

[13] 禰衡，字正平，係漢末著名的才士。孔融〈薦禰衡表〉讚他的才調說：「淑質貞亮，英才卓躒，初涉藝文，升堂睹奧。」稱述其記憶力為：「目所一見，輒誦於口；耳所暫聞，不忘於心。」表揚他的人格為「忠果正直，忘懷霜雪，見善若驚，疾惡若仇。」。

[14] 禰衡的剛傲慢物表現在許昌時，傲慢曹操，侮辱士林；在荊州時，鄙視同列；在夏口時狂放不改以致被黃祖所殺。

合理的佃課之制，租調不橫加，則輕徭薄稅，賦斂有節，則天下可治，又何必倡言無君呢？由葛洪〈詰鮑〉之評論，可推見他的理想人格之外王特質是君「聖」臣「賢」，節用愛民，崇尚世局的和諧與安治。

個人與社會的互動關係密切，個人荒誕不拘的言行不僅於個人，若同類相聚，相互呼引鼓盪，則會造就不良的社會風氣。不良的社會風氣又會再感染和深化個人，且擴大影響其他人。個人與社會之間若如此惡性循環不已，世風日下社會機能不健全影響所及，人人不務品德和正業，經濟衰退貧富又不均，動亂迭起，對個人生命的安頓，國家的安定都帶來危機。因此葛洪對士人不負責任的言行頗不以為然。他說：「無復廉恥，以同此者為泰，以不爾者為劣。終日無及義之言，徹夜無箴規之益。誣引老莊，貴於率任，大行不顧細禮，至人不拘。」[15] 他也痛斥彼時政治腐敗，權臣弄柄，賣官鬻爵，魚肉百姓的種種惡行。在肯定君王及政治的必要性之後，他一方面主張君聖臣賢，扶明政教德化天下。另方面，他在仁刑兼施，恩威並濟的主張下也認為刑治可補德治之不足，仍有其必要性。他說：

> 夫德教者，黼黻之祭服也；刑罰者，捍刀之甲冑也。若德教治狡暴，猶以黼黻御剡鋒也；以刑罰施平世，是以甲冑開廟堂也。……故仁者為政之脂粉，刑者御世之轡策；脂粉非體中之至急，而轡策須臾不可無也。肅恭少怠，則慢惰已至，威嚴暫弛，則群邪生心。當怒不怒，姦臣為虎，當殺不殺，大賊乃發。[16]

綜觀葛洪的外王思想，理想與現實兼顧儒法並行。大抵而言，他

15《抱朴子》外篇〈疾謬〉。

16見《漢書》〈古今人表第八〉，臺北：鼎文書局，一九七五年版，卷二十，頁924～926，班固在《白虎通義》卷七〈聖人〉中亦列孔子為聖人。

是遠承《尚書》，近取漢季董仲舒愛民為本，致平安世為目的，重德慎刑為實踐手段的儒家主軸。政治、社會、經濟活動涉及群己關係及社群相互間的公共生活。在公共生活中，固然有一凝聚知識與價值觀，共構一崇高目標的理想，但是，在邁向群體的共同價值理想之途是曲折坎坷的。蓋人性有兩面性，既有理性而善良的向上面，也有自私自利，悖理邪惡的墮落面，為了懲治及預防社會的惡、政治的惡，當有一套對治實然的已然的惡及在意念層次的犯惡動機，在政治管理上亦當有一刑罰機制。因此，葛洪理想人格的外王特質是儒法兼備，儒為主，法為輔。在刑名法術的設立下，有罰亦有賞，賞罰公平且貫徹實行，政府的威信乃立，懲惡勸善之效可收，社會治安效益可顯。

第二節 《列子》書與張湛《列子注》之玄思

一、《列子》書與兩晉之際的放達頹風

　　《列子》一書的真偽、作者及成書年代諸問題，自唐宋以來爭議不休。其間涉及三種傳本的真偽考辨及相互關係探究：一是「古列子本」，二是「劉向新書本」，三是「張湛注本」。綜觀近數十年來的學者考證成果可分為三派：持偽書論者以馬敘倫為宗主，持非偽書證者以日人武內義雄發端，臺灣學者嚴靈峰為大宗。[17] 第三派出入前二派，推證《列子》保留了先秦，特別是列子其人的思想材料，經列子

---

[17] 請參考馬敘倫〈列子偽書考〉，《國故月刊》一～三期，另見《古史辨》第四冊。及嚴靈峰〈辯列子書不後於莊子書〉，《大陸雜誌》卷十八，十一～十二期，一九五九年。及《列子辯誣及其中心思想》，臺北：時報出版社，一九八三年十月。

門人及其私淑弟子記述編纂而成及至西漢劉向予以整理，成《列子新書》，東晉中葉的張湛依據該書之殘缺、雜亂者予以輯補且注疏而成今本。[18] 湯一介謂，「《列子注》一書是否為張湛所作尚無定論，但由他編定和加工則毫無疑問。」[19] 有的學者則斷言：「張湛決不是《列子》的真作者，他的《列子注》不僅在詞句的解釋上與《列子》有若干牴牾，而且在理論觀點和人生態度上也往往不合。」[20] 持此一看法者較進一步的指出：「今本《列子》確係贗托，大約完成於西晉中期，但列子確有其人，不宜否定。《莊子》一書多寓言故事，往往是把實際人物超人化，並非全係虛構，如老聃、惠施等。列子當屬此類。」[21] 《列子》書中，特別是〈楊朱〉篇所表述的肆情縱慾之享樂論與兩晉之際的八達頹廢行為頗有同調處。

「八達」一詞源出《晉書‧光逸》傳，指光逸、阮放、阮孚、謝鯤、羊曼、恆彝、胡毋輔之、畢卓等八人。蓋晉朝在永嘉之亂的禍害下被迫南渡，北方大族避難江南，備嚐失去故土，家國破碎的傷痛感。《世說新語‧言語》載：「過江諸人，每至美日，輒相邀新亭，藉卉飲宴。周侯中坐而嘆曰：『風景不殊，正自有山河之異。皆相視流淚。」許多豪門名士在身遭國故變難後，對個人前途及國家前景悲觀消沉，人生苦短，來事難料，遂肆情酣飲，放蕩縱樂以麻醉自己的痛苦，逃避殘酷的現實。我們從《世說新語》〈任誕〉篇可看到許多事例，如「畢茂世（畢卓）云：『一手持蟹螯，一手持酒杯，拍浮酒池中，便足了一生。』、「周伯仁風德雅重，深遠危亂，過江積

---

18 可參閱許抗生〈列子考辨〉，《道家文化研究》第一輯，頁358。王叔岷《先秦道法思想講稿》，頁162。
19 見湯一介著《郭象與魏晉玄學》，臺北：谷風出版社，一九八七年三月出版，頁313。
20 見任繼愈主編《中國哲學發展史‧魏晉南北朝篇》，北京：人民出版社，一九八八年，第一版，頁265。
21 同上，頁262。

年，恆大飲酒，嘗經三日不醒，時人謂之『三日僕射』。」。《晉書》述及八達的傳文中亦多類似任誕行徑，例如：〈謝鯤傳〉謂謝鯤因挑逗鄰家女兒而被投梭，以致折斷兩齒，謝鯤不以譏笑受辱而羞怒，反而傲然長嘯曰：「獨不廢我嘯歌。」傳文評為「任達不拘」。〈胡毋輔之傳〉說他「與郡人光逸盡夜酣飲，不視郡事」且謂之「與謝鯤、王澄、阮脩、王尼、畢卓俱為放達。」這類遺落世事，目無禮教，縱情享樂的沉淪墮落頹風，對照《列子》文本，恰與〈楊朱篇〉不務求功名利祿，權勢地位，遺忘是非毀譽，縱情任性於當下感官的刺激享樂不謀而合。八達的任誕與頹廢透露出他們看破身外浮名及死後餘榮的心聲，是《列子》〈楊朱〉篇「從心而動，從性而遊」、「盡一生之歡，窮當年之樂」最寫實的人生景象。漢代尊經尊儒，高懸三不朽的人生價值觀，樹立功名富貴的幸福觀以及禮教名分規範、鬼神報應觀念，久之深入世俗人心。《列子》歷經世變，飽嘗人世的滄桑，沉澱了世俗的情懷，冷蔑透視世人對虛名榮華的貪執，語重心長的指出：「生民之不得休息，為四事故：一為壽，二為名，三為位，四為貨。有此四者，畏鬼、畏人、畏威、畏刑；此謂之遁民也。」（〈楊朱〉篇）。魏晉名士對虛偽名教下的庸俗世情有深刻的覺悟，在個體自覺及自求對這些精神枷鎖的解放要求下，追求任自然的放達蔚為風氣。然而，不可諱言的，在解放禁錮思想的洪流中，難免泥沙俱下，魚龍混雜。竹林七賢中就有高下的差異。嵇康、阮籍以清介自守，劉伶、阮咸由放達而淪落放蕩。《世說新語・任誕》謂劉伶「恆縱酒放達，或脫衣裸形在屋中。」《晉書・阮咸傳》說阮咸「居母喪，縱情越禮」，山濤、劉伶、向秀名為放達，實為苟生而逐利祿。及若八達，在與嵇康、阮籍的高雅神韻對比下，益顯卑下墮落。戴逵評論兩者的風格說：「竹林之為放，有疾而為顰者也；元康之為放，無德而折巾者也」（《晉書・戴逵傳》）。放達之風始於竹林期間，盛於元康間，其餘風猶不絕於東晉，這或許也是謂《列子》

可能成書於西晉及《列子注》何以持續〈列子〉熱於東晉的原因。然而，同為「放達」之名，卻有品味的不同，湯一介指出：

> 有的人是「行為之放」，僅得「放達」之皮相，如王衍、胡毋輔之流，以矜富浮虛為放達；有的人是「心胸之放」，則得「放達」之骨骸，如嵇康、阮籍等人，以輕世傲時為放達；有的人是「與自然為一體之放」，則得「放達」之精髓，如不為五斗米折腰的陶潛即是。[22]

二、張湛及其《列子注》

張湛，字處度，高平（今山東金鄉縣西北）人。其生卒年不詳，據近多數人的推斷，約生於公元三二五～三三○年，卒於公元三九五～四○○年。[23]《晉書》無其傳，僅在〈范寧傳〉中殘留少許資料，張湛可說是東晉中葉人，可能精於醫術，雖對經學有輕蔑之意，但不反對儒家名教的內在價值，《世說新語·任誕》篇有記載其類似任誕的行蹟，謂：「張驎（張湛小字）酒後挽歌甚悽苦。」、「張湛好於齋前種松柏。時袁山松出遊，每好令左右挽歌。時人謂張『屋下陳屍』，袁『道上行殯』。（又注引裴啟《語林》：「張湛好於齋前種松養鴝鵒」）」。張湛的著作現存者主要是《列子注》、據新舊《唐書》戴，張湛還著有《養生要集》十卷和《延年祕祿》十二卷，《莊子注》、《文子注》等，但是這些著作大部分已散佚。因此，《列子

22同註3，頁31。

23根據《世說新語·任誕篇》及《晉書·范寧傳》的記載，張湛與桓沖（三二六～三八三）、范寧（三三九～四○一）、袁山松（？～四○一）同時代，約當東晉成帝至安帝年間。

注》成為研究張湛玄學思想較完整的材料。

張湛出身宦門，對玄學核心問題，亦即自然與名教之調和，他順著哲學史的脈動，一方面在融合的立基點上，承續王弼的貴無論、郭象的獨化論及內聖外王說。另方面，多方吸納佛學以與玄學合流。以後者而言，彼時印度佛教的般若學流行中國。鳩摩羅什除了譯出代般若大小品、《般若經》的譯論《大智度論》，還闡述了般若學中的《中論》、《百論》、《十二門論》，對玄學本末有無問題、非有非無的論式啟迪甚大。張湛在《列子‧序》云：

> 其書大略明群有以至虛為宗，萬品以終滅為驗，神惠以凝寂常全，想念以著物自喪，生覺與化夢等覺；巨細不限一域，窮達無假智力，治身貴於肆任，順性則所之皆適，水火可蹈，忘懷則無幽不照，此其旨也。然所明往往與佛經相參，大歸同於老莊。

序文中所用的辭語「至虛」、「萬品」、「終滅」、「凝寂」、「想念」、「著物」、「生覺」、「肆任」富佛家語色彩。在《列子注》中，張湛運用般若的中道概念來解說「有無」關係。〈周穆王篇〉注涉及形神問題處帶著佛教神不滅的論點。〈說符篇〉注論及善惡報應，所謂：「夫美惡報應譬之影響，理無差焉。」、「善著則吉應，惡積則禍臻」其中「報應」乃佛家語及因果報應觀念。該篇註文謂：「萬事紛錯，皆從意生」具有佛學「萬法唯識」的影子。〈序文中〉「萬物以終滅為驗」、「生覺與化夢等情」的涵義染上佛教的幻化說及寂滅、涅槃的色彩。綜觀《列子注》對宇宙與人生的論述以老莊、玄學為基調，其滲入的哲理境界和使用的語彙卻多仿效佛典，可說是採行了玄、佛相參照的注疏方法。呂思勉在其《經子解題‧列子解題》中謂張湛認為「以佛與老莊之道為可通」，梁啟超甚至激烈的指

出：「《列子》中多講兩晉間之佛教思想，⋯⋯張湛生當兩晉，遍讀
佛教經典，所以能融化佛教思想，連神話一併用上。」[24]

　　綜觀張湛《列子注》的八篇，所持的論述立場，特別是八篇〈篇
目注〉所揭示的旨要，係依據〈列子注序〉中「群有以至虛為宗，萬
品以終滅為驗」這一核心理論而開展的。〈篇目注〉謂首篇〈天瑞
篇〉的旨要為「存亡變化，自然之符」，澄清「本無」與「群有」的
區別和關係。第二篇〈黃帝〉旨在言人應順性命生死之常道，蓋「任
情背道，則遇物斯滯」。第三篇〈周穆王〉謂：「生滅之理均，覺夢
之途一」意指一切變化皆虛偽，頗有佛家幻化虛妄之思想色彩。第四
篇〈仲尼〉及第五篇〈湯問〉言超脫生死執迷所賴的玄照之智。第六
篇〈力命〉謂：「命者必然之期，素定之分」旨在言人應順平天理對
性分的命定，亦即以知命、任命來安身立命。第七篇〈楊朱〉以「虛
破種種生命執相」，以遂情慾之樂來達生。第八篇〈說符〉言聖人針
對「事故無方」而以心順理「依伏變通」來應世務。

三、「寂然至虛」與「群品之眾」

　　〈天瑞〉、〈湯問〉二篇以較大的篇幅論及宇宙的本源及生化流
變，其基本的系列概念為：「道」、「氣」、「無極」、「太易」、
「三太」（太初、太始、太素）、「生化」、「實虛」、「聚散」、
「有無」。《列子》一書既非一人一時之作，內容龐雜，思緒繁亂，
整理不易。張湛作注，受制於題材的博雜性質，想要建構一套融貫而
精熟的詮釋理論，實非易事。我們也只能在諸般限制下梳理些可能的
理論輪廓而猶有待後學後進者。張湛在注〈天瑞篇〉時，對其序文中
所謂「群有以至虛為宗，萬品以終滅為驗」有進一步的意涵開展。

24梁啟超《古書真偽及其年代》。

〈天瑞篇注〉云：「夫含萬物者天地，容天地者太虛也。」含萬物的天地既被太虛所「容」，則太虛的概念較優位於天地萬物了，張湛在〈天瑞篇注〉明確的肯定「夫太虛也無窮，天地也有限。」且進一層釐清太虛與天地萬物在屬性上的區別，續曰：

> 夫巨細舛錯，修短殊性，雖天地之大，群品之眾，涉於有生之分，關於動用之域者，存亡變化，自然之符。夫唯寂然至虛，擬一而不變者，非陰陽所終始，四時之所遷革。

天地萬物屬「動用之域」亦即「有生之分」，在陰陽迭運及四時移易中皆有始終的變化歷程。「寂然至虛」（若太虛之「太」釋為「至」，則至虛與太虛當為殊名同實）擬一而不變則頗具本體的性徵，相較之下，天地萬物生化流變的性徵較屬於現象界的存在物。〈天瑞篇注〉又云：「然形器之物，會有限極。窮其限極，非虛如何？計天地在太虛之中，則如有如無耳。故凡在有方之域，皆巨細相形，多少相懸。推之至無之極，豈窮於一天，極於一地？」、「以無窮而容有限，則天地未必形之大者。」萬物為相對性的「有」、「無」，太虛當為「至無之極」，然而，無窮的太虛固然可容有限的天地，可是「天地未必形之大者」一語似乎又隱然指「太虛」為形之大者。這麼一來，則張湛的太虛似乎又不是我們所能理解的形上實有，亦即不是王弼貴無論所謂的寂然至無，這第一因或第一實有了。那麼，能生與被生或終究實在與天地萬物間的關係又是甚麼呢？

〈天瑞篇〉將能生者稱為「生生者」，將所生稱為「生者」，所謂：「有生者，有生生者；有形者，有形形者；……生之所生者死矣，而生生者未嘗終。」、「生者不能不生，化者不能不化，故常生常化。常生常化者，無時不生，無時不化。陰陽爾，四時爾。」「生生者」亦即在時間歷程中不斷生、化的「常生常化者」，亦即不滅的

恆存者，所生的有生者或有形者有被生被化的命運，且終歸之於
「死」矣。〈天瑞篇〉又說：「天地含精，萬物化生」意指萬物是由
天（陽）地（陰）所含的精氣交合而生，「萬物皆出於幾，皆入於
幾」張湛《列子注》詮解其蘊義說：

> 一氣之變，所適萬形。萬形萬化而不化者，存歸於不
> 化，故謂之機。機者，群有之始，動之所宗，故出無入有，
> 散有反無，靡不由之也。夫混然未判，則天地一氣，萬物一
> 形，分而為天地，散而為萬物，此蓋離合之殊異，形氣之虛
> 實。

張湛將一氣變化之動稱為「機」，用「機」來解說「群有之始，
動之所宗」以及群有由「無」而「有」，復散「有」而返歸於
「無」。他以氣之「混然」與「分」之狀態言萬物之生化，其所謂
「無」似非老子形上的實有義，而成為具氣之底蘊的太虛狀態了。我
們若要進一步追問「機」的動態歷程及其涵義，則可讀到〈天瑞篇〉
一段具體的表述：

> 夫有形者生於無形，則天地安從生？故曰：有太易，有
> 太初，有太始，有太素。太易者，未見氣也；太初者，氣之
> 始也；太始者，形之始也；太素者，質之始也。氣形質具而
> 未相離，故曰渾淪。渾淪者，言萬物相渾淪而未相離也。視
> 之不見，聽之不聞，循之不得，故曰易也。易無形埒，易變
> 而為一，一變而為七，七變而為九，九變者，究也；乃復變
> 而為一，一者形變之始也。清輕者上為天，濁重者下為地，
> 沖和氣者為人；故天地含精，萬物化生。

在這段分解式的宇宙發生論中，並未逐一對所言的四「有」及三「始」做一概念涵義的界說。然而，據所言有氣就有形，有形就有質的表述而言，其間程序分明，氣、形、質不相離而為天地萬物未形成前的「渾淪」狀態，語意也明確。《列子》把天地之根解作「易」，亦即氣形質未相離之前的渾淪體，文中由「易」變而為一，一為形變之始，一變為少陽七，再續變為老陽九，九復變為一之說。有學者認為〈天瑞篇〉有段文字與〈乾鑿度〉的一段文字相類，乃因〈乾鑿度〉有取於〈天瑞篇〉者而與《易傳》相雜揉。[25] 按〈乾鑿度〉的解釋「九者氣度之究也；乃復變為一。」由氣之清濁性質的不同而能向上或向下流動，且由之所成的天與地復上下交流以化生萬物。「一」由「易」所變成，頗似《老子》：「道生一」的語式。〈天瑞篇〉說明了「易」乃氣形質不相離的渾淪，渾淪係一整全的實有，非感官知覺所能覺知。渾淪何以變成「一」，及其與「一」有何區別，則未得其解。儘管如此，筆者認為氣形質不離的渾淪體乃生成無以數計之個體化存在者的始源，用〈天瑞篇〉的說法稱為「易」，「易」蘊涵「太易」。依張湛注的理解：「易者不窮滯之稱，凝寂於大虛之域，將何所見，即如易繫之太極，老氏之渾成也。……老子曰視之不見名曰希，而此曰易，易亦希，簡之別稱也。太易之義如此而已，故能為萬化宗主，冥一而不變者也。」張湛不分別文本中「太易」與「易」之差別。將「太易」等同於「易」，期能契合列子所宗的「虛」。按〈天瑞篇〉文本涵義，「太易」與「易」內涵層位不同。林麗真謂張湛「乃將『太初─太始─太素』三始變化之相因襲，置於『動用之域』一層；而將『未見氣』的『太易』，提到比「三始渾淪」更高一

---

[25] 見胡應麟《四部正偽》語。嚴靈峰《列子辯誣及其中心思想》，臺北：時報出版社，一九八三年十月版，頁97～100。〈乾鑿度〉係《易緯》解《易》之代表作，雜揉儒道一般謂此作形成於西漢哀平年間。〈天瑞篇〉反映出先秦純然道家思想。

層的『太虛之域』」[26]。這一說法有其根據，張湛〈天瑞篇注〉云：
「太易為三者（指太初、太始、太素）宗本。」張湛通同「太易」與
「易」，或因他擬將「太虛之域」與「動用之域」的上下兩層關係貫
通，以便解釋萬物何以藉出入於幾而得以往復於太虛吧！然而，「太
虛之域」是否具造生「動用之域」的本體生生之作用，張湛似乎未明
確處理，他僅以虛實的雙向往來，解釋萬物的聚散與始終，〈楊朱篇
注〉云：「夫生者，一氣之暫聚，一物之暫靈，暫聚者終散，暫靈者
歸虛。」〈天瑞篇〉曰：「聚者以形實為始，以離散為終；散者以虛
漠為始，以形實為終。故迭相與為終始，而理實無終無始者也。……
生者反終，形者反虛，自然之數。」張湛將萬物之生滅歸為自然之理
數，有其不得不然的命運，非人智所能盡知，人力所能盡改。

四、《列子注》中的力命論及評〈楊朱篇〉

　　人是得天地沖和之氣而生，乃一基於不可測知的自然理數所被生
者。「群有以至虛為宗，萬品以終滅為驗。」，人之有生也難逃終滅
而歸太虛之宿命。張湛《列子‧周穆王篇注》曰：「夫生必由理，形
必由生。……往復流遷，未始暫停。是以變動不居，或聚或散。」人
生看似偶然，冥冥中有其不得不然之理，由生之始至終滅的歷程中，
又得遭遇種種變遷流離。張湛所身處的東晉時代，政治社會不安定，
個人際遇的利害禍福虛幻無常，生死無奈，復飽嚐變動無常之憂苦煩
惱。面對人生的無常，世事的難料，一切在自然的冥運中似有自然之
理的安排，人面對定命之限及生命苦短，生死皆入於太虛的迷茫中，
《列子》遂有〈力命篇〉及〈楊朱篇〉兩種人生應世態度。劉向〈列

---

[26]見林麗真，〈張湛「貴虛」論及其與玄佛思想之交涉〉一文，《臺大中文學報》，第
　十五期，頁7。

子新書目錄〉云:「至於〈力命〉篇,一推分命;楊子之篇,唯貴放逸,二義乖背,不似一家之書。然各有所明,亦有可觀者。」[27]

　　張湛對比這二篇人生態度的不同調而有安命與不安命的肆情之評,他在〈力命篇注〉說:

　　　　此篇明萬物皆有命,則智力無施:〈楊朱〉篇言人皆肆情,則制不由命;義例不一,似相違反。然治亂推移,愛惡相攻,情偽萬端,故要時竟,其弊孰知所以?是以聖人兩存而不辯。將以大扶名教,而致弊之由不可都塞。或有恃詐力以干時命者,……或有矯天真以殉名者,……苟得其中,矜名者不以矯抑虧其形生。

〈力命篇〉言人的智力無所作為於命限之外,相形之下,〈楊朱篇〉言人有肆情的自由而不接受命限的制約。張湛面對這兩端之論,採其平衡的兼顧取向,那就是「得其中」,這也反映了他對自然與名教採理性的調合態度。他的生命情調在於以虛靜無執之心,自適於大道或自然之理,冥運中的安排,超越對運命宰割的算計心及不平衡之心的感受。另方面,〈楊朱〉文本中的肆情,張湛轉化成適性無心的逍遙自在以超越矯飾天真的肆情恣意之造作。觀《列子注》中「命」字共用了二十五次,「力」字只用了十五次左右,他對「命」的概念是「命者必然之期,素定之分。雖此事未驗,而此理已然。」[28]「自然之理,不可以智知:知其不可知,謂之命也。」[29] 人智既無能認知出於自然之理的分定之命,則訴諸「以力求勝,非人道也。」[30] 因此,

---

27 見楊伯峻著《列子集釋》附錄一〈張湛事蹟輯略〉,臺北:華正書局,一九八七年版,頁278。

28 《列子》〈力命〉篇目注。

29 《列子》〈黃帝篇〉注。

30 《列子》〈說符〉注。

他對人生的夭壽窮達不以智力強求，不講求違反自然的人為養生術。「命」既為自然冥運所定，則人的窮達有數，只得隨化而自然生活。「力」則為人為之智力、才力，具主動自為性。人智人力應在不強求踰越客觀規律的命限下來進行合理的努力，這才是張湛在「命」與「力」之間採兩存之中道的攝生之理。值得注意的是，張湛在闡釋力命論中，並未預設一能支配命運之有意志作用者，或主宰者。他在〈力命〉注說：「此自然而然，非由人事巧拙也。」、「冥中自然驅使」、「不知所以然而在者」一切皆訴諸造化之自然，人所秉賦的才智不是可由人為力量所改變的，人所面臨的機遇，亦非由人力可打造。因此，人智所能為的是有限度的知命，在人生態度上安命以各守其性分之正者，蓋自然的冥運有其理律，只是人智難盡知耳。《列子》文本中的「理」字不多見，但是張湛《列子注》中的「理」字出現了一百二十七次，是次數最多的概念範疇。「理」的用語法包括天地之理、天下之至理、不可思議之理、生即天地之理，「理」賦予了「命」的多樣而豐富之內涵。因此，理在必然趨勢中所蘊涵的規律性，對人而言，既難盡知，亦難以假人力抗拒。人力的作為只能在理命的限度下活動。在人生的態度上，對「力」與「命」不可偏執一方，張湛雖採兩存之中道以消融之，可是在貴虛順理的原則下，「命」對「力」享有優位性。人在「力」與「命」的配合性互動中，任天理之運行，順應自然的安排，適度的盡人為之努力，成為張湛注〈力命〉篇中所表達的力命論之精義。張湛這種盡己本分內的人事努力，虛心順適自然規律之安排，仍不失為儒道調和的傾向，與郭象安命順世的人生論同調。

《列子》文本中的〈力命〉和〈楊朱〉兩篇反映了兩晉之際士人，特別是八達諸人對世事的無力感及對命運的無奈感之片面心理，也折射出八達們縱情肆慾的享樂觀，令人不禁質疑這兩篇有否兩晉之際名士們所摻入的言論。〈楊朱篇〉言辭放肆，頗受後世抨擊。〈楊

朱篇〉以狂放的語調譏諷儒家功名富貴思想及世俗求長壽延嗣的價值觀。該篇藉楊朱與孟氏的交談來表達其思想說：

> 「人而已矣，奚以名為？」曰：「以名者為富。」「既富矣，奚不已焉？」曰：「為貴。」「既貴矣，奚不已焉？」曰：「為死。」「既死矣，奚為焉？」曰：「為子孫」又曰：「生民之不得休息，為四事故：一為壽，二為名，三為位，四為貨。有此四者，畏鬼，畏人，畏威，畏刑；此謂之遁民也。」

〈楊朱篇〉的作者把世俗之人對壽、名、位、貨的貪婪與執著視為身心枷鎖，唯有看破它們才能無憂無懼而獲致解放和自由。可是，作者未能帶領迷途者走向健康光明的人生幸福大道，而淪於消極頹唐的物化生命中。張湛雖欣賞《列子》的放逸超脫之心境，卻不苟同其失去高尚的生命情操，他在〈楊朱篇〉注曰：「此一篇辭義太徑庭抑抗，不似君子之音氣。然其旨欲去自拘束者之累，故有過逸之言者耳。」〈楊朱篇〉縱情肆慾，唯官能刺激之享樂與不負責任的逸樂追求，當然不是君子的格調和品味，只是對時代虛偽名教及庸俗世情的強烈不滿與激越的反彈之情罷了。張湛〈楊朱篇〉注批評文本中的「誣賢」及「過逸」論調，他矯之以遵守名教前題下，任情之自然。不過，張湛也有其時代境遇之實感而發出與文本共鳴處。〈楊朱篇〉題注說：

> 夫生者，一氣之暫聚，一物之暫靈。暫聚者終散，暫靈者歸虛。而好逸惡勞，物之常性。故當生之所樂者，厚味、美服、好色、音樂而已耳。而復不能肆性情之所安，耳目之所娛，以仁義為關鍵，用禮教為衿帶，自枯槁於當年，求虛名於後世者，是不達乎生生之趣也。

「生生之趣」指滿足於感官的厚味、美服、好色、音樂等世俗的快樂。這是以低層次的世俗價值觀來批判假仁假義，以虛偽禮教飾身的偽君子，不但不能企及「君子之音氣」，甚至於連世俗化的快樂也享受不到，以致淪為「自枯槁於當年」，豈不悲哉！

五、《列子注》中的外王理想

張湛《列子注》的政治理想，主要是採取存兩用中及貴虛去執的立場。名教或道德禮法是兩漢尊經崇儒下的政治運作機制。在維繫群體綱紀的名教，與尊重個體自由的自然之間，如何取得一兩全的平衡點，一直是魏晉政治、社會思想的核心主題。就這一主題的玄學史脈發展而言，由王弼的名教出於自然，到嵇康的越名教任自然，乃至郭象的名教即自然，可抽繹出其間的一貫理脈，那就是自然無為。《列子》文本採「任而不治論」，張湛在《列子注》中合順文本及玄學自王弼以來的承傳，將自然無為置於順性無為的立基點來主張他的外王或政治理想。

玄學中的「聖人」常意指具有最高人生智慧及政治智慧者，亦即最理想的政治人物。《列子》文本中論「聖人」處有一、二十個地方。依據林麗真的研究所指：「《列子》八章中對『理想人格』的描述，蓋以『任因時——聖人因陰陽以統天地』為綱，而含具以下五項內涵：㈠秅度皆明、投隙抵時、㈡以智籠群愚、㈢不橫私天下之身與物、㈣至誠感物、統物、㈤終北國與華胥國之治，這五項內涵重在『投時之智』、『不橫私天下』與『感通萬物』的特徵。」[31] 綜觀這五項內涵特徵，我們可以撮要的認為，聖人有能力獲知及依順自然運

---

[31] 見林麗真〈《列子》書中的「聖人」觀念及其思維特徵〉，《臺灣大學文學院文史哲學報》第五十二期，二○○○年六月，頁119。

行的規律來治理國家，同時，聖人具備無私任智及至誠感物統物的人格特質，以終北國和華胥國任自然而無為視為政治至上的典範。

《列子》〈說符篇〉云：「聖人恃道化而不恃智巧」，透顯了道家的聖人自然無為的旨義在順道化而不執於個人化的智巧。那麼，聖人是如何的理解「道」而資以順道的運化呢？張湛在對《列子》詮解時，發揮了他自己的見地。他在〈湯問注〉說：「夫用心智賴耳目以視聽者，未能見至微之物也」、「神者，寂然玄照而已，不假於目。」聖人係以形上的智慧，神妙地寂然玄照至徵而不可視聽的「道」。在治國治民上，聖人立基於寂然玄照統攝天地萬物之本根之「道」，順道所賦予萬物的自然之性，而不強加主觀意志的宰物行徑，亦即奉行順性而無為之治。他的「順性論」是對郭象的繼承和發揮。他在〈黃帝篇注〉說：「稟生之質謂之性，故應理處順，則所適常通；任情背道，則遇物斯滯。」「性」是萬物的生性和本真。治國理民者應以虛靜無執之心消解自己的成見和自私，客觀如實的瞭解百姓的自然本性，順應其需求和趨尚。他在〈天瑞篇注〉云：「夫虛靜之理，非心虛之表，形骸之外；求而得之，即我之性。內安諸己，則自然真全。故物所以者，皆由虛靜，故得其所安；所以敗者，皆由動求，故失其所處。」「虛」指化執去成見，「靜」指淨化心靈意識，返照所稟於天的本性之純真。「動求」指人感於外物而起慾望與執求以致失理的活動。順性無為之治的前提在以心能虛靜，以致足以寂然玄照至微的「道」及其所涵的萬理。張湛在〈黃帝注〉所謂：「體道窮宗，為世津梁。……所謂無為而（無）不為者如斯。」

為政者若能「體道窮宗」才能以超越而不偏執的客觀、理智之立場，能為全民著想，對公共事務的考量也能有宏觀的視野以及包容度。因此，張湛在〈仲尼篇注〉亦云：「居宗體備，故能無為而無不為也。」質言之，真能自然無為而無不為的為政者，所應具備的核心條件也在於有寂然玄照的、通透的形上智慧及因應不執的政治智慧。

他在〈仲尼篇注〉說：「世之所謂聖者，據其跡耳。豈知所以聖，所以不聖者哉？」、「治世之術實須仁義，世既治矣，則所用之術宜廢。若會盡事終，執而不捨，則情之者寡而利之者眾，衰薄之始，誠由於此。以一國而觀天下，當今而觀來世，致弊豈異？唯圓通無閡者，能唯變所適，不滯一方。」看來，他的政治思想是與郭象無心順有，跡冥圓融的步調相仍相貫，其重點不在執《詩》、《書》、禮、樂等治世之具，而能由跡返識所以跡，由形跡入於神妙之理。張湛政治思想的基調仍是魏晉玄學道體儒用的格局，玄學的形上思想及自然無為的政治智慧仍是他所崇奉的圭臬。

第三節　兩晉之際的六家七宗

　　兩晉之際所興起的般若學，溯其源可推到東漢末年支婁迦讖傳譯般若經。後經支謙、朱士行、竺法護等人的不斷努力，當時原流行於印度和西域的佛教般若思想得以介紹到中國。在西晉元康，永嘉年間之前，般若思想只停留在引介階段。至西晉中葉以後，在中國本土主客觀條件相結合下，般若思想開始在中土生根，且吸收中國本土哲學，在兩晉之際形成波瀾壯觀的般若學思潮。

　　清談名士在西晉中葉以後，接受了般若思想，東晉初年則發展而形成了佛玄合流的般若思潮。就玄學本身的發展而言，永嘉年間郭象所提出的自生獨化論，是將玄學理論推至高峰。郭象之後，無人能再創新玄思玄義。再時逢西晉末年的八王之亂和東晉初年的偏安江左，門閥士族在精神寄託的需要強化，談玄之風應時而愈熾。士族們發現佛教的般若思想不但相類似於玄學的精神意境，且可啟迪玄思，拓展新義。因此，士族們頗能接受般若思想，且樂於與名僧交往交談。同

時，佛教的般若學者也意願於借玄學之力發展自身，他們不但附庸風雅於名士風度，且在般若學的詮解上也迎合玄學的學風。

佛教的般若學係一以論證現實現象世界虛幻不真實為旨的宗教哲學，它的中心論題是真諦與俗諦間的關係。佛家般若學所追求的人生終極目的是解脫世俗的牽累以臻涅槃寂滅，和玄學應物而不累於物的處事態度頗有表面上相似之處。由於玄學與般若學相互需要對方的資源，因此，雙方都用牽強附會的態度去尋找彼此間的同一性。

此時，以竺法雅為代表，提倡「格義」的學風興起，推動了玄佛合流及般若學成為一顯學。所謂「格義」基本上是指用外典來解釋佛學內典。換言之，格義學者援引中國本土哲學的概念、論題來比附和解釋佛教的哲學名詞、概念解說，其目的在消除玄佛交流中的隔閡和衝突。質言之，格義並不認真的探求佛典原義，而側重於在義理上會通中印不同的思想，尋找兩者間可能的同一性。因此格義之學是許可自由解釋，創立新解的。由於玄學及佛教般若學皆具探究本體論的興趣，因此格義的核心課題聚焦在哲學的本體論上，透過有無、本末、色空等問題來探尋玄佛間的對應關係期待能溝通玄佛。

關於這個時期的佛教般若學之學派分法，「六家七宗」的提法始於劉宋雲濟的《六家七宗論》此論今佚，梁寶唱《續法論》中曾經引用。據湯用彤的考證，六家七宗及其代表人物是：[32]

六　　家	七　　宗	代　表　人
本　　無	本　　無	道安（性空宗義）
	本無異	竺法琛、竺法汰（竺僧敷）
即　　色	即　　色	支道林（郗超）
識　　含	識　　含	于法開（于法威、何默）
幻　　化	幻　　化	道壹
心　　無	心　　無	支愍度 竺法蘊 道恆（恆玄、劉遺民）
緣　　會	緣　　會	道邃

32見湯用彤《漢魏兩晉南北朝佛教史》，一九八三年版上冊，頁194。

六家指本無、心無、即色、識含、幻化、緣會等六派,其中本無又分本無與本無異兩派,故合稱七宗。六派中的識含、幻化、緣會可併入即色派。因此,六家七宗實際上只有本無、即色和心無三派,其中又以本無派最大。

本無派的主要代表人物是東晉佛學界享盛名的釋道安。道安(公元三一四～三八五年)本姓衛,常山扶柳(今河北冀縣)人,十二歲出家,是名僧佛圖澄的大弟子。他研究般若空性,一套精緻的思辨哲學。他的本無說亦採「格義」,即用以量度(格)經文正義之義。他貫綜內典外書,在佛學上兼治禪觀、般若。他的早期禪學思想主要用王弼、何晏的玄學來解釋安世高系統之禪學,後來發展到以禪觀解般若,提出本無說。「本無」兩字源出於王弼《老子注》中的「以無為本」。王弼貴無論的「無」指恆在的形上實體。道安的「本無」在概念上是意指「涅槃」、「性空」、「真如」具佛教般若學的涵義。

道安以本無概括佛教教義,謂五陰(色、受、想、行、識)都是「本無」。他認為無論主觀的精神世界或客觀的物質世界,皆屬虛幻不實,「一切諸法,本性空寂,故云本無」。道安說:

> 夫冥造之前,廓然而已。至於元氣陶化,則群像稟形;形雖資化,權化之本,則出于自然。自然自爾,豈有造之者哉?由此而言,無在元化之前,空為眾形之始,故謂本無,非謂虛闊之中能生萬有也。(《高僧傳》)

「空」、「無」是宇宙的實相和根本,否定「無」能生「有」。玄學的「無」轉化成佛學般若的「空」。道安論斷說:「夫人之所滯,滯在末有,若宅心本無,則異想便息。」(《高僧傳》)「宅心本無,則斯累豁矣。夫崇本可以息末者,蓋此之謂也。」[33] 意指一切現象界

---

[33] 安澄《中論疏記》。

的存在，亦即「末」、「有」是人們認識「本無」的最大障礙。若人能堅信「本無」則「異想」才歸於停息，如此，才證得沒有任何感知的空寂常住的「心」，亦即「本無」，就這一證悟心本無的工夫而言，也可稱為「崇本息末」。道安以玄學的語言論式，導出佛教的般若空義。

與道安同時的竺法琛創「本無」異宗，認為「無」能生「有」。他說：「本無者，未有色法，先有于無，故從無出有，即無在有先，有在無後，故稱本無。」[34]竺法琛的說法較近於玄學，故本無派以「異宗」視之，以後未得流傳。

支道林（公元三一四～三六六年）本姓關，名遁，陳留人。他是當時的莊學專家，出色的清談家，著有《即色遊玄論》。所謂「即色」指的是「即色是空，非色滅空」，意指物質世界本身就是空的，並非待物質消滅後才說是空。「即色是空」係從否定物質世界「自性」這一立場而言。一切物質現象都由「因緣和合」而生，生、住、異、滅，瞬息萬變，沒有客觀獨立不變的「自性」，這就是「空」。即色派認為：「夫色之性也，不自有色，色不自有，雖色而空，色復異空。」、「青黃等相，非色自能；心若不計，青黃等皆空。」若消解心的意識作用，則一切皆空寂，這就是「色即是空，空即是色」的道理。

可歸併於即色派者有三說。一是于法開的「識含」，認為「三界如夢幻，皆起於心識」；二是道壹的「幻化」，強調「一切諸法皆同幻化」；三是道邃的「緣會」，以因緣會合解釋「有」，因緣散失解釋「無」。這三家論點零散，未成體系不足獨立成派。

支愍度、道恆是主張心無派的代表人物，心無派認為有形有象的存在者不能說是「無」，故言「有為實有，色為真色」。不過，心無

---

[34]吉藏《中觀論疏》。

派在人生解脫論的立場上，主張消解心的意識作用以免落入物執之累。所謂「心無者無心於萬物，萬物未嘗無。」，他們用「內止其心，不滯外色」來詮釋般若「空」義。心無派「有為實有，色為真色」的立場有可能是受了裴頠〈崇有論〉的影響。

<h2 style="text-align:center">第四節　僧肇的《肇論》</h2>

　　鳩摩羅什（公元三四四～四一三年）原籍印度，生於西域龜茲（今新疆庫車一帶）。於公元四〇一年至長安，四〇二年開始譯經工作，至四一三年卒為止，譯出大量經論，以大乘佛學為主，其中又以大乘中觀學派「四論」的譯介最為重要。他和弟子僧肇等八百餘人共譯出七十四部，三百八十四卷，系統地介紹了大乘空宗的學說。他和後來的法顯、玄奘並稱為三大翻譯家。他的弟子道生、僧肇、道融、僧叡有「什們四聖」之稱。

　　僧肇（公元三八四～四一四年）本姓張，長安人。早歲治老莊，後讀舊《維摩經注》轉而精研佛學，從其師鳩摩羅什得盡傳大乘空宗的般若、三論之旨，是鳩摩羅什長安譯場上最重要的助手。他以龍樹中觀學說為依據，對當時佛教和玄學各派關於空的理論作了批判性的總結。他主要著作有《不真空論》、《物不遷論》和《般若無知論》，收入於現存《肇論》一書中，分別代表他的哲學本體論、方法論和認識論等各方面。

一、《不真空論》

　　僧肇吸收了龍樹「中觀」不執於二邊，以「非有非無」的辯證

法，斷言世界為「不真」，為「空」。所謂「非有」是從本質上言，謂世界無永恆不變的本性或自性，就這「無常」義言「空」和「非有」。所謂「非無」意指從世界由緣起而有現象觀之，所緣起的現象是「有」亦即「非無」，只是此「有」無真實不變的本性，因此，就本性來說是「空」的。萬事萬物既是緣起的無常之相，緣散則滅，從現象世界「不真」故「空」，這是全篇主旨所在。

僧肇對六家七宗有繼承也有批判，他的《不真空論》把六家七宗概括為心無、即色、本無三家。在中觀思想傳入之前，無論是本無、心無或即色，都不可能用遮詮的方法，即徹底否定的方法來解釋所觀察到的世界，進行「有」「無」問題的論證。本無宗尊崇本體而輕視現象，心無宗尊崇現象而輕本體，即色宗試圖綜合兩家觀點避免偏向。這三派在論式上形似玄學中王弼的貴無、裴頠的崇有和郭象的調和有無而提出獨化論。三家順隨玄學思維開展各家「空」義，皆不免落入有、無二元對立的思考模式中，是玄佛交融的典型之歷史性證例。僧肇批評心無義者偏執於「心體」之虛豁，反而未能體悟萬有之境是空，近於道家的無心義。他在《不真空論》中說：

> 心無者，無心於萬物，萬物未嘗無。此得在於神靜，失在於物虛。

他認為，心無義者在詮解「空」義時，著重在「心」不執取於外物，此乃其勝義。但是心無義者僅是在主觀上力求內心的「豁如太虛」[35]，並未否定外境為「空」，不符應佛教諸法性空的基本教理。因此，僧

---

35 劉孝標《世說新語‧假譎》主張「心無宗」為支愍度所立，注中記載「心無義」說：
「舊義者曰：種智是有，而能圓照，然則萬累斯盡，謂之空無；常住不變，謂之妙有。而無義者，種智之體，豁如太虛。虛而能知，無而能應，居宗至極，其唯無乎。」即是指出心無義者主張應排除外境的干擾，保持心境豁然如太虛一般。

肇批評心無義是「得在於神靜，失在於物虛」。

僧肇駁斥即色論者只從物之緣生，論證色法為空，未能體悟色之本質是空。他說：

> 即色者，明色不自色，故雖色而非色。夫言色者，但當色即色，豈待色色而後色哉？此直語色不自色，未領色之非色也。〈不真空論〉

「色」是依緣而後起，必待色色相緣才能成色，色空如夢幻，非真實不變的存在，由此論證色空義。然而「色」本身即是空，豈待色色相緣而後斷定色空？僧肇在《維摩詰所說經注‧不二法門品》中云：「色即是空，不待色滅然後為空，是以見色異於空者，則二於法相。」指出支道林「色復異空」之說的謬誤[36]。

僧肇批評本無論者偏好談無，甚至連假有亦解消，淪為斷滅義的頑空。他說：

> 本無者，情尚於無，多觸言以賓無，故非有，有即無；非無，無即無；尋夫立文之本旨者，直以非有非真有；非無非真無耳。何必非有無此有，非無無彼無？此直好無之談，豈謂順通事實，即物之情哉！（《不真空論》）

本無論者從緣生之有論「非有」，然將此「非有」視為「無」。由諸法緣起證「非無」，此「非無」亦是「無」。按本無義的說法，「非

---

36 《不真空論》中僧肇所述即色者之論，元康謂不見於支道林的《即色游玄論》，而是載於《支遁集‧妙觀章》中。《世說新語‧文學》注引支遁所作〈妙觀章〉云：「夫色之性也，不自有色。色不自有，雖色而空，故曰色即為空，色復異空。」即是以色因緣生故不獨存，而謂空；然而，又以色終非虛無，故謂「色復異空」。

有」是無，「非無」亦是無，則「空」成為虛無空寂的斷滅空，亦即頑空。

　　僧肇的不真空論，從佛學理論觀之，倒頗能契合印度大乘佛教的「空」論。他本著「不壞假名而說諸法實相」及「即偽即真」的講法來理解佛學「緣起性空」之最基本哲理，運用於〈不真空論〉的論證。依佛理，萬法因緣生，緣起而緣滅，剎那生則剎那滅，畢竟空才是第一真諦。因此，萬法無恆常不變的自性或本性。一切法空乃歸根究柢到法之性自空。因此，由因緣所生的「法」，雖在時空統合場上所呈現的現象是「有」，然而，其實性實相為「空」，故物（法、色）雖為現象之「有」卻非恆常的真物。「空」與「法」是相即不離的，「空」是「法」之本義。世俗名相之見雖是假名缺實，然而，對隨時隨處皆可證空的佛家悟空者而言，基於空與法相即不離之見解，可權保俗見下的假名而不必刻意破壞，僧肇所謂：「以明夫聖人之於物也，即萬物之自虛，豈待宰割以求通哉？」體證空義的學佛者，體會空理是不能離開因緣法的。佛家不離因緣法，而當體是空而證成空，也就是不捨去萬法，也不等到萬法敗壞後才證得空。「空」與「法」相即不離，從世間因緣生、緣起來理解萬物是一切法空，法之性自空，乃佛教最具特色的理論方式了。

二、《物不遷論》

　　《不真空論》旨在申論事物之空無自性。《物不遷論》則旨在論證物無恆常永存的實體。二論雖側重處不同，不過同是僧肇用以論證諸法性空之理據。在諸法性空義之下，當論證事物的存在於時間的序列中不具延續性，亦即否定事物能依時間之歷程而運動的可能性。在龍樹《中論》卷一〈觀去來品〉中認為，不論是運動者、運動時間，都是因緣起而有，無自性可言。因此，往去或運動亦是無自性之幻

有，據此而否定事物具有運動和變化的可能性。

僧肇承龍樹之學說立《物不遷論》，以發揮佛學第一諦義性「空」之理。他在《物不遷論》序言中，採取引經定宗的方式，確立動靜的關係：

> 夫生死交謝，寒暑迭遷，有物流動，人之常情，余則謂
> 之不然。《放光》云：法無去來，無動轉者。尋夫不動之
> 作，豈釋動以求靜，必求靜於諸動。必求靜於諸動，故雖動
> 而常靜；不釋動以求靜，故雖靜而離動。然則動靜未始異，
> 而惑者不同。

僧肇引述《放光般若經》之言，確立「法無去來，無動轉者」的基本理論，指出物「不遷」要義。他提出觀照動靜的方法，即論證事物之「靜」，不脫離運動而單獨觀之。動靜雖不相離，但是「法無去來」，因此「動靜未始異」。湯用彤解釋說：「全論實在證明動靜一如，住即不住。非謂由一不動之本體，而生各色變動之現象。蓋本體與萬象不可截分，截分宰割，以求通於動靜之真際，則違真迷性而莫返。故此論『即體即靜』之義，正以申明『即體即用』之理論。」[37]

綜觀僧肇《物不遷論》有三項主要的論證。第一，主張以「即動求靜」為方法，究明事物「不來」、「不去」的本質，駁斥物有「流動」說，申明物「不遷」之理。第二，分別以「導達群方」及「正言似反」兩說，解釋聖人何以「言去」、佛經何以有「稱住」的說法，這些是權說之教。智者應不拘執言表之意，明白「言去不必去，稱住不必住。」因此，僧肇採取「人之所謂住，我則言其去；人之所謂去，我則言其住」刻意對反的言說策略，以破解世人的迷執。第三，

37湯用彤，《漢魏兩晉南北朝佛教史》第十章，臺北：商務印書館，頁334。

不沾著動、靜二說，強調動靜未始異，並藉由物之不來、不去闡明「物各性住於一世」之義，彰著諸法不能恆存，復歸性空真義。他還以因果關係佐證「不遷之理」，從邏輯而言，涅槃世界是永恆不變的，則現實世界也同以不變為基本屬性。

三、《般若無知論》

僧肇在譯出《大品般若經》後，深感各家對般若「空」義所作的詮釋有誤解，乃作《般若無知論》以修正時人之謬。據《高僧傳》記載，鳩摩羅什看過該文後稱善，慧遠讀之後撫几嘆曰：「未嘗有也。」慧遠弟子廬山隱士劉遺民更是「披味殷勤，不能釋手」，且嘆曰：「不意方袍，復有平叔。」可知《般若無知論》深受時人好評。

僧肇在《般若無知論》序中，強調「般若」之意涵至當無差，是佛教三乘所崇尚之根本教義。但是般若學者卻各隨己見而成殊論。「般若」是梵文 Prajñā 之音譯，意指人覺悟真實生命時所表現之根源性的睿智。般若係一種無分別的智慧，亦即超越性的整體觀照之智慧。中國從支婁迦讖譯出《般若道行經》（亦即《小品般若經》第一品）開始，再歷經支謙、竺叔蘭、竺法護等人陸續譯介《般若經》至中土，此後《般若經》成為中國最盛行的佛典。

僧肇將「般若」稱為「聖智」，強調般若聖智幽微隱祕，不可以常情測度。般若不具名相，非語言思辨、概念認知的對象。「空」是佛教最根本、最絕對的真理，並非一般認知作用所能掌握。「空」唯有透過無上的正等正覺才能進行觀照與體悟。因此，唯有聖人圓通無礙的般若活智才能親證萬有性「空」之理。僧肇曾在《維摩詰所說經註・法供養品》中云：

六識，識六塵而已，不能分別是非。分別是非，其為正

智乎？是以行者，依智不依識也。

「空」是透過融通無礙的般若智契悟，不由概念化的認知方式來執取。僧肇採用龍樹中觀的認識論，謂：「夫所知，則有所不知。以聖心無知，故無所不知，不知之知，乃曰一切知。故經云：聖心無所知，故無所不知，信矣。」，他在該論中，徵引《放光般若經》及《道行般若經》為證，詮解般若之知乃「無相之知，不知之照」，他說：

　　《放光》云：般若無所有相，無生滅相。《道行》云：般若無所知，無所見。此辨智照之用，而曰無相無知者，何耶？果有無相之知，不知之照，明矣。

「無相無知」從遮撥法說法般若無可名狀、無生滅相，且不具世俗的認知作用。「不知之照」乃正面的闡明，般若之知不是概念化的執定相定名之知，而是玄覽觀照真諦之知。總而言之，般若是佛聖親證萬有性「空」之理的圓通無礙之活潑智慧。

第五節　慧遠的法性論、神不滅論和竺道生的
涅槃佛性學說

一、慧遠的法性論

　　慧遠（公元三三四～四一六年）本姓賈，雁門人，初為諸生，後出家拜道安為師。《高僧傳》說他年輕時「博綜六經，尤善莊老」。後來慧遠卜居廬山，講學著書，弘揚佛法，三十餘年未嘗出山，廬山東林寺遂成為江南佛教中心。由於他倡導彌陀淨土法門，在廬山結白蓮社，修習淨土，被後來的淨土宗尊為初祖。慧遠著有《法性論》已失傳，但是有關法性論點，仍散見在他的《大智度論抄序》、《沙門不敬王者論》等著作中，《高僧傳》也有所引文。

　　慧遠受玄學本體論的思維形式所影響。他企圖在相對變動的現象界外，尋求一獨立自存，恆常不變的實體「法性」。他在《法性論》云：「至極以不變為性，得性以體極為宗。」（《高僧傳》）「至極」指唯一不變的「性」。「至極」關涉到對法性的認識，法性是超脫一切變化的不變之性。什麼是法性呢？慧遠說：

> 　　無性之性，謂之法性。諸法無性，因緣以之生。生緣無
> 自相，雖有而常無，常無非絕有，……識空空之為玄，斯其
> 至也，斯其極也。（《大智度論抄序》）

法性和真如、法界、涅槃等,皆指向佛學最高的真理和境界。慧遠在〈阿毗曇心論序〉中,謂「顯法相以明本」、「定己性於自然」、「心法之生,必俱遊而同感」,主張吾人應針對諸法的本質、事物的自性、心與心數相因的關係來進行修證、觀照與反省,以為「擬跡聖門」的起步。在對法性的修證工夫上,他主張「即有以悟無」就是扣緊「有」(法相)來體悟「無」(法性)。「練神達思,水鏡六府,洗心淨慧」是慧遠所提出來的修行工夫。在修得體證法性這一最高境界後,「不以情累其生,則生可滅;不以生累其神,則神可冥。」否則,人將墮入隨世間變化,「情累其生」、「生累其神」的憂苦而不得解脫了。

二、慧遠的神不滅論

慧遠為了說明「法性」既是「常無」又是「不絕有」,還舉出「猶火傳而不息」的例子,他認為法性是「神」(精神),「神」是不滅之「有」。他解釋說:「神也者圓應無生,妙盡無名,感物而動,假數而行。感物而非物,故物化而不滅;假數而非數,故數盡而不窮。」按其意,他所說的「神」實指人的精神存有,深受玄學形神論中「神」的概念所影響。

東漢桓譚提出「以燭火喻形神」的著名說法,指證精神不能離開人的形體而獨立存在。王充也以「世間無獨燃之火,天下安有無體獨知之神」來駁斥神不滅。慧遠更以火、薪為喻,企圖論證神不滅說,他說:

火之傳于薪,猶神之傳于形;火之傳異薪,猶神之傳異形。前薪非後薪,則知指窮之術妙;前形非後形,則悟情數之感深。惑者見形朽於一生,便以為神情俱喪,猶睹火窮于

一木，謂終期都盡耳。（《沙門不敬王者論・形盡神不滅
五》）

慧遠的反駁不無有理，他以薪盡火傳來論證神不滅，可作為人死靈魂
轉生的理據。他所寫的〈三報論〉、〈明報應論〉等傳揚因果報應之
文，是由神不滅論出發的。他借助於《莊子》（養生主篇）的薪火之
譬喻，來說明形滅而神不滅的形神關係，雖使人易懂得「形」滅後
「神」可由一個體猶如薪盡火傳式的轉至另一個體，可是從佛學三世
因果，輪迴報應說來檢視這一形神論，仍有相當大的理論內在困難存
在，蓋慧遠所謂不隨形而滅的「神」乃一精神體，是一形上的實有，
並非形而下的器物質素。可是，佛教教理中承當生死的輪迴果報的主
體，其內容是由情識的業力所構成的。如果唯識學中所說能起業報的
阿賴耶識是有污染的，則此一受熏染的阿賴耶識是不隨人形軀生命之
死亡而消解掉的。換言之，阿賴耶識中之種子亦屬剎那生滅的，也是
一乏恆常不變性的虛妄。因此，接受因果業報輪迴的主體，非我們在
存有學中所能理解到的一恆常不變的形上實有，而是具雜質及可變化
之情識，當屬中國哲學中一般所理解的下一層之氣性。慧遠未能精察
細辨而有所失，或許，慧遠係以涅槃法身的概念來詮解不滅之
「神」，但是涅槃法身究竟不是個體性「神」或「靈魂」。對這一難
題若仍有興趣繼續探索的話，則將訴諸宗教神學了。

三、竺道生的涅槃佛性學說

竺道生（公元三五五～四三四年）本姓魏，巨鹿（今河北平鄉）
人，幼從名僧竺法汰出家改姓竺，後從鳩摩羅什譯《大品般若》、
《小品般若》，是羅什四大弟子之一。他精研般若、三論思想，且是
將這些思想引向涅槃佛性學說的第一人。他不滿法顯所譯的第六卷

《泥洹》而謂「闡提是含生之類，何得獨無佛性？」倡言「一闡提人皆得成佛」。「于時大本未傳，孤明先發，獨見忤眾，于是舊學以為邪說，譏憤滋甚，遂顯大眾，擯而遣之。」（《高僧傳》）「一闡提人」指善根斷盡，惡性重大，永不得翻身的人。

竺道生所創發的「一闡提人皆能成佛」說和其主張的「頓悟成佛」說是一理的兩面。前者強調人人皆有佛性，打破了成佛對象的資歷限制，後者強調「頓悟」本心固有佛性的必要，打破了成佛的種種難關和禁區，鼓舞了蒼生大眾成佛的希望和努力的動力。道生力言「佛身無色」、「佛無淨土」，他解釋「淨土」說：「無穢之淨，乃是無土之義，寄土言無，故言淨土。」他所謂的「淨」形容性體清淨寂滅；「土」指有形有像之物。「淨土」是沒有土的，無形無相，他借用「淨土」來類比一種無執解脫的境界，亦即法身佛的喻示。道生的涅槃無性說，促進了魏晉之後般若學說的發展，與後來禪宗的頓悟成佛說也有前呼後引的相承關係。

第十三章

魏晉的經學

第一節 總 論

清人皮錫瑞撰《經學歷史》認為魏晉之世係以玄學為學術思潮的主流，他在該書中謂經術在魏晉是中衰時代。事實上，皮錫瑞在書中較側重經學的歷史發展，對經學內部的哲學思想著墨甚少。若我們從玄學與經學的緊密互動關係深察，則可發現玄學理論的發展和形成與經學有著千絲萬縷的聯繫，魏晉許多重要的玄學家既有玄學著作亦有經學著作。玄學可說是採取了依附於經學而革新了經學的詮解法，突破了兩漢經學的陳說，賦予經學新方法、生命、風貌及內涵。因此，像皮錫瑞那樣將玄學與經學分離開來且對立視之，是無法掌握魏晉經學的發展進程及其特色的。在任繼愈主編的《中國哲學發展史——魏晉南北朝》中謂：「過去的中國哲學史只講玄學，對儒教的經學，……闡述得不夠。」[1]林麗真在所撰《魏晉清談主題之研究》中謂：「魏晉人對於經學實未曾疏忽。若以著作數量作為當時對經學中某一部分重視與否之衡量標準，則此一時代之經學實特重《易》、《禮》、《春秋》與《論語》。……我們若細察《隋志·經部》所錄，即會發現魏晉談士對於經學的注重。……據此足證魏晉清談家實未嘗棄經學於不顧，其所以遭後人詆斥者，只因研究方向與漢代經師及正統儒生不同而已。」[2]我們從《隋書·經籍志》確實可發現在魏晉時代致力於經學研究的人不在少數。見於今行傳世的《十三經注疏》，我們看到其採用魏晉人所作者幾乎已過了半數，例如：《易》

---

[1] 北京人民出版社，一九八八年四月版，頁2。

[2] 見林麗真撰《魏晉清談主題之研究》，第二章〈清談主題重探之必要〉，國立臺灣大學中文研究所博士論文，一九七八年六月，頁61～62。

為魏的王弼、韓康伯注;《論語》為魏的何晏集解;《左傳》為晉的杜預集解;《穀梁傳》為晉的范寧集解;《爾雅》為晉的郭璞注;《尚書》孔安國傳亦為魏晉人所偽託。因此,經注傳統及其所形成的經學傳統,從漢至魏晉時代迄未衰退。

然而,魏晉時期在經學研究及著述的總成績如何呢?根據《隋書‧經籍志》指明係魏晉人著,《易》類通計亡佚共有三十一部,一百七十六卷;《禮》類計五十三部,三百一十一卷。《易》為清談的三玄之一,蓋《易》蘊藏著深微的天道性命之理,頗足啟發玄思,為闡發玄理的重要資源。在所引發的論題上,主要有易數術論;在言象意論,可細分為言象不可盡意論、忘言忘象得意論、言盡意論、不用舌論、蓍龜論;易本體論,可細分為易大衍論、易太極論、易體論;易象論,可分為易無互體論、易象妙於見形論。至於《禮》由於魏晉的封建禮法森嚴,因此有關禮學的論題頗多。在五十三部禮學著作中,專論「喪服」者達十六部,約占三分之一強,蓋名教之治首重忠、孝,「孝」涉及社會生活的風俗禮教。當時,論禮者對吉、凶、軍、賓、嘉禮皆有一問一答或一答一難式的「論難」體談辯,例如:陳劭的《周禮異同評》、虞喜的《周官駁難》、吳商的《禮難》、范寧的《禮雜問》等均是。在諸論難中,凶禮中的喪禮論得多且精彩,次為吉禮中的祭禮、嘉禮中的婚禮、軍禮中的朝禮。至於具體的論題,由喪禮例中的「後妻子為前母服論」、祭禮例中的「祫禘異同論」、婚禮例中的「同姓婚論」、朝禮例中的「日蝕宜否廢朝論」等可見一斑。

至於其他諸經的論題,《論語》與《孝經》是魏晉士族們所常讀的兩部經書。例如:鍾會幼年即誦讀此兩經,王弼、何晏、郭象皆有《論語》方面的論著,何劭有《孝經》的注書。南朝宋劉義慶編《世說新語》的體例即仿孔門四科之德行、言語、政事、文學,足見《論語》對魏晉南北朝的影響。在具體的論題上,《論語》主「仁」,

《孝經》主「孝」，「仁孝孰先論」或「忠孝可否兩全論」可為例。《世說新語》輯錄時人之品題人物每以孝道為著眼點，《晉書》亦有〈孝友傳〉及〈忠義傳〉，由此兩經所引發的忠孝仁悌論可反映彼時所關注的議題。至於《書》、《詩》、《春秋》亦有所涉及，以《尚書》為例：《三國志‧魏書卷四》載高貴卿公與庾峻的對話，針對《尚書‧堯典》質疑堯德是否真能上同於天，與日月合其明？以《詩》為例：何劭與庾峻曾論「風雅正變之義」。以《春秋》為例，接續了自東漢白虎議奏以來，爭論三傳中的公羊與左傳之優劣。《隋書‧經籍志》所著錄《書》、《詩》、《春秋》的著作中有題為「駁」、「問」、「難」、「是非」、「異同評」或「×問××答」等具辨正、駁難、非人證己的論難之體裁可惜都已亡佚。

　　從兩漢經學至魏晉經學發展演變的宏觀言之，則可觀出經學的章句訓詁研究漸轉向於義理之學。西漢前期重今文經的微言大義，東漢後期重古文經的訓詁研究。東漢末的大經學家鄭玄則兼綜今古文經，以名物訓詁為特色。漢末的馬融、鄭玄、荊州學派及曹魏正始時期的何晏、王弼等，是漢魏之際經學研究的代表人物。其中，以劉表和宋衷所主導的「荊州後定」之學 3，則為馬融、鄭玄與何晏、王弼的過渡，荊州太守劉表命宋衷等諸儒改定五經章句，刪削浮辭，芟除繁重。所謂荊州後定乃指劉表等人所簡化後的五經章句。荊州後定的經學之簡約化，吸收了揚雄《太玄經》將《易》與《老》融會合流的說理精神，引《老子》的哲理詮解經學所蘊涵之理，尤其是講說《易》。後定之學代表了對漢代繁瑣經學的改革要求和轉趨精密簡約的義理化方向。

　　皮錫瑞《經學歷史》謂：「兩漢經學極盛，而前漢末出一劉歆，

---

3 有關荊州學派始末，可見於《後漢書》卷七四下〈劉表傳〉。湯用彤論該學派於魏初學風之影響，特別是王弼思想的淵源，甚具卓見，可參考其所著《魏晉玄學論稿》一書，臺北：廬山出版社，頁91～96。

後漢末生一王肅，為經學之大蠹。」，據《三國志‧魏志》所載，王肅出身經學世家，他的父親王朗是位經學家。《魏書‧王朗傳》云：「朗著《易》、《春秋》、《孝經》、《周官傳》，咸傳于世。」王肅字子雍，年十八即從宋衷讀揚雄的《太玄》，而更謂之解。據洪亮吉《傳經表》，王肅是漢初經學先師今文《尚書》傳授者優生的第十七傳弟子。他在《孔子家語》自序中自謂：「幼好鄭學」。《魏志‧王肅傳》謂：「肅善賈、馬之學，采會同異，為《尚書》、《詩》、《論語》、《三禮》、《左氏》解。」、「撰定王朗所作《易傳》，皆列于學官。」王肅父子同注過《孝經》，同為《左氏》作解，王肅注的《論語》也受其父影響。可見，王肅經學承受了鄭玄、荊州後定，其家學等多方的影響，皆屬今古文兼綜型。

由《三國志‧魏志‧本傳》、《隋書‧經籍志》、《經典釋文》、《七略》所載述的王肅著作為數頗多，可惜散佚殆盡，僅有《孔子家語解》二十一卷等少數著作留存至今。由史冊所登錄的王肅著作，得知王肅注有七經，遍及《易》、《書》、《詩》、《三禮》、《左傳》等。其中著作量最大者當屬「三禮」和《詩》，「三禮」占了九部，《詩》占了四部。可見，他的經學突出禮學，禮論是他著述《孔子家語》和《孔叢子》兩部書的精髓。他透過這兩部書以及藉《易》、《老》而引道入儒，使東漢訓詁經學走向哲理化，這是他有進於鄭玄經學處。然而，王肅注經不但注重義理，也兼重考訂，他注「三禮」及《易》在音韻方面都提出了見解。皮錫瑞所以評他為「經學之大蠹」，係因他在考證源流時提出偽作，也就是偽造或部分偽造了《孔子家語》、《孔叢子》等書。此外，由史載所記的部分篇目觀之，他治經的駁論性很強，例如：〈尚書駁議〉、〈毛詩奏事〉、〈喪服紀要〉、〈論語釋駁〉。同時，他禮學著作的實踐性取向很突出，《三國志‧魏志‧本傳》謂：「其所論駁朝廷典制、郊祀、宗廟、喪記、輕重，凡百餘篇。」

王肅在《孔子家語》簡短的序文中說：「鄭氏學行五十載矣。自肅成童，始志於學，而學鄭氏學矣。然尋文責實，考其上下，義理不安，違錯者多。是以奪而易之。」可見王肅在寫書時鄭玄的經學已盛行了五十年，對王肅而言，鄭玄的經學在訓詁及義理上多有錯誤處，因此，王肅是基於「義理不安」的推促下，不得已而著書立說以難鄭，期能辨正聖人之學，這就是魏晉時期經學上的王鄭之爭。

曹魏時期，鄭學與王學兼重並行，此時的經學博士開始由鄭學轉向王學。入晉以後，王肅所注的《尚書》、《詩》、《論語》、《三禮》、《左傳》及其父所撰的《易傳》皆列於學官。晉初，司馬氏所採用的郊廟之禮，皆依王肅義不用鄭說，東晉時，鄭玄經學又勝於王肅經學。大抵而言，王鄭之爭是起於魏晉之際，學者們本著懷疑精神問難於傳統經學中所宣揚的古聖王說。就事實而言，王鄭之爭並非是王肅和鄭玄針對經學問題的直接爭論，而是後來的王肅對先前的鄭玄經學之質疑問難。之後，王鄭之爭是兩位經學家的弟子之間，針對一系列的經學問題進行相互攻訐。王學與鄭學的主要歧見，例如：王肅主順考古道的法古型經學，反對鄭玄奉天的天命說。王肅在《孔子家語·大婚解》主天道自然說，在〈五儀解〉主人事的存亡禍福在乎己而不在乎天。因此，他反對鄭玄的感生說，反對鄭玄具讖緯色彩的經學。又如在郊祭之禮方面，鄭玄認為：「禘者祭昊天于圜丘也。祭上帝於南郊曰郊。」王肅認為「圜丘」與「郊」沒有不同，祭天於「圜丘」也可稱為「郊」。

清代陳澧在《東塾讀書記》云：「凡鄭君之說，未必盡是。肅之所難未必盡非。非前儒之說有誤，後儒固當駁正。」王肅注經重音義、重考訂，其中有灼見處。王肅注經簡明扼要勝於鄭玄注經的繁瑣，這是後世多數經學家的共識。魏晉以來仍有許多經學家採用王肅經學的觀點，晉杜預注《左傳》、何晏解《論語》、南朝裴駰《史記集解》、皇侃《論語疏義》、唐代陸德明《經典釋文》、孔穎達《五

經正義》、張守節《史記正義》、杜佑《通典》、清代孫星衍《周易集解》、孫希旦《禮記集解》、劉寶楠《論語正義》等皆可為例證。因此，王肅經學雖因偽作而被斥為「經學之大蠹」，卻不掩蓋他在經學研究中的價值與經學史上的地位。

第二節　三國時期的經學

三國時代，經學的「王鄭之爭」係由訓詁經學轉向義理經學。就文人儒士治經的心態而言，訓詁經學係為經學自身而治經學，義理經學則係文儒為了經學致用而治經學。轉趨義理的經學所以採引道入儒，儒道兼綜的架構，有時代內在的原因。東漢末年的二次「黨錮之禍」，可說是中國繼秦始皇焚書坑儒以來第二次大規模的對知識份子殘害。有學者指出：「漢帝國是建立在以儒教為國教的基礎上的，以孝悌維繫家與宗族，並推展到鄉黨，憑藉道德力而不必依賴警察力來統治。但黨錮之禍所打擊的正是一批維繫帝國為儒教道德國家的士人。」[4] 因此，不少文儒開始由涉世轉向避禍遠害的出世思想。老莊道家思想頗能契應這一心態上的要求而倍受重視。例如：鄭玄（公元一二七～二〇〇年）的弟子任嘏（生卒年不詳）作《道論》十卷，鍾繇（公元一五一～二三〇年）著《老子訓》，虞翻（公元一六四～二三三年）、劉表（公元一四二～二〇八年）等人皆注《老子》。如此，道家思想與儒家經學同為時代所矚目，為之後的「正始之音」玄學預備妥條件。

正始名士何晏（公元一九五～二四九年）與王弼（公元二二六～

---

4 鄭欽仁〈鄉舉里選──兩漢的選舉制度〉，收入《中國文化新論‧制度篇》，臺北：聯經出版事業公司，一九八二年版，頁206。

二四九年）是曹魏時代具代表性的玄學家和經學家。他們既處在劇變的時代也值思想解放的時代，他們企求自我理解、天道的體性、天人關係、人與人、人與社會政治的關係。質言之，「有」與「無」、「名教」與「自然」為這一時期的主要課題。在儒家經典中，《易》與《論語》是他們注重的經典。王弼作《周易注》、《周易略例》七篇、《周易大衍論》一卷，以及《論語釋疑》三卷。姚振宗補《三國志・藝文志》錄有《周易窮微論》一卷。又《宋史・藝文志》錄有《易辨》一卷，《明史・藝文志》錄有《易傳纂圖》三卷等。後三種著作全已佚失，無法考證是否為王弼所作。漢魏之際《易》受到學界的廣泛重視，王弼之外，馬融、鄭玄、荀爽、王肅、虞翻、姚信、董遇、李譔、管輅、鍾會等等皆是其中的佼佼者。王弼承繼荊州經學的變革趨向，其易學尤具代表性。清代黃宗炎謂：「《易》以卜筮，獨不罹秦火，其民間自相授受，亦止言卜筮而不敢及乎理義。故漢儒《易》學大抵多論災祥禍福，以象數為重，蓋其由來使然也。然其章句之沿習與訓詁之垂傳者固未嘗廢也。……輔嗣生當漢後，見象占之牽強拘泥，有乖於聖教，始一切掃除，暢以義理，天下之耳目煥然一新，聖道為之復賭。」這段話概括了秦至漢魏之際《易》學的沿革。漢易中的施、孟、梁丘和京氏《易》屬今文經學，漢元帝前曾立於官學，稱象數派易學，意在測知災祥禍福，存象忘意，牽強附會之說滋漫。古文經學以費直易學為尚，費直易與劉向發掘的中古文《易》相同，特點是亡章句，徒以彖、象、繫辭、文言等傳文說上下經文。費氏古易不立官學，傳授線索較單薄，僅行於民間。《隋書・經籍志》謂：「費直傳《易》，其本皆古學，號曰古文《易》，行於民間而未得立。後漢陳元、鄭眾皆傳費氏之學，馬融又為傳，以授鄭玄。玄作《易注》，荀爽又作《易傳》。魏代王肅、王弼並為之注。自是費氏《易》大興。」因此得知，王弼易學自經學史的脈絡觀之源遠自費氏易學。《易》在漢代彖、象分開，至鄭玄始合彖、象於經，到王弼時

連〈文言〉也合在一起，放在乾、坤二卦下面。唐代孔穎達作《周易正義》係根據王本。

王弼注《易》採儒理與玄理兼綜互補，特別在人事論上，天道論或本體論則立本於道家。在人事論中援《老》注《易》處有取《老》學之自然無為、主靜反躁、貴柔不爭、處下不先、尚謙惡盈和樸實寡慾等思想[5]。他在注《易》取用儒理處有「進德修業、遷善改過、著信立誠、存公忘私、敬慎防患、樂天待時、尚義斥利、主正反邪、執兩用中、以及親仁善鄰。」[6] 在天道論或本體論上，王弼本著他注《老》時所主的「有」生於「無」、「將欲全有，必反（返）於無」之形上學。最明顯的是王弼注《易》復卦象辭：「復其見天地之心乎？」曰：「復者，反本之謂也。……寂然至無是其本矣。故動息地中，乃天地之心見也。」以「無」全「有」的貴無論是王弼玄學的基本立場。唐代李鼎祚《周易集解序》對比鄭玄與王弼之別，謂：「鄭則多參天象，王乃全釋人事。」此可證之於王弼《周易略例》重人事的易理易而不採象數易以卦象來注《易》。

王弼注《易》的理論基礎仍在於其玄學主張，諸如：「崇本息末」、「以一治多」、「動與靜」、「體與用」等範疇。他在《周易略例》、〈明象〉云：「物無妄然，必由其理。」蓋王弼認為一切事物之處理原則應從根本處著眼才能「繁而不亂，眾而不惑」。由於天地萬物「統之有宗，會之有元」，現象界中的「多」必歸向於本體界的「一」。在王弼的形上學中，「一」為「本」，「眾」為「末」。「一」為「多」之主。王弼將此原理引申至有與無、動與靜的關係，謂「無」為「本」、「有」為「末」；「靜」為「本」、「動」為

---

5 可參見戴君仁先生〈王弼何晏的經學〉一文，載於臺北，《孔孟學報》第二十期，頁3。

6 見林麗真《王弼及其易學》，臺北：《國立臺灣大學文史叢刊》，一九七七年，頁163～169。書中謂王弼注《易》，還採取了「為政以德」、「小人勿用」、「斷訟在真」、「征討有常」、「法律應時」等五項儒家政治理論。

「末」。「無」是寂然至靜的本體。

值得注意者，王弼注《易》的許多觀點同於王肅。例如：王肅注《易》是以〈象〉傳的爻位說和每一卦的〈象〉辭來解釋。王弼在〈明象〉謂從一卦的主爻可透視全卦義理。依古文經注《易》的馬融、荀爽、鄭玄之《易》注，亦被王弼《易》注所取。王弼雖融玄理於《易》注，但是他跳脫漢代象數易，特別是今文經學派和《易緯》的傳統，文字求簡明，注疏重義理，也是對古文經學派注《易》之學風。王弼治易能針對漢象數易學執泥於象旁搜取引而疏離義理探求的弊端，提出得意忘象的宗旨，一掃象數易的迷障而重開義理易學的大道是其貢獻。

然而，《易》書中的數、象、辭之間有層層蘊涵的關係。若過分忽視卦象依據的「得意忘言，得言忘象」，則亦易流於義理氾濫。因此，後世學者對王弼易學之評價也有分歧處。晉朝名士孫盛評王弼易為「附會之辭」，所謂：「《易》之為書，窮神知化，非天下之至精，其孰能與於此？世之注解，殆皆妄也。識弼以附會之辭而欲籠統玄旨者乎？」唐朝孔穎達《周易正義‧序》則持正面評論：「漢儒傳《易》者，西都則有丁、孟、京、田，東都則有荀、劉、馬、鄭，大體更相祖述，非有絕倫。唯魏世王輔嗣注，獨冠古今，所以江左諸儒並傳其學，河北學者罕能及之。其江南義疏十有餘家，皆辭尚虛玄，義多浮誕。……今既奉敕刪定，必以仲尼為宗；義理可詮，先以輔嗣為本。」蓋占驗派的象數易流於繁瑣雜亂，注經派的象數易則流於文字訓詁。王弼掃象數並非欲捨「象」而就「意」求理。他旨在鑒於漢儒的執象泥象而提出「得意忘象」以「破象」，清初黃宗羲於《象數論序》中謂：「有魏王輔嗣出而注《易》，得意忘象，得象忘言。……故論者謂其以老莊解易，試讀其注，簡當而無浮義，何曾籠絡玄旨？故能遠歷於唐，發為《正義》，其廓清之功，不可沒也。」

漢魏之際及曹魏時期的經學家也很重視《論語》，因為透過對

《論語》的研究，可直探孔子思想的真諦。馬融、鄭玄開其端，何晏《論語集解》繼其後。王肅提出《孔子家語》、《孔叢子》和《聖證論》也表徵了這一意向。《隋書》、《新唐書》、《舊唐書》及《經典釋文》皆登錄王弼注《論語釋疑》二卷（或云三卷），但今已不存。然可聞見於皇侃（公元四八八～五四五年）的《論語義疏》與邢昺的《論語正義》中。清代馬國翰（公元一七九四～一八五七年）《玉函山房輯佚書》中的輯本，係由皇侃《義疏》、邢昺《正義》與陸德明《釋文》中採輯而得，共有四十一節，合為一卷。《易》、《老》的主題在天道，《論語》所載多關涉人事。湯用彤先生謂王弼「則欲發明聖道，與五千言相通與不相伐者，非對《論語》下新解不可。然則《論語釋疑》之作，其重要又不專在解滯釋難，而更在其附會大義，使與玄理契合。」[7]

漢代以孝治天下，漢政權為強化宗法觀念，凝聚血緣情感，在漢武帝置五經博士之後，又將《論語》、《孝經》升格為經，稱為「七經」。在兩漢史料中，我們可常見到皇室、貴族、士大夫少時習《論語》、《孝經》的記載。細察王弼《論語釋疑》留傳於今所能見的四十一節並不在漢代增立為經的原旨上，亦即強調「仁」與「孝」之德目上闡釋，從其所論的道之本、性情、禮樂刑政之於自然、聖人等哲學問題上，皆置於王弼玄學形上學原理之崇本息末說、體無用有觀的立場下來闡發奧義。因此，王弼注《論語》旨在藉經闡玄理，使儒理玄理化。

《論語》在西漢已家法林立，有《魯論》、《齊論》、《古論》之分，此三種版本在篇次、章句、訓說方面皆有出入，漢末的鄭玄曾依《魯論》篇章考究另二版本而為之注，這是對《論語》做了第一步統合。何晏則進行了第二步的統合，他和孫邕、鄭沖、曹羲、荀顗諸

---

7 見湯用彤《魏晉玄學論稿・王弼之周易論語新義》，臺北：廬山出版社，一九七二年臺一版，頁97。

人共同參與由他所主持的《論語集解》編撰。南朝梁・皇侃《論語集解義疏》謂：「何晏因《魯論》集季長等七家，又采《古論》孔注，又自下己意，即世所重者。」何晏等人所注的《論語集解》，雖在天道論上富有玄學色彩，卻為全面玄學化，仍保持漢儒如鄭玄諸人的注解，當然也加了何晏自己的意見。皇侃替何晏的《集解》所做的疏《論語集解義疏》則摻入一些玄學家對《論語》的解釋。何晏的《集解》在唐代被定為《論語》的標準注解，清代時又被編入《十三經注疏》中。

三國時代除了王弼、何晏的經學外，尚有異於王弼治易的虞翻。虞翻居於吳，其《易》注九卷雖佚失，但唐代李鼎祚《周易集解》中多有引用，而清代張惠言修補而作《周易虞氏義》九卷、《周易虞氏消息》二卷、《虞氏易體》二卷，使得虞翻易學得以較充分的被認識。虞翻《易》注同於鄭玄所注，大抵是綜合西漢孟喜、京房，且發展得更細密。吳之陸績也著《周易注》十五卷，書雖已佚，仍不失為次於翻的名家。漢代象數易風延展至曹魏時代，除吳國的虞翻外，曹魏承其遺緒而自成一家者首推管輅（公元二一〇～二五六年）據《三國志・魏書・卷二十九・方技本傳》引輅別傳，得知他精筮術，融易理、陰陽、五行、災異、鳥鳴、風角、占相、天文學於一爐。史載找他清談數術易學者不下十數家，為魏數術易派之清談泰斗。若以他不好訓詁而崇究理觀之，他的易學也兼具魏人尚簡、重理、好辯之時風。除易學外，尚有傳為王肅偽作孔安國的古文《尚書傳》。

第三節　兩晉的經學

司馬炎於公元二六五年篡魏，稱號晉武帝，中國歷史自此進入西

晉時代，迄典武南渡，計五十年。西晉是名教之治歷經動搖後，重新被提倡的時代。司馬炎承繼其祖父司馬懿「服膺儒教」的意識型態，任用經學家鄭沖為太傅。西晉的權力結構以經禮世家的大族為核心，崇尚道德禮法的名教之治。晉武帝一方面褒獎儒學，選拔碩儒宿德之士，另方面標榜著孝道的實踐。泰始四年詔曰：「有好學度篤道孝悌忠信清白異行者，舉而進之，有不孝敬於父母，不長悌於族黨，悖禮棄常，不率法令者，糾而罪之。」因此，儒家經學又受到重視，在漢魏的經學基礎上繼續發展。在名教之治的提倡下，《孝經》與《論語》受到特別的重視。

　　《孝經》對應著中國傳統的政治結構，從各種角色分章論述天子、諸侯、卿大夫、士人之孝，闡論孝的政治、社會意義及安治天下的重要性。孝的實行範圍最主要的先是家庭，再依次層層擴大於家庭、社會、國家。《孝經》將政治與人倫結合，例如：天子之孝載於第二章，期許「愛親者，不敢惡於人；敬親者，不敢慢於人。愛敬盡於事親，而德教加於百姓，刑於四海，蓋夫天子之孝也。〈甫刑〉云：『一人有度，兆民賴之。』」質言之，天子應該謹慎執政。《晉書·潘尼傳》卷五十五載晉惠帝元康元年（公元二九一年），皇太子於崇正殿講《孝經》，其意義在宣示《孝經》是朝廷所重視的經典。皇太子講《孝經》意在發揮上行下效的提示作用，期能有利於孝道的普及化和臣僚事君之道的發揚。東晉以後，帝王、皇太子講習《孝經》已成常見事[8]。

　　然而，晉武帝自禪代（纂魏）之初，朝中大臣對之時有批評。他在太康年間的作為，實難掩其惡[9]，名教之治徒具形式，晉初社會風

8 如東晉時穆帝、孝武帝講《孝經》，恭帝時劉超授帝《孝經》，此外，北魏、南朝亦有帝王、皇太子講習《孝經》之事，見陳鐵凡《孝經學源流》，頁143～144。

9 《晉書》何曾、劉毅本傳載有何曾、劉毅對武帝的批評。劉毅甚至將晉武帝比為漢代的桓、靈二帝。

氣敗壞。再者，孝道的提倡係以移孝作忠為最高目的。由《晉書》所記載，以孝稱譽於當世的人雖多，其中有不少人除孝行之外，並無其他可值得肯定處，例如：王祥、何曾、王沈、荀顗、賈充、王戎等人。西晉對《孝經》注解見諸書目者，只有荀勖的《集議孝經》一卷及荀勖的《孝經注》二卷，可惜二書皆佚。同時，「孝」是西晉作文章的主題之一。例如：傅咸的〈七經詩〉中有〈孝經詩〉二章傳世，內容標榜著事君如事父，與《孝經》強調大夫以上的「孝」是敬事愛人的觀點相呼應。然而，傅咸在論孝道時，將事君孝親的時論轉成敬事愛民的訴求，超出名教中的君父之節，闡釋了儒家仁民愛物的精神，頗值得肯定。

晉代注釋《論語》的學者相當多，有佚文傳今者十七家。其中，繆播、繆協、郭象、樂肇、李充、孫綽、江熙、殷仲堪、張憑、蔡謨等十人係元康時期的玄學家。其餘庾翼僅存佚文一節，譙周、庾喜、梁覬三人所存佚文僅兩節，以上十四人注《論語》皆摻入玄理。此外，魏瓘、袁喬、范寧三人所留佚文不著玄義之迹。魏晉代注《論語》者，根據清代《玉函山房輯佚書》馬國翰所輯佚文、清代侯康撰《補三國藝文志》及丁國鈞《補晉書藝文志》，「論語類」可考正者在當時有五十多家近七十部。其數量之多與三玄流行下的著述實不相上下，可看出《論語》在魏晉時代是經學研究的重心之一，既儒且玄的學思風格是魏晉《論語》解經家的特色。

茲取繆播、郭象的《論語》注為例，藉以說明晉代《論語》解經家的玄儒特徵。今可知繆播的著作，唯有《論語旨序》一書。此書不載於《晉書》本傳，《隋書‧經籍志》三卷，《唐書‧藝文志》二卷，宋以後不錄，當已佚亡。清代馬國翰《玉函山房輯佚書》中的《論語旨序》是從皇侃《論語義疏》中輯錄而得，僅有十四節。《論語旨序》注文中，最值得注意者是「崇本棄末」的提法。《論語‧公冶長》：「子謂子貢曰：汝與回也，孰愈？」一節，繆播注曰：「學

未尚名者多，顧其實者寡。回則崇本棄末，賜也未能忘名。」考王弼在〈老子指略〉中用「崇本息末」語，在《論語釋疑》中有「時人棄本崇末」之評[10]。繆播「崇本棄末」說與王弼的「崇本息末」說意指相近，可見其受王弼玄理的影響。他在注《論語·陽貨》「子曰：禮云，禮云，玉帛云乎哉！樂云，樂云，鐘鼓云乎哉！」一節曰：「禮達則玉帛可忘」、「樂顯則鐘鼓可遺」，頗似王弼所倡言的得「象」忘「言」，得「意」忘「象」。他在注言中又云：「苟能禮正，則無待於玉帛」、「苟能暢和，則無借於鐘鼓」亦含王弼玄學的理趣。《論語·先進》：「顏淵死，子曰：噫，天喪予！天喪予！」一節，繆播注曰：「顏回盡形，形外者神」形神對舉乃玄學論題之一。以上三端可顯見繆播援玄入儒的《論語》經解進路。

　　郭象在《世說新語·文學第四》注引《文士傳》謂其被時人譽為「王弼之亞」。郭象在注《莊子》一書中玄理大暢，其所著《論語體略》、《論語隱》[11]難免充滿玄義。《論語·為政》：「為政以德，譬如北辰，居其所，而眾星共之。」郭象注曰：「萬物得其性，謂之德。夫為政者，奚事哉！得萬物之性，故云德而已也。得其性則歸之，失其性則違之。」其觀點本於注《莊》的玄理。《論語·陽貨》：「諾，吾將仕矣！」郭象注曰：「聖人無心仕與不仕，隨世耳。」此處本於其無心順有的玄理。〈憲問〉：「修己以安百姓，堯舜其猶病諸。」郭象注曰：「百姓百品萬國殊風，以不治治之，乃得其極。若欲修己以治之，雖堯舜必病，況子乎？今堯舜非修之也，萬物自無為而治。」其所言「以不治治之」、「無為而治」屬道家的政治主張。由以上所舉三端可見郭象注《論語》採援道入儒進路。清代馬國翰

---

[10] 見於王弼注《論語·八佾》「林放問禮之本」一節。

[11] 此兩書是否為同一部書？學術界有不同看法，今從《隋書·經籍志》中同時著錄《論語體略》與《論語隱》觀之，當分屬兩部書。

評郭象《論語體略》云：「不離元（玄）宗，而尚自暢達。」[12] 所謂：「不離玄宗」乃指郭象注《論語》不離其根本的玄理。魏的王弼本玄理闡發《老子》奧義，郭象以玄理闡發《莊子》蘊意。兩人又本玄理注《論語》順從了魏晉儒道會通的精神需求，發展出玄儒交錯互映的《論語》學新風貌。

經學中最具史書性質者乃《春秋三傳》。史學在漢代原是「附經立說」的地位，後來由司馬遷提高了史學的地位。至西晉就《晉書》所見，「經史」二字多次見連用，例如：言司馬孚「博涉經史」、鄭沖「清恬寡欲，耽玩經史」、劉殷「博通經史，綜合群言」[13]，在西晉，《史記》、《漢書》以達到可與經書並列的地位，為經書作注是重要的傳經方式，透過史事來借經論政則是通經致用的一種婉轉表達之方式。《春秋經》在後世附於《春秋》三傳之中。《春秋三傳》的重要性除了記錄史事外，更重要的是在於辨正史實之是非。晉人杜預自稱「左傳癖」，堪稱是魏晉的《左傳》大家。王肅的春秋學是古文學，杜預為《左傳》作集解，時取王肅注，非因王肅的政治地位，而係王注有其可取處的緣故。

杜預認為《左傳》一書有其自身完整的系統，不苟同東漢以來取會通三傳的注經方式[14]。因此，他不採取融合《穀粱傳》、《公羊傳》注《春秋經》的方式。《晉書》本傳說明了杜預為《左傳》作注的理由：「《公羊》、《穀粱》詭辯之言。又非先儒說《左氏》，未究丘明之意，橫以二傳亂之，乃錯綜微言，著《春秋左氏經傳集

---

12 見馬國翰輯《玉函山房輯佚書》，江蘇：廣陵古籍刻印社，頁354。

13 此三例各見《晉書》本傳。

14 簡博賢《今存三國兩晉經學遺籍考》第五章指出：東漢的尹更始、劉向即已會通三傳的方式注經。他的說法較皮錫瑞《經學通論》〈論《春秋》兼採三傳條〉可採信。劉向之後魏糜信之《春秋穀粱傳注》，西晉劉兆，東晉徐邈及鄭嗣等人的《春秋穀粱傳》注也有會通三傳的作法。

解》，又參眾家，為《釋例》，又作《盟會圖》、《春秋長曆》，備成一家之學。」杜預採取歸納法來整理《經》及《傳》，在方法上確較前人科學。他所作的《春秋長曆》以考證的方法，代替兩漢依附讖緯以災祥、曆數說經的方式。他的《釋例》與《盟會圖》之作，在掌握《左傳》的史事真相及經義兩方面，對學者助益良多。在《左傳》所涉及的災異事件，杜預以自然現象觀之，不作神祕的附會與曲解，較前人理性、科學，擺脫了前儒曲附的缺點。可是，《春秋經傳集解》以「集解」為題受限於標題，使杜預採出入諸家的注書方式。因此，就經典的詮釋角度而言，杜預較缺乏創新性，未能建構出新理論。就整體而言，杜預的《左傳》學，其整理的工夫實有助於後世學者對史事記載方式的理解，但在哲理的創發上顯然有限。唐代的孔穎達對杜預的注經態度還是有公允的肯定。孔穎達在其〈序〉文中謂：

> 前漢傳左氏者有張蒼、賈誼……等，各為訓詁。然雜取《公羊》、《穀梁》以釋左氏，此乃以冠雙履，將絲綜麻，方鑿圓枘，其可入手？晉世杜元凱又為左氏集解，專取丘明之傳以釋經，所謂子應乎母，以膠投漆，雖欲勿合，其可離乎？今校先儒優劣，杜為甲矣。

兩漢經學為解釋政權上的改朝換代及規範政治的得失，讖緯經學中多符應、災異說。「符應」指祥瑞之應；「災異」指上天在自然界出災異以警示人君時政之失。杜預在注《左傳》時，對所涉及的災異說雖盡可能以自然現象觀之，但是，迷信思想終究經歷世代的傳統，以形成習尚。因此，時至西晉，經學仍未能盡掃符應、災異說。符應說在歷史上與政權獲得之合理化根據有深厚關係，所謂與「五帝德說互為因果，有德者必有符，有其符，是以知其德。」[15] 讖緯之學在魏

---

15 見陳槃《古讖緯研討及其書錄解題》，頁1。

晉時曾遭朝廷禁止，例如：魏文帝立法禁止左道巫史；晉武帝亦禁過星氣讖緯之學。儘管如此，魏以後官、民、有些知識份子仍崇信不已。及晉代，《晉書》中所載災異符應之事仍多，可謂不厭其詳。但是《晉書》在武帝之前的災異不載，對祥瑞之事則收錄甚多。自武帝之後，大小災祥皆收入史籍，其政治意涵在解釋晉代魏禪，統一天下係承天意。身處西、東晉的干寶以善言災異符應聞名後世。《晉書》所以充滿災異迷信，係因唐人撰《晉書》時，有不少史料是取自干寶的《晉紀》。干寶另一本著作《搜神記》登錄了許多鬼怪神誕的軼聞。蓋德運說、正統說皆係時代的產物，這是歷史承傳的產物。

據《晉書》載，劉寔（公元二一九～三一〇年）也是位研究《春秋》的學者，精於三傳，辨正《公羊》傳。他的著作計有《春秋條例》錄二十卷，《隋志》錄十一卷；《左氏牒例》，《唐志》錄二十卷；《春秋公羊達義》，《七錄》錄三卷；《集解春秋序》、《隋志》錄一卷。由於劉寔的著作未傳留下來，《晉書》在本傳中說他「以為衛輒不應辭於王父命，祭仲失為臣之節。舉此兩端，以明臣子之體，遂行于世。」《春秋》重視道名分，由君君、臣臣的正名分遂理分來撥亂世而反諸正。他強調《春秋》條例的研究，宗旨當在扶正君臣父子的名教，與褒揚名教的杜預《春秋左氏經傳集解》有共同的旨趣。

大抵而言，西晉的經學較素樸，承襲東漢以來訓詁的傳統，對義理取向的玄學有持接受，也有持抵制的。東晉南渡後，作為世家大族顯學的玄學也隨之南渡。南下的經學家有些感傷西晉之亡而對玄風持反對態度。其中，《春秋》學者范寧其人其書就反映了這一立場。《隋書·經籍志》載錄范寧的經學著作，計有《春秋穀梁傳集解》十二卷、《春秋穀梁傳例》一卷；《七錄》載有《尚書注》十卷等。范寧崇儒重教，批判何晏、王弼的玄學貴無論，他所集解的《春秋穀梁》亦堅持崇儒抑俗的批判玄虛立場。在後世所傳的十三經注中，除

《孝經》為唐明皇御注外,漢人與魏晉人各占一半。范寧的《穀粱集解》就是魏晉經學家得以傳世的重要著作之一。

范寧認為孔子有鑒於周道衰陵,禮崩樂壞,弒逆篡國者有之,淫縱破義者比比皆是,為撥亂返正乃因魯史而修《春秋》。范寧在《穀粱集解‧自序》中謂:「成天下之事業,定天下之邪正,莫善於《春秋》。《春秋》之傳有三,而為經之旨一。」他以《春秋》的微言大義之經旨來貫通三傳共同的經義所在。他在〈自序〉文中也評論了三傳的得失。所謂:「《左氏》豔而富,其失也巫。《穀粱》清而婉,其失也短。《公羊》辯而裁,其失也俗。」他舉例而評曰:「《公羊》以鬻拳兵諫為愛君,文公納幣為用禮。《穀粱》以衛輒拒父為尊祖,不納子糾為內惡。《公羊》以祭仲廢君為行權,妾母稱夫人為合正。以兵諫為愛君,是人主可得而脅也;以納幣為用禮,是居喪可得而婚也。以拒父為尊祖,是為子可得而叛也;以不納子糾為內惡,是仇讎可得而容也。以廢君為行權,是神器可得而窺也;以妾母為夫人,是嫡庶可得而齊也。若此之類,傷教害義,不可得強通者也。」范寧雖獨注《穀粱》,卻能公允的論三家之失。此外,自漢魏以來,注解《穀粱》者有孔衍、江熙等十數家。范寧的《穀粱集解》出入諸家,博考同異,商略名例,解疑釋難,去蕪存菁,成就集大成式的《集解》。他在東晉動亂的時代背景下治《春秋》旨在撥亂世而返諸正,具有進取、改革的經學特色。

以淑世為懷抱的儒家精神傳統,向以人文世事的關懷為出發點。經學的核心主題是人事,其經世致用的大目標係以和諧的人倫社會做不懈的努力。因此,人倫規範及和為貴,敬為質的禮儀制度一直是儒家經學所重視的課題。禮之儀,隨時變遷,儒者也針對不同的時代、問題提出因時制宜的禮規。儒家的禮制及禮規是宗法制與五倫關係的結合。玄禮雙修是魏晉豪門士族普遍的時尚,東漢末鄭玄調和今古文經。禮學為今、古文學派共通的思想基礎,以《禮》遍注群經成了當

時的趨尚。鄭玄的禮學經久不衰，兩晉時期的王肅經學雖難鄭玄，但是鄭玄禮學仍有其不可否定的價值，依然是東晉、南朝禮學發展的基礎。

兩晉之際，在晉室南渡前後，中原一帶的世家豪族以宗族為核心，向江東進行大規模的大遷徙。以宗法血緣為人際關係結構之禮制禮規，成為凝聚宗族內部向心力的重要紐帶。同時，通過尊卑貴賤的禮規，南下的中原世家豪族，一方面可炫耀大族門第，另方面可團結宗族力量以抗衡土著。世家豪族們為了考溯出身、炫耀門第，於是，禮學中的譜諜之學及喪服之儀也就因應時代需求而得以發展。《儀禮》中有〈喪服傳〉對宗族血緣關係的親疏遠近及門第的尊卑貴賤禮規森嚴，最能突顯身份和地位。因此，兩晉禮學家對禮服，特別是喪服的論述最多。見於《隋書・經籍志》較著名者，計有晉代袁准、陳銓各注《喪服經傳》一卷、孔倫撰《集注喪服經傳》一卷、杜預撰《喪服要集》二卷、衛瓘撰《喪服儀》一卷、環濟撰《喪服要略》一卷、蔡謨、賀循各撰《喪服譜》一卷、葛洪撰《喪服變除》一卷、孔衍撰《凶禮》一卷、賀循撰《喪服要記》十卷。

禮學著作所以在論喪服議題上為最，另一重要原因在於喪祭之禮是「孝」德的一部分。孔子謂：「生，事之以禮；死，葬之以禮，祭之以禮。」「禮」是儒家表現孝道的重要形式。在禮學中，喪禮在五禮中屬凶禮，祭禮屬吉禮，先凶後吉，前後相繼，也是為生者調適心情的一種心理歷程。除了服親人喪服外，歷來儒者也將君臣關係中，服君之喪列為討論重點。三國時代有所謂君父先後，仁孝先後的討論[16]，例如：王肅與陳群曾論相國為封國之主服喪的問題[17]；西晉杜預鑒於服喪以不違背人之常情的原則，上奏主張短喪。至於所論及的具體問

16 見唐長孺《魏晉南北朝史論拾遺》中〈魏晉南北朝的君父先後論〉一文。
17 《通典》卷八八。

題,茲舉三端為例。一是晉代流行招魂禮,指人往生之後,遠方的生者欲招其魂以安葬所採之儀式,譙周認為對遠方的親屬而言,即無屍可葬則不宜找招魂禮。東晉持反對意見者不少,因為《禮記》認為人死魂魄上升,形體入於地,葬禮的目的在藏形而非安魂。招魂葬於《禮記》無據,這只是亂世時人死而不得被親人迎屍安葬而有的變通儀式。二是葬禮不只在安頓死者形魄,且涉及喪期與除服的時間,例如:君父乖離不知死亡的情形下,除了如何服喪外,如何訂定喪期也是重要問題。西晉劉智在〈喪服釋疑〉一文中認為在喪禮離析父子隔離之際,應以哀情為重。三是漢代厚葬的習俗衍生至奢華地步,至魏晉仍不改。據《晉書》本傳載,庾峻、石苞、夏侯湛、徐苗、皇甫謐皆主張儉葬。例如:皇甫謐的〈篤終〉一文認為人往生後,形歸於地,魂歸於天,因此,生者無須為死者擇葬日,喪葬儀式不必多事鋪張,儉葬足矣,往後的祭祀之禮亦當從簡。

第十四章

兩漢魏晉的美學（一）

第一節　兩漢魏晉的音樂美學

一、兩漢的音樂理論

(一)《淮南子》道家傾向的樂論

漢代對音樂形成的理論有道家傾向的《淮南子》及儒家取向的《禮記‧樂記》。先秦道家的樂論反映在對世俗音樂的批判中，《老子》指出人心陷溺於聽覺感官強烈的刺激時，人心易傾向於迷亂麻木，產生所謂：「五音令人耳聾」。在《莊子‧天地》：「五聲亂耳，使耳不聰」也持同樣的看法。老莊尤其反對人為造立的禮樂對百姓的矯飾，追求返璞歸真，素樸自然的性情本真。老莊本「道」評「樂」，《老子》四十一章謂：「大方無隅，大器晚成，大音希聲，大象無形，道隱無名。」將希聲的本真之「樂」與「大方」、「大器」、「大象」，同置於「道」的存有層級。對老莊而言，以道心聞樂則不被聲所迷惑，道心所契感的道樂係「以道為本體的無聲之樂，乃音樂中最完美的典型。」[1] 有聲之樂係人為的音樂美，大音希聲的無聲之樂是道心和諧感通於至道的至樂，充盈著無限的自然美。

《莊子‧齊物論》將音樂分成天籟、地籟、人籟三個面向來詮解。「人籟」指人吹奏管樂時所發出的聲音；「地籟」指自然風吹拂地上的孔穴時所發出的聲音；「天籟」指無為而無不為的「道」「是唯無作，作則萬竅怒號」的「大塊噫氣，其名為風」，是道體不待他

---

[1] 曾春海〈從儒道樂論析論嵇康「聲無哀樂論」〉，載於《輔仁學誌》，文學院之部第十八期。

然而自發性的無聲之樂。是音樂自身的體性。牟宗三先生對「天」有過深刻的詮解,他說:

> 「天籟」義即「自然」義。明一切自生、自在、自己如此,並無「生之」者,並無「使之如此」者。……此自然是一境界,由渾化一切依待對待而至者。此自然方是真正之自然,自己如此。絕對無待、圓滿具足、獨立而自化、逍遙而自在、是自然義。當體自足,如是如是,是自然義。[2]

　　從音樂的審美體驗而言,審美主體面對此一時間的藝術,專注凝神,在沉醉中渾然忘我。依莊子的說法,審美主體須透過「心齋」、「坐忘」轉出「虛而待物」之心境,臻於無待而自然的化境,體驗著物我合一的渾然境界,獲致以至和為體性的「無聲」之樂[3]。這是人在默契道妙後所體會到的至和之形上奧祕。《莊子》外篇、雜篇確認樂教的本意旨在導引人心復原純真樸實的性情。莊子與老子一樣地反對重文疏質的禮樂教化對人性不自然的塑造和制約。〈繕性〉謂:「中純實而反乎情,樂也;信行容體而順乎文,禮也。禮樂偏行,則天下亂矣。」莊子無聲之樂的論調類同於《老子》的「大音希聲」。
　　漢代《淮南子》的樂論深受《莊子‧齊物論》以無聲之樂的天籟作為有聲之聲地籟與人籟的形上根源。《淮南子‧原道訓》云:「無音者,聲之大宗也。」另〈泰族訓〉進一步解釋說:「……朱弦漏越,一唱而三歎,可聽而不可快也。故無聲者,正其可聽者也。」〈天文訓〉由宇宙發生試解釋構成音樂的五音六律係由「道」派生天地萬物的過程中所生成。聖人再依據人性的喜樂之情,運用五音六律

---

[2] 牟宗三《才性與玄理》,臺北:學生書局,一九七五年四版,頁195。

[3] 《莊子‧天地》所謂:「視乎冥冥,聽乎無聲。冥冥之中,獨見曉焉;無聲之中,獨聞和焉。」

創作出曲調來。〈天文訓〉云：「道曰規，始於一。一而不生，故分
而為陰陽。陰陽合和而萬物生」、「二陰一陽成二，二陽一陰，成氣
三。合氣而為音，合陰而為陽，合陽而為律，故曰五音六律。」「五
音六律」源於自然界的終極性存有「道」，是製作音樂的形式依據，
抒發人性的喜樂之情是需要音樂舞蹈的原因之一。換言之，製樂的目
的在使人與人相樂時，能合歡宣意以和節之。就樂教的目的而言，針
對社會生活不和或「淫而相脅」時，〈本經訓〉認為樂可矯正社會風
氣而救憂救敗，這是音樂飾喜之外的另一種匡正時風之功能。《淮南
子》樂教的觀點顯然帶有儒家色彩，〈泰族訓〉不但倡導儒家的「雅
頌之聲」且肯定儒家的六藝是治亂之本，所謂：

> 六藝異科而皆同道：溫惠柔良者，《詩》之風也；淳龐
> 敦厚者，《書》之教也；清明條達者，《易》之義也；恭儉
> 尊讓者，《禮》之為也。寬裕簡易者，《樂》之化也；刺幾
> 辯義者，《春秋》之靡也。故《易》之失鬼，《樂》之失
> 淫，《詩》之愚，《書》之失拘，《禮》之失忮，《春秋》
> 之失訾。六者聖人兼用而財制之，失本則亂，得本則治。

　　《淮南子》認為音樂之所以能深刻的感動人心，在於人喜怒哀樂
的情感「憤於中而形於外」的表現。喜怒哀樂之情有感而發的自然表
現，可以發於口而成歌，或藉金石絲竹演奏，或用干戚羽旄以舞之而
成樂。能感動人心，令人愛好不已的歌唱，其關鍵性原因不在於有好
歌詞──「詩」，而在於彼歌聲充分表達出特別的感情。〈修務訓〉
說：「夫歌者樂之徵也。器者悲之效也，憤於中則應於外，故在所以
感。」歌與哭是常人皆能為，若能一發聲，入於耳而感人心者，則在
於其內容有深切真摯的感情及美妙的表現形式。然而，〈齊俗訓〉認
為樂師面對無弦之瑟是無法演奏成曲的，若有弦之瑟缺少樂師的參與

演奏，則也無法奏出令人悲歡的樂曲。因此，樂器只是表達「人」這一情感主體的一種工具罷了，其本身並無情感，藉它所演奏出來的曲調之富有感染力的情感，則是彈奏的樂師所賦予的。

不同的歷史境遇有不同的感受，〈氾論訓〉認為陶冶人心，移風化俗的音樂之製作應該契合時代的脈動和需求，所謂：「聖人制禮樂而不制於禮樂。……苟利於民，不必法古，苟周于事，不必循舊。」作樂應配合時代的流動而求新求變以獲致時代心聲的共鳴。同時，音樂的創作形式應該多樣化，對音樂的欣賞和評價也應兼容並蓄，不能一概而論。〈修務訓〉云：「秦、楚、燕、魏之歌也，異轉（音聲也）而皆樂；九夷八狄之哭也，殊聲而皆悲。」蓋音樂的感染力是可以異曲同工的，同樣的思想情感是可以藉由不同的樂曲形式來表達的，在音樂的內容與形式或質與文的關係上，「質」優位於「文」，「內容」優位於「形式」。若一味追求形式的美好而疏略內容的豐富和深刻，則流於捨本逐末之弊。

(二)《禮記‧樂記》篇儒家特色的樂論

儒家的典籍至漢代尊稱為「經」。就《詩經》而言，詩與樂有相融的關係，清‧顧炎武《日知錄》卷二十一言：「舜曰：詩言志，此詩之本也，王制命太師陳樂，以觀民風，此詩之用。」詩有可入樂及不可入樂者，《毛詩序正義》曰：「詩是樂之心，樂為詩之聲，故詩樂同其功也。」又《文心雕龍》曰：「詩為樂心。」可推知《詩經》中的詩是可以入樂的。蓋音樂可分為聲樂和器樂二種，聲樂係藉歌喉演唱的音樂，必有歌詞。用為詩篇中的歌詞必有作詩之旨，可豐富及明確化音樂的主題涵義。音樂是詩的形式意義，詩是音樂的實質意義。古代設采詩之官，采詩之旨乃藉詩旨以觀民俗，詩旨可藉聲樂傳達。然而，漢代時詩與樂逐漸分途發展[4]，同時，雅樂在漢代得不到

---

4 見龔鵬程《文學批評的視野》，〈說文解字——中國文學藝術發展的結構〉。臺北：大安出版社。

帝王足夠的重視下，逐漸淪為無實質意義的藝術媒材，而徒具形式意義了。

然而，成書於漢代的《禮記》中之〈樂記〉篇吸取《荀子·樂論》的精華，對音樂的起源、性質、作用、教化的功能等有精闢的論述，堪稱為漢代儒家樂論的代表。〈樂記〉將樂與禮在形式與本質上不同的規定及相互間互補相成做了對比性的說明。該文指出「樂」與「禮」在形式上就器物與文飾而言有不同的規定。從器物上區別而言，「樂」有演奏用的鐘鼓、管磬，跳舞用的羽翟、籥管、干楯、長斧等器具。「禮」有盛黍稷用的方簠圓簋，盛置牲體的俎案，裝醬或肉湯的器具如豆等。就文飾上的區別而言，樂舞有彎、曲、俯、仰等不同的舞姿，進、退、緩、急的舞步變化。在禮儀方面則有儀式程序上升堂降階或上或下，進退回轉及袒衣掩歛等文飾性的動作。

儘管如此，漢代對禮樂製作的形式與內容係針對當時的政治、社會與人心之不同需求而作，未必前後相因襲[5]。扼要言之，漢代禮樂的製作有其內容上的本質精神，以符應政教之需要為目的。〈樂記〉謂：「論倫無患，樂之情也；欣喜歡愛，樂之官也。中正無邪，禮之質也；莊敬恭順，禮之制也。」、「樂由中出故靜，禮由外作故文。」、「樂章德，禮報情，反始也。」就禮樂發起處而言，樂由人之性質感發而出，具有「靜」亦即性情由天所生就的內在規定之特質。禮規範人外貌的形式化表現，具有「文」的特質。「靜」與「文」之差異係就禮樂相對而言，一由內出另一由外而作。「樂」的情實在於和諧合節以表現欣喜歡愛的聲容，樂的欣喜之情乃自生。「禮」的本質在端正無邪，據此而有莊敬恭順之儀文品節（儀式），禮之意始於「返本報恩」故禮尚往來。就政教的文化意義言之，禮自

5《漢書·禮樂志》載：「高（祖）廟奏武德、文始、五行之舞，孝文廟奏昭德、文始、四時、五行之舞；孝武廟奏盛德、文始、四時、五行之舞。」見班固著，顏師古注《新校漢書注》，臺北：世界書局，一九七三年版，頁1044。

外出,是言行所當遵循的外在規範,旨在輟止淫邪蕩的作用,以無邪為特質。「樂」自內作旨在象德以表露內在情性之德,和諧合節而有無患的特質。二者由異質對列而相連並舉,相互對稱出對比性的特質區別及教化功能所在。

禮樂在對舉時,雖然在發生的原因、性質、功能上相異,但是在實現人文教化上具有互補的相需相成處。〈樂記〉謂:「樂也者,情之不可變者也;禮也者,理之不可易者也。樂統同,禮辨異。禮樂之說,管人情矣,窮本知變,樂之情也;著誠去偽,禮之經也。」、「樂勝則流,禮勝則離。」若重樂輕禮,則情感太過而放縱淫蕩,有賴禮予以合理的節度規範,使人際之間尊卑有別、等級有異,人與人的相處互動能保持適當的距離而相互尊重。然而,重禮輕樂,別異過於合同,則人與人之間隔著一道無形的牆而疏離著,不易暢其情而相親合愛。唐代孔穎達疏曰:「若樂過和同而無禮則流慢無復尊卑之蔽,若禮過殊而無樂,則親屬離析無復骨肉之愛,唯須禮樂兼有,所以為美。」[6]〈樂記〉總結說:「禮樂皆得,謂之有德,德者得也。」

〈樂記〉對「聲」、「音」、「樂」三者間的不同及相互關係,有段具體詳細而精闢的析論,其文曰:

> 凡音之起,由人心生也。人心之動,物使之然也。感於物而動,故形於聲。聲相應,故生變,變成方,謂之音,比音而樂之,及干戚羽旄,謂之樂。

音樂的根源,源自人心感於外物而動了情,將情感感受藉「聲」來表達志意。「聲」在相互應和中富有情節的變化,變化賦予格律形式,謂之「音」。再把音諧比,使之有完整性的節奏、旋律,演奏時再配

6《十三經注疏禮記》,臺北:藝文印書館,一九五五年初版,頁667。

上干楯斧戚羽旄等舞具及舞蹈，乃所謂「樂」。〈樂記〉且進一步以「聲」與「音」作為區分禽獸與人的判準，指出知聲而不知音者是禽獸，人不但能知「聲」且能進而知「音」。更進一步將知音與知樂據以區分眾庶與君子，眾庶知音而不知樂，君子則既知「音」亦知「樂」。「樂」是透過人文意識將「音」提升至精神層次，賦予高度的審美活動所產生。因此，對〈樂記〉而言，音樂的產生係一由自然性質的「聲」轉進到審美性的「音」，更提升化至具高度審美性的「樂」之進程。

此外，〈樂記〉突出了儒家思想的另一項重要性特色，那就是音樂反映了政績與社會風俗的良窳，所謂：「治世之音安以樂，其政和；亂世之音怨以怒，其政乖；亡國之音哀以思，其民困。聲音之道，與政通矣。」蓋人的思想情感常受外在環境的影響，具有感染性的民間音樂反映了社會大眾對時政時風的感受，透過這一憑藉，政治觀察家可判斷一國的政治品質，所謂「治世之音」、「亡國之音」即指此義。〈樂記〉這一論旨與《左傳》所記「季札觀樂」以及孔子「詩可以觀」的見解一脈相承，前後一致。總而言之，〈樂記〉論樂一方面有其形上根據，另一方面也有人的主觀情感及政治社會普遍風氣之依據。至於〈樂記〉的天人合一性，在於聖人對禮樂之製作乃參天地、贊化育歷程中，法象天地大節製禮及大和製樂。李美燕評論說：「天地之道即在禮樂精神的充塞瀰淪下所含攝，即整個天地之間大禮大樂的內容，在聖人與天的感通體證中而呈現。這是儒家禮樂人文精神的最高的理想境界，也是樂教的中心理念在秦漢以後極高明的發展。」[7]

---

7 見李美燕《中國古代樂教思想（先秦兩漢篇）》，高雄：麗文化事業公司，一九九
　八年五月初版，頁142。

二、魏晉的音樂美學

(一)阮籍的〈樂論〉

阮籍〈樂論〉對音樂賦予美學的形上理論及人生和政教之正面價值。蓋阮籍身處時代之黑暗、人心虛偽、禮教僵化及知識份子精神痛苦之際遇，內心深處猶存一生命崇高理想的要求，蘊發著對不完美現實超拔的動力。他的〈樂論〉論及音樂美的獨立性及其價值問題。因此，文中不但以形上美學為其理論依據，且發展出對正樂、雅樂、淫聲之社教意義的批評。他在〈樂論〉中從發生學論述了音樂製作的主觀意向及客觀根據，所謂：

> 昔者聖人之作樂也，將以順天地之性，體萬物之生也。
> 故定天地八方之音，以迎陰陽八風之聲。均黃鐘中和之律。
> 開群生萬物之情氣。故律呂協則陰陽和，音樂適而萬物類。
> ……乾坤易簡，故雅樂不煩。道德平淡，故無聲無味。不
> 煩，則陰陽自適。無味，則百物自樂。日遷善成化而不自
> 知。風俗侈易，而同於是樂。此自然之道。樂之所始也。

八音有本體，五聲有不可雜亂的自然律則，黃鐘中和之律有常教。因此，音樂的形上依據是天地萬物本源性的體性，其本質意義在不偏執一端而兼容並蓄的中和，亦即調和淳均的和諧，音樂的審美關鍵在和諧感通的美感欣趣。和諧的體性在於「道」自身的形上特徵，構成和聲之樂的客觀性與統一性。音樂之至美即在和諧性，則樂不必繁，此即雅樂之所以簡易不煩處。音樂形式之意義在於是否契應其中和之美的本質，若是，則音樂之形式可以變化靈活不必拘泥而一成不變。因此，樂與時化，三王五帝不同制。音樂的本質在中和之美，故雅頌有分、節會有數、周旋有度、歌詠有主，旋律雖曲折而不亂。

　　然而，美的判斷不是孤立的單體，而是與周遭的其他存在及所共同構成的情景息息相關。同時，美的判斷有賴於「人」這一審美主體來進行。人的存在自身即是一位「在世存有」，審美活動並非與世絕緣的孤立化對象來進行。審美活動是人透過整個歷史背景、個人的情境參與和對未來的憧憬及規劃等等複雜條件來進行。美感判斷係在一情境的掌握、瞭解與世界互動的感受與品味中來完成的。音樂的美感不只是一實然的認知判斷，更是以一種欣賞的態度來面對對象。阮籍的〈樂論〉雖論述了形上美學的理論及社教意義，可是在音樂美的獨立性這一主題上的探索仍是有侷限而不足的。

　　阮籍對音樂的人生價值採取正面肯定其歡樂價值的態度。蓋音樂的本質為中和，以和諧感通為融洽情理之途徑，則由音樂陶冶成的和諧生命是人生歡樂所在。因此，阮籍認為音樂之正價值在獲致人生命之喜樂，能實現此一目的者稱為善樂。彼黑暗憂傷的時代，音樂傾向於抒發悲傷之情，僅是滿足一偏之感情，阮籍頗不以為然。同時，失去中和之美的音樂，過喜則失於輕蕩，過悲則流於淫靡。像這類音樂失去安頓和諧生命之意義，實非音樂之正。阮籍總結地認為，凡出自絲竹，發於歌詠的音樂，若失去中和之美則非正樂或美樂。不過，悲傷是人生多樣化的際遇和情感生活所難免，正樂亦有可安頓之作用，重點在不能失去中和的音樂本質。

　　阮籍早年心懷經國濟世之志，屬早期作品的〈樂論〉亦重視音樂的社教意義。〈樂論〉認為音樂的教化功能有其理論上的形上依據。蓋音樂本乎天地萬物之中和體性，中和之樂對人心能起普遍和諧感通之作用。人內心的和諧及人與人互感融洽之人際和諧可由音樂來陶成，進而將人心境提升至與天地萬物廣大且充量和諧之交融狀態。在人與透過音樂的陶冶臻至整體和諧的交融情境時，人的心境已超越人我、物我之對立，天地萬物以一價值世界之內容對沉醉在和樂之人來呈現。換言之，人是由音樂中獲致和諧的陶冶，沉浸在和樂中的性情

得以化育成內在生命之和諧，在與生活世界同在共融中呈現出豐富的人文意義與價值。對阮籍而言，正樂之意義在於能通過聲音之形式來生發和諧感通的交融內涵。其〈樂論〉於音樂旨在平和人心的宗旨下，來鑒別音樂之正與淫、雅與俗，所謂：

> 夫正樂者，所以屏淫聲也。……夫雅樂，周通則萬物和，質靜則聽不淫，易簡則節制令神，靜重則服人心。此先王造樂之意也。

「周通」、「質靜」、「易簡」、「靜重」是雅樂中和體性之具體特徵。雅樂的價值被肯認，阮籍旨在取其外在價值，亦即其能促成對人的遷善成化及移風易俗之人文化成效果。

㈡嵇康的音樂美學

嵇康在〈嵇康傳〉中紹述嵇康「彈琴詠詩，自足於懷抱之中。」嵇康處在荒謬不義的歷史境遇中，有志未伸，內心擔負著時代沉淪的無限悲痛。他在〈琴賦〉中感慨的說：「物有盛衰，而此無變。滋味有厭，而此不倦。可以導養神氣，宣和情志，處窮獨而不悶者，莫近於音聲也。」遭時不遇，心志難展的嵇康，內心常滿懷憂患與落寞，他在贈兄秀才入軍詩之十七中謂：「彈琴詠詩，聊以忘憂。」之十八謂：「琴詩可樂。」凝神撫絃是他飄揚無窮心思的最佳心靈出路，換言之，寄情琴音是嵇康活在淒慘的現實境遇中最能忘憂，也最能感受到世上所殘存的純真和純美了。

嵇康在〈琴賦〉一文中，深刻精微的表達了他對琴樂器的瞭解及對琴音之美的無限喜愛及神往。世人對他這篇文章的評價，不僅於讚賞其寫作技巧的高妙，更折服於嵇康高雅的音樂心懷及嫻熟圓美的琴藝造詣。嵇康基於其深刻的彈琴體驗，指認出琴聲音樂之美妙，頗能表達豐富而玄遠的心聲。

第二節　兩漢魏晉的美學對比——以繪畫美學的觀照點

　　兩漢至魏晉是中國古典美學的發展形成期，其內容多樣而豐富。由於篇幅及筆者學養的限制，本文擬採繪畫的美學理論、畫蹟的品鑒為著眼點，釐清兩漢、魏晉間美學思想的連續處及變異處，以突出其間的承傳與創新所在。

　　崇尚自然美的魏晉美學主流不再像先秦儒家至兩漢美學般的強調審美與道德觀及道德教化間的不可分割性。然而，魏晉繪畫美學中「傳神寫照」與「氣韻生動」的審美觀係由先秦哲學中「氣」及「形神」關係說，經過《淮南子》和王充而蛻化出來。本節擬由《淮南子》的美學、揚雄的畫論切入，以對比王弼的美學觀及顧愷之的畫論。且對照武梁祠畫像石及顧愷之的畫蹟來相互襯托兩漢與魏晉的美學特色。

一、漢代美學思潮的特徵

　　漢代在思想文化上一改秦代的禁錮，採取兼容並蓄的寬容態度。南方充滿浪漫幻想的楚文化傳入北方，與深沉的理性精神融合，形成波瀾壯闊的漢文化，對漢代的美學及藝術發展有陶鑄的作用。例如：漢賦源於楚騷，漢畫受楚風的影響。漢賦洋溢著「苞括宇宙，總覽人物」的氣魄和巨麗美。漢代所發展出來的畫像石（雕刻在石材上的畫像，例如山東嘉祥縣的武氏祠、孝堂山和沂南的畫像石）也兼具漢賦

這一特色，將歷史與現實結合，以渾雄古樸的氣勢表現了人在世間的積極作為及樂觀精神，感染著楚風氣韻生動的風格，有別於三代的嚴格圖案式。[8] 漢代「在中國藝術的發展史上，第一次鮮明強烈地突出了藝術作為一種自覺的美的創造的特徵，不再只是政治、倫理、道德的附庸。」[9] 通觀兩漢美學的發展，劉綱紀及李澤厚認為可概括為三大思潮：「第一是以《淮南鴻烈》為代表的，從道家思想出發的美學，第二是直接和以屈原為代表的楚騷美學傳統相聯繫的司馬遷美學，第三是由董仲舒開始，揚雄、王充、《毛詩序》繼之而來的儒家美學。」[10] 由於篇幅之限，筆者僅以《淮南子》、《董仲舒》及王充三人的美學思想為範例，以反映出兩漢美學的主要特徵。

　　《淮南子》一書堪謂為漢代美學的奠基之作，它認為美感世界係一宏闊、豐富、多樣且多彩的瑰麗世界。人應當一方面縱身於廣大的外在世界中來尋求、品味美感，另方面應自覺性地開拓藝術創造中主體生命的獨創性，實現生命的內在目的性、醒發藝術的生命所在。這兩方面是可以交感融通的，蓋內在於大自然運化的規律性是人開展實現生命內在目的性的前提和基礎。自然內在的規律與人生命目的之內在的一致性，是《淮南子》深沉的形上信念。「道」內在於萬物，且統合萬物，是萬物的本根（終極實在）。「道」不但化生萬物，且是一切美的根源。《淮南子・要略》謂：「玄眇之中，精搖（精妙）靡覽（美觀）。」「道」透過萬物之存在與活動所散發出來的美感，是要藉審美主體的感官（眼、耳、鼻、舌）進入審美的心靈而交融出身心愉悅的享受。《淮南子》反對人將自身生命囿於一隅之見的狹隘世

8　漢代文藝的美學特徵，可參考李澤厚《美學歷程》第四章〈楚漢浪漫義〉，臺北：蒲公英出版社，一九八四年十一月出版，頁 66～84。

9　劉綱紀、李澤厚主編《中國美學史》第一卷下冊，臺北：谷風出版社，一九八七年，頁 507。

10 同上，頁 511～512。

界中，鼓勵人「橫八極，致高崇」（〈要略〉）。意向於天地宏闊氣象中雄渾博大之美。〈俶真訓〉曰：

> 夫牛蹄之涔，無尺之鯉；塊阜之山，無丈之材。所以然者，何也？皆其營宇狹小，而不能容巨大也。又況乎以無裹之者邪？此其為山淵之勢亦遠矣……（夫人之拘於世也，必形繫而神泄，故不免於虛。使我可係羈者，必其有命在於外也。）至德之世，甘瞑于溷澗之域，而徙倚于汗漫之宇，提挈天地而委萬物，以鴻濛為景柱，而浮揚乎無畛崖之際。……（是故聖人呼吸陰陽之氣，而群生莫不顒顒然，仰其德以和順。）當此之時，莫之領理，決離隱密而自成渾渾蒼蒼，純樸未散，旁薄為一，而萬物大優。

充盈於大自然的生命，悠遊自生且自化，浩瀚的宇宙生機勃發，姿彩繽紛，構成一幅優美、生動而壯麗的畫面。徜徉在大自然懷抱的人們，感受到無限的詩情畫意，摯愛著整個自然生命的韻律美、節奏美。在大小對比下，《淮南子》崇尚大自然的雄壯渾厚的美感體驗，對人器識的狹陋是鄙視的。〈泰族訓〉指出，人固然有衣食之需，若供應其所需的美衣玉食，卻把他「囚之冥室之中」，作為條件的交換，則與廣大外在世界隔絕的孤室之人是不會有長足的快樂。《淮南子》有別於先秦儒道內向的精神美，而意向於與廣大的外在世界親密交往，從中體驗、品味無以言喻的歡悅、豪邁與自足。這一漢代美學的主要傾向，也反映在漢代的藝術創作中，我們從漢代的辭賦、畫像石（或磚），《史記》中富藝術價值的篇章，皆可看到漢人不斷描繪著豐富多樣，琳瑯滿目的壯美世界。如引文所謂「至德之世」的「渾渾、蒼蒼」、「純樸未散，旁薄為一而萬物大優」的質樸雄大氣勢和力量，表徵了漢代藝術的特質。

「文」與「質」是先秦儒家所提出，以後成為「中國美學」一項中心問題。《淮南子‧本經訓》謂：「必有其質，乃為之文。」「質」較「文」根本而真實。該書從道家立場認為「質」是事物不假文飾，天生本具的美。〈說林訓〉云：「白玉不琢，美珠不文，質有餘也。」天生麗質之美，是天然美亦即自然美。〈泰族訓〉謂：

> 天地所包，陰陽所嘔，雨露所濡，化生萬物，瑤碧玉珠，翡翠玟瑁，文采明朗，潤澤若濡，摩而不玩，久而不渝，奚仲不能旅，魯般不能造，此之謂大巧。

由「道」所化生的萬物之自然美，係天然本質之美，是人造的文飾所無法比擬。人工不能取代天工，人間的藝術巨匠雖有精美的巧作，仍遜於「道」所化生萬物的大巧之美。匠師若對「文」講求過當，則其蔽在有害「質」的自然美。《淮南子》「質」優位於「文」的美學思想概括了漢代藝術的普遍特徵。觀漢代藝術創作品所呈現的素樸之美或樸拙之美，反映了漢人是醉心於不假人工雕琢的天然質樸之美。藝術創造是「有充於中而成像於外」（〈主術訓〉），例如：在音樂中的歌唱，〈氾論訓〉解釋說：「音者之歌也……憤於志，發於內，盈而積音，則莫不比於律，而和於人心。何則？中有本主，以定清濁，不受於外，而自為儀表也。」藝術家的創作主要是根據自身實存性的體驗，感受及所蘊發的情思自我理解，在醞釀至成熟明朗的狀態時，運用藝術媒材予以形式化的表現。〈繆稱訓〉謂：「文者所以接物也；情繫於中而欲發外者也。以文滅情則失情，以情滅文則失文。」「文」是作者與欣賞者交流感通形式，「質」是作品的內涵、真實生命，是真正能感染他人，使他人能與作者產生共鳴和交融的依據。若以本末關係的聯繫而言，「質」相當於「本」，「文」相當於「末」。作為藝術內涵的「質」當優於外現形式的「文」，換言之，「本」優

位於文，先於文。

　　「道」是「美」的本體或本真，美與真是統一的。由於「道」的內涵是無限定的，因此，由體現「道」所創發的「美」亦是豐富多樣而多采的。換言之，藝術的表現形式也是多樣的。〈說林訓〉謂：「佳人不同體，美人不同面，而皆說（悅）於目。」同樣是屬於美感的對象，其相互的形象並不相同。美和藝術不能是一層不變的樣式、曲調，美的多樣化表現之可能，對藝術發展饒富意義。對《淮南子》而言，美的內涵屬性及多樣化表現是無礙於美的客觀性。譬如：「琬琰」是美玉，「簞」是竹筏，「甑」是瓦器，人見美玉掉入污泥，心生愛惜而將它撿起來，而破竹筏和拙劣的瓦器放在漂亮的褥席上，卻無法吸引人鑒賞的雅趣。美與醜的自身不因人主觀好惡的褒貶而損益自身的價值。美醜的事物雖有待於人來品評，卻也有其客觀的本質和價值。[11]然而，《淮南子》也認識到美感因人而異，存在著主觀相對性。〈說山訓〉說：「嫫母有所美，西施有所醜。」現實界的事物，美的事物也難免有瑕疵而非純然、絕對的美。醜的事物也有其可觀處而非純粹的、絕對的醜。此外，《淮南子》認為美的事物不是孤立表現的，而是在一整體性、和諧性的韻律中來呈現，〈說林訓〉謂：「靨輔（酒窩）在頰則好，在顙則醜。繡以為裳則宜，以為冠則譏。」若吾人將整體結構中某一個別特徵脫離整體的脈絡孤立起來，則美感失去其意義。美醜在於整體的形象和情韻，漢代人對審美形象的品鑒是深刻有味的。

　　《淮南子》為闡發道家的養生論而論述了形、神、氣三概念及其相互關係。這三概念涉及美學而對後世產生了重要的影響。〈原道訓〉謂：

---

11 請參見《淮南子‧說山訓》。

夫形者，生之捨（舍）也；氣者，生之充也；神者，生之制也。一失位，則三者傷矣。……察能分白黑、視醜美，而知能別同異、明是非者，何也？氣為之充，而神為之使也。

「形」指人的身體構造，「氣」是充盈於人體中的血氣，也是人與動物所同有的自然生命力。「神」是人所獨有的心理及精神的統攝者，具備「視美醜」的鑒賞能力。視美醜的鑒賞力來自「氣為之充而神為之使」的緣故。「神」有時被視之為「心」，「神」的作用憑藉「形」，且超越於形限。人的精神具遨遊無礙的想像力，神思、靈感的精神能力與人的審美力及藝術創造力有密切的內在聯繫性。《淮南子》重視「神」在審美活動中不可思議的妙用，例如：〈原道訓〉：「神與化游，以撫四方。」、「神托於秋豪之末，而大宇宙之總。」，〈俶真訓〉：「志與心變，神與形化。」，〈覽冥訓〉：「夫目視鴻鵠之飛，耳聽琴瑟之聲，而心在雁門之間，一身之中，神之分離剖判，六合之內，一舉千萬里。」在形神的互動關係上，〈原道訓〉謂：「以神為主者，形從而利；以形為制者，神從而害。」形神之間有主從關係，神為形之主，依順這一理序則生命得以舒展和自足，反之，則以形害神而有心靈的窒悶之苦。形神關係論對繪畫美學有深刻的影響。〈說山訓〉云：「畫西施之面，美而不可悅；規孟賁之目，大而不可畏；君形者亡焉。」畫西施的面龐，若有形構之美，卻乏神情韻味，則令人不覺可愛，畫古代壯士孟賁，眼大眉濃，卻不炯炯有神，則使人感到大而不令人生畏。同樣的，從藝術創造而言，藝術家的內在精神是原創性的生命和動力所在。〈說林訓〉指出：「使但吹竽，使氏厭竅，雖中節而不可聽，無君形者也。」使形神分離，讓樂師但吹竽，樂師讓氏替他按竽孔，若是，二人合演的竽樂雖合節拍，卻不中聽，這是形神離間與形神交融以決定藝術創作與欣賞

的高下依據。

二、揚雄論心畫及漢代畫蹟示例

　　揚雄 *12* 涉及美學的言論，主要見於《法言》，但《太玄》以及《解難》短文中，也有些值得注意的言論，他繼承先秦儒家道德實踐的理性精神，昂揚個體人格中的人文理性，他倡言「言」為「心聲」、「書」為「心畫」，成為他很有特色的美學思想。他在《法言・問神》篇中論述了「心」、與「言」和「書」之相互關係：

> 　　言不能達其心，書不能達其言，難矣哉！……彌綸天下之事，記久明遠，著古昔之（目所不見），傳千里之忞忞者（心所不了）。故言，心聲也；書，心畫也。聲畫形，君子小人見矣。聲畫者，君子小人之所以動情乎？

「書」指文字，是寫出來的書面語言。「言」指由口中發聲所說出來的話語。揚雄認為書欲盡言，言欲盡心意是不容易的。他把「書」稱之為「心畫」，源於中國文字係由象形發展而來。就這一意義而言，寫字亦是畫畫。將心中之意筆之於「書」，也就成了「心畫」。揚雄這種說法，將文藝創作與人心內在情思的緊密聯繫突顯出來。文藝活動係人內在情思的表現活動。心靈中所蘊涵的意象意識係一理性直覺、情操、情感、生命價值、意義抉擇與理想的複合體。簡言之，「意象」是人與生活世界交感，在真切感受中所自發而生的情理交融

---

12 揚雄（或作楊雄），字子玄，蜀郡成都（今四川郫縣人），生於公元前五十三年（宣帝甘露元年），死於公元十八年（王莽天鳳五年），他是以賦聞名的文學家，也是儒家學者。他仿《論語》而作《法言》。仿《易經》而作《太玄》，成為他的兩部重要著作。

產品。揚雄所以有「書」為「心畫」的實感體認，有兩理由可資理解。一、漢代印刷術尚未發明，文學作品是由作者心中之「意」寫在竹簡、帛或絮紙上，逐漸發展出書法藝術。蓋文字是表達心意的畫象。二、「心畫」即指文字的表意作品，則突出了文藝的直訴於視聽感官的形象性。

揚雄所云：「聲畫者，君子小人之所以動情乎？」點出了個體人格在藝術中的表現，他把個體人格置入美學的範疇中，隱含了人格美、精神美的人倫鑒識之可能。同時，他的「心聲」、「心畫」說使後人意識到藝術與個人人格有內外、表裡的密切關係，而有「文如其人」、「人品」與「畫品」有相契應的表徵關係。例如：宋代的米友仁、郭若虛，清代的張庚等人咸認書法藝術是「心畫」，繪畫藝術亦然，兩者亦皆反映了一人品格的高下。這一看法，為宋代所興起的「文人畫」提供了理論基礎。由於文人們多擅長書法，因此，文人畫的創作可以借鑒書法用筆，甚至直接運用書法筆法，使書法與畫法結合得更密切。例：元代趙孟頫（公元一二五四～一三二二年）曾自題〈秀石疏林圖〉（北京故宮博物院藏）謂：「石如飛白木如籀，寫竹還應八法通；若也有人能會此，須知書畫本來同。」意指畫石頭時可採用飛白書的書法，畫樹木可採用古篆書的書法，畫竹葉可採隸書的書法。蓋中國文字起源於象形。「書畫本來同」指書畫同源，中國繪畫與書法所以能結合，其原因有兩項重點：第一，由於書與畫皆使用毛筆，當繪畫發展至將筆觸也視為一審美內容時，自然因需求而吸收了書法的用筆方法。第二，畫上有了題詩或題跋的風氣後，不只要求書法本身之美感，更要求從內容到構圖佈局的整體感、品味的和諧性。

在畫蹟與畫品方面，漢代以前的繪畫係以裝飾畫為主流，是圖像畫的興盛期。所謂裝飾畫例如在盛飯器的簋上鏤刻花紋裝飾，至於裝飾的形式與色彩有一定的格式為依據，大抵以物主所隸屬的社會階

級、地位和姓氏（族徽）作為根據。漢代承繼前人的裝飾概念，側重在為裝飾而裝飾以滿足審美的情趣。由於時間的久遠，後人所發現的漢代畫蹟較有限。這些畫蹟或附屬於建築或飾施於輿服，或與其他不能壽世之物質共生命。考諸記載僅能得其軼史外，實蹟已早不得見，幸由所留傳的金石可索見近似的實蹟。這些遺世的金石，大如碑小如鏡不勝枚舉，漢人崇信鬼神，有權勢、財富者多厚葬。今所得見的漢墓有石碑，祠有石室，多畫以種種事物而刻之。所刻畫的題材，或取象於魚龍禽獸以寓招祥祈福之意；或取象於神話歷史，以申明借古鑒今的作用，或狀述當時人事實況以見風俗制度之大略。其中石刻之最有名而畫亦最繁富工緻者，當首推武梁祠及孝堂山祠石刻，茲取武梁祠為範例以資說明。

　　武氏墓群石刻是漢代一整套墓地上的地面石構建築和裝飾。其內容包括一對石闕、一對石獅、五塊石碑和四個石室，共計有四十多件漢畫像石，直到北宋時期仍聳立在地面上。有關武氏家族資料未載於史冊，但由武氏諸碑的碑文和石闕銘觀之，當屬東漢時期的富豪家族。例如：其家族成員武梁，字綏宗，曾任刺史佐官。[13] 從石闕上的銘文和四塊石碑的碑文，得知石闕建於東漢桓帝建和元年（公元一四七年），武氏數墓當建於東漢末年至靈帝初年。

　　從武氏墓群畫像的題材內容觀之，可概括為三類：一為社會現實生活類，描繪漢代社會生活的各方面事物，如人物拜謁、車騎出行（最足反映墓主人的身份）、奏樂、舞蹈、庖廚炊事……等等。二為神話故事、奇禽異獸類，係為武氏祠畫像中極為精彩的部分，刻畫著許多漢人想像的仙人、神禽、怪獸的藝術形象，如：西王母（漢代傳說中的主要神仙）、東王公、雷神、風伯、雨師、龍、朱雀、仙人騎

---

13 武氏一家數人均官至千石，家勢顯赫，家財萬貫，才足以修建宏偉的石祠、石獅、石闕，詳情請參閱朱錫祿編著《武氏祠漢畫像石》，山東：山東美術出版社，一九九一年一月二刷。

魚、魚拉車……等，反映出漢人對長生不老、得道成仙、驅鬼避邪、祈求平安幸福的幻想和善良的願景。三為歷史人物故事畫，係武氏祠畫像中最引人注意者，為數不少。其中又類分為歷來的帝王圖像、諸侯圖像、聖賢名臣像、孝子圖像、刺客圖、烈女圖、義士圖及一些無題榜也是尚未考證出來的歷史人物，這些人物圖旨在啟引人對人生價值觀的深思，鼓勵人們思考生命的意義，開拓自我的潛能，追求一生性的志業，活出高尚價值的品格來。在人生觀及社會教化上，朱錫祿先生謂這是歷史、道德教育，旨在「以古為鑒，以善為師，以惡為戒，給世人樹立忠、孝、仁、義、禮、智、信、節的榜樣，務求良好的社會風氣。」[14] 由這些題材可說明先秦的圖案畫至漢代發展出人物畫，現在教科書上及一些雜誌封面上載有如版畫版的漢人車騎圖，多數是出於武梁祠。同時，武梁祠和孝堂山描繪不少山海經中的神話故事，是研究民俗學的可貴材料。

　　漢代所突出的人物畫是以人為本的人的藝術。人物畫的繪畫藝術是以反映現實生活與時代思潮的藝術，縱使是神仙畫也是站在人的立場上加以想像的。綜觀武氏墓群畫像的題材，係以自然、歷史、現實生活、神仙世界作為藝術語彙的生活化，構成漢代最普遍性的人文精神。至於武氏墓群石刻的藝術特色，據學者專家的研究有五端可觀：一、精緻：物像輪廓線和細部線條刻畫得非常流暢、纖細、靈活嫻熟，顯得精美壯觀。二、善於誇張、想像：在題材的選擇上，神話故事的比例很大，創作者有非凡的想像能力，如：仙人騎魚、魚拉車、人身蛇尾的伏羲、女媧造形。三、條理性較強：畫像構圖安排得有次序、有層次，如：西王母、東王公是天上的主要神仙，排位在近屋頂山牆三角部分的正中央處。四、構圖形式變化多樣化，繁簡具備。人物場面眾多以致畫面安排得十分緊湊，在空白處多填以鳥頭、雲紋、龍頭、仙人等。畫面很少空白而顯得豐富飽滿。五、運動感十足。由

14 同上，頁8。

於石板上作畫，在處理人物面部細微的表情有一定困難。因此，作者們從人物的動態上考慮，強調人和動物的活動姿態和速度，如：長袖的舞人、奔馳中的車騎、展翅飛翔的小鳥，全都洋溢著動勢和速度，傳達出內蘊的動態美與力量美。[15] 總之，武氏祠畫像石不論在中國美術史或世界美術史上皆具有很高的價值。

三、王弼言意之辨的美學理論

　　魏晉人感受到漢代數百年來名教禮法的束縛，在個體意識覺醒下，意向於個性的自主，才性生命的自由發展。李澤厚在《華夏美學》一書中，畫龍點睛的指出，魏晉整個意識型態具有「智慧兼深情」的特徵，崇尚個體自主、自由與自在的魏晉人，對個體生命自發性的情思是予以肯定的，也是自覺地追求的。魏晉名士認為人不能無情，真情的流露是人可得以肯定的性情真人。當真情告白與禮教規範衝突時，名士們寧捨禮教之羈而重真情實感。講求神情、情韻的重情流風，成為名士們群體人格的主要特徵。所謂「魏晉風度」之「風度」指名士們的風神氣度。以玄學的語言「跡」與「所以跡」、「象」與「意」、「形」與「神」的範疇關係而言，名士們的外在言行有分殊化的多樣表現，這是「跡」或「象」、「形」。名士們外在言行所依據的內在情思是「所以跡」或「意」、「神」。魏晉風度作為一概括性的特徵語，有其涵義上的界定。馮友蘭拈出「玄心」、「洞見」、「妙賞」、「深情」四端。湯用彤以對比的方式謂：「漢人樸茂，晉人超脫。」以「超脫」來詮釋魏晉風度。

　　魏晉南北朝在中國美學史上，可說是繼先秦諸子百家爭鳴之後，第二個黃金時代。宗白華在《美學散步》一書中，對這個時期的美學

---

15 同上註，頁8～9。

內容做了概括性的提要，他說：

> 漢末魏晉南北朝是中國政治上最混亂、社會上最苦痛的
> 時代，然而卻是精神史上極自由、極解放，最富於智慧、最
> 濃於熱情的一個時代。因此，也就是最富有藝術精神的一個
> 時代。王羲之父子的字，顧愷之和陸探微的畫，戴逵和戴顒
> 的雕刻，嵇康的廣陵散（琴曲），曹植、阮籍、陶潛、謝靈
> 運、鮑照、謝朓的詩，酈道元、楊衒之的寫景文，雲岡、龍
> 門壯偉的造像。洛陽和南朝的閎麗的寺院，無不是光芒萬
> 丈。前無古人，奠定了後代文學藝術的根基與趨向。[16]

宗白華認為魏晉風度傾向簡約玄澹、超然絕俗的哲學美，晉人（王羲
之父子）的書法是這種美的最具體表現。若深究其美學理論則是魏晉
玄學，魏晉玄學崇尚《老子》、《莊子》、《周易》三玄，玄學對美
學發展的影響，主要指三玄對魏晉美學的影響，特別是《老子》與
《莊子》。若要問玄學家對美學最具原創性的理論建設和影響者是
誰？無疑的，我們當首推倡言「得意忘象」理論的玄學大宗師王弼
（公元二二六～二四九年）。

王弼所提出的「得意忘象」既是玄學論題，亦是美學論題。這一
論題的理源可推溯到《莊子·外物》得魚忘荃（筌），得兔忘蹄，得
意而忘言。王弼在《周易略例·明象》中借《莊子》詮解《易傳》，
同時也是借《易傳》來發揮《莊子》，他說：「夫象者，出意者也。
言者，明象者也。盡意莫若象，盡象莫若言。言出於象，故可尋言以
觀象；象生於意，故可尋象以觀意。……然則，忘象者，乃得意者
也，忘言者，乃得象者也。……故立象以盡意，而象可忘也。」王弼
所論述的「意」、「象」、「言」已不執限於卦意、卦辭和卦象間的

---

[16] 宗白華《美學散步·論世說新語和晉人的美》，臺北：世華文化社，頁59。

相互關係，而具存有論、認識論、情景交融論的意涵和向度，對魏晉的美學影響至深。

　　依王弼之意，「象」只是表達「意」之所在的媒介。因此，「象」是有時空條件制約的「跡」，藉「象」所開顯的存有本質是「所以跡」。人對存有本真的體驗和貼合是渾全而真切的，意理的豐富和形上向度的奧祕非定義語所能充盡描述的功能。「象」在表達「意」的功能上雖較語言文字有彈性而活潑靈通，總也有其侷限，不足全然朗現「意」之渾全深厚。「象」只是牽引人藉象的形式通往「意」的實質內涵，在這一歷程中我們一方面藉助於象的形式依據，另方面還得自覺性的超越「象」的形式而轉入「意」的實質內涵。用王弼的形上學語言來解釋，「無」與「有」是存有與存有者間的關係。「無」是本體，「有」是本體所化生於現象界的具體存在者。天下萬物生於「有」、「有」生於「無」。「無」，內在於眾具體之「有」內，為眾有之本根，所謂：「為品物之宗主，苞通天地，靡使不經也。」[17]「無（道）」內在於「有（存有者）」，藉「有」以開顯自身。「有」的存在與活動依據於「無」。王弼《老子注》四十章云：「有之所始，以無為本。將欲全有，必反（返）於無（道）。」[18]「有」、「無」之間以「無」全「有」，以「有」顯「無」。

　　王弼的「得意忘象」論，促使魏晉美學由「形象」的觀念轉向「意象」，魏晉的美學者對藝術的認識由抽象化的概念深化到更內在更根源性的層次，間接地推導出形神關係論。在審美觀照和品味的情趣上，一方面憑藉有限物象，另方面得又超越對物象觀照的執著，伸展向無限的宇宙、歷史、人生中滲透，而獲致具宇宙感、歷史情和人生中體驗的深沉美感。這是超越概念認知而昇華到與「道」冥合，亦

---

[17] 見樓宇烈校釋《老子周易王弼注校釋》，臺北：華正書局，一九八三年初版，頁195。
[18] 同上，頁110。

即與存有本身貼合的玄妙之境。「得意忘象」的美學思考，引發了藝術形式美與整體形象美之間的辯證關係之思考。這一論旨使人認識到「當藝術的感性形式諸因素把藝術內容恰當地、充分地、完整地表現出來，從而使欣賞者為整個藝術形象的美所吸引，而不再去注意形式美本身時，這才是真正的藝術形式美。」[19]

四、顧愷之的畫論與畫蹟

六朝的審美心靈歷經東漢二百多年的曲折發展，如漢末的清議、人倫鑒識、曹魏正始名士宅心玄遠的清談，竹林名士的激越，西晉名士的縱情放任，終轉化出東晉士人高邁超逸的卓然風神。吳功正說：「『清水出芙蓉』成為六朝審美風習的主要趨向。」[20] 他認為審美的本質與欣趣在「審妙」，審美品味主要是「清」、「淡」。玄學與美學的銜接點「就在超越有限去追求無限。『貴無』是眾多玄學家的根本出發點。」[21] 亦即由玄學貴無（道）的存有論出發，超越有限的「形」之世界去品味無限「神」妙的精神世界之審美意識。《易·繫辭傳》謂：「神也者，妙萬物而為言者也。」「神」指形上道體健動時的深不可測，「妙」指形上道體發用時之精微奧妙。玄學影響下的審妙美學，旨在品味道體顯用之無窮妙用。例如，人物品藻在於透過人的形體外貌，品味其獨特神情的無盡妙趣。這種審妙入神的美學取向，創造了豐富的美學語彙，諸如：名士風度、隱逸情調、以嘯盡意、繪畫美學、書法美學、詩歌、樂舞、雕刻、園林等美學。

從繪畫美學而言，魏晉也繼承漢代寫實取向的藝術風格，以人物畫為主要的題材，山水乃是人物畫背景襯托的地位。晉室南渡後，環

---

[19] 葉朗《中國美學大綱》上冊，臺北：滄浪出版社，一九八六年初版，頁 193。

[20] 吳功正《六朝美學史》，南京：江蘇美術出版社，一九九六年二刷，頁 16。

[21] 同註 9，頁 124。

境丕變，繪畫思想革新。江南秀麗的山水感動人心，山水畫的意念胎息深深，長江流域產生不少出色的畫家。被視為兩晉畫家代表的顧愷之出於江蘇無錫，即是江南人。顧愷之（約公元三四四～四〇五年）字長康，小名虎頭，他的畫作極多，凡人物、佛像、美女、龍虎、鳥獸、山水無不精妙。其畫作有載錄者不下七十件作品，其中有〈洛神賦圖〉、〈女史箴〉、〈列女仁知圖〉三幅摹本存在。他著有〈論畫〉、〈魏晉勝流畫贊〉和〈畫雲台山記〉等三篇論繪畫美學的文章。他論畫兼顧學養與藝術造詣，評語慎重精審，唯較重人物，於山水則隱約及之。

　　從顧愷之的三幅畫蹟可看出他的人物畫，是在形神兼備且相濟的著眼點下，突出藉形襯托神態的畫意。〈洛神賦圖〉中對人物面部表情所勾勒出來的神情、情思、情愛，纖細如絲，令人遐想不已。〈女史箴圖〉營造有形的山水背景以襯托人物飄逸脫俗的神采。〈列女仁知圖〉在空間的線條上表現出平列構圖之變化，藉人物的動作及人物相互間的動態關係，烘托出人物栩栩如生的神態，藉以表露人物內心深處的情意。他把寫實的形似與理想意像所創造的精神特徵相互兼顧，形神關係調和得很渾全圓融。

　　顧愷之在繪畫的技法上，勾線造型準確，對線條的形構比例頗為講究。他在〈論畫〉文中說：「若長短、剛軟、深淺、廣狹與點睛之間上下、大小、濃薄有一毫小失」則將導致「神氣與之俱變矣。」他於〈魏晉勝流畫讚〉品賞〈小列女〉畫作之勝妙處在「衣髻俯仰中，一點一畫，皆相與成其豔姿」。蓋細節的形象刻畫可襯托人物的神氣。在人物畫的群像圖上，當能刻畫出各個人的不同神氣以獨特化其氣質。他認為〈小列女〉的畫中人物群，一見就能識別出「尊卑貴賤之形」。他還舉了負面的畫例來解說，謂畫藺生「急烈不似英賢之概」，畫壯士「不盡激揚之態」皆屬敗筆處。他在品賞〈北風詩〉的畫作時，解析了繪畫美學中的「形」構之學，所謂：「美麗之形，尺

寸之制，陰陽之數，纖妙之跡，世所並貴。」他將「形」之美與尺度之取捨結合起來論究，反映出他對形體美的深究與造詣。

在技法的特色上，若將其〈列女圖〉與漢代相同題材的畫作[22]相較，則可肯定此圖在創作構思與技巧表現上的進步。據漢代劉向《七略別錄》可知漢代已將〈列女圖〉「畫之於屏風四堵」，若將顧愷之所畫〈列女圖〉與之相較，可知顧愷之已突破漢代較樸拙的技法，添加了平列構圖的變化。他在作畫時較著重題材上的空間相互性關係，尤其三幅畫蹟可看出其人物畫係在形神兼備且相濟的著眼點下，特別重視藉形托襯神態的畫意。換言之，他在人物畫上特別講究神態的刻畫，深入內心深處的探索，這一理念可說是承玄學的形神關係論及言意之辨的深刻影響。進一步而言，可溯至王弼即用顯體，循末探本、藉象求意之玄理，劉劭「徵神見貌」說。這種美學理念展露出魏晉人品藻人物時的方法與興味。此外，相較於兩漢在人物畫的構圖上，以一字長蛇陣法和滿天星斗填空白法的稚拙，顧愷之創造了以「三角形法」做圖基，謝安太傅讚嘆他為：「蒼生以來，未之有也。」[23]他在畫作中懂得「留白」予人豐富而自由的玄想遐思遠勝於漢人較普遍的添補畫面空白法。

李霖燦在《中國美術史稿》一書中說：

> 若說漢代畫像石是孝道在藝術上的奇葩，那顧愷之的人物畫就是魏晉時代繪畫上的鉅寶。這是一個風采特異的時代，至今我們還說著『晉人風采宋人道學』的話。漢朝人樸實，晉代人瀟灑。[24]

---

[22] 漢畫像石中，也有以「貞婦」為題材的實例。在一些相關的文獻中也記載了漢代壁畫、石刻描繪「貞婦」等有關列女傳的情況。

[23] 《晉書》卷九三。

[24] 見李霖燦《中國美術史稿》，臺北市：雄獅股份有限公司，二○○○年五月八刷，頁21。

顧愷之的人物畫確實表現出獨特的風采和瀟灑，那應與此相關的主要繪畫理論是什麼呢？他在〈魏晉勝流畫贊〉中說：「凡畫，人最難，次山水，次狗馬；臺榭一定器耳，難成而易好，不待遷想妙得也。」又張彥遠在《歷代名畫記》上說：「顧虎頭畫人常數年不點睛。人問其故？答曰：四體妍蚩，本亡關妙處；寫神傳照，正在阿堵之中。」沈約在〈俗約〉上也說：「顧虎頭為人畫扇，做嵇阮而都不點眼睛。送還。主問之，答曰：那可點睛，點睛便語。」[25]《世說新語·巧藝》亦有相類同的載述，卻用「傳神寫照」的說法。顧愷之所以認為繪畫最難，就難在必須將人的個性，氣韻、生命情操能畫得很「傳神」。人物畫能否畫得「傳神」的關鍵在於眼睛（阿堵）的神色、神情，不在「四體妍蚩」。所謂「傳神」就是要能從畫面上傳達出被畫人的氣質風韻、風姿神貌或神采，也就是玄學中的魏晉士人風度。魏晉風度是魏晉名士宅心玄遠，任情放達，風神蕭朗，亦即洋溢著瀟灑的生命風貌。湯用彤說：「按玄者玄遠。宅心玄遠，則重神理而遺形骸。」、「顧氏之畫理，蓋亦得意忘形學說之表現也。」[26] 同時，顧氏所注重的「傳神」受魏晉時代所流行的人物品藻風氣影響。我們從《世說新語》一書中可看到很多略形而重神的人物品藻語，諸如：「風神」、「神韻」、「神情」、「神明」、「神氣」、「神色」、「神采」、「神姿」、「神雋」、「神懷」、「神駿」、「神味」等品評語。那麼，顧愷之何以能將人物畫畫得那麼傳神呢？他提出了「遷想妙得」說，這是他繪畫理論最精華處。

　　所謂「遷想」指藝術想像能力的發揮，才足以領會契入被畫人物的風姿神采、氣韻。「妙得」指作畫者在心領神會被畫者的個性、格調、氣韻後，就能超越有限的形體而深入其精神世界的特質，切應其人格美或是精神美了。我們可採顧氏人物畫的三範例來瞭解其「遷想

---

25 《太平御覽》卷七二〇和七五〇引沈約〈俗說〉語。
26 湯用彤《魏晉玄學論稿·言意之辨》收入《湯用彤學術論文集》，頁225～227。

妙得」。第一，前述顧氏畫嵇康不點睛，據《晉書・顧愷之傳》云：「愷之每重嵇康不點睛，因為之圖，恒云：『手揮五弦易，目送歸鴻難』。」嵇康這首詩作是他贈秀才入軍詩之十四中的片段：「目送歸鴻，手揮五弦，俯仰自得，游心太玄。」這首詩是嵇康自述其心靈沉醉在大自然暮色蒼茫的樂章和美景中，盡享無限自得之樂，沉浸在生命對自然臻於圓融的渾然同照中。此際中的嵇康以昇華至得意忘形的無形礙之精神意境中，無言的與「道」冥合和盡意中。顧氏自謂點睛之難，就難在表現眼睛的傳神以寫照嵇康的心境意趣。儘管如此，顧氏在〈畫論〉中仍有段精闢的見解，所謂：

> 凡生人亡有手揖眼視而前亡所對者。以形寫神，而空其實對，荃生之用乖，傳神之趨失矣。一像之明昧，不若悟言之通神也。

蓋漢代大部分的人物故事畫憑藉人物的動作來狀述故事內容。顧氏則將人物故事畫從單調的事件說明，透過詩文的涵養領悟，專注於神情氣氛的想像與營造。他以畫面上所佈置的人物眼波視線來整合動作，悟對及畫面全景的相互關係，突出了人物間之精神與在空間上彼此緊密聯繫的張力。他由人物在畫面上專注的眼神及視線所聯繫的景物來襯托出「傳神」、「生氣」的氣韻，將整個人物畫的生命力展現得淋漓盡致，亦即日後謝赫所謂「氣韻生動」的境界。

第二，《世說新語・巧藝》有一則載：「顧長康畫裴叔，則頰上益三毛。人問其故？顧曰：『裴楷俊朗有識具，此正是其識具，看畫者尋之，定覺益三毛如有神明，殊勝未安時。』」裴楷是西晉玄學的名士，據《晉書・本傳》載：「楷風神超邁，容儀俊爽，博喻群書，特精理義，時人謂之玉人。」顧氏為了體現裴楷「風神超邁」的識具，乃創發性的透過移情想像能力在其面頰上益三毛，藉以點活裴楷

鮮明的神采。宋代的蘇軾著〈傳神記〉一文，特別針對這點予以詮解，謂：「凡人意思各有所在，或在眉目，或在鼻口。虎頭雲頰上加三毛，覺精采殊勝，則此人意思蓋在鬚頰間也。」[27] 足見顧氏的人物畫不但擅長人物觀察，更善於「遷想妙得」來點活一個的意思所在以鮮明其個性和生命情調。

第三，《世說新語·巧藝》另一則載：

> 顧長康畫謝幼輿在岩石裡。人問其所以。顧曰：「謝玄，一丘一壑，自謂過之。此子宜置丘壑中。」

謝鯤是兩晉之際名士「八達」之一，是位喜愛山水的隱士，岩石是純真樸實的自然物。顧愷之認識到在人物畫中，人物情志與其所自適的處境情景之關係深寓意義，一個人所擇處的環境可反映其格調。顧愷之將謝鯤安置在得其所哉的岩石裡，烘托出其雅好自然情景的隱逸風尚，這一人與情景交融的氣氛頗能突出人物畫中主題人物的個性與品味特徵。以這則謝鯤畫為例，謝鯤在東晉以通簡有高識聞名。晉明帝曾問他：「卿自謂何如庾亮？答曰：『端委廟堂，使百僚准則，鯤不如亮。一丘一壑，自謂過之。』」[28] 意指謝鯤自認在朝廷任官雖不及庾亮，但在隱逸的雅興上則他較庾亮高邁些。他將岩壑與謝鯤聯繫起來以表現人物畫中主題人物的內在神態，彰顯其隱逸的志節與妙趣。顧愷之的匠心獨運，可為他「遷想妙得」說的明證。葉朗認為「氣韻生動」和「傳神」分別為二個概念，「韻」的涵義大致與「傳神寫照」相當，「氣」的涵義則超出「傳神寫照」；「氣」既是作為萬物的本體和生命，也是人物「風姿神貌」的本體和生命所在。[29] 筆者認為個

---

[27]《蘇東坡集》續集卷一二〈傳神記〉。

[28]《晉書·謝鯤傳》。

[29] 同註 12，頁 221～222。

體化的氣宜視為個人氣稟的生命氣質，個性特質，未必是形上的本體
層次。

第三節　兩漢魏晉的書法美學

　　創製中國文字的先祖們，其目的在於實用的溝通性，卻也伴隨著
美觀悅目的要求。《漢書‧藝文志》云：「古者八歲入小學，故周官
保氏掌教國子，教之六書，謂象形、象事、象意、象聲、轉注、假
借，造字之本也。」周代貴族六藝教育中的「書」指識字和寫字。周
代各國銅器銘文形體精美，係精心設計的作品。中國最早的美學是關
於音樂的，涉及書法理論的書法美學則有待於文字的藝術性從對實用
性的依附離析後，才獲得藝術欣賞的獨立性。就一般書法史而言，中
國第一位大書法家當推李斯。李斯曾作《倉頡》篇七章，是教幼童的
標準化小篆。秦始皇統一中國後在泰山、會稽、嶧山、瑯琊台、之
眾、碣石六處立頌德碑，令李斯書文刻石，這是中國書法首次不依附
竹帛、銅器而自成巍然獨立的大作，也可視其為與建築、雕刻、繪畫
獲致同等地位。秦刻石屬紀念碑性的文字，標誌秦帝國的一統天下和
擁有的絕對權威，秦刻石字體方正嚴整，表徵秦文化的審美品味。兩
漢是中國書法藝術發展承先啟後的時期，此一時期的文字書寫完成由
篆書到隸書的轉變，草書、行書、楷書也在這一時期得到孕育和發
展。東漢的隸書是漢代書法的主要成就，書體的演變到東漢末年已基
本上完成，亦為魏晉時期的書法藝術之成熟奠定了根基。

一、漢代的書法美學

許慎的《說文解字・序》，首論文字的起源，再講解了文字構成的六項基本原理，所謂「六書」，文中謂：

> 《周禮》：八歲入學，保氏教國子，先以六書。一曰：指事。指事者，視而可識，察而可見，上、下是也。二曰：象形。象形者，畫成其物，隨體詰詘，日、月是也。三曰：形聲。形聲者，以事為名，取譬相成，江、河是也。四曰：會意。會意者，比類合誼，以見指撝，武、信是也。五曰：轉注。轉注者，建類一首，同意相受，考、老是也。六曰：假指。假借者，本無其字，依聲托事，令、長是也。

「六書」拆解出中國文字的六種構成原理，其統攝性的普遍原理係藉「象」表「意」。「六書」中的「象形」是象，「指事」藉「象」來「視而可見，察而可識」。「形聲」是藉形來記所發的音，再憑音來表意。「會意」可說是「象音」，藉描摹在意義上相關聯的一些有形物導領人瞭悟無形之「意」。「轉注」、「假借」屬於對有形「字」涵義的推擴、引申和借用。質言之，中國文字的構成，大體而言，是建立在象形這一基礎上的，用《易・繫辭傳》的話來說乃係「立象以盡意」。從文字義學而言，中國字體在創造初期就自覺地賦予自然的感性形式所蘊涵之精神意義。換言之，中文係指意的符號，它一方面以抽象概括的方式表達自然物的諸般形式結構，另方面又將此感性形式的美摻進文字的形象中。中文字體「形」與「意」的融合預定了中國繪畫與書法「形」與「意」巧妙相融的審美意識。扼要言之，中國書法藝術係將純形式美與表達情思的高度心靈自由予以圓融

的結合。這一審美意識也促使了書法藝術，藉詩、書、畫的結合而表現。

　　由於許多先秦典籍毀於秦火及楚漢相爭，漢代基於抄寫典籍的需要而建立了以書取仕制度[30]。東漢蔡倫造紙及毛筆製作法的進步對書法藝術起了促進的作用。簡牘書是漢代使用得最普遍的文字載體。漢代出土的竹簡字體主要有隸書和草書兩大類，隸書係由秦隸演變為漢隸八分書，草書係由草篆進而草隸再演化為章草、今草。至於楷書與行筆也在得見的竹簡書中顯出端倪。由字體的演變脈絡軌跡中，可看出秦隸行筆的平穩緩慢改為有節奏性的輕重變化。在用筆上一方面承繼了篆書藏鋒、中鋒用筆的特點，另方面兼取側鋒、露鋒。在運筆的流動感上輕鬆快捷，以致字體中較扁闊、平直的橫畫減少，略帶波挑的筆畫增多，豎畫多被縮短。長豎略帶孤形斜勢，予人自由飛動且富雄健的美感。

　　西漢中期的隸書可得見者《居延漢簡》是一大宗，其中有些精美的隸書，如〈居延元康四年六月簡〉的提按運筆富節奏感，波挑穩妥，間架緊湊，韻味十足。《敦煌漢簡》中的〈玉門都尉簡〉筆勢圓勁、書體秀勁寬綽，這些可佐證隸書在西漢中期已趨於成熟美。西漢晚期在竹簡書上的隸書已具成熟的藝術性，此時的筆運富規律性，文字形態呈扁方舒展狀，講究蠶頭燕尾的橫、捺筆畫和結構上的「燕不雙飛」。在書寫風格上因地域而不同，例如〈居延初元五年簡〉的秀勁，〈居延鴻嘉二年簡〉的溫雅，〈敦煌始建國天鳳元年牘〉的開張，〈臨沂銀雅山竹簡〉的古樸，〈武威磨咀子儀禮簡〉的清整，這些多樣化的風格可謂開東漢石刻隸不同書風的先河。隸書風格之形成

---

30 孫星衍輯本《漢官儀》載：「能通《倉頡》、《史篇》，補蘭台令史。滿歲，補尚書令，滿歲，為尚書郎。」許慎《說文解字‧敘》云：「學童十七已上，始試。諷籀書九千字，乃得為吏。又以八體試之，郡移大史並科，最者為尚書史，書或不正，輒舉劾之。」可佐證漢代有以文字取仕的制度。

也有其書寫材料之因素。竹簡是東漢中期紙普遍被使用前的書寫材料，為了適應竹簡的物料特性，漢人從長期累積的書寫經驗中，逐漸創造出具特殊形態美的書法，亦即隸書。總而言之，從漢簡上孕育出隸書的定體，藝術化的隸書是在漢碑上彰顯其藝術成就。帶波磔筆法的漢隸，波拂提頓與迴鋒出鋒的筆法已很熟練。

一九七三年在長沙馬王堆三號墓出土的大量帛書，其字體和書體猶具先秦古隸特色，《老子》甲本即為一例。有些是結構簡化的隸書，《老子》乙本即為一例。我們由東漢石碑可得見風格成熟的漢代書體代表之漢隸。碑刻漢隸瑰瑋奇麗面目眾多，從書風的變化觀之，大致為早期渾厚後期流麗，在審美視覺上富豐富的藝術魅力。這一時期的名作有端莊古雅的〈乙瑛碑〉、清峻瘦勁的〈禮器碑〉和端正渾圓的〈史晨碑〉，此三碑皆立予桓、靈時期的曲阜孔廟，藝術美各具特色，清人曾讚其為漢碑中的「三傑」。此外，立於靈帝中平年間的〈曹全碑〉向被視為漢隸中最俊秀者。由藝術欣賞觀之，筆圓字潤若美女插花，嫻雅飄逸令人賞心悅目，卻也有俊秀有餘而骨力不足之憾。〈張遷碑〉是漢碑中以方筆書寫的代表作。碑文的點畫以方折取勢，體勢方正，端正練雅，樸質古茂。此碑文之美由寫與刻的雙重功效所造就。

東漢諸碑刻中最為壯觀者當推《熹平石經》，據《後漢書。蔡邕傳》記載：「經籍去聖久遠，文字多謬，俗儒穿鑿，貽誤後學。」蔡邕有鑒於此，乃與人共同奏請正定六經文字，得到了漢靈帝的准許，蔡邕被後世奉為書法史上的筆法傳授之祖。《熹平石經》共刻《周易》、《尚書》等七種儒家經典，碑石四十六塊。壯美的《熹平石經》雖被視為八分書之極品，卻因在書法上法度一同，缺少藝術變化終於盛極而衰。漢末楷書取代了隸書，從書體的發展史而言，先秦的篆書到漢代演變為隸書，隸書又有三變：取認真態度者漸變為楷書，順率意風格者漸變為草書，在心態上處於經意與不經意之間者漸變為

行書。

東漢末年，以楷書名世的書法家是鍾繇。在他之前的漢簡墨跡中楷書已有形跡孕育，鍾繇對書法藝術的不斷探索和突破，致使他在楷書形跡的基礎上，重新設計點畫、安排結構，將傳統的楷書改造成一種有章可循、有規可據的新書體，是楷書的最後形成者。楷書在魏晉南北朝進展成南帖北碑，鼎盛於唐代的絢麗多彩。

「章草」是草書的一種，具隸書的基本特徵卻有所變化，以實用快捷為取向，它將隸書的方折變為圓轉，端莊化為靈動。東漢末年的崔瑗、鍾繇、張芝等是章草的名家。作為隸書變動的章草，其體勢仍具波挑隸意，由於書於竹簡，字字獨立，不能連綿，因此至漢末被更為豪放抒情的今草所替代。今草的主要特色是筆勢圓轉連綿或一筆數字相連，今草的用筆粗細、濃淡、虛實相間，結體大小隨意，敧正相生，今草筆法的自由與體勢的變化較章草豐富許多。今草係由章草、楷書和行書變化而來，漢末的張芝是使草書藝術化的人，曾師法杜度、崔瑗習章草，再借鑒竹簡草稿墨跡而創今草新體，運筆狂放自由，字體變化萬端、氣勢雄偉。在審美情趣上，今草予人賞心悅目的精神快感遠勝於章草。今草具有較純粹的藝術形式，張芝及其後學形成一傳世的今草書派[31]。

在行書方面，漢末隱士劉德升最早為之立規矩法度且有成就，可惜其書法作品未傳世。然而，鍾繇的存世墨跡「行押書」《白騎遂內帖》、《雪寒帖》、《長風帖》可得見行書在漢末的成熟與流行。從書法發展史觀之，東漢中後期由於政治、經濟、學術、文化等因素的催化，文人們在書法的文字線條結構中，自覺的發現到書法在實用價值外的藝術價值，其藝術美係將民族的文化精神和個人的思想、情

---

31 張芝的草書被庾肩吾的《書品》評為「工夫第一，天然次之」，韋誕稱讚張芝為「草聖」。張芝的作品傳世者均收入宋代的《淳化閣帖》中，共五帖，有章草的作品《秋涼平善帖》、今草作品《冠軍帖》、《終年帖》、《今欲歸帖》和《二月八日帖》。

感、個性共同摻融到抽象的線條結構中，豐富地創發了審美品味的欣趣。東漢末期，書法的發展在文字實用性需求與藝術審美意識的交織下，草書、楷書和行書[32] 幾乎是同時形成。加上原有的篆書和隸書，共同構五種書體，齊備了書法藝術的書體。在漢代的書法理論建樹上，可以崔瑗和蔡邕為代表。

據《後漢書》記載，崔瑗曾著《草書勢》（勢作「體」解）。《晉書‧衛恒傳》引述衛恆的《四體書勢》中之〈草書勢〉，衛恆明言為崔瑗所作。由今觀之，當係經過衛恆的轉述所改寫，基本思想和措辭應仍本於崔瑗的原作。〈草書勢〉謂草書藝術的創作和欣賞能引發「竦企鳥跱，志在飛移」、「騰蛇赴穴，頭沒尾垂」等等的聯想，提出「觀其法象」說，指出抽象的書法藝術與現實事物的形象和動態關係。書法這一抽象藝術形象的構成，有其生活上的現實根源，該文也陳述了書法藝術能引起人們「蓄怒怫鬱，放逸生奇」的感受，從而肯定書法藝術的形象能表達人心中的情感狀態。該文點出草書藝術的核心特點，草書賦予人美感的事物及情態，如「騰蛇赴穴」等皆富有強裂的動態感。此一陳述確立一美學理論，充滿活力的動感生命與審美欣趣有著密切關係。〈草書勢〉也超越了篆書、隸書方須中距，圓必副規的平衡對稱要求，獲致草書的高度自由而形成「方不中距，圓不副規，抑左揚右，望之若欹」的鮮明特色。另方面，又謂草書「就而察之，一畫不可移」的規律性，將自由性與規律性調和。是故，草書藝術在高度自由靈活中又不失去規律性，構成「纖微要妙」的美妙所在。

蔡邕（公元一三二～一九二年），字伯喈，陳留圉人〈今河南杞縣南〉。他不但是漢末的書法家、文學家，據《後漢書‧蔡邕傳》指稱，他也是「妙操音律」、「善鼓琴」的音樂家。他最善隸書，被譽

---

[32] 行書較側重實用取向的便捷性，不像草書般具有豐富的美韻。

為「骨氣洞達，爽爽有神」。靈帝年間，蔡邕手書刻石立碑於太學門外以正定六經文字。在書法理論上，據《後漢書》載，他寫過〈篆勢〉可惜原作已不存。衛恆《四體書勢》中的〈篆勢〉指稱為蔡邕所作，可能係經過轉述改寫，他著有〈筆賦〉，大部分內容經唐宋類的引用而得保存。宋陳思《書苑精華》一書收錄其〈筆論〉和〈九勢〉，文字雖經過後人篡改可是思想要點仍是蔡邕的觀點。

今由《全後漢文》卷六十九得見蔡邕的〈筆賦〉，這是一篇對筆及書法的禮讚，該文指出書法的至高原理是「書乾坤之陰陽，贊三皇之漢勛。」「乾坤之陰陽」是書法的形上原理依據，乾是宇宙生成原理的剛健創發之一面，坤是柔順承隨的另一面。剛柔迭運，萬物生生不息，是宇宙運化的總規律。書法的藝術美與乾坤陰陽一剛一柔的運動與和諧統一的動態整體感密不可分。後世的書法理論，不論是言筆運或字體結構，皆將陰陽、剛柔、動靜、方圓、疾徐……間的動態對比性，亦即將對稱與統合視為書法藝術美的根本原則。至於「贊三皇之漢勛」，從歷史觀之，書法藝術的發展與讚美政治功績有關，商周青銅器銘文與秦刻石的文字書寫可為例證。「書乾坤之陰陽」與「贊三皇之漢勛」之相稱承貫，意向於大自然的廣大和諧性與人文社會的群體和諧性密不可分。天人一體、自然與人文的交融和諧，是蔡邕承繼傳統美學中和之美延伸至書法藝術理論的明證。

蔡邕的〈篆勢〉一文主要是從欣賞書法藝術的感受出發，對篆書之美作了形象生動的描述。該文用龜紋、龍鱗、鷹鳥、蟲蛇、黍稷等自然形象來比喻形容篆書之美，他指出了書體形象同自然形象的類似和相通處。然而，書法形象不是自然形象的簡單模擬或機械運作，而是帶有高度的藝術自由性和不受拘限性，這是書法美學的主要理論所在。蔡邕的〈筆論〉和〈九勢〉更具理論性的表述了書法藝術的本質和特徵；〈筆論〉有與晉人較契合而不符應蔡邕的書法觀之論點，可能有被晉人篡改處，例如「書者，散也。欲書先散懷抱，任情恣性，

然後書之。」文中也有與〈篆勢〉主張以各種自然形象喻示書法之美的論點一致處，例如「為書之體，須入其形，若坐若行，若飛若動，……若水火，若雲霧，若日月，縱橫有可象者，方得謂之書矣。」把具象的可模擬因素與不可模擬的抽象的因素相容，和諧地融合起來是書法美學，甚至是整體中國美學最基本的理論特色。

蔡邕的〈九勢〉一開始就說：「夫書肇於自然，自然既立，陰陽生焉；陰陽既生，形象出矣。」點出了書法藝術的產生與大自然之關係。蓋書法藝術同「形勢」分不開，「形勢」又源於大自然的陰陽變化。書法藝術的美也有取靈感於大自然生命流動轉化之氣勢和力量處。書法用筆之美是可以透過筆勁的力感來表現，力之美是表現在運筆的形勢動感上，所謂：「力透紙背」、「筆力能扛鼎」係對中國書畫用筆之美的鮮明讚詞。

蔡邕不僅以氣勢的強弱論書法藝術之美，且細緻的析論「勢」在書法的九種表現法，〈九勢〉文中云：

> 凡落筆結字，上皆覆下，下以承上，使其形勢遞相映帶，無使勢背。轉筆，宜左右回顧，無使節目孤露。藏鋒，點畫出入之跡，欲左先右，至回左亦爾。藏頭，圓筆屬紙，令筆心常在點畫中行。護尾，畫點勢盡，力收之。疾勢，出於啄磔之中，又在豎筆緊趯之內。掠筆，在於趲鋒峻趯用之。澀勢，在於緊駃戰行之法。橫鱗，豎勒之規。此名九勢，得之雖無師授，亦能妙合古人，須翰墨功多，即造妙境耳。

《九勢》雖涉及書法的專門技法問題，但從美學理論言之，書法之美感，必得有一貫穿全字的氣勢和活力，將字字間聯繫成互相照應的和諧整體。《九勢》中的「疾勢」和「澀勢」是書法用筆上最基本的二

種筆勢。「疾勢」表現出疾速的動態美,「澀勢」表現著內斂沉著的含忍之力美,兩者兼攝則成就了書法美。我們若概括崔瑗至蔡邕的書法理論,則可歸約到《周易‧繫辭上傳》所云:「一陰一陽之謂道,繼之者善也,成之者性也。」這一總原理——剛柔相交、動態相感中流露出生生不息的生命氣勢與活力之美感。此一生命律動及和諧的美感韻味,深蘊於《周易》的象意關係中,這種書法理論,學者們認為是「體現了中國古代美學對於一切藝術的美的兩個基本要求。一個是要表現力量和氣勢之美,另一個是要求結構在整體上的和諧統一。」[33]

二、魏晉的書法美學

曹丕於公元二二〇年代漢自立,門閥世族間殘酷的政治鬥爭,名士們崇尚玄學清談,書法藝術成為士人逃避政治現實,慰藉精神的途徑之一。三國時代,書法以曹魏為盛,書法藝術是魏晉時代世家大族所崇尚的一門高雅藝術,呈現出世家大族的門派特點。在當時顯赫的二十餘姓中,受到後人重視者有陸、索、衛、郗、庾、謝、王等世家大族。例如,衛覬精通古文字學,子衛瓘、孫衛恆等皆善書法藝術,至晉朝建立衛氏已成為書法世家,〈筆陣圖〉作者衛夫人即出身衛家,被譽為書聖的王羲之早年曾從衛夫人學書法。

衛覬是衛氏家族書法藝術的開創者,《三國志‧魏書》稱他「鳥篆草隸無所不善」。其子衛瓘在書法上不但得父傳授,且師法張芝的草書,形成自身風格與索靖齊名,時人稱「瓘得伯英〈張芝字〉筋,靖得張芝肉」。唐代張懷瓘《書斷》,以衛瓘章草書入神品,小篆、隸書、行書、草書入妙品,並贊其「天資特秀,若鴻雁奮六翮,飄搖

---

33 劉綱紀、李澤厚主編《中國美學史》第一卷下冊,臺北:谷風出版社,一九八七年二刷,頁693～694。

乎清風之上。率情運用、隨心所欲，如天資之美。」可惜其書法真跡
於今失傳。衛瓘之子衛恆是位卓有成就的書法家，被唐代李嗣真《書
後品》列為「中上品」，品賞為「縱任輕巧，流轉風媚。剛健有餘，
便媚詳雅，諒少儔匹。」我們今日雖不得見其書法真跡。但是衛恆在書
法理論上被視為中國書法史上第一部系統而完整之論著《四體書勢》[34]
在《晉書・衛恆傳》收錄而得流傳。該論著較詳盡地論述了古文、篆
書、隸書和草書的起源、逸事且繫以贊語。其中部分內容轉錄了崔
瑗、蔡邕的觀點，大部分仍是衛恆所撰為早出的一部書法史論專著。

　　《草書勢》及《篆勢》的旨意已在前面論崔瑗、蔡邕處提示。茲
略述衛恆《四體書勢》中的古文和隸書，他言及中國文字係以象形為
基礎而構成六種基本文字造形法。其中涉及的範圍有視覺形象、聽覺
形象、個體形象、群體形象，既有形象的聯想亦有形象的引申。漢字
由基本功能觀之係一記事符號，藉生動的形象來傳達所言事物之豐富
內涵，就其以形象的筆畫來摹寫自然和社會之現象而言，就含具了藝
術特性。中國書法是以豐富的結構和生動的變化構作書體的形式，就
某種意義而言，它是以超越具體形象的抽象之線條組合、變化來反映
作者的精神境界和審美品味，漢字也因被書法家賦予了思想、情感而
熠熠生輝。書法的實用性和審美性相輔相成，書法理論在一架構和起
勢下不斷探索、形成和發展，衛恆的《四體書勢》於焉而生。

　　他針對古文字特性所寫的《字勢》，詮解了許慎《說文解字・
敘》中所謂：「書者，如也。」的深刻涵義。衛恆認為運用筆墨必須
取象於自然效法自然達到精緻細膩，才足以將筆勢和筆體和諧融會，
一氣呵成。他在文中謂：「觀其措筆綴墨，用心精專，勢和體均，發
止無間，或或守正循檢〈法式〉，矩折規旋；或方圓靡則，因事制權
〈變〉，其曲如弓，其直如弦。矯然突出，若龍騰川；渺爾下頹，若

34《晉書・卷三十六衛恆傳》，上海：古籍出版社，上海書店。

雨墜於天。或引筆奮力，若鴻鵠高飛，邈邈翩翩；或縱肆婀娜，若流蘇懸羽，靡靡綿綿。是故遠而望之，若翔〈通「祥」〉風屬水，清波漪漣，就而察之，有若自然。」意指書法有時應「守正循檢」表現得有規有矩。「方圓靡則」指書法有時要筆運變化自如，猶若「曲如弓」、「直如弦」。筆法上的剛健突出，宜宛如「龍騰于川」。「引筆奮力」時宜象鴻鵠展翅高飛等等。

中國文字從商代甲骨文和周代金文開始就具有筆畫上有粗細方圓的不同，錯綜變化的結構形式及對稱平衡的布局，全幅字表現出錯落疏朗及結構多變的特色。秦書八體的稱法中，大篆、小篆、蟲書、隸書乃四種字體，刻文在符節上的刻符、用於璽文、印章上的摹印、用於封檢題字的署書，用於兵器上的役書係指文字的用途。衛恆以形象化的比喻來描繪中國古文字的特色。不但如此，他在書法藝術上強調「睹萬物以致思」亦即從「形」轉到「意」的總體性要求。

衛恆《四體書勢》中的〈隸勢〉係根據鍾繇的觀點加以整理而成，鍾繇的書法觀點又受蔡邕很大的影響，《四體書勢》論〈隸勢〉處說：「鳥跡之變，乃惟佐隸。蠲彼繁文，崇此簡易。」點出了隸書的主要特點。蓋漢字從殷商甲骨文至周代大篆、秦的小篆、漢的隸書，整個發展的趨勢是由繁化簡──甲骨文的字體尚未定型，大篆雖已定型卻筆劃繁多，小篆既定型亦簡便，隸書筆劃變圓為方利於掌握，是篆書更為簡化之成果。〈隸勢〉強調「隨事從宜，靡〈無〉有常制」的靈活性，字形大小可隨機制宜，不論高大、細緻、平、典、斜、角、折、圓，猶能長短相宜，字勢統一，渾然連通於間隔之中。隸書風格多樣，例如：〈石門頌〉豪放、〈鮮于璜〉莊重、〈曹全碑〉秀麗。

書法藝術至東晉時，已成上流社會的時尚。其中，以王羲之、王獻之父子為代表的王氏家族是產生書法家最多、書法造詣最深的家族。王羲之，字逸少，瑯邪臨沂（今山東臨沂）人，其生卒年迄今無

定論，成名於東晉以後。其父王曠，從父王敦、王導皆為朝廷顯宦，他官至右軍將軍、會稽內史世稱「王右軍」。他並不熱中仕途，會稽內史任內因與王述不合而稱病去官。自述學書法過程曰：

> 予少學衛夫人書，將謂大成，及渡江北遊名山，見李斯、曹喜等書，又之許下，見鍾繇、梁鵠書，又之洛下，見蔡邕《石經》三體書，又于兄洽處，見張昶《華岳碑》，始知學衛夫人書，徒費年月耳。遂改本師，仍于眾碑學焉。

王羲之辭官後多與東土人士相約盡山水之遊，豁然達觀，耽心藝事，是位怡然自足的退隱名士。他在書法的學習上不但出入諸家兼採眾長，且能從「局而執」的古法中，創新字體，凝成一代新的書法藝術風格。蓋東晉時期，書法多以鍾繇之真書（楷書，今證書）與張芝之章草為楷模。王羲之將漢末以來，最具難度的三種書體：楷書、行書、草書的審美品味予以整體性的摻融和提升。比觀鍾繇與王羲之的書法和韻味，鍾書波挑處王書卻斂鋒不發。因此，二人在字的結體上呈現平放與斂契之不同傾向。就整幅字觀之，鍾書顯橫勢，王書則呈縱勢。王書較能體現出中國書法中的「行」氣，其在曲轉之用筆與字裡行間中營造出一種韻致，使書法的審美情趣由字體筆陣，轉向了字裡行間。據此，王羲之的貢獻就在於從當時書法籠罩在鍾繇的影響下走出來，確立了今草跟行草的書體。從此，書法的美感從「居而執」之「古形」轉變成韻媚婉轉。這一韻致當與王羲之酷愛鵝，觀鵝悠游清波，圓轉自如的神態有關。

王羲之距今已一千六百多年，其書跡據南朝劉宋時代虞龢《論書表》（公元四七〇年）的統計，王羲之父子書於縑素、紙本、扇面的各種書法作品，共得七百六十七卷。然而，時至今日，王羲之之手書墨跡已蕩然無存，僅能得見傳世臨本和摹本，且較可信者約有二、

三十種[35]。且羲之書跡因時代久遠及紙張難存,至今難有確定的真跡,但是若能配合相關的評論,欣賞後人臨摹的傳世之作,則仍可瞭解其筆法精髓和成就。茲分就其傳世仿作中的字體予以分別述評。

〈姨母帖〉結字圓渾凝重,用筆遒勁沉穩,風格尚存隸書遺意,屬古質風格。〈初月帖〉可能是他晚年的作品,筆法以中鋒為主,妍媚瀟灑,跌宕有致,流露出腴潤流動之風神;楊守敬品賞此帖為「亦以古拙勝,知不專尚姿致」。他的楷書有〈黃庭經〉、〈樂毅論〉、〈東方朔畫贊〉等刻本傳世;其中以〈樂毅論〉最著名,曾書語子敬云:「吾書樂毅論一篇,貽子藏之,勿播於外;勿以難學而自惰焉。此論日有丹陽僧求吾,吾不與也。」後世智永題為「樂毅論者,正書第一。」褚遂良稱「筆勢精妙,備盡楷法。」〈黃庭經〉傳為羲之為求鵝而書之《道德經》,其餘尚有〈曹娥碑〉和〈祭墓帖〉等。這些小楷法帖被歷代書家評賞為瀟灑嚴謹、體勢自然、備盡楷則、結構及用筆入規入矩,多為人推作練習楷法的上乘範本。

王羲之的草書,以〈上虞帖〉及〈十七帖〉最著名。〈上虞帖〉草法靈動綽約,勁拔遒麗,人常以豐肌秀骨稱之,顯其中晚年時期草書風致。此二帖同屬信札,歷來推〈十七帖〉為草書中之絕品,從現今得見的刻本書跡觀之,體勢雄健,字與字之間不以牽線相屬,卻氣勢聯貫,顯出法度精嚴、點畫分明的特點,常被人用作研習草書範本。此外,尚有〈喪禮〉、〈二謝〉、〈得示〉三帖雖為行事,唯草意頗濃,有人定為草體。筆勢鉤填精良,神采奕奕。三帖為王羲之書札,係不經意之作,卻結構嚴密,字體優美,全幅字看來章法自然流動。

行書方面又分行楷與行草。〈平安帖〉、〈何如帖〉、〈奉橘

---

[35] 自南朝劉宋以來,多有鑒藏家對傳世的王羲之書跡進行甄別考證,清代的王澍、翁方綱等人係其中較卓著者。

帖〉三帖合為一卷，三帖均為行書，書風稍異，有著沉靜秀雅，姿態多樣的風貌，為歷代鑒藏者所重視和讚美。〈快雪時晴帖〉為行草，計四行二十八字，書勢端莊、運筆流暢、神完意足，清乾隆帝曾譽為「天下無雙，古今鮮對」。〈寒切帖〉風格圓潤流暢，天趣流溢，富從容不迫之感，當係中晚年時期的草書風格。〈孔侍中帖〉被後人贊為羲之行草之冠，筆勢飄若浮雲，矯若驚龍。宋代米芾稱：「鋒勢鬱勃揮霍，濃淡如雲煙，變怪多態。」〈喪亂帖〉筆力遒勁，超逸入神。契合唐人書評中「羲之之書如壯士拔劍，壅水絕流。」之品賞。其他的行草名作尚有〈二謝帖〉、〈得示帖〉、〈朴有哀禍帖〉及〈妹至帖〉等。

在行楷的作品中，王羲之的〈蘭亭序〉被譽為「天下第一行書」。從作品來源而言，東晉永和九年（公元三五三年）三月三日，時任會稽內史的王羲之偕謝安、孫綽等四十一人於山陰（今之浙江紹興）蘭亭修祓禊之禮，流觴賦詩。王羲之乃乘興為詩集撰集序作書，總計二十八行，三百二十四字，是為著名的〈蘭亭序〉。從書法藝術的審美欣趣觀之，其章法布白渾然一體，筆畫粗細交互，運筆藏露兼見，字形疏密參差，墨氣濃淡迭現，頗具含蓄和諧的節奏和韻味。從思想內涵及意境觀之，文中：

> 群流激湍，映帶左右，引以為流觴曲水，列坐其次，雖無絲子管弦之盛，一觴一詠，亦足以暢敘幽情。是日也，天朗氣清，惠風和暢。仰觀宇宙之大，俯察品類之盛，所以游目騁懷，足以極視聽之娛。……修短隨化，終期於盡……固知一死生為虛誕，齊彭殤為妄作。

他宏闊的宇宙意識，對周流大化的流動與遍察品類萬物之繁盛，泉湧出深沉的情思。此際由宇宙省察人生，不禁自覺到生命的珍貴與短

暫，頓生幽傷之情，對莊周一生死而發「虛誕」之微詞評論，加上個性的脫略疏放以致晚年皈依了佛理。

王羲之的〈蘭亭序〉不但透過其筆觸流出幽思與情愫，也流出後世奉為書法藝術的空前傑作。梁武帝品評漢至梁的書家三十二人，他採用書法家個人風格的比擬，謂「鍾繇書如雲鵠游天，群鴻戲海」、「王羲之書字勢雄逸，如龍跳天門，虎臥鳳闕，故歷代寶之，永以為訓。」宋代米芾曾有詩謂羲之〈蘭亭序〉的書法：「之字最多無一似。」細觀文中二十幾個「之」字，七個「不」字，個個寫法不同。筆法結構的變化多端令人讚歎，不愧有「天下第一行書」之美譽。

王獻之（公元三四四～三八六年）字子敬，小字官奴，是王羲之第七位兒子。獻之在書法上有創新的發展，那就是破體書和連綿書。「破體書」指他創造出介於楷書和行書之間的「行楷」體及介於行書和草書間的「行草」體。他所創新的書體被稱為「大令體」。他的行楷作品以〈二十九日帖〉最具代表性，以楷書略帶行書的筆法收放自如，行氣聯貫且靈秀灑脫。行草書最有名的是〈鴨頭丸〉和〈送梨帖〉。〈鴨頭丸〉共兩行十五字，行筆時疾時徐，斷而意連可謂一氣貫注，其精神意態是虛實相生，自然流暢。唐張懷瓘《書議》評獻之行草書云：「子敬才高識遠，行、草之外，更開一門。夫行書，非草非真，離方遁圓。……兼真者，為之真行，帶草者，謂之行草。……情馳神縱，超逸優遊，臨事制宜，從意適便。有若風行兩散，潤色花開。筆法體勢之中，最為風流者也。」

他所創新的另一新體「連綿草」，有人稱之為「一筆書」。那就是，他將草書中字與字間的關係作了聯貫處理，務求字與字間形成連綿不斷的視覺美感。他的〈十二月割至帖〉和〈中秋帖〉係這一新體連綿草的代表作。宋代米芾在《書史》中說：「大令〈十二月帖〉如火筯畫灰，連屬無端末，如不經意，所謂一筆書，天下子敬第一帖也。」比較王氏父子的書法藝術特色，近人沈尹默謂王羲之「內

攄」，例如：〈喪禮帖〉、〈二謝帖〉、〈得示帖〉筆致緊斂，剛健中正，流美沉靜兼有之，係「內攄」法的形象說明。王獻之的書法則以「外拓」而開廓為特色，外拓之筆，情馳神縱、放達豪邁、筆鋒外露，[36]〈洛神賦十三行〉是王獻之殘存的小楷書跡，結體散宕寬綽，筆致挺拔渾逸、章法顧盼有致。趙孟頫品賞曰：「字畫神逸，墨跡飛動。」若將〈洛神賦〉與〈蘭亭序〉相較，則神采各異。王羲之用筆凝煉含蓄，王獻之則挺秀靈動。王羲之能被賞譽為書聖，是因為他能夠在前人的基礎上變古為新，樹立楷書、行書和草書的典範。王獻之則在其父的基礎上繼續創新，發展出行楷、行草和連綿草。[37]

在書法美學上，儘管王羲之傳世之書論真偽難有定論，思想涵義與彼時書風有契合處，可視為當時文人對羲之書法理論的整理和瞭解。他的書論有〈題衛夫人「筆陣圖」後〉、〈書論〉、〈論書〉、〈筆勢論十二章并序〉、〈用筆賦〉及文僅一段的〈記白雲先生書訣〉。環繞在這些書論中，有一核心思想——尚意重韻。他在〈論書〉中說：

> 吾盡心精作亦久，尋諸舊書，惟鍾、張故為絕倫，其餘
> 為是小佳，不足在意。去此兩賢，書次之。須得書意轉深，
> 點畫之間，皆有意，自有言所不盡，得其妙者，事事皆然。

又云：

---

[36] 二王父子在書法史上立下兩種不同的典範，以後之草書，無論如何變化，要皆不出內攄、外拓二疇。

[37] 書法藝術評論史，平二王書風，每謂父為靈和，子為神駿（唐・張懷瓘語）。在論究高下上，王獻之自己、羊欣、虞龢等人認為王獻之為高。梁武帝、唐太宗咸認為子不如父。唐張懷瓘認為父子各有優勢，不宜分高下，曰：「子敬真不逮父，章草也劣，然觀其行草之會，則神勇蓋世，況之於父，尤似抗行。」歷史上有關對二王書法之比較，詳見沈尹默《二王書法管窺》。

　　夫紙者陣也，筆者刀矟也，墨者鍪甲也，水硯者城池也，心意者將軍也，本領者副將也，結構者謀略也，颺筆者凶也，出入者號令也，屈折者殺戮也。夫欲書者，先乾研墨，凝神靜思，預想字形大小、偃仰、平直、振動，另筋脈相連，意在筆前，然後作字。[38]

　　由王羲之這二段論書法的精闢見解，得知書法藝術當由兩方面來研習，一是字體的「形」，另一是由字裡走向行間而營造的神韻。形神相親，以形傳神且得其妙趣就是書法藝術的靈魂──「意」。意在筆前，心中先醞釀書法審美的意象，俟發展成熟，亦即「書意轉深」才構思，亦即「凝神靜思」字形的大小、偃仰、平直、振動，形之於點畫，表現於書體的結構。「心意」為主，以心意所發之神思神情導引墨筆點畫及結構，則「點畫之間皆有意」。書法藝術之審美情趣也就在以「形」傳「神」的妙不可言之意趣。

　　因此，書法藝術的價值在形神交融中貴能抒情表意而享妙趣橫生之悅。具體而言，「形」指寫在紙上可見的書體形狀，諸如點畫用筆、字體間架、墨色濃淡及全幅字的章法體勢。「神」指書法所含蓄的精神韻致，所透露出書家的個性及內心世界的情思感懷。「形」表現出書家的運筆技巧及點畫架構的形式美，「神」蘊涵著書家融貫於書法中的情思及所展現出來的個性美、精神美。再就書法作品的欣賞而言，一是由點畫、架構所組合成的「形」，另一是由字與字之間、行與行之間所構成全幅作品的行氣與風神。點畫是構成書體的基本要素，也是書法藝術的基本功夫所在。書法審美中「形」的欣賞處，就在看一字之內，橫、直、撇、捺、鉤、點等筆畫如何寫得美感動人，這是筆法的問題了，書法中所謂方筆、圓筆、中鋒、側鋒即指不同的

---

38 王羲之《題衛夫人〈筆陣圖〉後》。

用筆方法。譬如說：篆書用圓渾藏鋒的圓筆，筆鋒落在線條中央，稱為中鋒；行草書時行筆迅速，筆稍傾側，筆鋒因偏離中央乃有側鋒出現。不同的點畫筆法，架構出不同的造型和美姿，例如：作點如高峰墜石，作橫如列陣排雲，作戈如百鈞弩發，作牽如萬歲枯藤……等，點畫之美生動感人。「架構」指銜接字與字的結體間架與全幅字所展現出來的章法結構。換言之，架構係由單字的筆畫安排與整幅字的分間佈局所形成。架構旨在求結字之能顯精神，因此，結構之向背開闔講求字與字間能照顧呼應與疏密姿態。例如：疏處猶若能行馬，密處不能透風，錯落如扶老攜幼，務求變化生動以盡靈活之趣。成篇成幅的書法，其所能予人的第一印象是通篇的章法結構，若有書法作品初看不佳細賞才好，多因為其章法結構不如其結字筆法。章法之旨要在於從字裡走向行間的安排，應注意上下連延，左右顧囑、橫斜疏密，四面八方都須相照應，一般而言，篆、隸、楷書的章法較平正，行書、草書則較險奇。

　　行氣與風神是表達作者的個性和心意的。「行氣」指字裡行間的相互映帶呼應關係。書法中的行氣猶文章行文般有起承轉合、委婉頓挫。由字裡到行間，筆斷而意連，若行氣貫穿，字字首尾相應，行乎其所不得不行，止乎其所不得不止。行氣宜有動態的變化，行筆當有疾有緩，血脈暢通，猶似靈動。「風神」指由全幅書法所展現出來的風貌、格調和精神，是書法審美活動的高峰，也是最難捉摸的欣賞原則。風神係書法的內蘊之性情，有賴沉潛審視、遷想模擬，才得心領神會。對書法作者而言，妙在性情，能在形質，相對於欣賞者而言，性情可會於心而難名，形質呈顯於視覺前而有據。因此，歷來書評家常得嘔心瀝血的盡量用各種詞藻來詮釋各家書法的不同風神。對同一位書法家而言，不同心情主題下的作品，其風神亦殊。觀賞書法作品之風神，當探字外之「意」，索「意」外之情思。其中旨要，觀者的揣摩不只對書法作品，亦當針對作者個人，設身處地，將心比己，同

情同理的交感後始能契應而生共鳴。質言之，從鑒賞者而言，須全神貫注於作品中，由書法作品有形的造形美進行審美觀照，再層層深入到無形的精神心靈之共鳴，如同對書法藝術進行再創造的活動。從王羲之的說法言之，當由點畫與結構之間，索求書法所欲表達的深意而「得其妙者」。

王羲之的書論，將深意亦即書法家的才情、性靈及精神內涵視為獲致書法最高品味的基礎或最後依據。他說：「須得書，意轉深，點畫之間皆有意，自有言所不盡。」[39] 因此，他與其他書法愛好者交往時，也是以「意」來神交，所謂：「君學書有意，今相與草書一卷。」[40] 書評家的表述也採此意，謂：「羲之作書與親故云：『子敬飛白大有意』。」[41] 對王羲之而言，「意」或風神是書法的靈魂，書法藝術不僅要研習技法講求形式美，同時，更須講究意境美，修養深沉的心中之「意」。質言之，其書法美學的大原理是形意兼攝交融，以形表意，意在形中，得奇妙者。王羲之書法造詣之深，關鍵在意先於筆，心中蓄意深沉。明代董其昌品鑒說：「右軍〈蘭亭序〉章法為古今第一，其結字皆映帶而生，或大或小，隨手所如，皆人法則，所以為神品。」[42]「神品」之賞在於其字「隨手所如」，亦即字裡行間透露的風神，自得如意，妙不可言。當代美學家宗白華先生在《美學與意境》中說：「晉人風神瀟灑不滯于物，這優美的心靈找到了一種最適宜於表現他們自己的藝術，這就是書法中的行草。行草藝術純係一片神機，無法而有法，全在於下筆時點畫自如，一點一拂，皆有情趣，從頭至尾，一氣呵成，如天馬行空，游行自在。」「一點一拂，皆有情趣」其實乃在於皆有深意，「點畫自如」係因形意合一，「游

39《全晉文‧王羲之傳》，卷二二。

40《全晉文》，卷二三。

41 引自虞龢《論書表》。

42 明‧董其昌《畫禪室隨筆》。

行自在」肇因於自得深意。大體而言，中國書法美學中的理論雖不及西方美學有融貫完足的一套理論系統，然而，其中深妙的哲理，卻深藏於一語的品鑒，精妙的詞藻及傳神的比喻形容，使讀者心領神會亦深得其意。這是中國書法美學的特色和風格所在。

第四節　魏晉的人物美學

　　西漢確立尊經尊儒的意識型態，設五經博士。在學而優則仕的取士制度下，一般人務求經明行修，通經行禮以求致仕。東漢白虎通會議後，三綱六紀構成全國化的最高規範，禮法森嚴，士人養成重氣節的風氣。徵辟、察舉係一以德取士的任官制度；因此，人物的品評鑒識日形重要。彼時對人物的品評鑒識係以品德的高下為據，亦即綱常名教所要求的品行性格。東漢末年，人物品論以個別具體人物的評論為主。然而，知識份子對政事及具體人物之評議，易產生政治的敏感性。黨錮事件可說是當時士子們針對時政衰弊糾合群黨，期能以清議及其所形成的輿論力量來扭轉時局 [43]，結果是有人因詆毀宦官而徒遭殺戮。此後，知識份子為求計身退，轉以抽象理論取向的鑒識人倫為談辯之題材 [44]，不但啟導了清談之風，也接引了魏晉的人物品藻美

---

[43] 清議的內容主要是政論性，具政治抗爭性的本質。然而，漢末之談辯者，有言行虧失者，亦有忤逆當朝執政者。例如：孔融，違讓不屈於曹操，且多侮慢之辭。曹操為反制臧否人物式的清議風氣，乃藉端正風俗為由，以種種政治迫害的手段禁絕誹議。

[44] 黨錮之禍後，知識份子在論辯的題材上，漸由對人物政事具體的臧否所謂「品覈公卿，裁量執政」，調整為如郭林宗式的品藻人物，亦即「善人倫，而不為危言覈論，故宦官擅政而能傷也。」因此主觀意向與客觀情勢互動而折衷，透過「獎訓士類」以匡危敝且不為危言覈論以避禍害。發展至正始年間，何晏等人已轉而純就老莊玄論為談辯的主題。

學。

開魏晉人物品鑒之理論建構者是劉劭的《人物志·九徵第一》。劉劭是才性論的創始者，他在《人物志》書中謂：「蓋人物之本，出於情性。……凡有血氣者，莫不含元一以為質，稟陰陽以立性，體五行而著形。」「元一」指陰陽之和，兩極之中，亦即「中和」。他依順漢代氣化的宇宙發生論提出其性情的所以然。陰陽構成人內在的本性，五行構成人的形質而彰著外形。觀「外」之「形」，得知「內」之「性」，劉劭藉陰陽五行解釋人之情性，此一宇宙論式的「情性」係純被決定的材質，乏形上的主體性意義。他論述人與人之間不同的才具，不論「兼德」或「偏至」，皆是透過「才性」之「決定」來說「德性」，及論「流業」時，又判定人的外在「事功」亦受制於「才性」。最後論「材理」時，指出個人所能認知之「理」受一己「才性」限制，引申言之，人之「思」與「辯」皆受「才性」所限制。質言之，一個人的才性是其內在的德性，預設了其「認知」與外在「事功」的可能性，這是在漢代陰陽五行為說的宇宙論式下之才性論的基本立場。

兩漢魏晉的人物品藻離不開對人之基本內涵「性情」及賞譽辭「名士」。先就「性情」觀之，兩漢多由陰陽五行的宇宙論式切入，再結合道德禮法的「善惡」價值觀。董仲舒確立了詮解的典範，他以陰與陽質性之不同及相依的結構關係，解釋人之「性」與「情」的不同，將「性」與「情」明顯二分。他在《春秋繁露·深察名號》篇說：「身之有性情也，若天之有陰陽也。」、「身之名取諸天，天兩有陰陽之施，身亦兩有貪仁之性；天有陰禁，身有惲情欲衶，與天道一也。」他在〈實性〉說：「性者，天質之樸也。」據蘇輿《春秋繁露義證》的解釋，「質」指「血氣心知」義，「性」指人不假後天教化的自然生命，性雖有行仁義的可能性，但就其渾然未覺的自然狀態而言，只能稱為「善質」或潛在待開發的善。由陰氣而出的「情」充

滿人慾[45]，昏昧且貪婪，縱任無度。至於遏惡教化成善的力量則有待於「心」。東漢的《白虎通》及《說文解字》明確的以陰陽分說情性，且判明情惡而性善[46]。及魏晉，王弼首先以道家形上學的立場，將「情」視為人存有的本真。他首次以體用的範疇解釋性情，性為情之體，情為性之用，同時，他也借用動靜的範疇釋性情，謂性靜情動，性與情非對立分化關係而是體用統合關係。在生命的價值取向上，情之應物即「性」的後天發用時，在「情動」或「情運」之時，若能以與「道」同體的自然本真之性來導化情，使情「如理」、「從性」，則可正性命之情且能久行其正[47]。在人生論方面，王弼主張以性統情，以情順性命之正方能不失大和而可維持性情之活動於長久。王弼認為聖人神明茂，能體無用，本於性以運情，故雖有情感生活卻能應物而無累。扼要言之，聖人因茂於神明，故能性其情而應物不累於物。

　　至於普遍用來稱譽魏晉知識份子的「名士」一詞，最早出現在《呂氏春秋》，例如〈季春紀〉篇謂：「是月也，……開府庫，周天下，勉諸侯，聘名士，禮賢者。」由「聘名士」可想見當時名士備受尊重、禮遇，地位崇高，其涵義已由封建體制下「掌事之官」的「士」轉化成知識階層的「士」[48]。這一概念在漢初尚未普遍化，至

45 《漢書・董仲舒本傳》載曰：「情者，人之慾也。」

46 《白虎通・德論》云：「性情者，何謂也？性者，陽之施；情者，陰之化也。」，《說文解字・十篇下》曰：「情，人也陰氣，有欲者。性，人之陽氣，性善者也。」

47 王弼論性情處除見於〈何劭・王弼傳〉外，尚有二處重要的文獻，其一是皇侃《論語》疏引王弼《論語釋疑》注〈陽貨〉第二章，例如：「不性其情，焉能久行其正？此是情之正也……能使之正者何？儀也，靜也。……無善無惡則同也。」另一為王弼注《易・乾卦・彖傳》「乾道變化，各正性命」處云：「靜專動直，不失大和，豈非正性命之情者邪！」

48 余英時〈古代知識階層的興起與發展〉一文論述中國古代士階層的形成與發展甚詳。見其《中國知識階層史論——古代篇》一書，臺北：聯經出版社，一九八〇年，頁1～108。

東漢則已然確定，「名士」指有較高學行成就，受人欣慕而具影響力的有名之士。漢末學者鄭玄和蔡邕再予以加上隱居不仕的內涵特徵。鄭玄《禮記・月令》注曰：「名士，不仕者。」蔡邕認為：「名士者，謂其德行貞絕、道術通明，王者不得臣，而隱居不在位者也。賢者，名之次，亦隱者也。」[49]

漢末據文獻記載，確有一群隱居不仕的名士，且因他們多樣化的德行及風範而享有受人欣慕稱讚的人格美。《後漢書》卷六七〈黨錮列傳〉謂：

> 自是正直廢放，邪枉熾結，海內希風之流，遂共相標榜，指天下名士，為之稱號：上曰三君，次曰八俊，次曰八顧，次曰八及，次曰八廚，猶古之八元、八愷也。竇武、劉淑、陳蕃為三君，君者言一世所宗也；李膺……為八俊，俊者言人之英也；郭林宗、范滂……為八顧，顧者言能以德行引人者也；……及者言能導人追宗者；……廚者言能以財救人者也。

其中，郭泰（林宗）是「以德行引人」的八顧之一，《後漢書》卷六八〈郭泰傳〉藉范滂的品評來表述郭林宗的名士風範。文中載曰：「或問汝南范滂曰：『郭林宗何如人？』滂曰：『隱不違親，貞不絕俗，天子不得臣，諸侯不得友，吾不知其他。』」該文也載述了蔡邕作〈郭有道碑〉稱讚其德，且對盧植說：「吾為碑銘多矣，皆有慚德，唯郭有道無愧色耳。」可見蔡邕以郭泰為名士人物之典範，欣慕他潔身自好，不求聞達的隱逸之德。

兩漢人品藻人物，鑒賞性情多從陰陽、善惡的立場，從勸善、言

---

49 見唐、孔穎達《禮記正義》引。

志和道德禮法的名教尺度來切入。由前述《後漢書》的〈黨錮列傳〉得見「名士」的涵義在東漢末年的擴大和分化，再由范曄〈方術傳〉的人物論品，得見漢末名士的品味已不侷限於儒者的德性，且逐漸趨向於重容貌，崇風度的魏晉名士。除了郭泰的隱逸風神外，茲再舉陳蕃、李膺為例。被列為「三君」之一的陳蕃，頗受時人尊重，范曄在《後漢書》卷六六〈陳蕃傳〉評他「以遁世為非義，故屢退而不去；以仁心為已任，雖道遠而彌厲。」且有儒者氣質。《世說新語》開首即評陳蕃，謂：「陳仲舉彊於犯上。」（〈品藻‧一〉）同條注引姚信〈士緯〉說：「陳仲舉體氣高烈，有王臣之節。」「體氣高烈」指他的風神氣度，有突出的個性美、人格美。列為「八俊」之首的李膺，在《世說新語》的品評中有溢出漢代儒者的特質。〈德性篇‧四〉謂：「李元禮（膺）風格秀整，高自標持，欲以天下名教是非為已任。」，〈賞譽‧二〉：「世目李元禮謖謖如勁松下風。」綜觀郭泰的隱居高蹈，陳蕃的「體氣高列」及李膺的「如勁松下風」皆具「清介超逸」的共同特色，在儒者的人格氣象外，猶兼具道家清介超脫的風度。因此，漢末以後的名士人格是兼具儒、道品味的，既有經世的使命感，亦帶道家飄逸的風格，將儒、道的人生理想交融於其人格內涵中。

　　從漢末到魏晉，「名士」形成一有特定涵義的專稱，非只是「有名之士」的泛稱。魏晉名士承繼著漢末的清介超脫精神益形個性化，以一種藝術的、美的境界豐富了名士多彩多姿的內容。《世說新語》及較早的一些著作如《語林》、《郭子》生動而多彩的記錄了許多獨特之名士風貌。約略而言，瀟灑自在的神采及優雅從容的風度，標幟出魏晉名士獨特之風流。魏晉名士在一特殊的文化時空中，崇尚自由，意向於精神的超越，開創出令人激賞的智悟和藝術美感的境界，展現出千姿百態的神韻美。「風流」是對魏晉名士普遍性的讚美之詞，「風流」是一種生命境界，表現在魏晉名士們談吐性情上，頗具

特質的一種人格表徵。這一特有的人格表徵，顯出遠邁群倫的風致，不受限於世俗的規矩格套，有著放達不羈的獨特性情。

「風流」概括了魏晉名士的人格美，「人格」係人之外在形象與內在性情的整體性表現，涉及人生歷程的各個階段、生命本身的各種層面，個體與群體、理想與現實的衝突與調和。魏晉名士的性情人格契應了《莊子》書中的理想人格之境界。《莊子》的人生哲學致力於對人格主體困境與焦慮的探索、自我理解及超脫。在莊子時代與魏晉時代同樣有著天無寧日，人生悲苦的類似處境，知識份子在面對現實事務的利害糾葛及外鑠性規範的仁義道德之束縛，企求以達觀的心靈來超脫現實中的壓迫、痛苦與焦慮邁向精神自我的自由之境。

魏晉名士們所遭逢的困境與苦悶有兩方面：一方面是彼時置身於社會不同階層在理念與現實利害算計上之矛盾與衝突，感受到不同方式與程度之壓力與徬徨無奈；另方面是個人所意向之價值理想與現實牽掛間之自我矛盾與衝突。玄學的思想與清談的盡理精神，使他們磨練出深沉的道家形上智慧，以超脫世俗的玄遠慧見，透闢的窮致宇宙與人生的終極之理。他們在這一向度上，有清澈見底的自覺性生命，提升心境，欲超越世俗淺陋的拘絆，回歸自我原始純淨的才性生命本質，在一任意揮灑的率性自得中閃耀出自然情性生命的清暉。可是在另一方面，他們又有一份與世俗命定而不可割捨的聯繫與深情，令他們無法忘懷雖不滿意卻又不得不關切的現實世界。因此，深邃的道家形上智慧與儒家淑世的深情，組合成魏晉名士們生命底層二重性的情理結構。迂迴於「無」與「有」的緊張關係與難以圓融的無辜與悲哀感，李清筠女士有段深刻的論評，她說：

> 魏晉名士一方面要求如實的表現生命，一方面又勇於不斷內省，因而他們的性格矛盾便異常尖銳。這些正與反、肯定與否定、積極與消極、高傲與謙遜、浪漫與剛毅……等對

立的力量，塑造了他們鮮活而具張力的生命。[50]

　　二重悖反的斷裂，情與理間的難圓融，所形塑出的名士人格，潛藏著難以言喻的困頓與悲苦。魏晉名士的超越之路是玄遠的形上觀省與創發審美的欣趣，最後則以詩性的生活品味及審美性的人格特質，消解內心的焦慮、苦悶，暫且舒緩自我的衝突與分裂，進而活出豐富而多樣的美感生命之品味和價值。

　　從先秦儒家以來，在重「德」的傳統下，對人物的評鑒著眼於「善」的價值評斷，所謂：「洵美且仁」，致使美感依附於道德要求。魏晉時代，士大夫間相互的人物品評盛行，成為一種文人風尚。此時的人物品評不再像先秦兩漢的儒家，偏重人物的經學造詣和禮教品德，轉向於重視人物的風姿、風采和風韻。葉朗在《中國美學史》中指出：「如果說，魏晉南北朝的美學是從人物品藻出發的美學，那麼，魏晉南北朝美學並不停留在人，而是從人走向自然。因為自然比人更能體現那無限的『道』，更能體現宇宙無限的生氣和生機。」[51]《世說新語》是南朝宋臨川王劉義慶所編撰，其內容由東漢至魏晉，凡高士言行，名流談笑，多方採集而記錄。唐朝劉孝標作注，徵引廣博，涉獵的書籍達四百多種，今多不存，故極為學術界重視。

　　《世說新語》雖採取筆記式的人物散記，然內容豐富，分類記事，計有德性、言語、政事、文學等三十六門，廣泛地反映出士族階層的生活面貌。該書體例簡潔，文字珠玉紛呈，清俊簡麗，頗富語言的藝術表現性，片語數句即能將名士的思想言行，鮮明生動的勾畫出來，洋溢出美感的張力。其中，尤以〈賞譽〉和〈容止〉篇，對人物的品評鑒賞最詳細深刻。唐君毅在其《中國哲學原論原道篇》對《世

---

50 請參見李清筠撰《魏晉名士人格研究》，臺北：文津出版社，二○○○年十月一刷，頁297。

51 葉朗《中國美學史大綱》上冊‧臺北：滄浪出版社，一九八六年版，頁188。

說新語》搜羅豐富的人物品鑒，有段宏觀的精闢解說，他指出：

> 世說新語首卷之載其時人之德性、言語、政事、文學，
> 此乃不出孔門四科之遺者。然其後諸卷之言其時人之雅量、
> 識鑒、賞譽、品藻、規箴、寵禮、企羨，即純就人之能包容
> 瞭解，而欣賞讚美此不同才性之人格，而即以此見為人之德
> 者。其豪爽、容止、自新之篇，則記當時人對天生之才之讚
> 賞者。傷逝之篇，則言其對所交遊之人格之懷念。餘如其任
> 誕、簡傲之篇紀個性強的人格任才傲物之事。排調、輕詆、
> 假譎、黜免之篇，則紀不同型態人格之相詆排、相黜免、而
> 假飾以相交之事。至顧儉嗇、汰侈、忿狷、讒險、尤悔、紕
> 漏、惑溺、仇隙諸篇，則紀人之不德之事與情，唯足資談助
> 為鑒戒者。總而言之，則此世說新語，乃代表魏晉以降人對
> 人之表現才德性情之事，有多方面之包容、瞭解、品鑒、讚
> 賞之書。

從《世說新語》所載對人物之品賞，得知魏晉的文人認為發乎人內在情性的自然美是人物美的典範。在人物品藻方面，該書主張審美主體應培養開闊的審美心胸，也得具備審美觀照的能力，才足以欣賞和捕捉一個人的風姿、風神。崇尚自然美的魏晉文人，向外發現了樸實、生動、和諧的大自然，再向內發現了人情性之自然。他們對大自然的感通與欣賞，已不再投射於自己的道德觀。換言之，他們已經跳脫了兩漢讖緯的「比德」思想，而能直接欣賞自然山水本身蓬勃的生機及所洋溢出來的豐富意象。若以大自然生機盎然、氣韻生動之美的眼光來品賞人物，特別著眼於人物容貌儀態、內在情性顯發及富玄意風神的自然靈性美，茲試分別論述：

一、對人物才藻與深情之品賞

　　漢代品人重德性，魏初九品中正制係重政治之才的人物品藻。正始以後的人物品藻注重個體性，將人的獨特個性與個己的情感與才華置為品賞要點。換言之，在這種人物品藻中，一個人的才華及情感表現是顯露個性美的重要指標。蓋相較於漢代的尊經崇儒、禮法森嚴，不但制約了人的個性和自我主張，壓抑了人內心真摯的情感，致使文人顧及利害不得不虛情矯飾而帶著一張禮教的面具。至於魏晉人如何看待情感生活的處理呢？《世說新語・傷逝》第四條載有一段論「情」的觀點，頗為精要。該文載曰：

　　　　王戎（疑為王衍）喪兒萬子，山簡往省之，王悲不自勝。簡曰：「孩抱中物，何至於此」王曰：「聖人忘情，最下不及情，情之所鍾，正在我輩。」簡服其言，更為所慟。

文中謂人對情感生活的處理，其品階由下而上分為「不及情」、「鍾情」與「忘情」。「不及情」指人的寡情、冷漠，在與他人情感生活之交流、體認上的麻木和無情，欠缺人的情味與意義。「鍾情」指人在情感的生活世界中的犀靈感通及情感內容之豐富和多樣化，這是重情而深情的人，饒富人情味的有情之人。「忘情」當若王弼謂聖人雖有情，由於有形上智慧的觀照與通透，能以玄理昇華情感，茂於神明，情感生活來去自然且自在，不執於情而為情所牽累、困苦，所謂能性其情以久行其正的正情（情之正）分情為三的說法是擺脫漢人以道德論情的傳統說法，正視情感生活自身的存在與價值，傾於就人之情性生活的多樣化表現及境界高下而持論。

　　「鍾情」對魏晉的人物品藻而言是深具審美價值的。《世說新語

・言語》第五十五條載曰：

> 桓公（溫）北征經金城，見前為琅邪時種柳，皆已十
> 圍，慨然曰：「木猶如此，人何以堪！」攀枝執條，泫然流
> 淚。

桓溫率軍北征經過舊日居住過的金城，眼見自己曾種植的柳樹，轉眼間，已枝葉繁茂擴增為十圍。他不禁觸景生情，感歎時光流逝，景物改易，人生苦短而自己的功業無成，當下泫然淚下，真情流露，時人被感動而傳述此事。

《世說新語・任誕》第四十二條載曰：

> 桓子野（伊）每聞清歌。輒喚「奈何」！謝公聞之曰：
> 「子野可謂一往有深情。」

桓伊每當聽到清歌，內心所積蓄的深情被引發共鳴而泉湧不已。他感歎世事無常，人生虛幻，連歎無可奈何，情何以堪。謝安得知此事後，品評桓伊這個人一往情深。魏晉人欣賞人緣於一往情深而真情摯性流露無遺的個性美。

東晉的王羲之是位感情細膩而敏感的性情中人，他在情感生活的品味上講究「欣樂之趣」。《世說新語・言語》第六十二條載曰：

> 謝太傅（安）語王右軍（羲之）曰：「中年傷於哀樂，
> 與親友別，輒作數日惡。」王曰：「年在桑榆，自然如此，
> 正賴絲竹陶寫。恒恐兒輩覺，損欣樂之趣。」

人至中年難免有與親人生離死別之憾事，王羲之恐有害於生命的欣樂

情趣，乃寄情於絲竹管絃以排遣哀情愁緒。此外，他深信透過藝術的抒情與感染力，所能促成情感生命間相互交流的持久價值。觀其〈蘭亭集序〉末段云：

> 每覽昔人興感之由，若合一契；未嘗不臨文嗟悼，不能喻之於懷。……雖世殊事異，所以興懷，其致一也。後之覽者，亦將有感於斯文。

人是有情感的存有者，古往今來，雖時地、人物、事故不同，透過文章的抒情、移情及「興感」、「興懷」進行情感的共鳴現象藉以說明人與人之間的主觀情感亦有相聯繫及契感相合處。個人的情愁，通過傳情的媒介者而超越時空條件的限制，今人得與古人與來者同情同感，相聯成一互古之情。情感生活的體驗、享受與安頓是否貼切，是魏晉人鍾情的審美品味之一端。

魏晉人的鍾情與所崇尚的「才藻」有其內在聯繫處。「才藻」不單是指政治才華，亦指涉能充分表達人真情實感的文學藝術和藉日常瑣事所透顯出來的種種智慧才能。《世說新語・豪爽》載曰：

> 桓宣武平蜀，集參僚置酒于李勢殿。巴蜀縉紳，莫不來萃。桓既素有雄情爽氣，加爾日音調英發，敘古今成敗由人，存亡繫才。其狀磊落，一座嘆賞。

桓溫閱人無數，總結古今人物與政治軍事的興衰，推導出「成敗由人，存亡繫才」的理論。「人」與「才」的結合，即是人所具備的才能智慧，亦即才藻。對桓溫高論歎賞的在座人士，不僅肯定人才藻之重要性，亦欣賞桓溫的「雄情爽氣」和磊落的神情美。又《世說新語・品藻》謂許玄度（詢）之高情，孫興公（綽）之才藻，皆獲致時

代的名流之稱。孫綽雖有穢行之敗德，卻不影響時人對其才藻之品賞。

二、對人物容貌儀態之美的品賞

容貌儀態美係外在美，其審美的要點在形貌容止，兼顧性情才華。在形神交融中，特別欣賞一個人的風姿神貌。《世說新語・容止》對魏晉人物的容貌之品評，細緻到一人形貌之最具特色處。諸如：品賞身材方面，謂「嵇康身長七尺，風姿特秀」；膚色部分，如「何平叔美姿儀，面至白」、杜弘治「面如凝脂，眼如點漆，此神仙中人」；眉眸部分，如裴楷「雙眸閃閃如岩下電，精神挺動」、桓溫「眉如紫石棱」；鬢髮部分，如裴令公「脫冠冕，粗服亂頭皆好」；容止方面，如「王夷甫容貌整麗，妙於談玄，下捉白玉柄麈尾，與手都無分別。」、「魏明帝使后弟毛曾與夏侯玄共坐，時人謂『蒹葭倚玉樹』」、「潘安仁、夏侯湛並，有美容，喜同行，時人謂之『連璧』」彼時對人物形貌美的品鑒，常借自然界的瑰麗物象來喻示烘托。同時，值得我們注意的是，他們使用了「凝脂」、「點漆」、「蒹葭」、「玉樹」等極形其美的譬喻，來對男士進行審美品藻，可見其美學語彙的豐富多樣及對象開放到美男子了。

儒家對儀容所講究的是品德修養所襯托出來德性美。兩漢在氣化宇宙觀的影響下，重視人個別稟氣下所顯的骨相，發展出一套與現實功用有關的相人術。曹操以後，人們對容貌的講究已漸超越實用取向，轉趨純粹的審美性。晉人將形貌容止從道德及政治社會功用的範疇抽離出來。《世說新語》一書以〈容止〉這一範疇與先秦孔門四科的德行、言語、政事、文學並駕齊驅，可見魏晉人對人物美的自覺及創發性的努力而得到特殊的成就。〈容止〉載述一則頗具特色的事例；蘇峻作亂溫嶠和庾亮一起投奔陶侃，陶侃卻認為蘇峻作亂係出於

庾氏兄弟的慫惡，擬殺此二兄弟，庾亮得知此意甚恐惶，仍在溫嶠的勸勉下見了陶侃，當陶侃看到庾亮的風姿神貌後，態度立刻改變與之談笑風生愛不忍釋。此事例突出晉人對人物美的痴愛超越了現實的利害算計，當代中國美學家宗白華指出：「中國美學竟是出發於『人物品藻』之美學。美的概念、範疇、形容詞，發源於人格美的評賞。」[52]

三、玄賞富飄逸感的風神美

崇尚自然美的魏晉人在美學上崇尚依「道」而自發性的顯現之率真與自然。突出個性自主，才性自由，精神瀟灑自如的精神美是其人物品賞的焦點所在。然而，愛真摯、任自然的時尚，在權謀詐術充斥利害算計，是非敏感的朝廷仕宦生活中是很難「任真」與「任自然」的，於是，促成了清流們對隱逸生活的愛好。當人處在隱逸時，自然疏離了對世俗功名利祿之貪執，心中了無罣礙。隱逸生活不但簡單樸實無華，卻沉浸在山林的自然美與田園之樂中。山水田園，花草林木之清新與自然對隱逸者易產生不自覺的「滌情」作用，消解機心，卻除世俗的功利心。戴逵〈閒遊贊〉一文點出：「然如山林之客，非徒逃人患，避鬥爭。諒所以翼順資和，滌除機心；容養淳淑，而自適者爾。」我們認為隱逸生活的價值不止於此，還進而能使人在沉醉於與大自然交融之際，體悟玄理妙契「道」真。當然，胸懷玄理及玄意的率真適性之人也不必定限圍於山林田園的生活，也可如郭象所說的那樣無心順「有」的生活在人間世而臻獨化於跡冥圓融之境。清逸的神情是他們在形神相親下所散發出來的氣質和特徵。秀穎的才識是他們深刻的玄理造詣。不為世俗格套所羈的個性及從而顯現的從容氣度，是他們脫俗的自由心境所自發出來的名士風度，這種風度帶有飄逸

---

[52] 見宗白華《美學散步‧論《世說新語》和晉人的美》。

感，予人清麗的風神美感。

《世說新語・德性》載一則事例，謂胡質、胡威父子皆以清慎名世，世祖帝問胡威與其父胡質相較誰更清高？胡威說：「臣父清，畏人知，臣清，畏人不知，是以不如遠矣。」能真正淡泊名利的人才是清高的人。〈品藻〉有一則皆用四字品評語來論人物的記載：

> 撫軍問孫興公：「劉真長如何？」曰：「清蔚簡令。」；「王仲祖何如？」曰：「溫潤恬和。」；「桓溫如？」曰：「高爽邁出。」；「謝仁祖何如？」曰：「清易易達。」；「阮思曠何如？」曰：「弘潤通常。」；「袁羊何如？」曰：「洮洮清便。」；「殷洪遠何如？」曰：「遠有致思」

再看〈賞譽〉載之：「公孫度曰邴原：『所謂雲中白鶴，非燕雀之網所能羅也。』」、〈容止〉載曰：「有人語王戎曰：『嵇延祖卓，如野鶴之在雞群。』」這些人物的人格特質雖有多樣化，卻有內在共同的普遍特徵，那就是「清」。「清」不但表徵了高尚的人格，也意謂著自由自在的心靈及玄理精微的思想內涵。這一共同的特徵，使他們的人格生命表現出神氣旺盛，形象鮮明，皆有超拔於流俗的逸朗之氣。他們所以風神瀟灑，從心靈境界而言，玄意盎然，不為物所牽，亦不為俗所累，在有限的形貌容止中洋溢出與「道」相通的無限神韻與意境。這種人物美是由名士的器識、格調、風度所顯出來的神清貌秀，是一種神韻美亦是精神美。

第五節　魏晉的文學理論

　　如果一個時代不同面向的文化內涵有其相通的特徵，及其具普遍性的表現形式的話，則這一具時代風格特色的文化，當為一脈絡相互關聯，彼此相滲透影響的機體性文化，亦即具時代生命特性的整體性文化。湯用彤曾指出魏晉玄學係在中國哲學史脈的流變上，因創新方法和理論而有其與兩漢不同的特色和新風貌。他進而解說：「此一時代各種文化活動無不受此新方法、新理論之陶鑄而發揮此一時代之新型，而新時代之形成即在其哲學、道德、政治、文學藝術各方面均有同方向之新表現，並因此種各方面之新表現而劃為另一時代。」[53] 魏晉玄學的核心理論是探索「有（現象）」，與「無（本體）」之相互關係的存有學或本體論。換言之，「玄學」顧名思議為「玄遠之學」，亦即對宇宙與人生的究極實有的尋根之學。因此，作為本根之學的玄學主導魏晉文化的全面發展時，對正始時期，至東晉時代的詩文有玄學風潮的影響。然而建安時期的詩文，及有文學理論自覺後的文論則未必全都深受玄學思潮的影響。本節選擇曹丕〈論文〉及陸機的〈文賦〉作為兩漢魏晉時期的文學理論代表。

一、曹丕的〈論文〉

　　文學理論也可稱為文論，兩漢的文學尚未有自覺性的內在理論，到魏晉時才有所突破。魏晉時期的文論具代表性的，可首先舉曹丕

---

[53] 湯用彤〈魏晉玄學和文學理論〉載於《中國哲學史研究》，一九八〇年，第一期。

《典論》的〈論文〉。曹丕的《典論》是他身為太子時寫於不同時間的論文集，書成時間約為建安二十二年（公元二一七年），可惜全書已逸失。唯〈論文〉因被選入《文選》而得保存。〈論文〉突破了漢代文學思想制約的新文學理論。漢代的文學及藝術依附於政治、道德教化，成為達成這些目標的工具價值。質言之，漢代的文藝旨在歌頌主政者的文治武功，助人倫及輔助教化。曹丕的《論文》咸被人視為中國文學史上第一篇有文之自覺的文學理論論文。他創始性的藉漢代流行的「元氣」說來解釋文學的本質。他所提出的「文以氣為主」的命題係其文學理論的核心命題，對以後的中國美學史產生重大而深遠的影響，例如，謝赫論繪畫六法的首要原則「氣韻生動」即是。劉勰《文心雕龍》，於〈明詩篇〉評建安文學崇尚「慷慨以任氣，磊落以使才」，在〈時序篇〉亦謂之為「慷慨而多氣」。在中國文學史上，曹丕首先明確的以「氣」的概念架構來發展一套文學理論。劉勰在《文心雕龍》〈風骨篇〉認為「重氣之旨」是曹丕論文的特徵。曹丕所說的「氣」之所以具有文學理論意義，在於用「氣」來理解文學創作者的天生氣質、個性、才能、情感，且認為這些個人化的生命氣質和所蘊涵的才情與其文學創作的風格品味密切相關。換言之，個人的才氣對其文學作品的品質具有相當重要的決定性因素。

曹丕在《典論‧論文》中說：

> 文以氣為主，氣之清濁有體，不可力強而致。譬諸音樂，典度雖均，節奏同檢，至於引氣不齊，巧拙有素，雖在父兄，不能以遺子弟。

在曹丕之前，東漢已有學者以「氣」概念解釋人的生命起源，人與人之間個性上有善惡、氣質及才能高下等個別差異所由生的原因。例如：王充在《論衡》〈率性篇〉說：「人之善惡，共一元氣。氣有

多少，故性有賢愚。」在〈本性篇〉說：「人性有善有惡，猶人才有高有下也。高不可下，下不可高。」魏初由才性論所引發的人物品藻，以清濁質性之不同來理解人物之人品差別，把人物分成「清流」和「濁流」，這一說法實轉自王充「操行清濁，性也」的講法。曹丕所謂的「清濁」概念內涵更為豐富，其創見在於藉「清」這一概念說明文學家的個性、才情、生命氣質、情感質性是優質的，脫俗超群的。相對的，他用「濁」的概念來說明文學家個人稟賦的劣質。饒富意義的是他將王充以來政治人物品藻的氣性說轉向開拓於審美性的文學批評理論。他所謂「氣之清濁有體」意指文學家天生稟賦之總評。

　　清濁體性不同的文學家之生命氣質，對其文學創作之格調、品味、性質、高下具關鍵性的影響力度、「文以氣為主」，曹丕的意涵在側重文學家天生自然的稟賦，其思想融會了兩漢的元氣說及漢魏之際的才性論，但是，「文以氣為主」的文學意義在於針對文學作品的創作才思而言。曹丕不否認文學家後天努力學習的價值，可是他更突出文學家天賦的才氣情思。曹丕如同其父曹操般深好音樂，因而將音樂善喻於文學創作。音樂的曲調雖然在曲度、節奏上均同，可是演奏者的才氣不同，技藝的巧拙不齊，因此，他們所演奏出來的音樂在藝術情感的內容及審美趣味上有多樣化的差異性。文學創造亦然，曹丕在《典論‧論文》和《與吳質書》中，從與文學家個性有關的文氣或文章氣勢來品評諸家之風格異趣。〈論文篇〉說徐幹「時有齊氣」[54]，評孔融「體氣高妙」、「應瑒和而不壯，劉楨壯而不密」。他在〈與吳質書〉中則品評：「孔璋章表殊健，微為繁富；公幹（劉楨）有逸氣，但未遒耳。」、「元瑜書記翩翩，致足樂也；仲宣（王粲）獨自善於辭賦。惜其體弱，不足起其文」有學者指出：「『壯』與『密』

---

[54] 李善《文選》註說：「言齊俗文體舒緩」所謂「齊氣」兼指文體和作家的氣質，徐幹個性舒緩，有時文如其人。曹丕在〈與吳質書〉中即言徐幹「含文抱質，恬淡寡欲。」

是曹丕對文章審美趣味的兩個基本要求。所謂『壯』，就是文章要健壯雄強。」[55] 曹丕在上述的品賞語「殊健」、「高妙」、「逸氣」、「翩翩」等皆意指奔放不羈，勁味十足。與「壯」的辭色相得益彰者為「密」，指文章的結構嚴謹，立論縝密，思理綿密，章法井然。若以「密」的品素檢視諸文學家，則曹丕評孔融「理不勝辭」、孔璋「微為繁富」、劉楨「但未遒耳」[56]。曹丕所說的「文」若採廣義的泛指各種說理性文章，則「密」，亦即細密、精密，乃是曹丕對一切文章的基本要求了。「壯」與「密」既成曹丕評賞好文章的兩項標準，則兩者缺一的「壯而不密」，或密而不壯皆有不足處。「壯」與「密」兼備反映出建安文學積極慷慨、奮發向上的事功精神，與漢儒溫柔敦厚及中正平和的品味和格調不同。曹丕以壯密的氣勢來品賞文學，影響所及，劉勰在《文心雕龍》中發展出對中國美學之精髓頗有形塑意義的「風骨」概念。曹丕採文學家天生的生命氣質說來品評文學作品的風格特色，也奠定了中國文學傳統的風格說。

曹丕在〈論文〉中也首開討論文學中「本」與「末」的問題。先秦兩漢的美學，雖有「文」與「質」的關係說，其論述不是針對文學理論而言，而是泛言社會文化與生活中的一切美感事物。曹丕論「文」的本末問題，不像先秦兩漢那麼寬闊，而係針對文學而作理論上的分析。他說：「夫文『本』同而『末』異，蓋奏議宜雅，書論宜理，銘誄尚實，詩賦欲麗。此四科不同，故能之者偏也，唯通才能備其體。」他的文質關係論限定在討論不同形式、體裁的文學作品之普遍共同性和殊別性的特徵，他把文分為奏議、書論、銘誄、詩賦等四科別，這是前所未有的細分法。文學性的「文」獨立的抽取出來，成為專門研究的對象。詩賦是文學性的作品，曹丕能由先秦兩漢的道德

---

55 李澤厚、劉綱紀主編《中國美學史》卷二，頁48。

56 「遒」通常解作勁健有力，兼具密集意。曹丕謂：「劉楨壯而不密」當指此意。

教化的工具價值，附庸地位，開創性的提升到審美的意義和獨立地位。他賦予詩賦「麗」的本質特徵，以別於其他三科。曹丕這一新說法，對兩漢以來，甚至包括東漢王充在內的論者，以政治功利這一實用目的來否定審美性的內在意義與價值，不啻是對漢人的一大挑戰。

漢魏之際的徐幹在所著《中論》中的〈藝紀〉篇，雖也觸及「文」的本末問題，但是徐幹的講法是：「藝者，所以成德者也；德者，以道率身者也。德者，人之根幹也。……藝者，心之使也，仁之聲也，義之象也。」他所謂的「藝」係漢儒所謂的「六藝」，且不脫離文藝與道德的傳統關係，仍是兩漢「德」為本而「藝」為末的漢人觀點，我們在西漢的《淮南鴻烈》中已初具這種文質關係論。張岱年點出徐幹理論中有二特色：「一重藝，二貴智」[57]。事實上，重藝與貴智在漢末魏初具有流行性的普遍觀念。曹丕所謂的「文」之本末，意指「文」的共同本質為「本」，「文」的各種不同體裁、形式為「末」。他所側重的為「文」之「末」，亦即「文」的各種特殊形式，也就是各類文體的內容、技巧、手法、風格之特徵的問題。〈論文〉旨在探討如何寫好四種文體。他認為四科的文體特徵不同，他所重視的是「末」中詩賦，亦即文學創作的特徵在於作者的才氣，所謂「文以氣為主」。至於文之「本」，亦即四種文體的共同本質又是甚麼呢？

他在〈論文〉中有段對「文」之地位與作用，高談闊論的話，所謂：

> 蓋文章，經國之大業，不朽之盛事。年壽有時而盡，榮樂止乎其身，二者必至之常期，未若文章之無窮。是以古之作者，寄身於翰墨，見意於篇籍，不假良史之辭，不托飛馳

---

[57] 見張岱年《中國哲學大綱》，北京：中國社會科學出版社，一九八二年版，324頁。

之勢，而聲名自傳於後。

「文」之「本」仍承繼漢代儒家經世治國的外王事業，亦即政教倫常的傳統價值觀來高唱。可是，值得觀察者，他認為年壽、榮樂的價值就時間的歷久性而言，不及好文章的傳世價值。他把好文章視為有千古不朽的價值，這一來，他大幅提升了文學的價值與地位了。好文章既是在經世作用上為一經國大業，在超現實功用上，又是「不朽的盛事」。文章所以「不朽」在於其不可磨滅的文學審美性趣味和價值。這也是曹丕為何說詩賦的創作以「麗」的特徵為其價值所在了。

二、陸機的〈文賦〉

陸機，字士衡，吳郡人（今江蘇吳縣），生於公元二六一年（魏元帝曹奐景元二年），死於公元三〇三年（晉惠帝司馬衷太安二年）。晉代魏為公元二六五年，因此，他的主要活動時期在西晉。陸機的〈文賦〉是中國美學史上，第一篇深論文學創作的專文。獲得大多數人的肯定。〈文賦〉之前的美學論述很少涉及文學創作中具體而微的專題深究。例如，漢代的《毛詩序》未論及詩歌創作的專門性問題，曹丕的〈論文〉也只是泛言而未深入。受陸機影響甚深的劉勰在《文心雕龍‧總術》中謂：「昔陸氏〈文賦〉，號為曲盡，然泛論纖悉而實體未該。」雖然他嫌〈文賦〉未臻理論的完備性。但是，平實而言，〈文賦〉對文學審美理論探索的「曲盡」和泛論的「纖悉」，卻是陸機令人不容忽視的貢獻。〈文賦〉不但吸收了曹丕〈論文〉謂文學作品的風格受作者個性、才氣影響的說法，也大幅度的採納道家的哲學。因此，〈文賦〉雖也具含了儒家思想，卻與兩漢儒學狹隘僵化的意識型態不同，顯得思想自由開放而內涵宏闊。〈文賦〉思想有多元化的來路，堪謂漢魏之際的新思潮結晶。

　　陸機在〈文賦〉中說明了此作緣起的背景、動機、意向和目標。
他說：

　　　　余每觀才士之所作，竊有以得其用心。夫放言遣辭，良
　　多變矣，妍蚩好惡，可得而言。每自屬文，尤見其情。恆患
　　意不稱物，文不逮意。蓋非知之難，能之難也。故作〈文
　　賦〉以述先士之盛藻，因論作文之利害所由，他日殆可謂曲
　　盡其妙。至於操斧伐柯，雖取則不遠，若夫隨手之變，良難
　　以辭逮。蓋所能言者，具於此云。（《全晉文》卷九十七）

　　陸機〈文賦〉之作，是經過他大量研究許多文學家的文學成就而精密
分析其中原理而成的。他研究的重點在細察文學家們所以獲致成就的
寫作「用心」之所在。此「用心」之所在，繫於作者精神世界的豐富
內涵、情感的真摯及表達，寫作的技巧及作品的美感特色和成就所
在。他觀察到文學創作的路途雖變化多端，可是作品的「妍蚩好惡」
亦即美醜好壞仍是可以理解和說明的。換言之，他是自覺而鮮明地從
審美理論的立場來品點文學作品之優劣的。他一方根據自己的寫作經
驗，深刻體會出文學創作的「用心」及其與「妍蚩好惡」間的關鍵所
在。那就是「意不稱物，文不逮意」，亦即「物」、「意」、「文」
的三層間關係能否得心應手，暢通無間。所謂「物」從美學意義的角
度而言，乃指人所投入的美感情境或情景。「意」是美感心靈所源發
出來的美感意識，係一具審美欣趣的綜合心靈狀態。「文」係表達審
美主體內在美感意趣或美感內容之文學形式。「稱」有相應、貼合、
相稱之意涵。對陸機而言，具高度文學審美性的作品，「物」、
「意」、「文」三者間應融通無間，一脈相貫。就分解性的層次而
言，「意」之「稱物」居先，「文」之「逮意」隨後。若將三者連接
著說，則透過文學形式所抒寫的審美意趣與引發審美意趣的美感情境

間宜契合為一。「文」須「逮意」,意指文學作品貴能生動如實的表露心意(文心),對審美意識和美感情境間貼合、相稱關係的處理,乃是文學創作中的構思問題,其目標在於抒情達意的傳達問題。文學作品所要傳達的是後世所言心與境如何融洽為一,情與景如何交融合一。研究「物」、「意」、「文」三者相契合為一體的文學,今人稱為「情境美學」。情境美感係審美主體在生活世界中對能引發美感的情境,在境遇感通中當下全面觀照。葉維廉說文學欲呈現的乃是「全面感受」,這種感受「是具體事物從整體現象中的湧現,是活動的,不是靜止的,是一種『發生』,在『發生』之『際』,不是概念和意義可以包孕的。」[58] 美感情境對審美意識的召喚是臨場性的當下,亦即具有「情」、「景」交融之際性活動性。至於以傳達情景交融的美感狀態為研究對象之學問,今人稱為情境美學。所謂情境美學之「情境」涵義,鄭毓瑜曾予以一界說:

> 　　對於六朝美學更深廣的探討,就應當是為了發顯「人」(包括作者、讀者;觀者、被看者)究竟是以什麼樣的身心情態處在大自然與人文環境中,乃至於可以展現具有美感的實存體驗;而這樣一種交錯時間、空間與社群等多重脈絡的存在關係網,既為審美主體的本然真存,復又為所有人文藝術活動的生發場域,我們稱它為「情境」[59]。

　　鄭毓瑜這一界說涵義完整且確切,若以陸機〈文賦〉的旨趣和脈絡而言,則謂為意境美學或能更傳神些。所謂意境當指審美者心靈意識所感受到美感情境而興發的意趣與心境。意境深藏於心中,文學家

---

58 葉維廉〈中國古典詩中的一種傳釋活動〉載於《歷史、傳釋與美學》,臺北:東大圖書公司,一九八八年,頁67。

59 鄭毓瑜《六朝情境美學・自序》,臺北:里仁書局,一九九七年初版,頁1~2。

欲以文學媒介貼切地傳達出來，既能暢己之神，也能感染讀者而生共鳴共享的價值。因此，陸機的「物」、「意」、「文」形成了文藝創作得經歷一由「物」（境遇）到「意」（意趣），再由「意」到「文」（文學創作的作品）之雙向往復的文藝心理活動程序。前一程序為創作者化所境遇的景物為審美的情思，後一程序則為再將這一審美意識內的情思，透過文學創作的媒介，生動如實的再現出來，成為對讀者具傳達性、富感染力而能引發共鳴的文學作品。

因此，對陸機而言，有價值的文學作品應言之有物，亦即能傳達出精微而豐富的深意。為達到這一旨趣，我們不能為寫作而寫，而應在寫作前沉潛涵詠出深情深意。陸機兼綜儒道的指出我們應如何醞釀深意的理論，他說：

> 佇中區以玄覽，頤情志於典墳，遵四時以歎逝，瞻萬物
> 而思紛。悲落葉於勁秋，喜柔條於芳春。心懍懍以懷霜，志
> 眇眇而臨雲；詠世德之駿烈，誦先人之清芬。游文章之林
> 府，嘉麗藻之彬彬。慨投篇而援筆，聊宣之乎斯文。（《全
> 晉文》卷九十七）

這段精闢的論述可說是陸機對文學創作最富基本理論性的說法了。其中，開頭的兩句話可視為文學創作當具備的根本要件。「佇中區以玄覽」源出道家、玄學的思想。「中區」意指天地之中，源出《老子》：「域中有四大」的「域中」。「玄覽」語出《老子》：「滌除玄覽」[60]「佇中區以玄覽」意指立於天地之中，洗滌心中的雜念，而能以無執的虛靜靈覺之心，契悟玄理，以形上的「道」環視天地百物而與之感通無間。先秦的《莊子》，西漢的《淮南鴻烈》把人的精神

---

[60] 王弼注曰：「玄，物之極也。言能滌除邪飾，至於極覽」。

世界間開拓至與無限的大自然交融合一的思想意趣，貫注於文學創作中。陸機自覺的將「佇中區以玄覽」視為一文學創作的本源係一文學理論上的創見。「頤情志於典墳」意指以熟讀古代典籍來涵養陶成寫文學作品前的個人生命「情志」。東漢班固雖在論漢代著名文士時曾說過：「究先聖之壺奧，婆娑乎術藝之場，休息乎篇籍之囿，以全其質而發其文。」[61] 但是，陸機的意涵更為豐富而深刻。「頤」是以潛移默化的方式來進行情志的涵養培育。他所說的「情志」既非將思想和情感簡單的放在一起，亦非漢代《毛詩序》侷限在儒家倫理取向的「志」與「情」之結合，而是作者下筆前對世界、歷史、與人生的深刻理解及深厚情感。因此，「頤情志於典墳」有較全面的儒學內容，陸機認為文思的培養，文心的底基和靈感來自「佇中區以玄覽」和「頤情志於典墳」的交互滋養。陸機向外極覽盡觀浩翰神奇的宇宙萬物，向內則透過典籍的閱讀，陶成深刻的人文理性與情感體驗，其內外交融涉及宇宙自然的秩序，歷史的素養及人文的情懷，可說將道家的自然與儒家的歷史人文素養交融一體，共化為文學創作的泉源和內在動力了。

「遵四時以嘆逝，瞻萬物而思紛；……慨投篇而援筆，聊宣之乎斯文」，意指文學創作者當有感物興懷的高雅情志，緣情所致，文思泉湧時，才提筆作文以抒發一己實存性的體驗。感物緣情興於文人內在的情志與外在時空交錯的景物相互推移和滲透。有價值的文學作品在於真情實感的自然流露，而不能虛情矯飾，同時，作品在抒情表意上，情之真，意之切當恰如其分，不得有過或不及之弊。感物緣情有其由外而內，由自然而人文的韻致。他在文中由悲秋葉的零落、喜春天的枝芽，將心境經過「興」與「比」的人文覺醒而轉化成對人世的關懷。此際，內心的情志轉生肅然危懼的憂時之感，心地的高潔似霜

---

61 班固〈答賓戲〉，載於《全後漢文》卷二五。

雪，志向的高遠若凌駕上空的白雪。在這一心境的轉換提升歷程中，此情此志已成悲情高情的藝術之情，化成審美性的悲涼之美及壯志之美。陸機認為文人當蓄意如此深沉，情志飽滿到油然歌詠先人世德之地步，才稱用亮麗的美辭藻來文飾其情和表達其意。雖然我們已熟知前人的辭章，卻不宜借用他們的修辭，當慨然放下他們藻美的言辭，宜用自己的語言以宣洩屬於自己的情志。在文學表達的美感上，陸機強調緣情的「綺靡」美及「文外曲致」的含蓄美以及即小觀大的玄思之美。

　　陸機在〈文賦〉中解說詩的文學藝術之美在於「詩緣情而綺靡」。他在〈思歸賦〉中云：「悲緣情以自誘，憂觸物而生端」「緣」在語脈中的語意是因、由的意思。詩「緣情」指詩的產生乃由「情」油然而生。東漢《毛詩序》曰：「（詩）發乎情，止乎禮義」將「情」置於儒家道德性的禮義脈絡下。《世說新語》屢見以「情」論「文」，反映出魏晉文緣於情的思潮。陸機是一個例子，他所緣的「情」指上述之「情志」，亦即個人對人生的感懷、對自然美的欣賞和理想性的志趣，這種個體生命實感的自覺與《毛詩序》有別，係一種審美、藝術之情愫。「綺靡」的「綺」原係一種細綾，以古代絲織品的質感美來比喻文彩的美麗。「靡」雖常與奢靡連用，其本意為豐盛、泰裕、繁多。「綺靡」意指文彩絢麗華美。依陸機的意思，詩的發生因在於「緣情」，詩的審美性表現在於修辭遣詞的絢麗華美。這種對發生因與表現的形式美，不只用來解說詩文學，也足以作為解釋一切文學作品的基本文學理論。「文外曲致」的含蓄美意指情境美學中的意境美所含之特徵。陸機在〈文賦〉說：「罄澄心以凝思，眇眾慮而為言，籠天地於形內，挫萬物於筆端。」文學家對所寫的題材如景物應周密的觀察，悉心的感受，再由自由高雅的想像，昇華成韻味無窮的意趣或意境，最後再形諸於筆墨文章。如是，文學作品可說是作者化景物為情思，將情思寫成文章，讀者則處在逆返的心路歷程；

將文章同情共鳴成與作者相感通的情思，再由想像力再現出作者所感受到的情境對象。換言之，若以玄學理論視之，則作者旨在寄言出意，讀者旨在從作品的閱讀中得「意」忘「言」。蓋「意」在文學作品中是隱而不顯的，意趣或意境之美在於「文外曲致」的含蓄美。《文心雕龍》〈隱秀篇〉云：「夫隱之為體，義生文外，祕響傍通，伏采潛發，譬爻象之變互體，川瀆之韞珠玉也。」[62] 意指「隱」的筆法在於有言外之意，猶隱密的音響聞聲不知處，彩光色澤若隱若現的閃耀，好像六畫卦中間四爻所得的互體卦，川流中蘊涵著亮麗的珠玉。袁行霈說中國文學中的含蓄美「是充分應用語言的啟發性和暗示性，以喚起讀者的聯想，讓他們自己去體會和發現作品中雋永深長的意趣。這正是中國文學在藝術表現方面的妙諦。」[63] 文學的含蘊美乃是美在言有盡而意無窮，引發讀者品味文章中的言外之意趣，可說是魏晉文學與藝術的一項共通點。

　　至於玄思之美是以玄學為本的文學欣賞理論。陸機在〈文賦〉中說：「課虛無以責有，叩寂寞而求音，函綿邈于尺素，吐滂沛於寸心。」文學作品若只描寫有形跡的現象而不深入滲透進入無形跡的所以跡，亦即深不可測，妙不可言的虛無本體。或者，在賞樂時只止於有跡象的具體音響而不知體悟「寂寞」無形跡的「大音」。這對文學作品的讀者或賞樂者而言，其所感受到的美感是膚淺的、有限的，其審美趣味是淺嚐而已。如果文學作品有宏觀的視野，形上的心境和視域，藉有形以觀照無形，由跡返觀所以跡之道體及神妙之作用，則透過文學閱讀的讀者能於咫尺之內見千里之外，於方寸之間的內心可品味出無窮的意趣和韻味。換言之，雋永有深味的文學作品應培育宇宙情懷及高遠的形上境界。陸機在〈文賦〉謂：「遵四時以歎逝，瞻萬

---

[62] 范文瀾《文心雕龍注》，北京：人民文學出版社，一九七八年版，頁632。

[63] 袁行霈《中國文學概論》，臺北：五南圖書出版公司，一九八八年初版，頁25。

物而思紛。」，這是站在天地運行，物象變化的宇宙高度，感物傷時而緣生「歎逝」的哲思與情懷。宇宙是時間與空間的統合場，陸機的「歎逝」是透過空間的大自然環境，感知物象的變化係因春秋代序，冬夏交迭，亦即四季的節變推促著器物世界的物化與流逝。四季對萬物的流移推展是在時間格度中展現出宇宙生成變化的周流六虛，此際，人在時間的洪流中觸目驚心於萬變之短暫倏忽與不可逆返。換言之，文人的感物興想是源於內在的心思透過時空與物象交往，使「觸物」、「緣情」與「興思」交錯成文學作品，其應物體道，索求人生的終極依歸與安頓之意向興發出無窮的玄思之美。

鄭毓瑜有段話最足表述其中奧理，他說：

「現在」因為存在於時間流移之中，與時間的種種向度相互關涉參錯，而成為可以被具體感知到的「瞬間」。緣由這思前想後的無盡迴旋，追憶主體於是可以形成連續、整一的「此（時我）在」體驗，而相拒於線性時流中紛然如逝、模糊碎裂的人生觀感；然則「嘆逝」、「思舊」非但不是表象上的哀傷頹靡，反倒擁有出入時間之流的最大自由，因而可以持續探詢生存，而賦予最意味深長、乃至悲壯崇高的解釋！[64]

陸機〈文賦〉中所處理的文學理論課題多端，篇幅所限，我們也只能舉有哲學性的論題予一扼要紹述。其他相關問題，諸如，論文學的作用，不同文體之美、文學中藝術性的創造之性質及其規律特徵、寄興暢神之情趣等精闢見解，還是留給專精中國文學史的行家去說吧！

---

[64] 同註 59，〈自序〉，頁 4。

第十五章

兩漢魏晉的
美學（二）

第一節　漢魏的飲酒美學

一、漢代的飲酒風尚及其美學涵義

　　人類不分民族與地域，自古即與酒結下不解之緣。西方遠在希臘神話中，即產生主司戲劇與酒之神，至近代德國哲學家尼采在《悲劇的誕生》中提出了表徵理性的日神阿波羅（Apollo）和與之象徵熱情的酒神戴歐尼索斯（Dionysus），這是兩種相對的精神象徵。詩，是人類精神文化中的精粹品，中國是一個有詩情的古國。酒是人類飲食產物中的精粹品，中國自古即是一個愛好飲酒的古國。《詩經》是中國第一部詩集，其中涉及「酒」者有四十多篇。例如：〈小雅・鹿鳴〉云：「我有旨酒，以燕樂嘉賓之心。」描寫酒人情態。又如《楚辭・東君》謂：「操余弧兮反淪降，援北斗兮酌桂漿。」狀述南國酣飲之風。把酒置入人際互動的社會生活中形成風尚，才能形成酒文化。

　　中國上古祭祀之禮是最主要和重大的禮儀，《北山酒經》謂：「天之命民作酒，惟祀而已。」周人有鑒於夏商亡國的教訓，在《尚書・酒誥》中頒佈嚴禁酗酒令。然而，酒以成禮，「禮」與「醴」相通，備醴酒以行禮，藉以表達人道之醇厚深摯。《左傳・魯莊公二十二年春》載陳完（敬仲）對齊候說：「君子曰：酒以成禮，不繼以淫，義也。以君成禮弗納之淫，仁也。」就儒家的立場，《禮記・曲禮》有言：「夫禮者，所以定親疏、決嫌疑、別同異、明是非也。」禮教旨在促進人與人之間的相互尊敬，因此，在言行上皆有應遵守的

外在行為規範。禮的消極社會功能，旨在避邪防惡，《禮記‧坊記》曰：「禮者因人之情而為之節文，以為民坊者也。」但是，禮的「節文」即經驗性的形式規範，若淪為掌權者箝制臣僚的言行之工具，則為遂行打壓異己的政治惡，這是漢朝魏晉名教與自然衝突的原因所在。就道家立場以《莊子‧漁父》「法天貴真」說來論酒與人生則曰：「其（真）用於人理也，事親則慈孝，事君則忠貞，飲酒則歡樂，處喪則悲哀。」飲酒是真情流露與外在的禮文有時是相悖反的，因此，儒家「酒以成禮」與道家「飲酒則歡樂」或酒以抒真情形成名教與自然對峙的一種態勢。

漢代的劉邦在崛起之初與項羽在「鴻門宴」的相互敬酒是中國重大的歷史事件中與酒最具關係者。這兩位逐鹿中原的霸主，平生不與詩書親近，但是飲酒抒豪情，竟然吟出千古悲壯的〈垓下歌〉和〈大風歌〉。漢初有「蕭規曹隨」之美名的曹參任丞相無為而治，縱情於酒，日夜酣飲。他對求見者先請入席飲酒，至醉方休以消解他們勸曹參在政治上當有所作為的諫言。他與大臣們的聚飲已使酒成為化解反對無為建言之政治藝術了。他樂於陶醉在濃郁的飲酒氣氛中。後世將歌相呼應，熱鬧非凡，曹參之飲沿用為歌詠宰相與權臣嗜酒取樂的典故性辭語了。唐代李商隱作詩贊頌說：「後飲曹參酒，先和傅說羹。」[1]西漢辭賦家揚雄酒不離口，而《太玄》得以撰成。漢代辭賦家司馬相如，與才女卓文君私奔以賣酒為生，為兩人的深情譜上一段佳話。〈邛州治〉有詩云：「長門賣賦今應貴，傾國當爐酒自香。」漢代的酒吏是宴席上專設的監酒之職，掌管酒令等具，負責宴飲的酒律以維持酒席的秩序。酒吏的資格是能精通酒律、音律、本身酒量寬大，情趣高雅。漢代的酒吏掌酒令也是一種詩酒相聯的雅令，蓋由先秦筵席誦詩至漢武帝柏梁臺君臣聯吟，石崇金谷之遊和東晉王羲之蘭亭雅集

---

1 李商隱〈五言述德抒情詩一首〉。

的流觴吟詩，桓玄諸人的了語令、危語令這一發展的流脈，逐步形成了中國文人在酒席上分韻賦詩聯句的雅令。詩與酒交會成文人雅集以營造審美情趣的必備物。此外，源於漢代，盛行於六朝的棋戲樗蒲也逐步與酒文化合流，構成流行於後世的骰令。其他如鼓盆起舞、藏鈎、卷白波、投壺等，皆是漢代飲酒作樂的營造物，形成了娛樂性的藝文活動，增添世俗化的生活美感。

二、魏晉之際文士的飲酒風尚及美學涵義

漢代政權尊經尊孔，厲行森嚴的禮法之治，文士多感受到制約和束縛。漢魏之際，禮教的社會規範傳統猶在，可是文人名士因中央政權的貧弱而得以提升其社會地位及影響力。酒所表徵個人真情的道家意識與酒以成禮而定親疏、別同異、明是非的儒家意識，在漢末魏初名教與自然之裂痕中呈現對峙狀態。早在西漢末年揚雄的〈酒賦〉即呈現出酒客與法度之士對立的狀態。這是漢代文士藉飲酒以企求個性解放，從而從禮制束縛中自求解脫的自覺表現。漢魏之際，以道家飲酒精神批判儒家名教藩籬，首先發難者當推建安七子之首的孔融。明代夏樹芳《酒顛》卷下說：「孔融愛才結客……嘗有詩曰：『歸家酒債多，門客粲幾行。高談驚四座，一夕傾千觴』」孔融率真自得的飲酒豪情堪謂為啟發魏晉名士放達風氣之先，曹操的〈短歌行〉說：「對酒當歌，人生幾何？譬如朝露，去日苦多。概當以慨，憂思難忘，何以解憂？唯有杜康。」其藉酒抒個人雄壯之豪情成為佳話，可是回到政治現實不得不顧憂團體紀律而有禁酒令。劉備入川亦然，為整治軍紀，嚴令禁酒。孔融發表了兩次〈難曹公禁酒書〉，反向的舉證歷史人物因酒而成就事功而歌頌酒德酒功，反對曹操禁酒令的侵犯個體自由，壓抑個性。酒過飲常亂性，平實而言，婦女出宴，男女雜

坐，在禮教甚嚴的漢代當然視為失禮。[2]因此，漢魏時代的文人名士，許多人是基於不同的角色而對酒的社會規範持不同的立場。例如，孔融的朋友蔡邕，在個人私領域的生活中可以飲酒一石而醉臥道上，但是在公共領域的政治、社會生活上，著〈酒樽銘〉一文，老調重彈的說：「酒以成禮，弗繼以淫」[3]。王弼的嗣祖父王粲在私生活上附庸「鄴下之飲」，但是在公共事務上參與了曹操修新禮制的工作，在其〈酒賦〉中也持酒以成禮的儒理。曹丕於《典論・自敘》中自謂與奮威將軍鄧展在酒醉後以蕉相繫，蕩然無君臣之禮，可是在政事上作〈酒誨〉謂：「酒以成禮，過則敗德，而流俗荒誕」[4]。葛洪《抱朴子・疾謬》對漢末飲酒士風的敗壞有著尖銳的批判，謂：「漢之末世……及好會，則狐蹲牛飲，爭食競割，制撥淼折，無復廉恥。……誣引老莊，貴於率任，大型不顧細禮，至人不拘檢括，嘯傲縱逸，謂之體道。」漢末飲酒悖禮敗德之風，猶利用道家理論來掩飾並合理化其傷風敗俗之異常行徑。

「風流」一詞特別用來讚賞魏晉名士千姿百態的神韻美、人格美。意指由名士的風神氣度所蘊發的生命氣質和境界。魏晉名士，特別是「肆意酣飲」的竹林七賢，他們的風姿情調可表現在飲酒的品味和格調上。我們若放大視域，則可從魏晉史傳中可閱讀到不少有關於以酒為主題的著作，諸如：飲酒詩、酒誨、酒誡、酒箴、酒誥、酒頌、酒歌、酒訓等令人目不暇給。令人驚訝的是描述飲酒情態的語彙何其豐富多樣，例如：樂飲、愁飲、快飲、痛飲、酣飲、悶飲、雅飲、生飲、縱飲、頹飲、禮飲、荒飲、默飲、狂飲、宴飲、獨飲、對飲、聚飲、群飲、會飲、悵飲、豪飲、避暑之飲、與豬共飲令人眼花

---

2 例如：《漢書・游俠列傳》載嘉威侯陳遵「過寡婦左阿君，置酒歌謳」，被朝廷刻以「湛酒　淯，亂男女之別」的罪名而免除官職。

3 蔡邕〈酒樽銘〉收入《藝文類聚》卷七十三《雜器物部・樽》。

4 清代嚴可均《全三國文》卷八，北京：商務，一九九九年，頁七七。

撩亂，記述魏晉名士生活文化的《世說新語》談到酒處就有五十四處，以〈任誕〉篇尤其多。本文以名士生活風尚之一的「酒」為著眼點，考察魏晉之際，社會名教繁苛、政治動盪不安、亂爭頻仍、名士生命危險與苦悶下蘊發出什麼樣的文士酒文化，竹林七賢酒品的個別分析及綜合性評價，期能藉飲酒這一視角，認識竹林七賢的行為現象和內心世界可能的解讀。

（一）阮籍的酒品

　　東晉袁宏《名士傳》將魏晉名士分為正始名士、竹林名士和中朝名士。「名士」我們可簡單的理解成有名望的士人，竹林名士指有社會名望的竹林七賢。近人周紹賢將古來名士分成八類，以「清介超逸」來表述他們共同的品格特徵。這些人由於品性清高，即便是行為孤僻放達，也被世人津津樂道。周紹賢論斷說：「因此清高放達，遂形成後世對名士人格之觀念。」[5] 因此，竹林七賢的酒品亦當有清高放達的種種可觀處。七賢雖個個皆能喝酒，可是酒量的大小、情感個性的不同、個人處事態度的不一、遂形成他們之間在酒量、酒品和酒德上亦有差異。《世說新語・任誕》對阮籍任誕之言行記載，在七人中最多，本文以阮籍、嵇康和劉伶的酒品為美學對象。

　　《晉書》卷四十九〈阮籍傳〉載：「（籍）本有濟世志，屬魏晉之際，天下多故名士少有全者，藉由是不與世事，遂酣飲為常。文帝初欲為武帝求婚于籍，籍醉六十日，不得言而止。鍾會數以時事問之，欲因其可否而致之罪，皆以酣醉獲免。」建安二十五年（公元二二○年）曹丕篡位，阮籍才十一歲，正始十年，（公元二四九年）司馬懿發動政變，將以曹爽為權力核心的八家[6]全部誅三族，無一倖免。

---

5 請參閱周紹賢著《魏晉清談述論》，臺北：臺灣商務，一九六六年出版，頁一三七。
6 曹爽、何晏、鄧颺、李勝、丁謐、畢軌、桓範等。

嘉平五年（公元二五三年），司馬懿又誅夏侯玄、李豐。阮籍一生就經歷兵荒馬亂、政爭殺戮、危機四伏、生命欠缺安全感的悲哀、苦悶之黑暗時代，他為了苟全性命於亂世，從小就培養了喜怒不形於色的個性，他常為了避禍而酣飲酒遁，沉醉不起，為了抒解心中的鬱悶，彈琴長嘯、放浪形骸。他生命中原懷抱的匡時濟世之壯志，遭時不遇，有志難伸，內心的徬徨苦悶難耐，這是他不得不醉酒、登山長嘯、駕車無目的之前行而遇窮途大哭的原因。司馬昭為了籠絡知識份子，利用阮籍的才華與名望，乃為兒子司馬炎向阮籍女兒求婚成親。阮籍不願被捲入政治是非的漩渦，乃大醉六十天避談聯婚事，逼迫司馬昭就罷。奸詐的鍾會設陷阱謀害阮籍，故意問他敏感的時事問題，阮籍深知任何回答都將被曲解而羅織罪名，乃採酣醉必達的酒遁避禍法。

　　與酒有趣的事發生了，阮籍得知步兵廚營善釀酒，藏有美酒三百斛，他像司馬昭要求步兵校尉一職，得以將酒攬為己飲，這是他被世人稱為「阮步兵」的由來，他到任後，與劉伶酣飲。又鄰家有一美少婦，當爐沽酒，阮籍欣然前往風流而不下流，好色而不淫，乃出於純真浪漫的天性所使然。與酒相關的大非大痛之事也發生在阮籍身上。〈晉書・阮籍傳〉載曰：

> 　　籍性至孝，母終，正與人圍棋，籍留與決睹，既而飲酒二斗，舉聲一號，吐血數升。即將葬，食一蒸肫，飲二斗酒，然後臨決，直言窮矣。舉聲一號，又吐血數升，毀瘠骨立，殆致滅性。

按《禮記・曲禮》：「居喪之禮，毀瘠不形」意指居喪者應節哀應變，只許羸瘦，不許過哀而不思飲食，瘦到皮包骨，阮籍母喪，聞噩耗，強忍哀痛堅持與棋手完局，不守奔喪之禮。返家後，哀痛難忍而

飲酒二斗，吐血數升。至喪葬告別禮時，又悲痛逾恆，再飲二斗酒，吐血數升，以致於「毀瘠骨立，殆致滅性」，阮籍雖不守世俗名教規範下的喪禮，而被視為方外之士，《世說新語》〈任誕〉篇載曰：

> 阮步兵（籍）喪母，裴令公（楷）往弔之。阮方醉，散髮坐床，箕踞不哭。裴至，下席於地，哭弔喭畢，便去。或問裴：「凡弔，主人哭，客乃為禮；阮既不哭，君何為哭？」裴曰：「阮方外之人，故不崇禮制；我輩俗中人，故以儀軌自居。」時人歎為兩得其中。

「兩得其中」指「儀軌自居」和「不崇禮制」乃有其理據，都是合理的。其中的區別，「儀軌自居」的儀軌是儒家名教規約下的世俗禮規。「不崇禮制」是不崇外在的規範形式，而崇道家的禮，禮者理也，道家的「禮」，指實質運行的天理，生與死皆天數天理，人所能做的是理解和因循，一切順乎自然律的運化，不以人的主觀意志來逆天。對像裴楷這麼樣的魏晉名士，豁達的視阮籍不拘禮教，也是一種禮，只不過是道家崇尚因任自然律之禮罷了。當然，儒禮或玄理衝突時，禮法之士對崇尚玄理的阮籍不守世俗之禮的酒規是深惡痛絕的。《晉書・阮籍傳》載云：

> 籍又能為青白眼，見禮俗之士，以白眼對之。（籍遭母喪）及嵇喜來弔，籍作白眼，喜不懌而退。喜弟康聞，乃齎酒挾琴造焉。籍大悅。乃見青眼，由是禮法之士，疾之若讎。

按儒家名教的世俗之禮，在葬禮的告別式中，為人子者不應飲酒彈琴，可是依順天理自然的道家是超脫這一人為造設之禮規的。嵇康慕

好老莊，與阮籍同調，且是好友，二人皆不崇世俗的禮制。彼此相悅相惜，嵇康的兄長嵇喜彼時已投靠標榜儒家道德禮法之治的司馬昭，為阮籍所不齒而以白眼予以否定。

（二）嵇康的酒品與美學涵義

竹林七賢裡，年齡最輕的王戎曾敬佩嵇康平日喜怒不形於聲色的大肚量，所謂：「與嵇康居二十年，未嘗見其喜慍之色。」[7] 蓋從嵇康的詩文中可知他自述生不逢時，托生於衰亂的末世中。他在〈太師箴〉說：「大道沉淪，智慧日用，漸私其親，懼物乖離，攘臂立仁。名利愈兢，繁禮屢陳。刑教爭馳，天性喪真。季世陵遲。」儘管如此，我們從他所撰的〈養生論〉可看出他是珍惜生命，熱愛生命，對人生的意義和價值有深厚願景的知識份子。他是深情之中還蘊涵睿智的高人。他深知時不可為，而退思保全性命，歸真返璞，活出個人生命中可能的諸般情趣為念。因此，他重視親情、友情，且能揮灑其多才多藝的藝術天份，享受審美與創作之欣趣的才子，追求至真、至善和至美的彩色人生。從史料記載觀之，《瑯玉集》引〈晉抄〉：「（嵇康）為性好酒，傲然自縱，與山濤、阮籍無日不興。」可是他的喜歡飲酒當是小酌雅飲，與朋友酒敘，以增加生活情趣及健康養生為旨意。這是就酒在怡情養生的正向價值面而言。嵇康在告誡人們酒在養生延年的負向價值面著墨甚深。

歸真返璞以寶性全真是嵇康採取道家道教的價值取向，他在所歸納的養生五難[8]中提及「滋味不絕」有害健康。他在〈與山巨源絕交書〉中也特別強調這一項，所謂：「吾頃學養生之術，方外榮華，去滋味，遊心于寂寞，以無為為貴。」以今日飲食健康而言，高糖、高

---

[7]《世說新語》〈德行〉第十六條。

[8]《嵇中散集‧答向子期難養生論》：「養生有五難，名利不滅，此一難也；喜怒不除，此二難也；聲色不去，此三難也；滋味不絕，此四難也；神慮轉發，此五難也。」

鹽、高油調味下的食物是刺激性高的厚重口味，長期嗜好此種滋味，實有害健康，為心血管疾病、糖尿痛、肥胖症者等所宜忌口的，菸酒無節制所造成對健康的害處，已是現代人所普遍認識到的健康常識。其中，嗜酒，特別是酒精含量高的烈酒，是飲料中的厚重滋味者，對人體健康的傷害最嚴重，是高血壓、中風、痛風等的主要元凶。因此，嵇康認為應以知識和理性的生活態度養生，必須棄酒色、遠名位、他說：「古之人，知酒色為甘鴆，棄之如遺，識名位為香餌，逝而不顧。」（〈答難養生篇〉）「鴆」是一種有毒的鳥，其羽毛有劇毒，嵇康用以喻示，古人深刻認識到酒色好像是甜美的毒藥般，應如廢物般丟棄它。他還提出拋棄它的治本和治標的功夫，治本的功夫取自《老子》第三章：「不見所欲，使民心不亂。」，亦即杜絕誘惑物的方法，他說：「知其所不得，則未當生心也。……知吉凶之理，故背之不惑，棄之不疑也。豈恨不得酣飲與大嚼哉？」（同前）以理性知識和實踐性的經驗，徹底瞭解酒在養生上的吉凶之理後，應毅然遠離它，毫不猶豫的拋棄它。養生者要做到心氣恬淡虛靜，心中不起慾念的功夫。對積習已久的嗜酒者，他也提出一項治標的自我警惕法，他說：「酒色何物！自令不辜。歌以言之，酒色令人枯。」[9] 這是以簡明而有節奏的詩歌方式來做養生的座右銘。治標和治本的方式宜視實際的情況而交互使用。

　　然而，嵇康也認識到飲酒在怡養身心的健康，營造生活情趣上的正面價值。在他所留存的著作中，難得的有一首〈酒會詩〉。詩中有言：「臨川獻清酌，微歌發皓齒。素琴揮雅操，清聲隨風起。斯會豈不樂，恨無束野子。酒中念幽人，守故彌終始。但當體七弦，寄心在知己。」這首詩當作於三國時期的高士阮侃（德如）離去後不久，嵇康有山水之遊，親臨林木芳華，崇臺流水的情景，對著清澈流動的江

9《嵇中散集・重作六言詩十首代秋胡歌七首》。

水，飲一杯清酒，哼唱著美妙的輕歌，索來素琴以彈奏出高雅的樂曲，清亮的琴聲隨風飄揚，這樣的山林間之酒會令人不自覺的沉浸在人與自然交融，人與人和諧感通的幸福氛圍中。嵇康在沉緬當前美景中，不禁舉酒杯懷念起那位已離去的幽人高士，那堅貞不渝的品節，這份令人難忘的情誼只能體現在七弦琴上，託付知己深情在心聲中。嵇康在其〈答難養生論〉中還認為當人被大自然生動的和諧美吸引感動後，人生理想境界提升，這也是逐漸疏離酒色的實踐法，他說：「若以大和為至樂，則榮華不足顧也；以恬澹為至味，則酒色不足欽也。」另外，他在〈與山巨源絕交書〉中也自述「游山澤，觀魚鳥，心甚樂。」且謂在生不逢時，有志難伸的不可作為之時局，自許「今但願守陋巷，教養子孫，時與親舊敘離闊，陳說平生，濁酒一杯，彈瑟一曲，志願畢矣。」小酒一杯，居家與親舊細敘舊情，則微酒溫克，適體頤性，可活暢血氣的流通，洗滌心中積累的鬱悶，不但有益身心的健康，且蘊發出人的生命情趣。

（三）劉伶的〈酒德頌〉

我們先就相關的史料對劉伶的載述來繪出其可能的形象，〈晉書本傳〉載曰：

> （伶）嘗渴甚，求酒於其妻，妻捐酒毀器，涕泣諫曰：「君酒太過，非攝生之道，必宜斷之。」伶曰：「善！吾不能自禁，惟當祝鬼神自誓耳。便可具酒肉。」妻從之。伶跪祝曰：「天生劉伶，以酒為名。一飲一斛，五斗解酲，婦兒之言，慎不可聽。」仍引酒御肉，隗然復醉。

若這段描述屬實，則劉伶這位酒痴，簡直就是活著的酒囊了。他自謂以酒得名，五斗才能解酒癮，不顧夫妻情義，因酒而悖倫，也可想

見，他在當時係禮法之士眼中因酒而傷風敗俗的名教叛逆了。《世說新語・任誕》載：「劉伶恆縱酒放達，或脫衣裸形在屋中，人見譏之。」伶曰：「吾以天地為棟宇，屋室為褌衣，諸君何為入吾褌中？」可說是因酒而狂放至怪誕的地步了。《昭明文選》五君詠注引臧榮緒《晉書》說：「伶常乘車，攜一壺酒，使人荷鋤而隨之，謂曰：『死便埋我』。」飲酒是他人生的至樂，只要能滿足飲酒的生命最高價值，也可死而無憾了，就劉伶自身而言，在他的人生境遇裡痛飲美酒，似乎是他所能活出生命意義的唯一事情。但是他在一般人眼中卻是位縱酒頹放的社會敗類。例如，《晉書・劉伶傳》評他為「遺形骸」、「陶兀昏放」、「以無用罷」；〈名士傳〉評他「肆意放蕩」、「土木形骸，遨遊一世」、「伶處天地之間，悠悠蕩蕩，無所用心。」《世說新語・容止》描述他「貌甚醜顇，而悠悠忽忽，土木形骸」，至於劉伶的個性，本傳謂：「放情肆志，常以細宇宙，齊萬物為心。澹默少言，不妄交遊。……初不以家產有無介意。嘗醉與俗人相忤，其人攘袂奮拳而往，伶徐曰：『雞肋不足以安尊拳。』」，又說他「雖陶兀昏放，而機應不差。」他的「機應不差」可謂透悟了老莊無為之道的玄理，他看不起俗人，也不介意俗人看不起他。「酒」使他心靈境界超塵脫俗，使他灑脫自如，與世俗無爭，與不寬容的黑暗時局無爭。他的靈活應變，以一句雞肋怎能擋得了尊拳，使對方轉怒為笑，收回拳頭而去，化解一場危機。

　　他不與俗人俗事爭，他要爭的是俗人所不敢之爭，他要爭的是與天地順合自然，與日月爭自然之理。他的宇宙豪氣，天地深情寄文託意於他享名於後世的〈酒德頌〉。這百餘字的〈酒德頌〉文簡意賅，意境深遠，豪情萬丈，全文如下：

　　　大人先生，以天地為一朝，萬期為須臾，日月為扃牖，
八荒為庭衢。行無轍迹，居無室廬，幕天席地，縱意所如。

行則操卮執瓢，動則挈榼提壺，唯酒是務，焉知其餘？有貴
介公子，縉紳處士，聞吾風聲，議其所以。乃奮袂攘襟，怒
目切齒，陳說禮法，是非鋒起。先生於是方捧罌承槽，銜杯
漱醪，奮髯箕踞，枕麴藉糟。無思無慮，其樂陶陶。兀然而
醉，慌爾而醒，靜聽不聞雷霆之聲，熟視不見太山之形，不
覺寒暑之切肌利欲之感情。俯觀萬物，之擾擾焉，若江海之
載浮萍。二豪侍側焉，如螺蠃之與蜾蛉。

　　文中他以「大人先生」自喻，唯酒是務地形神相親，進而與天地自然
交融，與萬物渾然一體。他以豪情高志，透過宇宙眼，天地情睥睨名
教機制中為個人私利搬弄是非，競相攻擊的禮法之士。劉伶深得莊子
的神韻，《莊子・列御寇》有言：「吾以天地為棺槨，以日月為連璧，
星辰為珠璣，萬物為賚送。吾葬具豈不備耶？」大自然才是人原始要
終的真宰，永恆的歸宿。劉伶的飲酒裸身或許是師習阮籍。[10] 他們透
過酒所催化散發的人原始生命力，與天地萬物自然渾合為一。人赤裸
裸的從自然而來，赤裸裸的回歸大自然，與天地並生，萬物合一，與
「道」冥合，和天地精神相往來。他們皆有得於莊子的曠達神韻。

三、東晉文士的飲酒風尚——以王羲之、陶淵明為例

（一）王羲之蘭亭集會的曲水流觴

　　魏晉時代最為後世稱道的酒會雅集，當屬東晉偏安初期王羲之等
四十二位文人雅士在穆帝永和九年（公元三五三年）三月三日於浙江

10《世說新語・任誕》第二十條引王隱《晉書》：「魏末，阮籍嗜酒荒放，露頭散髮，
　裸袒箕踞。」

會稽（即今浙江諸暨）的蘭亭，一條彎曲的小水流，列作兩岸邊，賞水景與飲酒。這是源自古代每逢農曆三月得赴郊外洗濯身上鬼氣的習俗，至晉代轉變成至河邊賞水景，以表徵用河水洗濯全身。其飲酒作興的方式，係將酌滿名為「觴」的酒杯，順水從上游漂流，曲流至兩岸文人身旁時，得截住載酒的觴，且飲盡。凡載不住者，得受罰作一首詩，作不出詩的人罰酒三杯，場面熱烈，情趣盎然。王羲之流芳後世的〈蘭奇集序〉中描述酒會盛景為「群賢畢至，少長咸集，此地有崇山峻嶺，茂林修竹，又有清流激湍，映帶左右，引以為流觴曲水，列坐其次。雖無絲竹管弦之盛，一觴一詠，亦足以暢敘幽情。」其中「流觴曲水」意指引水環曲成小渠，酒杯隨波而下，賓客依次列坐兩岸，雖無琴、瑟、蕭、笛的音樂演奏，但是飲酒吟詩，能抒發幽雅的情意，令人愉悅不已。據載當時的即席詩作有四言的，也有五言的，王羲之、謝安、孫綽等十一人作詩各兩首，王玄之、王蘊之、王渙之等十五人各作詩一首，王獻之等十六人作詩不成各罰酒三觥。後世詩人不乏作詩讚美此一酒會韻事。例如：宋代陸游作咏蘭亭詩曰：「蘭亭絕境擅吾卅，病起身閑得縱游。曲水流觴千古勝，小山叢桂一年秋。酒酣起舞風前袖，興盡回橈月下舟。江左諸賢嗟未遠，感今懷昔使人愁。」明代徐渭作〈蘭亭次韵〉云：「長堤高柳帶平沙，無處春來不酒家。野外光風偏拂馬，市門殘帖解開花。新觴曲行諸溪水，舊榭岩垂幾樹茶。回首永和如昨日，不堪悵望晚天霞。」蘭亭的酒會在審美的意涵上表徵了人與人在酒發詩情，使詩人們發露詩心，暢情通理中相互進行心靈的交流，以高情雅興相互欣賞詩意的美境及提升心靈體認人與人之間純真感人的情感，享受情感交流的美趣。同時，酒會在茂林修竹的青山綠水之間，無形中沉浸在大自然的美景中，洋溢著與大自然交融的無盡情趣。這是人與人之間的情感審美，和人與大自然相感通的情趣審美的雙重心靈美感之饗宴。

（二）陶淵明的詩酒美感

當我們品賞《陶彭澤集》中陶淵明的詩文時，不難發現其一生自少至壯，在酒意酣然、觴樽交映中，詩意不離酒意，酒意不離詩意。[11]他可說是中國酒文化史中，以酒入詩的第一人。他除了寫了一首〈述酒〉詩外，尚有其著名的〈飲酒〉詩二十首，其前有序說：

> 余閒居寡歡，兼此夜已長，偶有名酒，無夕不飲。顧影獨盡，忽焉復醉，既醉之後，輒題數句自娛。紙墨遂多，辭無詮次，聊命故人書之，以為歡笑爾。

酒與醉使陶淵明在心境上從世俗的愁苦心境中昇華，超塵脫累，精神獲得大解放與自由，享受心靈瀟灑自如的醉美。茲引其〈飲酒〉詩二十首中的第七首及第十四首如下：

> 秋菊有佳色，裛露掇其英。汎此忘憂物，遠我遺世情。一觴雖獨進，杯盡壺自傾。日入群動息，歸鳥趣林鳴。嘯傲東軒下，聊復得此生。（第七首）
> 故人賞我趣，挈壺相與至。班荊坐松下，數斟已復醉。父老雜亂言，觴酌失行次。不覺知有我，安知物為貴。悠悠迷所留，酒中有深味。（第十四首）

對陶淵明而言，飲酒不論是獨飲或與父老聚飲，皆進入莊子物我兩忘，齊生死貴賤，與大自然渾化為一，在酒中的深味中體驗出人與道

---

11 逯欽立校注《陶淵明集》統計其詩文中直接談及飲酒處有五十六篇之多，占全部作品的百分之四十。

冥合的真意與玄妙之美，其中的深味與生命真意已遠非遠離塵囂，暫忘憂愁的層次所能詮釋。他在飲酒的精神境界中所蘊發的生命美感情操，只能以超乎言詮的無盡玄美來意會。

他在〈神釋〉詩中自謂：「日醉或能忘，將非促齡具……縱浪大化中，不喜亦不懼。應盡便須盡，無復獨多慮」反映出他已臻莊子齊物無執的虛靜境界，而能與天地精神相往來，與萬物渾然一體的至真至美的至境中了。酒與醉不僅體現他與大自然相親而神遊物外，也神遊於與人交往的率真中，他在〈五柳先生傳〉中所云：「好讀書，不求甚解，每有會意，欣然忘食……造飲輒盡，期在必醉，既醉而退，曾不吝情去留。」每當他讀書得心領神會之樂時，高興到忘記吃飯。他雖然生性好酒，不是家貧無酒時，親戚故舊請他共飲酒，他不落客套地盡情暢飲，至酒醉盡興而罷。醉了即告辭，來去自如，無執無礙。他在〈歸去來辭〉中憧憬著「彭澤去家百里，公田之利，足以為酒。」想像著他辭官返家的情景為「僮僕歡迎，稚子候門。三徑就荒，松菊猶存。攜幼入室，有酒盈樽，引壺觴以自酌，眄庭柯以怡顏」，在僮僕孩子真情相迎，家門口小徑蒼綠的草叢，松菊自然如故，高興地攜子入室，取酒自飲，怡然地望著庭園中一見如故的樹枝，親情的天倫之樂與令人心曠神怡的田園之美，交織成心靈美感的二重奏交響樂章。此中美感的真趣，蘊發自陶淵明悠然恬靜，逍遙自適的美感心境中。

四、結 論

漢魏文人趣味在於人與人之間情感交流的純真，或體會「道」至真至實的玄妙之美。藝術審美的情趣亦在天真與自然。因此，酒中真趣與深味與藝術美感的情趣享受常常相適。人在世俗生活中，心常為形役物使而不得心靈的自由，以致個性不彰，自我不顯。「酒」則使

人不自覺的離形去物，心靈昇華而享有瀟灑自如，來去自由，人的真心本性自然流露。「酒」也使人在微醉中離形去智，飄飄欲仙而與人、物渾化為一，沉醉在與「道」冥契的玄妙之美境中，猶如唐代李白所謂：「三杯通大道，一斗合自然，但得醉中趣，勿為醒者傳。」

《世語·任誕》有言：「名士不必奇才，但使常得無事，痛飲酒，熟讀《離騷》便可稱名士。」雖然，他們共同感受到時光飄忽，政局多變且無情和人生無常。他們在精神上是透過飲酒來提升心境至莊子物我兩忘，齊物以消解是非、榮辱、生死、苦樂的偏執，企求臻於與「道」冥合，逍遙自適的超世俗之至境。南朝梁代的沈約著〈竹林七賢論〉有段精闢的見解，謂：

> 嵇、阮二生，志存保已，既托其迹，宜慢其形。慢形之具，非酒莫可，故引滿終日，陶兀盡年。酒之為用，非可獨酌，宜須用侶，然後成歡，劉伶酒性既深，子期又是飲客，山王二公，悅風而至，相與莫逆，把臂高林，徒得其游。故與野澤，銜杯舉樽之致，寰中妙趣，固冥然不睹矣。[12]

歷來學者們對魏晉名士之飲酒意涵多所詮解，諸如：消憂解愁、隱諷暗規、養生延年、寬樂雅適……等，不一而足。其中以消憂解愁及酒遁避難最能為人所接受。這是持之有故而言之成理的，蓋阮籍《詠懷》詩第六十四首云：「臨觴多哀楚，思我古時人。對酒不能言，淒愴懷酸辛。」在天下多變故，名士危在旦夕而少有全者的時代，阮籍借酒澆愁，把酒當作身心痛苦的止痛藥或精神上的嗎啡或避禍倖免於難的「庇難所」，是當時七賢及大多數名士飲酒心態的普遍寫照。

那麼，我們如何理解名士們飲酒與《離騷》的內在關聯呢？借用

12《藝文類聚》卷三七《人部·隱逸下》。

《四庫全書總目提要》評清錢澄之《莊屈合詁》的詮釋是：「以《離騷》寓其幽思，而以《莊子》寓其解脫」來理解，真正名士風度是既能面對現實感發憂憤，又能超越憂憤而不執。換言之，人與社會群體同在，不離世俗又能在心境上脫略異化的名教，而享受飲酒微醉時沉浸在與「道」渾然一體的真切感，以及與天地萬物及朋友交融的無限美感。因此，筆者認為就名士飲酒的多樣化價值中，飲酒韜晦以遠禍避害，或解憂以養生未必是最高價值。最高價值應是飲酒後煥發出形神相親的生命元真力量，將心境提升到與「道」相契，由玄理神遊萬物，超越一切世俗利害而以純真純美的心靈享受人與自然交融下的無盡美感。因此，筆者認為嵇康〈酒會詩〉的詩心詩情與詩境最可貴。那就是人在山青水綠，鳥語花香的大自然中與志趣投合的友人聚飲佳酒，琴歌助興，從異化的名教牢籠中解放出來，超脫原對世俗是非、榮辱、得失價值的執迷，將精神上的悲苦昇華為無限的玄美。這是由「醉者神全」來體現《莊子·達生》所點出的人之健全完整的生命與自然渾合，在無盡的和諧中體現出人在微醉中精神的純淨與祥和。

陶淵明與屈原在人品上同具正直率真的性格。陶淵明的文學作品具有語淡味腴，自然深粹的風格。古今學者有多人認為陶淵明詩賦源於《楚辭》，例如元代吳師道、吳澄，清代劉熙，今人劉怡良說：「《楚辭》是五言詩及辭賦之經典，淵明之創作詩賦，不僅在修辭、造句上，都在《楚辭》上用心，向《楚辭》借鑒、學習，即在思想、風調，與題材、情韻上，亦莫不是向《楚辭》學習、效仿。」[13] 清代順治時進士彭襄以詩來品點兩人的飲酒風格氣韻，謂：「變風以後數靈均，彭澤天然見性真。對酒不忘書甲子，懷沙空自歎庚寅。滋蘭九

---

[13] 見陳怡良〈陶淵明詩賦的《楚辭》淵源研究〉一文，刊於臺灣成功大學中文系《六朝學刊》第一期，頁28～29，二〇〇四年十二月。

晼心偏遠，采菊東籬句有神。五柳三閭異醒醉，何妨千戴德為鄰。」[14]

德哲尼采《悲劇的誕生》提出「酒神精神」，這是他對異化的基督教道德之批判中，認為酒神精神是一種具有形上深度的悲劇性情緒。人們為了追求解脫個體化束縛而復歸於原始自然的體驗。此種體驗係通過痛苦與狂喜交織的癲狂狀態，達到與精神本體融合之境界。莊子的「醉者神全」之玄理，在名士超脫名教的宰割而復歸於與「道」合一的心境體驗，也是一種痛苦與欣喜交織的心靈高峰經驗。這種高峰的精神生活經驗，是由酒、道、玄美及臻於至極的自我實現所交織出來的，與尼采的「酒神精神」有異曲同工之妙。

第二節　魏晉山水美學

一、前　言

中國自古以來常將山水，包括生長其間的草木、鳥獸、魚花，呈現在自然景象中的日、月、風、雲、奇石……等，視為饒富審美欣趣的美感對象。例如：早在中國第一本詩歌集《詩經》〈小雅·節南山〉有言：「節彼南山，維石岩岩」。又如《楚辭》〈九歌·湘夫人〉亦頌美曰：「嫋嫋兮秋風，洞庭波兮木葉下」。漢代的大賦描述讚美山水之美處頗為豐富，魏晉以來對山水之美深情品賞，生動感人的詩畫更是方興未艾，至今風韻猶存。以山水詩而言，我們不難在魏

---

14 見〈書屈陶合刻後〉一文，收入阮廷瑜《陶淵明詩論暨有關資料分輯》，臺北國立編譯館，一九九八年十月出版，頁215。

晉名士如阮籍、嵇康，文士如王羲之、陶淵明、謝靈運等人的詩作中頻頻出現。若與山水畫相關的畫論觀之，東晉的顧愷之，晉宋之際的宗柄留下了深刻雋永，發人省思的論述。再從中國繪畫的傳統分類法所分的人物、山水、花鳥三項畫科而言，中國山水畫出現在戰國之前，孕育於東晉，確立在南北朝。山水畫成為繪畫的主題，係興盛於隋唐，發展於宋元，於元、明、清三代則成了中國繪畫藝術的主流。對魏晉文學與哲學熟悉的人，眾所周知的是不管名士或文士皆鍾情於山水的悠遊，徜徉在山水所構成的綺麗風景中，心曠神怡，有不同的品賞和感懷，吟寫多端且不絕如縷。美學，簡言之，即探討美及美感所以然的普遍之理。從美學的視角對山水美或山水美感提問的問題為「山水何以是美？又何以能產生美感呢？」歷來美學學者對此問題所獲致的解釋可總括為三種說法：一為社會美，亦即自然的人化及人化的自然；二為自然美；三為以山水之社會美及自然美為觀念所反映出來的山水藝術美，亦即以山水為題材的詩、畫、音樂、雕刻……等藝術創作品[15]。本節擬由山水的人文情懷，亦即山水的人化和人化的山水；山水的自然形貌美；山水美的內在本真，亦即魏晉玄學中的「道」、「氣」和自然萬象之相互關係此三大面向，來進行魏晉山水美學的玄學解讀。

二、山水與人文情懷之相互關係

《詩經》三百零五篇以賦、比、興的表述法來敘事言物，表情達意。其中，「賦」是對事物直接陳述的方法，所敘述的徵狀與實然的事態有符應一致性。「興」是言在於此，意寄於彼，其言外之意旨在

---

[15] 請參閱伍蠡甫編《山水與美學》論文集，臺北：丹青圖書公司，一九八七年十一月，再版。

藉以興發言者內心所積澱在意識中的情感、思緒。「比」是藉他物象徵此物以托顯此物之義，這是符號文字富彈性的擴大運用。若以山水詩為例，「興」體多半是以一、兩句開端來描述自然景物，山水大物或其中載育著的鳥獸、草木等小物，以便引起後面所欲表達的思想情感。「比」體是藉「興」體所牽引出來的思想情感和外在山水的客觀形象相聯繫，借類比的隱含義，比喻性的言在此而意在彼，藉以欣賞比美人格美或才性美的山水之審美特徵，或藉以暗諷時政，批判現實，表達心中的不滿，宣洩心中的悲情，呈現出另類的哀愁悲涼之美。朱光潛在《談美》一書，開門見山的說：「美感的世界純粹是意象世界。」他強調凡人皆有審美體驗的能力，這是一種美感心靈從實在中昇華而透悟生命本真的能力，對他而言，審美意象是人審美體驗的產物。因此，人的審美情趣不同，則景雖同而美感卻不同。依此理推衍，我們可以說山水之美是由山水所蘊發的自然美，貫注於所悠遊的山水中，使其當下的生命存在感受充滿了難以言喻的意蘊。例如，東晉的陶淵明能吟出「採菊東籬下，悠然見南山」的千古名句，係因其心中有悠然自適的自由心境及酷愛山水的情趣所使然。因此，陶淵明的詩心、詩情與詩意蘊發出「悠然見南山」的意象世界，若他的心中未洋溢著悠情，則他何以能詠出這一意境深遠的好詩呢？

從認識論的視角觀之，審美是審美主體對審美對象進行理性與感性交融的高級心靈活動。審美意識的內涵積澱了種種複雜的意識，其中也兼涵了道德價值的德性美，個人的生命才性才情，生命氣質，時代生活感懷所凝結的社會意識，個人的理想抱負……等，可說是我們很難窮盡詳列的複雜意識。因此，山水審美有時是在自然的人化中進行的。透過自然人化式的山水審美，是要善於通過豐富的情感、認識力和想像力，靈活運用各種比擬、象徵、聯想、寓意等等比興的方法，形象地渲染、誇張和深情凝視山水之美，使人在山水審美的態度中能專注，賞美的趣味多樣而深沉，對山水的自然美賦予了人文性及

社會性而形象生動，意境深遠。茲取孔子在《論語・雍也》所云：
「知者樂山，仁者樂水」一語為解說之喻例。山上草木茂盛，蓄養形
形色色的飛禽走獸，猶有無偏私的生物成物之仁德。質言之，高山具
有與「仁者」無私的品德相比美的性徵，這是仁者對山之類比的美德
之品賞處，這一美德引起仁者的意趣共鳴，興發愉悅的美感。同理，
在類比性的比德下，水流到的地方就孕育了生命的成長，猶似仁德，
水流雖曲折而有紋理可循，似義德，水深難測，似智德，傾瀉逾百仞
之谷而無疑懼，似勇德。《說苑・雜言》謂流水「不清以入，鮮潔以
出，似善化；至量必平，似正。」流水可類比於君子仁、義、智、
勇、善化、公正等美德。仁者願比德於山而樂山，智者願比德於水而
樂水。山水比德之美不是將山水獨立起來品賞，而是採用「比」、
「興」的手法，藉以興發寄託的興味或比喻人的德性美，比德的美感
表徵著人對山水自然美品賞的一種質之飛躍。

　　我們從嵇康和阮籍的詩文中，不難發現他們也善用比、興的技巧
來對山水審美進行了比德的興味，藉山水之美感發出言外之意，弦外
之音。嵇康在所作的一首〈五言古風〉中吟出：「雙鸞匿景曜。戢翼
太山崖。抗首嗽朝露，晞陽振羽儀。長鳴戲雲中，時下息蘭池。自謂
絕塵埃，終始永不虧。何意世多艱，虞人來我維。……鳥盡良弓藏，
謀極身必危。吉凶雖在己，世路多嶮巇。安得反初服，抱玉寶六奇。
逍遙遊太清，攜手相追隨。」意指山林中的雙鸞隱藏了靈異不凡的光
彩，收斂起羽翼，自在地棲息於泰山的崖頂上，昂首吮吸著清晨的露
水，在朝陽的照耀下整理著美麗的羽毛。有時隨興引頸長鳴，嬉戲在
白雲中，有時飛落棲息在蘭草叢叢的池塘旁，自以為離俗絕塵地悠遊
自足於大自然中。然而，未料世事艱險，職掌山澤的官員正暗算著雙
鸞，良弓只有在無飛鳥可打時才被收藏，用盡智謀來算計他人者，終
究會遭致危亡的惡果。吉凶雖由自己來承受，可是世路艱險，要怎樣
才能復返原始的自在生活狀態呢？那就是人人能懷才而不出奇計地對

付他人,而能相互攜手同遊於逍遙自適的絕美境界。這首五言古體詩,舊注多認為是嵇康贈兄秀才公穆入軍詩。然而,有學者在細讀下,感受到嵇康絕世超俗之情表露無遺,且沉痛的幾近絕望的發出「安得反初服」之呼喊。因而,此詩被推斷作於嵇康三十六歲那年,在被司馬氏集團的迫害下,不得不離開妻兒們,在避難河東的路上,心情的自我表白[16]。蓋嵇康、阮籍等人懷才不遇,有志難伸,在魏晉之際,險惡的政治環境,頻頻遭受司馬氏集團的猜疑、暗算和強權的壓制,連企求脫身世事,享受置身大自然的自由與無限美感的權利都被剝奪否定。這首詩運用比、興的筆法細膩,最後十二句描寫雄鸞不得已地獨自黯然飛離原本生活的大自然樂園,慷慨悲怨之情不容自已。鍾嶸在〈詩品序〉中品評說:「叔夜〈雙鸞〉,五言之警惕者也。」魏晉文風中也有善用山水之美來比德寫意人的才情美者,如《世說新語·容止》第五條載:

> 嵇康身長十尺八寸,風姿特秀。見者歎曰:「蕭蕭肅肅,爽朗清舉。」或云:「肅肅如松下風,高而徐引。」山公(山濤)曰:「嵇叔夜之為人也,巖巖若孤松之獨立;其醉也,傀俄若玉山之將崩。」

魏晉人崇尚光明鮮潔、晶亮剔透之意象美,故山濤用玉山來突出山明水秀的「山明」來狀述嵇康光潔的才情美,又借用山上的孤松之獨立來比德式的品賞其遠邁不群之個性美、人格美。

再以阮籍為例,史書載他好讀書,也喜歡遊山玩水,數日忘返家。他常任意出遊,「不由徑路,車跡所窮,輒慟哭而返。」他所以有這種行徑,可理解為生活在污濁衰亂的魏晉之世,人生對未來了無

---

16 見崔富章注譯《新譯嵇中散集》,臺北:三民書局,一九九八年初版,頁3~4。

遠景，不禁感傷自己窮途暮日，無路可走。他曾登武牢山，在山頂俯視京邑，觸景生情，一時興起而作一首豪傑詩，發出「登高望遠，今古蒼茫」的感歎。他的詩流傳至今共有八十七首，其中有八十五首都題名「詠懷」，寄意深遠為其特色。鍾嶸在《詩品》中評論說：「《詠懷》之作，可以陶性靈、發幽思。言在耳目之內，情寄八荒之表。洋洋乎會於風雅。」我們可選一首「登高臨四野」詩作來解說，該詩說：

> 登高臨四野，北望青山阿。
> 松柏翳岡岑，飛鳥鳴相過。
> 感慨懷辛酸，怨毒常苦多。
> 李公悲東門，蘇子狹三河。
> 求仁自得仁，豈復歎咨嗟。

阮籍自述登上高山，眺望四周，北邊可見到青色的山岩，回想過往歷史中盛衰興亡的無常，不禁湧現出今古蒼茫的悲慨。在北邊青色的山崗上，可看到一片長得青蒼的松樹和柏樹，遙望著陣陣鳴叫的飛鳥逝去。阮籍在這一情景中體會到什麼呢？葉嘉瑩認為阮籍當時在心中所湧現的蒼茫之悲慨，其意境同唐朝杜牧所寫過詩句中的「長空澹澹孤鳥沒，萬古銷沉向此中。看取漢家何事業，五陵無樹起秋風。」（〈登樂遊原〉）所表露的心境非常相近。她詮釋「萬古銷沉向此中」之蘊意為：「當你看到一隻飛鳥在天邊消失的時候，就會感到那千年萬世的萬古也都消磨了，也都逝去了。」[17]因此，在相近似的心境下，阮籍在蒼茫無盡的青山上，由實際所見到的飛鳥而意識到不知古往今來有多少飛鳥都類似這般在遼遠的視野中迅速飛逝。換言之，

---

17 見葉嘉瑩《阮籍詠懷詩講錄》，臺北：桂冠圖書公司，二〇〇〇年二月，初版，頁93。

阮籍由眼見的有形有限的青山與飛鳥，寄意深遠的對今古蒼茫的盛衰連連之串串史事，湧現不容自已的悲慨。他以周秦之際的李斯被處腰斬之際，對兒子所言：「吾欲與汝牽黃犬出上蔡東門，逐狡兔之樂，其可得乎？」以及蘇秦追求功名至極其顯達時，被人忌恨刺殺的悲劇，驚覺到在追逐功名利祿場上，人與人之間是常相互猜疑忌恨的。他斷章取義的借《論語・述而》：「求仁自得仁」一語表示這兩人在艱險的世局中一昧追求功名利祿，所遭受的悲慘下場是咎由自取的。阮籍也在這一情境中意識到自己悲哀的命運。

在魏晉動亂的時代，名士間在顛沛流離的人生閱歷錘鍊下，面對山水自然，常不自覺的睹物思人，喚發出千載悠悠的歷史情，人情世故糾葛難清的政治教訓，禍福無常，世事難料的自身經驗，以及時光流逝，往事只成追憶的悵惘之情。《世說新語・傷逝》第四條載曰：

> 王戎（疑為王衍）喪兒萬子，山簡往省之，王悲不自勝。簡曰：「孩中物，何至於此。」王曰：「聖人忘情，最下不及情，情之所鍾，正在我輩。」簡服其言，更為所慟。

魏晉名士一項突出的人格特徵是「尚智兼鍾情」。他們不但有深邃的形上智慧，更饒富人情味，「情之所鍾」的「情」係發自內心深刻的純真之情，情之所鍾貫通於宇宙情、山水情與人間情。例如，《世說新語・言語》第五十五條載述桓溫有次率軍北征，途經舊日居住金城，目睹以前種植的柳樹已繁殖為十圍。他觸景生情，感歎時光流逝，景物改易，人事已非，深覺人生苦短而自己卻功業無成。兩相對比下，他慨然曰：「木（柳樹）猶如此，人何以堪！」當下即「泫然淚下」真情感人。《世說新語・任誕》第四十二條載述桓伊每回聽到清歌，內心所蘊蓄的深情，隨即被召喚起共鳴而泉湧不已，連連慨歎世事無常，人活在幻變之流中情何以堪。謝安對此一行為品評桓伊的

生命情調是「一往有深情」。

　　就整體而言，尚智兼鍾情的魏晉名士在他們的潛意識中，積澱了深厚的世道人心之情愫。當他們親臨大自然懷抱中，對周遭的山水景物進行審美觀照時，在類比聯想及觸景生情下，心中所積蓄的情思泉湧，其借景抒情的意境深遠，感人肺腑。要言之，在他們的山水審美觀照中，百感交集，複雜而深邃的意識內涵及情思意境，在興物托志及類比移情的綿密聯想下，融入山水自然，使大自然的山水美感與心中有千千結的人文思緒，化成一全幅的心情寫真。在見景生情，因物起興的人文與自然交融下，產生強烈反差性的美醜之對比或美麗與哀愁的對比張力。如前面引述嵇康雙鸞「戢翼太山崖。抗首嗽朝露，晞陽振羽儀。長鳴戲雲中，時下息蘭池。」這是令人眼神一亮，多麼令人欽羨的良辰美景，大自然所奏出的美妙樂章，令人油然生起「逍遙遊太清，攜手相追隨」的意境與至福。然而，「虞人來我維」、「世路多嶮巇」刻畫出現實政治人性的殘忍，心術的狠毒又是何等的醜陋呀！在大自然純真之美及人性醜陋面的強烈對比下，反襯出山水及其景物的自然美是純真的至美，令活在「世路艱險」，因人性的醜陋而不堪其擾的嵇康是多麼心馳神往於「逍遙遊太清」的意境。至於阮籍的登高望遠，窮目所極，大片青色的山崗及山上佈滿蔥鬱蒼茫的松柏。青山與長青的松柏，意謂著大自然雖有四時時序的轉移，卻是在周行不殆中猶有獨立不改的恆常性規律。因此，山水自然有天清地寧的和諧美及隨時序之規律而表現出春花秋月，夏茂冬雪的節奏美、韻律美。相形之下，在歷史流變的長河中，古今人事已非，如山鳥飛逝於山崗上的松柏之間，史事多變，人生的際遇幻化無常，如同無數次山鳥在山崗上的飛逝般無影無蹤，「萬古銷沉向此中」意味真切且深長。在山水自然恆在，而人情物事變幻無常的對比下，青山常綠，松柏常青之恆常性的自然美與瞬息萬變、人生無常的辛酸與痛苦形成尖銳的對比。在美麗與哀愁的兩極化對比中，阮籍在有常的山水自然中

體悟了人生無常之苦。同時，也透過人生的無常更深刻的感受到山水自然的常性美。在恆常與無常之間，在美麗與哀愁之間，在自然與人文之間，阮籍對山水的審美意識是由悲與美所編織而成的二重奏之悲美樂章。東晉的陶淵明所作的贈答釋詩〈形影神〉，亦蘊意著人生不如大自然之長長久久的感歎，詩中有言：「天地長不沒，山川無改時。草木得常理，霜露榮悴之。謂人最靈智，獨復不如茲。適見在世中，奄去靡歸期。奚覺無一人，親識豈相思。但餘平生物，舉目情悽洏。」在山水審美中即景興志移情所譜成的悲美二重奏，似乎是魏晉有識之士的共同心聲。

三、山水美學中的形象美

就我們前述的嵇康、阮籍、陶淵明……等人在山水審美觀照中賦予了複雜的歷史意識、政治意識與個人生命的情志與情操。他們對山水的欣賞注入了豐富的人文情懷，透過借景抒情的方式或因景起興味的興物托志，或以豐富的想像及聯想來類比移情。然而，山水審美中的意象美之側重點不在山水的自然美景本身，而是遊於山水的人這一主體內心所積澱的人文情操、歷史及政治、社會意識在「興」與「比」的感通作用下，藉審美意識烘托表襯而出，成為主題所在。換言之，山水美景反而成為感性媒介的陪襯角色。平心而論，透過自然美所傳達的意境美固然意趣深遠，然而其內涵卻因人而異。縱使同一人對同一山水景物，在不同的時間和不同的心情心境下，其因物起興的類比聯想之意趣也有所不同。若將山水審美的焦點聚集在山水美景所以為美的形象，亦即自然美的本身則較為清晰而具體，而有普遍的共鳴作用。這是第一義的自然美而非比、興作用下的人化之自然美，亦即第二義的自然美。例如，桂林的山水甲天下，有很多形象生動，情節感人的傳說性故事，及文人雅士作了不少讚美詩來為其意境美添

色不少，可是，遊人如織，其中到底有多少人是因為這些美麗的傳說和美妙的詩文所吸引前來呢？許多根本不知道這些神話性的傳說，也未曾讀過韓愈詠桂林山水「江作青羅帶，山如碧玉簪」的兩句名詩的遊客，仍絡繹不絕地來遊桂林，短住陽朔。桂林與陽朔山水所以能吸引不諳中國文化的外國人，應該是它的自然，亦即物性美、形象美。若山水之「美」是山水本身所具有的自然屬性，則是可知覺的美感材質如岩石、花鳥、魚、瀑布……等，以及其可感覺認知的形狀之大小、顏色之白綠、流水之清濁緩急等物質屬性。魏晉士人崇尚老莊，雅好遊山玩水，已是普遍的社會風尚。竹林七賢竹林下的聚遊已是千古美談，阮籍喜歡山水之遊，嵇康更是性喜山水自然之美，觀其贈秀才入軍詩之十三：「浩浩洪流，帶我邦畿，萋萋綠林，奮榮揚暉，魚龍瀺灂，山鳥群飛，駕言出遊，日夕忘歸。」他生動的描述了浩浩洪流躍動著萬千的氣勢，魚龍悠遊於水聲中，山鳥歡悅地群飛在天際。他所以會「駕言出遊，日夕忘歸」，意蘊著自己生命對大自然生命的嚮往和契應。蓋山水的純真唯有透過純淨的心靈去感受接納這一切，當人全神貫注於山水的審美之樂時，情景交融獲致渾然忘我的陶醉。因此，山水審美的欣趣該是他美感心靈至足的享受了。《世說新語》載述顧愷之有一次從浙江會稽回來，有人問他見到山水有何美？他回答說：「千岩競秀，萬壑爭流，草木蒙籠其上，若雲興霞蔚。」山水呈現了大自然的生氣蓬勃、草木盎然滋長。王羲之遊蘭亭，在《蘭亭集·序》中描述所見山水美景為「茂林修竹」、「清流激湍」，其山水審美的欣趣在「遊目騁懷，足以極視聽之娛。」晉宋之際的山水畫畫家宗炳一生多次遊歷名山大川，他認為山水的自然美被人喜好的原因在於「暢神」，亦即遊山玩水的樂趣令人感到精神愉快，是一種令人難以忘懷的精神享受。因此，當他年老多痛不能遠遊時，將他一生所遊過的山水之美畫在房中四壁、天花板，甚至還畫在棉被上，「臥以遊之」，可見他對山水之美的痴愛。我們可以說晉宋時代，遊山玩

水是一普遍的風尚，王子敬云：「從山陰道上行，山川自相印發，使人應接不暇。若秋冬之際，尤難為懷。」這一名句反映了人們對山水審美所難以盡述的豐富感受和無比舒暢的心情。

山水之美在其美感與料（sensedata）和形式，諸如：色彩、聲音、線條、形狀。當然，羅佈其間的動植物、雲彩、奇石等，如百花的色彩繽紛，各種鳥的千啼百囀及飛翔，水中形形色色悠遊的魚兒。就美學的形式美而言，凡是顏色、形狀、聲音、容貌、體型、光線的明暗，能調配成協調的比例時，可說是符合形式美。然而中國人對山水的形式美固然也注意，但是更講究山水動態的形象美。以對「山」審美角度而言，顧愷之「山巖競秀」的「競」字，使山的秀麗美富有活躍的形象。北宋畫家郭熙在〈山水訓〉中對山千變萬化的動態美賦予活生生的形象，文中謂：

> 真山水之雲氣，四時不同：春融洽，夏蓊郁，秋疎薄，冬黯淡。……真山水之煙嵐，四時不同：春山澹冶而如笑，夏山蒼翠而如滴，秋山明淨而如妝，冬山慘淡而如睡。

他以四時迭運的自然律，從不同季節的時間，來對山水進行不同風貌韻味的審美享受。山嶽之美不但四時不同景，即使同一日因不同時段或不同氣候也呈現出朝暮晴雨之不同形象美。由於時間的差異也產生對山景煙嵐、煙雲、草木之榮枯，組織成一山兼具數十萬山之意態美。不僅如此，郭熙在〈山水訓〉中還論及對山的形象美之欣賞也隨著山不轉而人轉的空間點不同，呈現出豐富多彩的美姿色，所謂：

> 山近看如此，遠數里看又如此，遠十數里看又如此。每遠每異，所謂山形步步移也。山正面如此，側面又如此，背面又如此，每看每異，所謂山形面面看也，如此是一山而兼

數十百山之形狀，可得不悉乎？

　　就空間點而言，同一座山因審美者採取「步步移」及「面面看」的不同視角，以致在視域上呈現近距離與遠距離觀賞的不同形象美。再從立體空間的上下、左右、斜正，觀賞到山在不同面向所呈現的種種獨特的風姿儀態。因此，從〈山水訓〉所陳述的山水之美就不再是侷限在平衡、對稱、整齊、和諧、有層次性等靜態的美感形式規律了。山水之美在機體的動態美，南朝謝赫所說的「氣韻生動」之活生生的形象美。東晉的陶淵明的名詩《飲酒二十首》之五有言：「採菊東籬下，悠然見南山；山氣日夕佳，飛鳥相與還」。他在〈菊花〉詩說：「待到秋來九月八，我花開後百花殺。衝天香陣透長安，滿城盡帶黃金甲。」他對山水的審美知覺注重時空變化與郭熙〈山水訓〉頗有相符應處。山水的形象美在不同時空交錯的情境中，其形象美是妙不可思議的流動美。〈山水訓〉對山水之美的品賞感受是如此的多樣而豐富，生動而精彩，可謂為山水美學自魏晉以來長期醞釀的豐碩成果。朱彤評論說：「郭熙繼承和發揚我國傳統的美學經驗，把古代創立的論點總結起來，指出任何物體，都是生機勃勃的。郭熙的『距離論』、『多面論』，勝過蘇東坡的『橫看成嶺側成峰』，已經觸及電影和攝影的藝術手法。」[18]

　　在對「山」進行了審美分析後，再讓我們探討「水」的審美性。平靜無波的湖面不但有寧靜和諧的美感，且能在清明的水面上，倒映湖邊叢生的花草樹林及天光山色，形上境界的立體畫面，美妙至極。然而，流水變化多端的動態美，更是今人美不勝收，例如，湖水在山風的吹拂下，碧波萬頃，波光閃耀，明媚動人。瀑布的激盪飛揚，氣勢萬千，今人頓感壯美，例如，貴州黃果樹瀑布壯觀雄偉的景色是通

---

[18] 見朱彤〈美學！深入自然形象吧〉一文，收入伍蠡甫編《山水與美學》，頁31。

過耳聽瀑布流動的怒吼聲，目睹流水傾瀉，身感水氣瀰漫下的水之清涼，構成動感的形象美，也可因「步步移」和「面面觀」而有不同的獨特的形象個性美。顧愷之「萬壑爭流」的動感形象令人神往，曹操往北征烏桓，途經河北省靠近渤海的碣石山，眺望大海的遼闊雄壯之美，作〈觀滄海〉詩云：

> 東臨碣石，以觀滄海。水何澹澹，山島竦峙。樹木叢生，百草豐盛。秋風蕭瑟，洪波湧起。日月之行，若出其中；星漢燦爛，若出其里。幸甚至哉，歌以詠志。

在這首詩中，曹操透過空間知覺感受到東邊的碣石，滄海的無涯，山島的竦峙……等。這些自然形象所構成的風景，是由顏色、廣度、形狀、大小、動靜、遠近……等空間知覺的特性綜合認知。秋風、樹木的叢生、百草的豐盛、洪波的湧起、日月之行……等表徵了大自然在不同季節，有節奏地運行變化。曹操在空間知覺上所認知的一切係在時間中流動，因此，他對大海的審美係由其美感心靈透過空間和時間的知覺和相關的自然物之形象思維、想像等綜合之心理歷程來進行的。同時，許劭心中的這一代梟雄，從某一意義而言，係就滄海的洪波秋風寄託、興比了他企圖於他的時代在政治上大有作為的雄心抱負。儘管如此，滄海的水澹澹，秋風的蕭瑟，洪波的湧起以及日月之行所呈現的自然美，仍有其不可缺少的自然本身之屬性及形象。

四、山水的玄美

山水之美就其客觀自在的自然屬性而言，有其獨立性及形象個性。我們對青岩山上的松樹林、柏樹林有自然美的審美感受，係因其鬱鬱蔥蔥的外貌感通了我們的精神，使精神為之恬適，清爽和愉悅。

然而，松柏的蔥綠可愛是基於植物學上的物性。黃山山勢的瑰奇，華山的險峻，其雄奇的自然，係因物性而見美，以個性化的形象美取勝，山的自然美屬靜態美。水之自然美則屬動態美，三峽長江水的湍急奔放，李白〈望廬山瀑布〉詩云：

> 日照香爐生紫煙，遙看瀑布掛前川。
> 飛流直下三千尺，疑是銀河落九天。

「飛流直下三千尺」是在山下仰觀所然，若在山上看則「噴壑數十里，隱若白虹起」。同是瀑布，從山下看感到綺麗美，從山上欣賞則感受到雄渾美。其觀瀑所應發的不同美感，固然有想像力和多樣而豐富的情感貫注其間，可是以運動知覺為主的動態美，及空間知覺及時間知覺亦是不可缺少的因素。蓋山的形狀形勢、瀑布的落差的高度，有其物性，構成瀑布的水量的豐沛程度及水流速度的緩急與季節變化的自然規律密切相關。若在枯水期的廬山，李白豈能有幸得觀「飛流直下三千尺」的壯美。

　　然而，山水及其所涵融的一切自然萬象何以發生，又何以隨四時時序而順其物性而規律化的活動呢？《老子》四十二章云：「道生一，一生二，二生三，三生萬物。」五十一章又說：「道生之，德畜之，物形之，勢成之。」萬物不但由道所化生，《莊子・大宗師》稱「道」為「生生者」，「道」內蘊在所化生的萬物中稱為「德」，賦予萬物萬般自然本性，亦即物性。老子的道亦是運行自然萬象的總規律，《老子》二十五章謂：「獨立而不改，周行而不殆」又說：「谷神不死，綿綿若存，夫物芸芸，萬物歸根曰靜，復命曰靜。」「道」在自化中化生及運行萬物，萬物在「道」的自化中恆依循「道」所賦予的性命原理而存在和活動。莊子在〈大宗師〉稱謂「道」造就萬物的作用稱為「造化」。《老子》六十二章說：「道者，萬物之奧」、

第四章云：「淵兮似萬物之宗。」山水及所涵的自然萬物之物性、活動力和所循之規律皆來自深奧難測知的「道」。魏晉玄學在形上學方面崇尚老莊，「道」成為山水及其自然萬象的本根及奧祕所在。夏侯玄曰：「天地以自然運。」[19] 王弼在詮解通行本《老子》四十章：「天下萬物生於有，有生於無。」的「道」與萬物具有生成關係時，將形上實體義的「無（道）」詮解為規律性的形上之理，確立了規律性的「道」與自然萬象間的體用不離關係。王弼對萬物（有）與道（無）的表述性語言做了區別性的分別。他在〈老子指略〉說：「名也者，定彼者也；稱也者，從謂者也。名生乎彼，彼出乎我。……名號生乎形狀，稱謂出乎涉求。」「名號」用來表述具殊別性的感性特徵之具體存在者，例如：臺北 101 大樓，名實之間要有對應符合的符應關係。「稱謂」用來表述慕道者對形上的「道」所獲致的體悟之知，亦即本體之知。他說可資以表詮道之存有狀態者有六種意蘊的稱謂詞，他提醒我們說：「然則『道』、『玄』、『深』、『大』、『微』、『遠』之言，各有其義，未盡其極者也。」我們可將王弼的這一基本玄理用來詮解山水及所涵萬象和「道」的關係。若立基於知識論的角度，我們對山水及其萬象的概念知識之表述使用「名號」語，若從美感的角度，則我們對山水及其萬象所煥發的「道」的無限玄妙之美，乃使用「稱謂」語來表述。那麼，山水及其萬象與「道」有何雙向關係呢？山水由道所化生，是「道」顯示於人的無限美感之作品，山水稟受了「道」所賦予的不可窮盡之物性。換言之，道化生了山水，且蘊藏於山水之中，成為山水恆常的本質，亦即山水的自然本性，「道」透過山水及其所涵的自然萬象，自發性的煥發出無窮無盡的山水之姿色。山水的靜態美深藏了「道」所賦予具奧祕的本真之性，亦即山水含蓄著自然的儀則，山水在時間流動中所顯發的動態

---

19 《列子・仲尼》張湛注載述何晏「無名論」所引。

美，係因順本真之性而展現的自然情態。從王弼的玄理，返「無」以「全有」，以「有」顯「無」，卻未能窮盡「無」的全幅內涵，故需玄同有無為一整全的世界。因此，返回山水自然本性之根源「道」，才足以保全山水的純真。山水千姿百態的靜態美及千變萬化的動態美係開顯「道」的方式。「道」才是山水所以美的存有根源。無形無限的「道」及有形有限的山水乃由本貫末，體用一源，不可分割。因此，玄通山水與其宗主的「道」才是渾全的大自然本身。職是之故，中國山水畫的留白，表徵了「道」的無形及其生生不息的生機和不可窮盡的奧妙。不同的山水美景表現了玄美之美有無盡的可能性。

我們可舉一首嵇康的詩作，來解說他如何透過自然景象，實存性地體悟「道」的實有。在其四言十八首贈兄秀才入軍詩中有云：「目送歸鴻，手揮五弦。俯仰自得，遊心泰玄。」在落日的餘暉中，嵇康凝神貫注於鴻鳥歸巢於天際間，此時，他整個心神昇華至無形的形上境界，妙契道真。因此，山水的自然情景不斷地吸引他，使他不斷超越有形的山水而與內在於大自然的「道」融通。換言之，他從對山水的審美活動中，將自然界的物象，融化在他空明虛靜的心境上，在物我相融中進入化境，臻於《莊子・養生主》「以神遇不以目視」的形上境域。他深沉地體悟出「道」的自然真趣，這就是「俯仰自得，遊心泰玄」的玄美。他在〈秋胡行〉七首詩中的第五首亦云：「絕智棄學，游心於玄默」，體現了莊子離形去智，在純真的天府（道心）中與「道」冥合，與大自然融通無間。蓋「道」不只內在於大自然，也內在於人的本真之性中，透過空明虛靜的靈臺心，使靈心中的真我與大自然的真體有著全然的內在相繫，融合為一。「遊心於玄默」是嵇康探討自然與自我、生命底層之奧妙的工夫與境界，也是妙契道真，體證本體以獲致超言絕象的隱默之知及沉浸在渾然享受的化境。

東晉穆帝永和七年（公元三五三年），被譽為天下第一行書的王羲之寫出著名的〈蘭亭集・序〉，有言曰：「群流激湍，映帶左右，

引以為流觴曲水，列坐其次，雖無絲竹管弦之盛，一觴一詠，亦足以暢敘幽情。是日也，天朗氣清，惠風和暢。仰視宇宙之大，俯察品類之盛，所以遊目騁懷，足以極視聽之娛。」他將有限的自我生命，在生機盎然的春天中融進無限的宇宙，渾化自我生命與大自然的山水美景為一。在人與自然交融的至境中，從宇宙大化的品類之盛，啟迪心智，油然生涵融萬殊，泛愛群品之心胸。[20] 東晉的田園詩人陶淵明，酷愛山水自然之美，若探索其哲理所據，南宋朱熹說：「淵明所說者莊、老。」[21] 說明確些，陶淵明心中鍾情於老莊哲學，才會在詩中洋溢出濃厚的老莊玄味。例如，他在〈勸農詩〉有言：「悠悠上古，……抱樸含真。」「樸」與「真」是老莊所喜言。〈飲酒詩〉亦言：「羲皇去日久，舉世少復真。」他在〈歸園田居〉詩中云：「少無適俗韻，性本愛丘山，誤落塵網中，一去三十年。」明白自述其天生的本性就崇愛山林，山水之美與自己生命之真皆是「道」透過山水與自我的生命所顯發的性徵。葉朗詮解其深層涵義說：「『塵網』就是離開了家園，離開了自然。自然不是自然界的意思，而是天性、本性，就是莊子講的『天』。」[22]

魏晉名士中有許多人的風神氣度是表現在對神遊山水的痴好，《世說新語》的〈栖逸〉篇及〈品藻〉篇不乏這方面的載述。嵇康的越名教任自然，表徵了名士們崇尚遠離塵囂的大自然。大自然中的青山綠水，洋溢著無比的靈秀之美，名士們悠遊其中，在心境上超俗脫塵，體現了清幽曠遠的玄理。東晉的孫綽及其兄孫統（承公）就特別喜歡流連於山水美景中。孫綽〈遂初賦敘〉曰：「余慕老莊之道，仰

---

[20] 王羲之的心志可得觀於其〈蘭亭詩〉所云：「三春啟群品，寄暢在所因。仰望碧天際，俯磐綠水濱。寥朗無崖觀，寓目理自陳。大矣造化功，萬殊莫不均。」

[21] 《朱子語類》卷一三六。

[22] 見葉朗著〈莊子的詩意〉收入《胸中之竹》，安徽省合肥市：教育出版社，一九九八年四月第一版，頁98。

其風流久矣……乃經始東山，建五畝之宅，帶長阜，倚茂林，孰與坐華幕擊鐘鼓者同年而語其樂哉！」[23]〈中興書〉謂其兄：「承公少誕任不羈，家于會稽，性好山水。及求鄞縣，遺心細務，縱意游肆。名阜勝川，靡不游覽。」[24] 孫綽認為山川萬象的奇特美妙處，係源生於太虛之理，乃「道」的傑作。他在〈遊天台山賦〉中指山：「太虛遼廓而無閡，運自然之妙有，融而為川瀆，結而為山阜。」頗有親臨山水而悟得玄理之慨。他說出了遊山水，不知不覺中淨化了心靈的塵俗雜念，在空明虛靈的心境中，自由自在地獲致暢神之至樂，所謂：「疏煩想于心胸」、「釋域中之常戀，暢超然之高情」。他在〈庾亮碑文〉中頗賞識庾亮好山水的雅趣，謂「公雅好所託，常在塵垢之外。雖柔心應世，蠖屈其迹，而方寸湛然，固以玄對山水。」玄賞山水的玄美在於「湛然」的「方寸」亦即逍遙自由的心境，然而，此時的山水之遊旨在襯顯名士們高雅的自由的心境，亦即「俱有高尚之志」的山水之遊是以雅致的遊興和品味為喻體，資以喻示遊者的人格品階，其核心價值在品藻人物美，而非對山水所洋溢的自然美作為主要焦點。

　　然而，東晉孫綽的「玄對山水」也蘊涵了山水自身自然美的美感價值，催生了自他以後山水之遊者對山水之美的審美意識以審美觀照的立基點。東晉孫綽首先確立以玄理來進行山水的審美，亦即玄覽或審美觀照山水的自然美。《世說新語・容止》載曰：「（孫綽）公雅好所託，常在塵垢之外，雖柔心應世，蠖屈其跡，而方寸湛然，故以玄對山水。」人所以能「玄對山水」應因透過心性的修養，可臻於與道冥合的玄境，再與道同遊，以道觀物，返照道所賦予山水自然本性

---

23 見〈中興書〉，余嘉錫《世說新語箋疏》上，上海古籍出版社，一九九三年版，頁140。

24 同上註，頁749。

之豐富的美感。

隆安四年（公元四○○年）春，以釋法師（慧遠）為首的三十多位佛教徒，進行了一次盧山石門之遊，產生了一篇《盧山諸道人遊石門詩序》。這篇山水遊記，呈現出佛教的精神主體之奧義，慧遠（公元三三四～四一六）善用莊子的哲理闡釋佛理。《高僧傳》說他年輕時「博綜六經，尤善莊老」。他在盧山講學著書，弘揚佛法三十多年，未嘗出過山。他所住持的盧山東林寺「清泉環階，白雲滿室」風景絕美。他是位形滅而神不滅的持論者，他認為作為精神實體的法性，既是「常無」，也是「不絕有」。「法性」可說是「神」、「佛」、「靈魂」的同義語。他在形神關係論上主張人的精神主體是絕對自由的、恆在的，他說：「夫神者何耶？精極而為靈者也。……神也者，圓應無生，妙盡無名，感物而動，假數而行；感物而非物，故物化而不滅；假數而非數，故數盡而不窮。」[25] 形而上的神靈雖得通過感應、資藉於「形」來具體運動和表現，然而，神靈是「精極而為靈者」，故神靈「感物」卻不是「物」，「假數」卻不是具體可數之「數」。固此，「物」與「數」可窮盡，神靈不可窮盡。由於神靈通過「感物」、「假數」來運行，所以神靈亦「有情」、「有識」，蓋神靈有情才能感物，有識才可求數，神靈主體的情是有靈性的、意趣的「情」與緣情、暢神的美感體驗是相聯繫的。因此，慧遠的神靈主體對山水草木花鳥……等在審美意識的純淨心靈點化下，賦予了靈趣神味。在山水審美的情景交融下，山水透過渾然一體的心境而轉化成有靈性的山水，對審美者產生暢神的美感作用，山水因有「神」而煥發出無限動人的美感。因此，慧遠所舉辦的盧山石門之遊所進行的山水審美活動，其所品賞的山水之美在於人的神靈感物應物下所呈現的靈秀和神妙之雅趣。東晉所發展出來的山水美感之神遊，可說是玄

25《沙門不敬王者論》，《弘明集》。

理透過佛教中的般若學交融貫注於人內在的心靈，與人具美感的精神世界密不可分，總而言之，自然美是自由心靈與美感意識所交織成的對應物。東晉陶淵明「採菊東籬下，悠然見南山」的絕句可資佐證。《世說新語・言語》載：「顧長康（顧愷之）從會稽還。人問山川之美，顧云：『千岩競秀，萬壑爭流，草木蒙籠其上，若雲興霞蔚。』」山水審美在此詩中也呈現出其獨立的審美範疇了。晉宋之際，宗炳（公元三七五～四四三）的〈畫山水序〉是篇論述山水審美的專題研究論文，文中謂：

> 聖人含道映物，賢者澄懷味像。至於山水，質而有趣靈。是以軒轅、堯、孔、廣成、大䰟、許由、孤竹之流，必有崆峒、具茨、藐姑、箕首，大蒙之遊焉，又稱仁智之樂焉。夫神人以神法道，而賢者通；山水以形媚道，而仁者樂，不亦幾乎！

宗炳在廬山跟從慧遠入「白蓮社」，是位虔誠的佛教徒，曾著〈明佛論〉[26]。然而，在儒、道兼涵的名士文化潮流下，他也鍾情山水，以「棲丘飲谷」為志，頗具隱士風範。因此，他以道家的玄理兼具儒家的仁德，塑造成的聖人，對山水審美的本質，理解為「聖人含道映物，賢者澄懷味象」的道家虛靜無執之心境對山水進行玄覽式的審美觀照，以及玩味山水具個性的形象美。徐復觀對宗炳這句話的詮釋為「象是道之所顯。清潔其情懷以玩味由道所顯之象。」[27]山水形象映發內蘊的道，人在淨化心靈後才有與道融通的契感可能，欣賞由道所顯發的山水形象之美。徐復觀認為「質有，形質是有。趣靈，其趣

---

26 嚴可均（公元一七六二～一八四三）編，《全宋文》卷二一，頁2547。

27 徐復觀《中國藝術精神》，臺北：學生書局，一九七六年五版，頁238。

向，趣味，則是靈。與道相通之謂靈。」[28] 山水不是幻象而是真實的存有，山水的審美趣味在於靈秀之美，人能透過山水的形象美而體悟內在其中的「道」之奧祕是人的靈性生命所使然。「與道相通」的靈通體驗，是人的靈性生命與「道」或「玄牝之靈」的相融相化之實存性的體驗。他所標舉的仁者之樂是引道入儒，亦即儒者在澄懷含道的境界中所達到的。這也是孫綽「玄對山水」的深意所在吧！另一位晉宋之際與宗炳同樣喜好沉緬自然的王微（公元四一五～四四三年）撰〈敘畫〉，也和宗炳一樣的認為山水審美的欣趣在「澄懷味象」中與「道」相感通。孫綽、宗炳與王微咸認為山水的秀麗撫媚之形象，蘊發出「道」的意味，為「媚道」的載體，山水審美的欣趣乃在於玄對山水時所感受到通體舒暢的暢神之樂。何叔真將「暢神」詮釋為「給人精神上無限自由的審美愉悅」[29]，頗為平易近人。

五、結　論

　　山水審美是魏晉名士共同的雅興，尤其為東晉及晉宋之際的文人雅士所鍾愛，蓋永嘉之亂後，世局丕變。西晉文士避難定居於以會稽為中心的浙東海邊地區。悠遊於江南的山靈水秀之間，撫慰失落的心靈，啟迪逍遙自適的生命情調，是彼時文人雅士託付精神，安頓生命最好的抉擇。

　　山水及其所涵的自然萬象之所以美，美在其具有千變萬化，多采多姿的自然物性和所呈現出來的形象。其何以美的根源在化生山水且內蘊於山水的「道」，以及人所稟受「道」而享有的靈性生命。人以美感心靈對山水審美有三層境界：第一層美感是以物觀物，亦即就山

---

28 同上註。

29 何淑真〈詩畫本一律──談中國山水詩與山水畫的異形同神〉，臺灣：新竹「玄奘人文學報」第一期，二○○三年七月，頁34。

水本身所具有獨特的形象來欣賞山水自然表象的形象美或自然美。第二層是以我觀物，亦即在情景交融中貫注審美主體潛意識所蓄藏的豐富而細膩的情感。這是人文與自然的交融，將自我生命的人文情懷，透過聯想和構思的興、比作用移情投射於山水，使山水人化而帶有深刻人文內涵的美感。第三層是以「道」玄覽山水之美，亦即澄懷含道地玄對山水而臻於暢神之美，例如，嵇康「目送歸鴻，手揮五弦，俯仰自得，遊心太玄」這首詩中即山水的玄情發玄思而情趣化於玄冥之境中，這是妙契道真的玄美境界。山水純真的自然美，人文化的山水美感及人在隱默之知中妙契道真的玄美，此三重境界美未必是割裂獨立的，三者亦可能相互滲透，相融相化，隨審美主體的不同心境而有不同的組合。總而言之，對魏晉文人雅士而言，山水之美對他們有難以言喻的召喚力。他們對山水之美所回應的感召，也隨主觀心境和客觀情景的不同而有千絲萬縷的不同交織，產生難以窮盡的審美感受內涵。

第三節　《世說新語》中的對話美學

一、前　言

　　《世說新語》一書被歷來學者認為是六朝劉宋時期的劉義慶（公元四〇三～四四四年）所著，魯迅提出該書係成於劉義慶門客的集體創作後，獲得不少人的認可。據《宋書・劉義慶傳》記載：「（義慶）為性簡素，寡嗜欲，愛好文義，才詞雖不多，然足為宗室之

表。」他所以能成為劉宋宗室的特出者，乃在於其可觀的著作。[30] 據《隋書・藝文志》載，劉義慶原作的《世說新語》為八卷，劉孝標注改為十卷，每卷的篇目到底如何安排，目前尚未能知。現今的通行本為三卷三十六篇（門類），當始於南宋紹興年間董弅刻本。[31] 就內容而言，《世說新語》以記載漢末至魏晉期間名士們的言談舉止之風貌為主。該書所蒐集的遺聞軼事，涉及了廣泛的層面，從社會階層而言，上自帝王將相，下至士庶僧人，趣聞妙語，躍然其間。後世學者，有人品評該書為「軼聞瑣語，足為談助。」[32] 有人譽之為「導揚諷喻，主文譎諫之辭；託意觀懲，南史凜風霜之筆。」[33] 當代學者饒宗頤視之為「人倫之淵鑑，言談之林藪。」[34] 傅錫壬以宏觀的視域概括地指出：「《世說新語》之首四篇，實為全書之中心思想，亦即所謂本體論者也。而其他三十二篇均循此主體而演繹之，或可目為批評論。」[35] 他所說的「本體論」意指主體論述或本論，不是形上學涵義的本體論。他所提及的前四篇，分別為〈德行第一〉、〈言語第二〉、〈政事第三〉、〈文學第四〉係《世說新語》上卷的全部內

---

[30] 據《宋書》、《南史》本傳、《典敘》、《集林》、《幽明錄》、《宣驗記》、《江左名士傳》等七種，除《世說新語》外，餘皆以亡佚。魯迅《古小說鉤沉》輯得《幽明錄》三十五條，《宣驗記》二百六十五條，其特色是劉義慶對人物之軼事傳聞有濃厚的興趣，且依據前人著作的基礎上集編撰成。這種特色不難發現也具在《世說新語》中，可資為劉義慶編撰《世說新語》的旁證。

[31] 董刻本對照於日本所保存的《世說新語》唐寫本殘卷，除有些個別字詞有出入外，其篇目及每一則的順序和今本完全一致。唐寫本殘卷只餘〈規箴〉、〈捷悟〉、〈夙惠〉、〈豪爽〉四篇，共五十一則，雖然數量不多，卻與今本體例大體而言是一致的。因此，董刻本雖無法確知是否仍保留原作的原貌，我們至少可說是較為接近的。

[32] 四庫全書總目提要卷一四〇，子部小說家類一。

[33] 楊勇語，見其所注世說新語校箋前序，明倫本。

[34] 同前註。

[35] 傅錫壬〈世說四科對論語四科的因襲與嬗變〉，載於臺北《漢江學報》第十二卷。

容，恰好與孔門四科的德行、言語、政事、文學相對應。然而，就該書所列舉的三十六門的分類觀之，孔門四科所涉者約占十分之一強。再就內容來分析，孔門四科中的「言語」側重在一般性的口語應對能力，《世說新語》〈言語〉篇的著眼點不僅如此，且更重視對話時所表現出來的機智性，靈活應變性及修辭的優美性。「德行」依儒家的傳統則重視忠、孝、仁、義等道德品行的基本涵義，但是，《世說新語》（以後簡稱《世語》）的〈德行〉篇，未見有關忠德的記載，較多載述的依次為仁、孝和義，且有與儒家不盡契合的言行也收入該篇中。[36]孔門四科中的文學原指文章及博學之事，可是《世語》〈文學〉篇除掉前四篇言經學的掌故傳聞外，在一〇四則中有六十則涉及清談與玄學的載述。在〈政事〉篇中亦多充滿著鮮明的時代特徵，反映了清談重視言語應對的機敏、巧妙能力，反映了時代的風尚，與儒家傳統思想差距頗大。再審視《世語》所記的人物，大部份聚焦於漢末清議人物與東晉謝靈運之間，陳寅恪在其〈陶淵明之思想與清談之關係〉一文中指出：

記載魏晉清談之書今存《世說新語》一種，其書所錄諸名士，上起漢代，下迄東晉末劉宋初之謝靈運，即淵明同時之人而止。此時代之可注意者也。其書分門別類，以孔門四科即德行、言語、政事、文學，及識鑒、賞譽、品藻等為目，此乃東漢名士品題人倫之遺意，此性質之可注意者也。大抵清談之興起由於東漢末世黨錮諸名士遭政治暴力之摧壓，一變其指實人物之品題，而為抽象玄理之討論，啟自郭林宗，而成於阮嗣宗，皆避禍遠嫌，消極不與其政治當局合作者也。[37]

---

36 第十五則載：「晉文王稱阮嗣宗至慎，每與之言，言皆玄遠，未嘗臧否人物。」
37 見《陳寅恪文學論文選集》，上海：上海古籍出版社，一九九二年，頁117～118。

又云：

> 《世說新語》記錄魏晉清談之書也。其書上及漢代者，
> 不過追溯原起，以其完備之意。惟其下迄東晉之末劉宋之初
> 迄於謝靈運。……蓋起自漢末之清談適至此時代而消滅。[38]

陳文以清談之始落歷程為論述陶淵明思想的立基點與語境。事實上，
東晉之後，清談的餘緒仍持續一段很長的時期，我們觀南齊王僧虔
（戒子書）即可得一例證。余英時在〈漢晉之際士之新自覺與新思
潮〉一文之見解不同於陳寅恪，他認為：「陳先生注重清談思想之流
變，故重視《世語》年代之下限，其說誠不可易。但若從士大夫新生
活方式之全部著眼，則尤當注重其上限。」[39]余英時所以注重《世語》
以漢末名士陳仲舉、李元禮諸人開篇，係因他的視域聚焦於漢晉之際
士人的個體自覺及群體自覺，以及所蘊發的新思潮。由於立基點不
同，自然他們二人的論點也不同，對余英時而言，《世語》係「記載
魏晉士大夫生活方式之專書」，而陳寅恪則視之為「記錄魏晉清談之
書」。

若我們再做進一步觀察，《世語》不但在首篇〈德行〉篇中最先
列舉陳蕃（仲舉），另外在〈賞譽〉篇和〈品藻〉篇中亦以陳蕃開
篇，這二篇都和清談密切相關聯。此外，《世語》記載的主要人物對
象是魏晉名士，比例約佔全書七、八成，其中原因是清談的鼎盛期在
魏晉，其引人矚目處在魏晉名士清談對話時所展露的交談藝術和美
感。清談中的對話藝術與美感係由詞藻美、儀態美、容貌及表情美、
幽默、機智、風趣、意趣……等要素所有機的組合而成。扼要言之，

---

38 同上，頁131。
39 余英時《士與中國文化》，上海人民出版社，一九八七年，頁307。

《世語》記載的士人對話之意趣與美感主要繫因於玄遠的清談、優美的辭藻與風度所透顯的才性和才情。我們可根據其中的幾個要項逐步分析和探索。

二、清談中的對話形式與內涵

　　清談是魏晉南北朝（主要為南朝）流行於士大夫階層及東晉以後僧人所參與的聚談論辯活動，蔚為一種文人雅士的社會風氣。參與清談者在相互對話時，行為疏放，神情自然流露，言語清麗，旨意玄遠。唐翼明在其《魏晉清談》專書中經過多方的考辨後，對魏晉清談予以界說：

> 　　所謂的「魏晉清談」，指的是魏晉時代的貴族知識份子，以探討人生、社會、宇宙的哲理為主要內容，以講究修辭與技巧的談說論辯為基本方式而進行的一種學術社交活動。[40]

唐翼明在該書第四章〈清談的醞釀與成形〉中指出，從漢末的游談風氣，如太和初的荀粲與其兄荀惔論讀《易》提出「斯象外之意，繫表之言，固蘊而不出矣。」（《三國志・魏志・荀彧傳》注引何劭《荀粲傳》），到正始座談，以正始之音作為魏晉清談的「典範」──不論內容、形式乃至風範上，魏晉清談及形塑定形於這一時期，且達到高峰。他認為竹林七賢時期，公元二四九～二六二年是正始清談高峰後的低谷期。在第六章〈清談的重振與衰落〉中謂王導過江後，在兵馬倥傯，動亂憂患之際，清談的時機在於「有興致、有機會的時候就

---

[40] 唐翼明《魏晉清談》，臺北：東大圖書公司，一九九二年十月，初版，頁43。

會談談的吧」[41] 此外,他將《世語・容止篇》二十四則的清談對話載述判定為「語言遊戲」的性質。[42] 筆者認為《世語》所載述的對話式之清談形式多樣,內容豐富,未必全部都以「語言遊戲」來概括。

就清談的形式而言,相當於名士們自發組成的小型討論會。在進行方式上,最主要的是採取主客問難式,先由主家提出論題的涵義和個人的論述,亦即「豎義」或「立義」,然後再由一客或數客問難,稱之為「咨疑」或「作難」。主方對客方所提出的質疑和反論,當予以「辯答」,也就是為自己的立論來辯護或答辯。如此,主客之間針對主題,兩面俱呈,一往一來的反覆論證,在真理越辯越明的辯證歷程中,正反兩論若達成辯證性的相互轉化及統合,形成視域交融的共識,則謂為「送一難」而「通一義」。若遇到主客雙方的正反見解爭執不下,陷入僵局時,則暫時保留各自看法,而由第三者釐清問題的主旨及雙方的論述,期能「釋二家之義,通彼我之懷,常使兩情皆得,彼此俱暢。」換言之,在思想文化蛻變的新舊不一致,感受與理解分歧時,人心難免有徬徨迷失的不安,及期求勝義。因此,清談對話的意義在正反俱立的辯證性交流互補中,期能一方面修補、發展自己的思想以獲得更具質精量足的合理性,另方面也藉對話活動來促進人與人之間生命情感的深層交流以撫慰孤寂的心靈,獲致情感上內在共鳴的體認。因此,對話的價值在精進對論題深刻而統整的理解,且情理交融地相互通其情,暢其理。要言之,清談中的對話是雙方共同探索「理源」的自由討論,為了避免因雙方看法不同而傷害彼此的情感及和氣,也為了開展理性思辨的客觀精神而臻真理越辯越明的目的,在對話的機制中當確立對話的倫理。有趣的是,每次清談時都有位享有清譽的豎義主家,他們必執麈尾以顯示發言者的身份和資為助

---

41 同前註,頁 249。

42 同上,頁 255。

談鋒的興味之具。觀《世語》及《晉書》中有不少關於麈尾的記載。在侯外盧等人合著的《中國思想通史》中做了名物考辨，謂：

> 按麈為麋之一種，體大尾長。相傳，麈與群鹿並行，搖尾左右，可指導群鹿的行向，有群倫領袖之概。麈尾用為拂塵，猶是後啟之義，麈尾之所以重要在於引人入勝，清談家執之，足為儀瞻之表率。端飾玉柄，別於寒微，以表示「上品無寒門」。玉柄麈尾是優閒之士的代表儀式，指導思想向「虛處開刀，遠處著墨」。[43]

然而，麈尾不僅是清談場合的名士身份表徵，也是對話進行時代表發言者的身份。當發言者輪替時，麈尾也隨之交接。《世語·文學》篇有則有趣的載述：

> 孫安國住殷中軍許共論，往反精苦，客主無間。左右進食，冷而復暖者數四。彼我奮擲麈尾，悉脫落滿餐飯中，賓主遂至暮忘食。殷乃語孫曰：「卿莫作強口馬，我當穿卿鼻！」孫曰：「卿不見決鼻牛，人當穿卿頰！」

孫安國與殷中軍（殷浩）在對話中針鋒相對，相互論述不斷，麈尾來回的擲，導致尾毛落滿飯菜。所以將麈尾來回丟擲，當係輪流發言的頻繁。由於交互論辯的興味不減，以致飯菜冷了又加熱，反覆四次。雙方雖互相消遣對方，情誼的感通也隨之有增無減。依《世語》等文獻所敘述的清談場景，似乎沒有並存二隻或二隻以上麈尾的現象。

---

43 侯外盧等人合著《中國思想通史》，北京人民出版社，一九九二年九月六刷，頁66、68。

《陳書‧張譏傳》云：「陳後主所造玉柄麈尾新成，曰：當今堪捉此者惟張譏耳。即以賜譏。後主幸開善寺，使譏樹義，時麈尾未至，命取松枝代之。」可佐證麈尾對清談的發言身份之表徵是必要物[44]，也是名士展現不俗的氣質和儀態風度之襯托物或裝飾物。然而，有學者認為曹魏和西晉時期皆罕見名士清談時手持麈尾的記錄，似乎只有王衍一孤例，渡江後，亦即東晉時期才開始盛行。[45]

清談論辯的對話方式，可在兩個人之間進行，也可由一人或數人主講後，眾人參與而輪番對話。有趣的是，亦可由一人同時採取正反兩面立場，自為主客地自己與自己對話。例如，《世語‧文學》載述：「何晏為吏部尚書，有位望，時談客盈坐。王弼未弱冠，往見之。晏聞弼名，因條向者勝理，語弼曰：『此理僕以為極，可得復難不？』弼便作難，一坐人便以為屈。於是弼自為客主數番，皆一坐所不及。」何晏久聞王弼的名氣，想當面試試來訪的王弼，因而列舉自己與人辯論而屢勝的論點，對王弼說：「此理我已解釋到頂點了，還有人能難倒我嗎？」王弼面露為難的臉色，一座清談者皆認為王弼當認輸了。然而，王弼一人持正反兩種立場，對話式的來回論辯數次，皆為當場的清談客所不及。這是採取定點式的座談會之對話。有的清談對話場景採動態的共同郊遊方式，主題多樣且善談者也有多位參加，例如：〈言語〉篇載云：「諸名賢共治洛水戲。還，樂令問王夷甫（衍）曰：『今日戲樂乎？』王曰：『裴僕射（頠）善談名理，混混有雅致。張茂先（華）論史漢，靡靡可聽。我與王安豐（戎）、延陵子房，亦超超玄著。』」王衍、裴頠、張華、王戎各有所長，是西晉初期著名的清談高手，所談論的主題有名理、史漢和玄理三項，他

---

44 《陳書‧袁憲傳》：「會弘正將登講講座，弟子畢成，乃延憲入室，授以麈尾，令憲樹義。」更可資以說明，清談時授麈尾的旨意，是要得麈尾者針對論題來主講，亦即豎義。

45 參閱李則芬，〈魏晉清談〉（上），臺北《東方雜誌》復刊，第十八卷第六期，頁30。

們及隨行的旁聽者，結果是皆大歡喜。除了面對面的對話外，也有聯床夜話的，圍爐閒話的，真是不一而足的了。對話所費時程，長短不一，盡興為主，〈文學〉篇載曰：「既共清言，遂達三更。」可見對話興致是不受時間限制的。

　　至於清談對話所論述的內涵，亦即論題，賀昌群先生在〈魏晉清談思想初論〉一文中概括宋末齊初的王僧虔〈誡子書〉之意，提出魏晉年間清談的論題有八，其中第四項論及荊州經學有幾家，與玄學關係較淡外，其他七項論題轉述如下：

　　　　（一）魏晉以來，注《易》、《老》、《莊》三玄者，
　　不下數十家，凡清談之士，至少須專一書，而轉通數家之
　　注。
　　　　（二）王弼與何晏之說其指歸何在？
　　　　（三）馬融與鄭玄之異同。
　　　　（四）（省略）
　　　　（五）鍾會、傅嘏、王廣、李豐等才性《四本論》之優
　　劣。
　　　　（六）嵇康〈聲無哀樂論〉。
　　　　（七）張橫所代表之宇宙觀，與郭象等所代表之自然觀。
　　　　（八）《易》、《老》、《莊》三玄之通義。[46]

我們可扼要的概括清談主題是《易》、《老》、《莊》以及賀昌群所未特別提及的佛理和人物品評。清談對話的主題內涵，世人謂之「談玄」，清談者有的自稱為「微言」。例如，衛瓘昔於魏正始中（公元

---

46 見賀昌群〈魏晉清談思想初論〉收入《魏晉思想》，臺北：里仁書局，一九九五年版，
　　頁3。

二四〇～二四八年）常與名士們清談式的對話，後來見到樂廣而奇
之。他對樂廣說：「自昔諸賢既沒，常恐微言將絕，而今乃復聞斯言
於君矣。」[47]那麼，何謂「微言」呢？《前漢書・藝文志・序》言：
「昔仲尼沒而微言絕。」李奇注「微言」的涵義為「隱微不顯之
言」，顏師古注為「精微要妙之言」。又據《魏書・阮籍傳》云：
「阮籍博覽群籍，尤好老莊，不拘禮節，發言玄遠。為〈達莊論〉，
敘無為之貴。」我們可進一步瞭解到精微要妙的微言乃是玄遠之言，
亦即表述《易》、《老》、《莊》哲學中形而上的「道」，亦即哲學
本體論的語言。微言指謂玄理，在體用不二的形上學架構上，從現象
來進行對本體之實有予以超越的體悟。質言之，即用顯體，承體啟
用，進而融通體與用為一渾全的存有，亦即玄同「有」、「無」。
「玄同」的玄理統攝世俗中許多對立性的觀點，例如，玄同「自然」
與「名教」的對立，綜攝地說「名教中自有樂地。」[48]又如，王弼玄
同聖人之「無情」和「有情」，謂聖人情而不執。[49]此外，才性《四
本論》中表述才性之所以然的理稱為「名理」。「名理」的語言是概
念分析和涵義界說的語言，亦即辨名析理的分析性語句，側重概念與
概念間彼此區隔的概念界說語。

　　此外，我們當注意的是「清談」是對話或言說的一種表現形式，
玄學是清談常談論的主題內涵，可是二者之間並非必然聯繫或合為不
可分離的一事。明顯的理由是清談的內容有涉及才性名理而非玄理

---

47 《晉書・樂廣傳》。

48 《世語・德行》：「王平子（澄）、胡母彥國（輔之）諸人，皆以放任為達，或有裸
　　體者。樂廣笑曰：『名教中自有樂地，何為乃爾也。』」

49 《三國志・魏志・鍾會傳・注》引何劭〈王弼傳〉載述王弼的論點，謂：「聖人茂於
　　人者神明也，同於人者五情也。神明茂，故能體沖和以通無；五情同，故不能無哀樂
　　以應物。然則，聖人之情應物而無累於物者也。今以其無累，便謂不復應物，失之多
　　矣。」，見《三國志補注》卷廿八，頁39。

者。再者，有些清談家如：何晏、王弼、郭象、支遁等人，其玄理的成就是表現在清談場合上，且載於書冊。可是，有些玄學家的玄學成就卻見於著作上，而非清談的場合上，例如：阮籍、向秀、嵇康、張湛等人。明顯的例證是嵇康玄學著作不少，其〈聲無哀樂論〉的論證形式運用了當時清談場上往復詰難的形式，文中的東野主人與秦客七問七答的辯證歷程頗為綿密精彩，可是史冊上未見嵇康有清談玄理的記錄。令筆者一直懸疑的是，嵇康與王弼係同時代的人，我們未見兩人有過交往及對話的文獻記錄，其可能的原因，筆者認為兩人分別隸屬於不同的社會階層和名士團體。蓋王弼是豪門名士，嵇康屬於寒門名士。竹林七賢在野遊談式的清談與何晏、王弼帶有貴族及官方身份的清談場景是有所不同的。戴璉璋對清談家與玄學家做了區分，他提出二項有意義的判斷，其一是「玄理談家固須具備一些基本的玄學知識，但他們主要是以析理精敏，因應善巧見長，立場可以隨時改變，不必執持一貫主張以成一家之言。而玄學家卻須以後者為必要條件。」[50] 清談家的清談活動是採取面對面的對話方式，具有臨場性及隨機應變性，話鋒及技巧隨對方的論述隨時調整變化，展現了對話的藝術與美感。有鑒於此，我們不難理解戴璉璋所提出的另一判斷，他說：「清談可以只提結論，而不作論證，甚至以動作輔助意見的表達；玄學者卻不可能如此。」[51] 玄學家所以能成一家之言，在於其以文字來寫作具問題意識、方法自覺及研究取向和目的之學術論文。清談家之成名是在面對面，有主題的對話上，能發揮一己的才學與才情，有機智或幽默感，有辭令用典之美，有聲調及儀態之美……等。這些條件構成了在清談對話中所構成具審美意趣的魏晉風度，「風度」指一個人在言談容止中所透顯出來的風神氣度，具有個性美、才

---

50 戴璉璋，〈魏晉清談的思想理趣與語言風格〉收入其論文集《玄智、玄理與文化發展》一書，臺北：中央研究院中國文哲研究所，二〇〇二年三月初版，頁380～381。

51 同前，頁381。

情美及人格美。魏晉風度是離不開名士們之個性風采的。袁濟喜說：

> 個性風采是魏晉六朝人物思想、美學觀念中最富有魅力
> 的東西。如果說中國的傳統文化和專制制度扭曲了士人的個
> 性，造成人格精神的萎縮，那麼在六朝時期，則是士人伸張
> 個性，形成較為完整的群體個性意識的時代。[52]

一個人的個性風采是要在生活世界的具體情境中與他人面對面的對話
中，才足以豐富而生動的展露出來的，對他人而言才有鮮活的個性與
生命才情之美感。

三、清談對話的聲調與辭令之美

　　名理派的清談以名家的辨名析理為方法，以儒家思想的賢人政治
為立論點。這一派的人物和勢力較遜於玄理派，著作的留傳也不多。
在對談情景的記述上《世語》的〈文學〉、〈識鑒〉、〈賞譽〉、
〈品藻〉諸篇中可看到零散的材料。大抵而言，他們口齒伶俐，辯才
無礙，語調抑揚有致，言語溫和不傷害他人的感情，批評的論點也恰
如其理。例如，《後漢書‧郭泰傳》說郭泰「善談論，美音制，……
善人倫而不為危言劾論。」所謂「美音制」究其原委，東漢末年名士
們因在清議中臧否人物及時政，為避免刺耳不中聽而趨向講究語言格
調的中聽，採取韻語風謠的美聲法。例如：針對董卓遷都之事，其
中，董逃與象聲字「咚噹」諧音，而諷誦說：「……蒙天恩，董逃；
帶全紫，董逃；整車騎，董逃，……心催傷，董逃。」在歌謠的形式
中，又用了些隱晦的語言而可做多方面的聯想及解釋，其作用之一在

---

52 見袁濟喜著《六朝美學》，北京大學出版社，一九九九年二版一刷，頁307～308。

避免清議的禍從口出，遭受政治迫害。在語調的形式而言，有押韻的節奏美和聲調的悅耳，這和婉約的風謠式話語，與清議之具體表述轉向抽象玄理的流風相結合，而促成了魏晉清談的對話聲調。劉康德說：「這種（風謠形式）的保存並純淨，從而就導致魏晉清談中的美音，即正始之音。」[53] 當時名士聚集於洛陽都邑，在清談時所使用的語言為洛陽話[54]，當時的洛陽是人文薈萃的文化中心，彼時的洛陽話大概較其他地方的話語悅耳吧！東晉遷都於現在的南京，清話更為盛行，亦必當受江南人的口音所影響。《顏氏家訓‧音辭篇》說：「南方水土和柔，其音清舉而切詣，……北方山川深厚，其音沉濁而鈋鈍，得其質直，其辭多古語。」或許，魏晉的清談由洛陽的語調，其後，發展到吸收江南柔美的聲調吧！朱自清曾指出：「晉以來的清談很注重說話的聲調和讀書的聲調。」[55] 觀《世語‧文學》篇載述殷浩「為謝標榜諸義，作數百語，既有佳致，兼辭條豐。甚足以動心駭聽。」可見一斑。

清談對話時的真實聲調如何，當時沒有錄音設備，無法於現在重播聆賞。我們可借助典籍的記述，仍可想見推知大略。〈衛玠別傳〉謂王敦稱讚衛玠說：「昔王輔嗣（弼）吐金聲於中朝，此子今復振玉於江表。」「吐金聲」、「振玉」不僅謂辭令之美，字字珠璣，也指聲調清麗、明朗之美。鄧粲《晉紀》記裴遐的清談對辯：「遐以辯論為業，善述名理，辭氣清暢，冷然若琴瑟，聞其音者，知與不知，無不歎服。」裴遐在與人對話論辯時，發言的腔調動聽到如琴瑟演奏般的富清靜和諧之美。我們可取《世語‧言語》篇的兩則對話予以佐證

---

53 劉康德，《魏晉風度與東方人格》，瀋陽遼寧教育出版社，一九九一年一月一刷，頁122。

54 語言隨時代文化的變遷而變化，現在的洛陽話與魏晉的洛陽話，其差異性是可想而知的。

55 《朱自清古典文學論文集》，上海古籍出版社，一九八〇年版，頁164。

對話的美音，其一：

> 道壹道人好整飾音辭，從都下還東山，經吳中，已而會
> 雪下，未甚寒。諸道人問在道所經，壹道人曰：「風霜固所
> 不論，乃先集其慘澹，郊邑正自飄瞥，林岫便自皓然。」

道壹道人（竺道壹，姓陸，吳人）「好整飾音辭」意指他在應答他人
所問時，既講究辭令之美，也要求自己說話的腔調要富有美感。其
二：

> 王武子（濟），孫子荊（楚）名言其土地人物之美，王
> 云：「其地坦而平，然水淡而清，其人廉且貞。」孫云：
> 「其山崔嵬以嵯峨，其中浹漮而揚波，其人磊落而英多。

晉朝的王濟是山西太原晉陽人，孫楚是太原中都人，二人對話的話題
在各自讚美自己家鄉的美景。王濟對其家鄉風土人情之讚美，不但所
說的三句話句子構造相似，且押韻。孫楚在回應時不但也讚賞自己家
鄉的美麗且也引用對方的句子構造形式，連押韻的特色亦相似。二人
面對面的對話，互為主體際性的相知相惜，將彼此的聰明機智發揮至
調。其間，虛字的運用，平仄的調配，將對話營造得聲調抑揚頓挫有
致，再配上押韻，對話的聲調節奏意趣盎然，美不勝聽。

清談對話所以會講究聲調的音韻之美，也可從魏晉時代崇尚
「嘯」的特殊社會風尚來輔助說明。「嘯」的記載可遠溯至《詩經・
召南・江有汜》：「其嘯也歌」，卻盛行於魏晉的一種表意之美聲
法。《世語・任誕》載述：「王子猷常暫寄人空宅住，便令種竹。或
問：『暫住何煩爾？』王嘯咏良久，直指竹曰：『何可一日無此
君』。」《世語・棲逸》篇有則記述阮籍蘇門道士以嘯相和的對話，

最令後人津津樂道。「嘯」表徵著魏晉名士崇尚自然的隱逸風格，其本質也是一種具節奏和旋律感的音聲性，堪稱為特殊的一種音樂表達方式。對「嘯」解釋得較清楚的是唐人孫廣的〈嘯旨〉，他在文中說：「氣激於喉中而濁謂之言，激於舌端而清謂之嘯。」[56]「嘯」在清談中可說是一種無言而有聲的對話方式，它有一種妙聲象以傳意的意趣與美感。嘯既是一種特別的抒情悅音，其可聽性在聲音的清麗和響亮，旨在表達魏晉名士隱逸生活的閒情及雅趣。由此可推知，清談對話時的清音與嘯的清音，崇尚聲音美感的彼時社會風尚。特別是東晉時期佛學漸興，佛經的誦讀聲律優美，頗有感染力和共鳴性，對清談對話的聲調美亦當具影響力。何況東晉時如支道林等僧人也參與了清談對話活動。同時，魏晉文士吟詩詠文，行腔使調也具抑揚頓挫，委婉旋繞，音節和諧，音調和美的美感。是以，史稱王弼吐金聲於中朝，管輅有尋聲答曰之靈，王衍「聲名籍甚，傾動當世」⋯⋯等，他們的音調英發，表現出名士清談對話中的音調和美感。

　　在清談對話的辭令用典之美方面也是美趣無窮。清談時，名士們對修辭用字、遣詞用典的雅致，非常講究。他們在對話時一方面要聲情並茂，另方面所遣用的文字也得文情並茂。《世語》中處處可見名士們在清談時所用辭令之美。例如：「才藻新奇」、「花映爛發」、「名理奇藻」、「敘致精麗，才藻奇拔」等。他們用辭言簡意賅，句短而精彩。《世語・文學》云：「傅嘏言虛勝，荀粲談尚玄遠。」「虛勝」指善於用字遣詞，以辭令辭峰取勝。若何晏與王弼在清談上的表現特色做比較，則何晏善於附會文辭，常以辭勝。王弼則以玄理的自然出拔致勝，可謂以理勝見長。《世語・言語》載曰：「顧長康從會稽還，人問山川之美，顧云：『千巖競秀，萬壑爭流，草木蒙籠其上，若雲興霞蔚。』」顧愷之對會稽的山川之美的品藻語言簡意

---

[56] 見《叢書集成》顧氏文本，商務印書館初編第一六八〇種。

深,形象生動,韻味無窮,其用辭之美來自於他對山川之美有深刻的實感體驗。我們可以說,名士們所以用辭絕美係因蓄意深厚,心境高遠。

一般而言,「用典」的喻示表意法是透過話語的「聯想」而言在彼,意在此。具體而言,是借用既有的成辭與人情事理的典故,來喻示言說者所欲傳達的旨意。用典的語法常基於類比原理,那就是將意義結構上有相類似的二件事物相互關聯起來,其用典的所指與能指間存在著因類似而可資相通相即處,同時,二件事物間究竟是有差異性的二件事。因此,用典的類比喻示兼具能指與所指的相似性及差異性,亦即雙重的語意關係。高友工先生謂典故之使用必須具含二基項:當時的現身經驗,與可資關聯的過去史實,若兩者缺一,則用典亦難成立,二基項間是既有相似性亦有相差異性。[57] 用典所使用的成辭或能指是歷史事故中的經驗或觀念,在時間上屬於「現在」的範疇。在魏晉之前傳統的用典方式在用舊合機地以用典之能指來明理、徵義用典之所指,其間類似性大於差異性。《世語》所載述的對話,在用典上的特色在體舊趣新,亦即強化了二者的差異性,在相似性的關聯中對比的突出具新鮮感的意趣,可喚發出聆賞者的美感意識而成為有新意的趣談。

梅家玲謂《世語》「用典」的藝術,就材料來區分可分成「引成辭」和「據人事」二大類。引成辭又可分為「全引成辭,不加改易」及「增損改易,變化成辭」兩種方式。其中,以包含雙關及譬喻手法的「斷章取義」式的引述法為大宗。在徵引人事方面,又可分為「代稱法」、「類比法」、「引證法」、「援推法」。其中以運用包括「比較」、「類同」兩型的「類比法」最為廣泛。「用典」原是受制

---

57 請參閱梅祖麟、高友工合著之〈唐詩的語意研究〉,黃宣範中譯且收入其所編的《翻譯與語意之間》,臺北:聯經出版公司,一九七六年版,頁133~217。

傳統頗多的修辭手法，《世語》卻能突破其制約，展露新貌。[58] 至於《世語》載述清談對話的用典之美，今取二則為例證。其一、〈言語〉篇載曰：

> 梁國楊氏子九歲，甚聰慧；孔君平詣其父，父不在，乃呼兒出，為設果。果有楊梅，孔指以示兒曰：『此是君家果？』兒應聲答曰：『未聞孔雀是夫子家禽！』

此則大意為梁國有位姓楊的孩子，年方九歲，非常聰明。有一天孔君平[59]來拜訪他父親，恰巧不在家，於是哄孩子出見。楊家上水果待客，其中有楊梅。孔君平指著楊梅對孩子說：「這是你們楊家的水果。」孩子也不甘示弱的應答說：「沒聽說過孔雀是夫子的家禽。」雙方都以對方姓氏的諧音，一語雙關的類比到水果及孔雀。兩人分別以雙關式的調侃語來戲謔對方，其類比的差異性屬於異體類質的比附，這是雙關式、模擬嘲諷的脫化轉移法。這樣的用典有調笑、談助的語言藝術及令人激賞的對話美趣。其二、〈言語〉篇載：

> 王右軍與謝太傅共登冶城，謝悠然遠想，有高世之志。王謂謝曰：「夏禹勤王，手足胼胝；文王旰食，日不暇給。今四郊多壘，宜人人自效；而虛談廢務，浮文妨要，恐非當今所宜！」謝公曰：「秦任商鞅，二世而亡；豈清談致患邪？」

這是一則兼引人事的援推法例證。大意是王右軍和謝太傅二人，同登

---

58 梅家玲《世說新語的語言與敘事》第五章「《世說新語》人物言談中的用典藝術」，臺北：里仁書局，二〇〇四年初版。
59 晉朝的孔坦，字君平，會稽山陰人。歷太子舍人，累遷廷尉卿。

冶城。謝太傅很憂悶地沉思著，顯發出超然出眾的情志。王右軍對他說：「夏禹勤政國事，忙得手足都起了厚繭。周文王爲國事煩勞常誤了進餐時間，每天都不得閒暇。當今局勢，四方都不平靜，應該每個人都能爲時局效勞。若只顧清談，廢弛要務，注重浮文而不切實際，恐怕不是適合時宜的！」謝太傅回答說：「秦始皇任商鞅為宰相大事改革，國祚僅享二代，難道也是清談的禍害所致嗎？」這是謝安「援」王羲之勤王的理論，推證出秦速亡的反證。二人的用典皆是援推式，卻有以子之矛攻子之盾的回答效果。援推法的用典取決於引用者的立論點和言說的意向，與他對話的回應者不但也要熟悉用典的典故，且要準確的據之而判斷出引用者的動機和意向，予以反向的解讀，推導出與原用典者相反的結論。因此，在對話中的回應者在思辨力與說話的藝術上要比原用者更技高一籌，才有勝算，這種對話才有意趣和審美性。

四、清談對話的機智與風采審美

明人吳瑞征《世說新語序》對《世說新語》的語言特色條分縷析，歸納為雅言、捷言、形言、反言、偏言、超言六種。「雅言」指對話用語典雅華美，表現形式與實質內涵相稱。他所謂的雅言，解釋為「玄黃其質，金玉其相，含艷藻於綺心，飄繁英于綉口」。他舉顧愷之所言：「遊會稽而覽勝，有雲興霞蔚之詠」。「捷言」指敏於應對，言詞快捷犀利。在對話時，說話者能順著對方的話題，針對題旨妙語對答，瞬間扭轉不利的形勢，不但轉危為安，且佔據了主導的角色。換言之，「捷言」指對同一論題，在觀點上正反俱立，產生對比反襯的突出效果。吳瑞征說明其所以然之理，謂：「白與黑陳，則愈表其潔；薰與蕕列，則彌著其馨。白非加皎，而薰不益香也，相形之勢然也。」「反言」指正言若反，是一種故意違背常規的表述方式，

旨在引起聽者的注意。吳瑞征說：「正言直指，不發耳目；詭詞拗說，多傾聽聞。」「偏言」指話頭點到為止，言有盡而意無盡，讓聽者啟迪思緒，玩味追思，吳瑞征所謂：「語上則遺其下，舉甲則略其己」。最後是「超言」，具有言少意多，言簡意賅，更重要的是不落言詮，不說破不明說。吳瑞征所謂：「大辯若訥，至言去言」、「簡之又簡，玄之又玄」。我們可舉司空圖曾說過的「不著一字，盡得風流」來喻示。據《世語》的載述，清談的機智與風采審美性常以不同的方式穿插在這六種語言特徵之表現上。

　　我們先就清談對話的機智性，取二則載述來品賞。其一、〈言語〉篇載：

　　　　鍾毓鍾會，少有令譽，年十三，魏文帝聞之，語其父鍾繇曰：「可令二子來。」於是敕見，毓面有汗。帝曰：「卿面何以汗？」毓對曰：「戰戰惶惶，汗出如漿。」復問會：「卿何以不汗？」對曰：「戰戰慄慄，汗不敢出。」

大意是鍾毓和鍾會二兄弟，少年時就享有很好的聲譽。十三歲那年，魏文帝（曹丕）聞其名，對二兄弟的父親鍾繇說：「叫你兩個兒子來見我。」於是鍾繇奉命帶他們晉見。鍾毓在文帝面前緊張得大汗淋漓，文帝問其原因，鍾毓回答說：「我內心戰戰兢兢，誠惶誠恐，所以不斷冒出汗來。」文帝再問鍾會，為什麼他不流汗。鍾會應答說：「我內心戰兢害怕得連汗都不敢冒出來了。」二人的答話不但有韻致，言簡意賅，而且其應變的機智和反應的敏捷令人激賞，令人感受到說話的智巧和藝術美感。其二、〈賢媛〉篇載：

　　許允婦是阮衛尉女，德如[60]妹，奇醜。交禮竟，允無復
入理，家人深以為憂。會允有客至，婦令婢視之，還答曰：
「是桓郎。」桓郎者，桓範也。婦云：「無憂，桓必勸
入。」桓果語許云：「阮家既嫁醜女與卿，故當有意，卿宜
察之。」許便回入內。既見婦，即欲出。婦料其此出，無復
入理，便捉裾停之。」許因謂曰：「婦有四德，卿有其
幾？」婦曰：「新婦所乏唯容爾。然士有百行，君有幾？」
許云：「皆備。」婦曰：「夫百行以德為首，君好色不好
德，何謂皆備？」允有慚色，遂相敬重。

大意為許允的妻子是阮衛尉的女兒，阮德如的妹妹，面貌陋弱。完成
新婚的交拜禮後，許允不肯進洞房（新房），後來經過桓範的規勸後
才肯進房內。可是，一見到新婚妻子，又忍不住要出房門。妻子知道
他一出去便沒有再回來的理由，於是牽住許允的衣角使他停步。許允
對他說：「婦有四種美德，你具備幾德呢？」新婚妻子立刻回答說：
「我只是缺乏美好的容貌罷了。但是，士有百行，你又具備幾行
呢？」許允說：「全都具備了。」新婚妻子說：「百行以德為首要，
你好色而不好德行，怎能說全部具備了呢？」許允當下面露愧色，於
是互相敬重了起來。我們由這則對話可以看出魏晉的才女也有對話的
突出表現。她們以清雅的對白表現出她們的應變機智與內蘊的才華。
在這則載述中，阮德如的妹妹在新婚當天，用犀利的言峰挽回了自己
的人格尊嚴和家庭、社會地位，令人尊敬和賞識。此二則富機智而又
風趣的對話，可反映出魏晉人不受制於成規的制約，她們藉著恣意改
造語言，創新語言的使用，獲致主體心靈的自由自主。他們縱使處在

---

60 《魏略》曰：「允字士宗，高陽人。少與清河崔實，據發名於冀州。仕至領軍將軍。
　　《陳留志名》曰：「阮共字伯彥，尉氏人。……少子侃，字德如，有俊才，而飭以名
　　理。風儀雅潤，與嵇康為友。仕至河內太守。」

不順遂的情境中，仍會以幽默態度，風趣的對話化解僵局、扭轉乾坤。我們可以說他們是以幽默風趣的對話消解了憂愁、煩悶，放射出智慧的光彩，使人生的境遇逆來順受，趣味無窮。

在魏晉文士的個體自覺，個性解放及才情自由的揮灑中，每個人的生命都顯發了獨特的珍貴價值。這種個性化及才性化的生命，在清談對話中散發了生命內在的熱情活力，在話語中洋溢著活潑與自信，神采奕奕，風度優美。我們選幾則來品賞，其一、〈容止〉篇云：「王夷甫容貌整麗，妙於談玄，恆捉白玉柄塵尾，與手都無分別。」清談名士王夷甫容貌端莊清秀，擅於談玄說理，他在與人對話時，手中常握著有白玉柄的拂塵。由於他的皮膚白皙，因而，他在說話時白淨的手握著白淨的玉柄，令人難以分辨手和白玉柄的區別，風采迷人之至。其二、〈賞譽〉載述：「王太尉云：『郭子玄（郭象）語議如懸河瀉水，注而不竭。』」郭象在與人清談對話時，口若懸河，滔滔不絕，文采豐茂，才情煥發，具有玄思之美。其三、〈品藻〉載述：

> 有人問袁侍中 [61] 曰：「殷仲堪何如韓康伯？」答曰：
> 「理義所得優劣，乃復未辨，然門庭蕭寂，居然有名士風
> 流，殷不及韓。」故殷作誄云：「荊門晝掩，閑庭晏然。」

殷仲堪與韓康伯兩位名士在玄理的論述上很難分辨高下，可是對韓康伯而言，縱使門庭冷落，乏人捧場，他卻仍不失其名士風流的氣質。因此，殷仲堪在人物美的品賞上不及韓康伯。可見名士個性鮮活，形象突出，儀態落落大方，瀟灑自如是清談對話場景上，令人品賞的要點之一。魏晉文人對一切有美感的事物，皆情有獨鍾，人物的神情美、容止儀態的風度美在清談對話場合上尤能獲得士人們人物審美的

---

61 晉朝的袁恪之，字元祖，陳郡人。歷黃門侍郎，安帝義熙初，為侍中。

眼光,而使玄談的活動增彩不少。宗白華說:「這是中國歷史上最有生氣,活潑愛美,美的成就極高的一個時代。」[62]

五、結 論

清談對話從審美的角度來看是種審美的饗宴,其對談的藝術充滿多樣而豐富的美感。從對話時所煥發的形體風儀容止,神情才華的洋溢,用辭的巧妙,話峰中展現的機智和幽默,交談內容的玄思之美,以及清談對話的形式格律及聲調等構成魏人對話之有機的整體美感。劉綱紀曾說:

> 《世說新語》中對人物的「思致」、「思理」、「理致」等等的評論,包含著對人物的智慧、才智、語言之美的評論。它是構成魏晉「人物之美」的一個重要方面。在中國歷史上,從哲理的論辯及其語言的表達中發現美、展示美、欣賞美,使哲理的論辯成為遊戲,給人以審美愉快,並成為一種被推崇的普遍風尚,是魏晉所特有的。[63]

劉綱紀的評論係一概括性的看法。筆者相信經過文本將魏晉名士對話交流的形式及多向度的內涵美逐步細致的開展後,或能增進我們對彼時對話美的所以然之理,較為全面而詳細的理解。

---

62 宗白華,《美學散步》,上海人民出版社,一九八一年版,頁187。

63 李澤厚、劉綱紀編《中國美學史》第二卷,臺北:谷風出版社,一九八七年版,頁101。

第四節 嘯傲的文采風流

一、「嘯」的涵義及其美學意義

　　係由人的口、喉、舌發聲，藉體內丹田吐氣的震動、共鳴而產生表意式的優美聲音以傾訴心中積蓄的深意。這種特殊的音樂表現，最早記載於《詩經》中的「其嘯也歌」[64]。「嘯」在魏晉時代的名士、文人中形成一種文化風尚，當與彼時鼎盛的道教養生風氣有密切關係。「嘯」基於道教煉氣養生原則形成一種以清唱方式，藉清亮的詠嘆調，透過自主自發的聲控法曲盡積澱心中無法言喻的宿志和深意。其暢懷大聲地一舒心中塊噎，頗具現代人對著大自然大聲喊叫以發洩情緒，抒解心中壓力的功能。對名士而言，這是一種可以藉以放浪自己形骸，宣洩自己的深情以超塵脫俗的一種清雅風度，也是可用來表達心志高念的管道之一。魏晉名士崇尚老莊，慕效莊子的放達而有長嘯之舉，以嘯聲嘹亮清麗，諧妙入神之玄美。同時，面對魏晉混濁的時局以隱逸自高的名士們常藉「嘯」自表清高之志，橫眉冷對所不齒不義的權貴，可說是政治性的藝術表演。

　　《說文解字》釋嘯為：「吹聲也」。《詩經》言嘯的意向，示意以「嘯」感傷所愛的人捨己他嫁，乃以激烈的感情來發「嘯」。因此，「嘯」有藉長嘯以表達激烈情緒的表意功能，可感染聞嘯而喚起同情同感者的共鳴。據鄭詩箋云，嘯是「蹙口出聲」，南宋朱熹據此

---

64 《詩經·召南·江南汜》。

說進一步詮釋為：「嘯，蹙口出聲，以舒憤懣之氣。」[65]唐代孫廣〈嘯
旨〉一文有較明確的概念界說，所謂「氣激於喉而不濁謂之言，激於
舌端而清為之嘯。」[66]他分別出「嘯」與「言」的不同，趙憩之《等
韻源流》附錄中更進一步指出：「以今日之音理釋之，即凡『言』具
帶元音，故振動聲帶而為之濁，而『嘯』既激於舌端而清，當然是不
振動所發出子音性質之清音。」[67]

二、「嘯」表「意」的美感形成

原作為抒懷作用的上古之「嘯」至魏晉時代，發展成一種具有逸
氣傲人之隱逸文化和精神意態，也轉化成抒懷表意的一種藝術和美
感。「嘯」的展現得力於道教煉氣的功法。孫廣〈嘯旨〉首章描述了
此一功法，所謂：

> 夫人精神內定，心目外息，我且不競，物無害者，身常
> 足，心常樂常定，然後可以議權輿之門。天氣正，地氣和，
> 風雲朗暢，日月調順，然後喪其神，亡其身，玉液傍潤，靈
> 泉外灑，調暢其出入（之）息，端正其唇齒之位，安其頰
> 輔，和其舌端，考擊於寂寞之擊而後發折，撮五太之精華，
> 高下自恣，無無始無卒者，權輿之音。

其煉氣的功法，從人內心的靜與定著手，務求精神高度集中的狀態，
在配合氣息之吐納，調整成具和諧的節奏，自然地臻於忘我的化境。

---

[65] 見朱熹《詩經集傳》上。

[66] 見《叢書集成》顧氏文本，臺灣商務書局印書館，初編第一六八〇種。

[67] 該書附錄一〈嘯歌之與替與音理的解釋〉，臺北市：文史哲出版社，一九七四年一版，
   頁38。

「嘯」的功法重點在於靜坐調息的功夫。「嘯」的表「意」富有不可言喻，妙不可思議的豐富涵義，融入魏晉名士的隱逸氣度，具有特殊瀟灑自如的精神美、境界美。就音樂審美而言，孫廣在〈嘯旨〉一文中載述了十五種不同的「嘯」之表現形式，其云：

> 嘯有十五章，一曰權輿，二曰流雲，三曰深溪虎，四曰
> 高柳蟬，五曰空林，六曰巫山峽猿，七曰下鴻鵠，八曰古木
> 鳶，九曰龍吟，十曰動地，十一曰蘇門，十二曰劉公命，十
> 三曰阮氏逸韻，十四曰正章，十五曰畢章。

綜觀這十五嘯法，大略可知嘯法中很多是效法自然美聲的，在師法自然界之動物或現象時，得隨順大自然不同的時令及環境，採取貼合自然的不同學習法。我們也可推知嘯和古人所崇信的其他器樂般地，有其創作上的神話，洋溢出音樂美感的特質，例如：《世說新語・任誕》第十七條，記載了一則以歌嘯感動人的故事，其曰：

> 劉道真少時，常漁草澤，善歌嘯，聞者莫不留連。有一
> 老嫗，識其非常人，甚樂其歌嘯，乃殺豚進之。

劉道真（劉寶）擅長表演歌嘯，聽者皆為之著迷。有位老太太對他的歌嘯美感，喜歡得甘心殺豬來款待他。

三、嘯的逸態美與傲態美

魏晉時禮法已異化為統治者箝制士人言行，嚴厲宰制異議者的政治工具，「嘯」成為名士們對當權者虛偽的譏諷之政論符號。《世說新語》中載述了名士們藉「嘯」來表達其對虛偽名教之傲態及瀟脫意

態。例如《世說新語》〈簡傲〉第一條載述曰:「晉文王[68] 德功盛大,坐席嚴敬,擬於王者。唯阮籍在坐,箕距嘯歌酣引自若。」又〈任誕〉第四十六條載曰:「王子猷嘗暫寄人空宅住,便令種竹。或問:『暫住何煩爾?』王嘯詠良久,直指竹曰:『何一日無此君?』」王子猷(徽之)的傲態盡表達在其詠嘯中,時人欽佩其才華,不苟同其行徑。

東晉的陶淵明以舒暢的嘯詠來表達其悠然自在的隱逸閒情及高致的文人生活雅趣。他在〈歸去來辭〉中自述說:「胡為乎遑遑兮欲合之?富貴非我願,帝鄉不可期。懷良辰以孤往,或直杖而耘籽;登東皋以舒嘯,臨清流而賦詩。」[69] 崇信道教的郭樸在〈遊仙詩〉中說:「翡翠戲蘭苕,容色更相鮮。綠蘿結高林,蒙籠蓋一山。中有冥寂士,靜嘯撫清絃。放情陵霄外,嚼蘂挹飛泉。赤松臨上遊,駕鴻乘紫煙。」道教主張超塵絕世,清虛靜態,全真保性,歸真返璞,延年長壽,因此,郭樸的「靜嘯撫清絃」,是擇取清玄格調的生活品味。對魏晉而言,「嘯」不只是道教養生煉氣的功法,也是道士及名士們超然物外,瀟灑逍遙的精神文化之意符。郭樸的嘯聲與清弦交響應和,透露給我們一信息,那就是嘯除了獨吟之外,也常與「琴」樂合音,呈現出一種玄味十足的聽覺美感及心靈上的道境感。

四、以「嘯」盡意的美感技法

嘯在魏晉流風中所呈現的性質,依其內容可歸納成心境恬淡、安逸之嘯;卓犖不群脫俗超凡之嘯;憂傷之嘯;內心愉悅之嘯等四大

---

68 余嘉錫撰《世說新語箋疏》,臺北:華正出版社,一九九三年,頁766。箋疏謂:「程炎震云:『咸熙元年,昭進爵為王,阮已先一年卒已。』」。

69 見楊勇《陶淵明集校箋》,臺北:正文書局,一九八六年版,頁267。

類。[70] 我們可將前述劉道真的歌嘯作為表達內心愉悅之嘯的例證。郭璞〈遊仙詩〉中的舒嘯為安逸之嘯的例證。王子猷意欲種竹的嘯詠列為脫俗超凡之嘯。再取嵇康四言詩十一首之七的「長嘯清原，惟以告哀」四言十八首〈贈兄秀才入軍詩〉中所謂：「心之憂矣，永嘯長吟」視為憂傷之嘯的例證。

　　吟嘯者在切真感受實事，體察事理後，有感而發地將心中深意託之於聲嘯的發聲法也有一定的修習方法及表達上具有格律之技法。孫廣〈嘯旨〉中，總共列了十二種技法，計有外激法、內激法、含法、藏法、散法、越法、大沈法、小沈法、疋法、叱法、五太法、五少法，這些技法的關鍵處在於講究利用唇齒不同的位置，以及口腔大小的不同和舌端所處的不同點位，將體內丹田所調養之氣吐出，經由口腔器形所產生的共鳴，成就出變化多端的聲音，嘯聲的質量和丹田之氣修煉的精純、充沛與否，存在著緊密的互動關係，這十二種吟嘯的發聲技法，從美學的觀點而言，係美感的發聲技法。

　　從前述「嘯」的內容性質而言，是吟嘯主體在長期的積澱意識後，將深沉的蓄意透過自主自發的吟嘯，通其情，暢其理，將心中的深情和精神功力充分而細致的釋放出來，蹙口而出，不但可對聆聽者抒情達意，同時也暢情抒懷之樂。問題是：魏晉時代不羈世俗，有隱逸之風的名士與煉氣呼嘯的道教有什麼淵源呢？李豐楙在〈嘯的傳說及其對文學的影響〉一文中有段重要的解釋：

　　　　大抵而言，道家嘯法本來就是別於語言的一種表達方法。魏晉論辯主題之一，正反兩方辯難，即集矢於語言表達能力的問題，不過最少承認「言」有其示意作用，但道教的

---

70 見朱大渭等著《魏晉南北朝社會生活史》，北京：中國社會科學出版社，一九九八，頁430～434。

有聲而無字的嘯法，本具符咒祕字的功能，至奉道文士的口
中，卻成為一種否定「言」的不言形式，基本上這種不言的
「嘯」比辯論「言」不能盡意更有徹底的否定傾向。因此，
《世說新語》將嘯視為傲態，列於任誕、簡傲之篇，視為一
種非循正規語言形式的表達方法。……依文獻記載，善嘯文
士以魏晉為最多最內行。歸納其特色，幾乎都出現在奉道世
家之中，像琅琊王氏、陳郡謝氏以及譙國龍亢桓氏、陳郡長
平殷氏，所佔比例最高。此一情形絕非巧合，而是奉道文士
學自道士，作為一種養生方法。[71]

道家源起於東漢末年，盛行於魏晉時代。由於魏晉政局遽變，影響所
至，人生無常，生死難卜。一般人對現世政局的清明無望，在苦悶之
餘，遂轉向道教的養生神仙之說，及瀟灑自如，逍遙自在的生命情
調。源自道教的「嘯」異於用語言對話的一種表達方式，其本身不但
具有無字而有聲的特性，且具有道教符咒祕字的作用，及信奉道教的
魏晉名士在言意之辨的玄學問題上，視「嘯」為一種否定「言」的不
言之言形式，亦成為一種表詮深「意」的方法。

五、「嘯」與「嘯」交會的無言之美

「嘯」的音理是藉著唇齒所發出之聲音，在音感的變化中猶能符
應樂理而吟出具旋律性的曲調，嘯者的丹田之聲共鳴於口腔激於舌
端，且能隨己意控制共鳴的音效來表達自己的「意」之所在，因此善
嘯者能發出像音樂般的節奏及旋律的聽覺美感。魏晉時代的成公綏在

---

71 參見李豐楙〈嘯的傳說及其對文學的影響 ——以「嘯旨」為中心的綜合考察〉，臺
北：聯經出版社，《中國古典小說研究專集》第五期，頁21～67。

所著〈嘯賦〉一文中指出「嘯」的美感在於其「能因形創聲，隨事造曲，應物無窮，機發響速。」[72]吟嘯者隨著吐氣和嘯聲流動的自由性較能隨性盡意，所謂「音均不恆，曲無定制，行而不流，上而不滯，隨口吻而發揚，假芳氣而遠逝，音要妙而流響，聲激嘺而清厲，信自然之極麗，羌殊尤而絕世，超韶夏與咸池。」嘯聲具有其他樂器所無法表現的直接盡意之優越性。同時，它所能表達的內容之豐富性及自身之神奇能力，很契合魏晉時代崇尚自由放達及追求生活上美感情趣之流風，這不啻是一種具特殊意義及精神象徵的審美活動。

《世說新語》載述了魏晉時代名人高士吟嘯情態數則，其中最精彩的，當推〈棲逸第十八〉篇第一條，曰：

> 阮步兵嘯，聞數百步。蘇門山中，忽有真人，樵伐者咸共傳說。阮籍往觀，見其人擁膝岩側，籍登嶺就之，箕踞相對。籍商略終古，上陳黃、農玄寂之道，下考三代盛德之美以問之，仡然不應。復敘有為之教、棲神導氣之術以觀之，彼猶如前，凝矚不轉。籍因對之長嘯。良久，乃笑曰：「可更作。」籍復嘯。意盡，退，還半嶺許，聞上啾然有聲，如數部鼓吹，林谷傳響，顧看，乃向人嘯也。

楊勇校注這一條時，引《魏氏春秋》曰：

> 阮籍常率意獨駕，不由徑路，車跡所窮，輒痛哭而反。嘗遊蘇門山，有隱者莫知名姓，有竹實數斛、臼杵而已。籍聞而從之，與太古無為之道，論五帝三王之義；英門先生脩然曾不眄之。籍乃嘐然長嘯，清韻響亮，蘇門先生乃逌爾而

---

[72]見《全晉文·卷五十七》。

笑。籍既降，先生喟然高嘯，有如鳳音。籍素知音，乃假蘇
門先生之論，以寄所懷。其歌曰：「日沒不周西，月出丹淵
中。陽精晦不見，陰光代為雄。」

孫登是與阮籍、嵇康同時為道士，隱居在蘇門山中，《嵇康集序》
曰：「孫登者，不知何許人。無家，於汲郡北山土窟住。夏則編草為
裳，冬則披髮自覆。好讀《易》，鼓一弦琴，見者皆親樂之。」文中
將孫登描述成崇尚自然，有素樸之志的隱士。《竹林七賢論》曰：
「籍歸，遂著《大人先生論》，所言皆胸懷閒本趣，大意謂先生與己
不異也。觀其長嘯相和，亦近乎目繫道存矣。」在查閱阮籍〈大人先
生傳〉所云：「大人先生，蓋老人也，不知姓字，陳天地之始，言神
農黃帝之事昭然也。莫知其生卒之數，嘗居蘇門之山，故世咸謂之
閒。養性延壽，與自然齊興。其視堯、舜之所事，若手中耳。」可略
知孫登崇尚黃老的無為，是位志在歸真返璞的道家人物。阮籍心儀莊
子筆下的「真人」，從而向有真人生命格調的高人孫登請益。由阮籍
向孫登興致高昂的自陳所嚮往的「玄寂之道」及「棲神道氣之術」，
可謂兩人皆懷抱老莊的哲理及人生志趣，然而，老子深邃的玄理，莊
子超然物外的棲神道氣之生命境界，非概念名言所能對應符合的界
說。這是阮籍在高談闊論後，向孫登提問，卻不得回話。因此，阮籍
認為言不足盡意，乃採長嘯來向孫登剖明心志，孫登會意後，還要求
阮籍再續以嘯敘事。等阮籍復嘯而「意盡」後，孫登以嘯回應，其嘯
聲有若「數部鼓吹，林谷傳響。」

　　由阮籍與孫登這段具經典的以「嘯」交會「嘯」，可得知嘯具有
深度溝通以抒神表意的功能。我們由阮籍於事後所撰〈大人先生傳〉
一文可推知阮籍所要表述的深「意」係超越世俗富貴貧賤之執，崇尚
身心寄託於天地自然的精神境界。扼要言之，阮籍以嘯所欲盡之
「意」是他人生最高意義所在的胸懷本趣。我們透過袁崧（宜都）與

桓玄（南郡）在書信往來中對阮籍之嘯與詠的較論，可進一步瞭解嘯所以能盡意的理由。桓玄在〈與袁宜都書論嘯〉一文中有言：「苟一音足以究清和極，阮公之嘯言，不動蘇門之聽，而微嘯一鼓，玄默為之解顏，若人之興逸響，惟深也哉。」[73]，桓玄肯定無言的嘯是契神之音，其表「意」之功能遠勝於歌詠。可是，袁崧認為「嘯」只是一種奇特的音樂表現，只有歌詠才能藉歌詞窮致所欲表述的「意」，袁崧在〈答南郡書〉中說：「嘯有清浮之美，而無控引之深，……。若夫阮公之嘯，蘇門之和，蓋感其一奇，何為微此一至。大疑嘯歌所拘邪。」[74] 依袁崧之見，語言有其社會性約定俗成的制約性，他能傳達概念思辨所能理解的涵義。嘯的主觀性很強，不具概念界說的制約性，沒有語言文字的明確性。可是桓玄認為契神之音無法用語言文字來界說。阮籍和孫登的溝通對象是玄遠的「意」是語言文字所不能明確描寫的精神境界。從正始玄學時期所論究之孔子與老子之品階誰高？結論出形上的「道」不是描述經驗界現象的一般語言文字所能描摹。知識論所用的語言文字既不能描述本體論的「道」，「道」是慕道者在悟道工夫上所感悟的，獲致啟發性的本體真，則有賴在盡意功能上勝於一般語言文字，甚至歌詠的「嘯」來表達。質言之，「嘯」是表達體證道、感悟道者藉以契合人心的玄易傳達法。關鍵在嘯者及嘯的聆聽者雙方皆應具備相近似的體道工夫及悟道的精神境界。若彼此的形上心境差距太大，則兩人皆不能透過妙契道真而心心相應的。

---

73 歐陽詢編《藝文類聚十九》，臺北：文光出版社。
74 同前註。

第五節　魏晉佛教的藝術與美感

　　中國佛教藝術淵遠流長，我們從《魏書・釋老誌》可得知，佛教
的建築、繪畫、雕刻和佛教經典於漢代一起傳入中國。佛教藝術到魏
晉南北朝時，獲致進一步發展，就佛教藝術的發展趨勢及其內容而
言，中國北方較側重建寺造塔、造像刻碑。南方的佛教藝術則在修建
佛寺、佛塔外，尚有佛教的詩歌、繪畫。其中最精彩的當推雕刻和繪
畫。歷代佛教的雕刻作品大都保存在山石洞窟中，因此，又稱之「石
窟藝術」。宗白華對佛教的雕刻與美感有深刻的審美體驗，且提出了
精闢的見解，他說：

> 　　這真是中國偉大的「藝術熱情時代！」因為西域傳來的
> 宗教信仰的刺激及新技術的啟發，發揮他們的熱力。線條、
> 色彩、形象，無一不飛動奔放，虎虎有生氣。「飛」是他們
> 精神的理想，飛騰動盪是那時藝術境界的特徵。[75]

　　試觀敦煌所雕刻的佛像，不但飛天群像呈現出飛騰天際的曼妙舞姿，
甚至立像、坐像的身軀也表現著生動扭曲的姿態。佛像們看起來全然
不受地心引力的飛舞旋律，因此連佛像身上的衣飾都飄盪著飛舞的帶
文，佛像頭上的光環，身後的金黃光輝，以及腳下波浪起伏的蓮花
座，都象徵著宇宙的節奏，表現出自由自在的生命姿態，令人感動。
　　魏晉南北朝時期，佛教採取用形象方式來宣傳教義的「像教」。

---

[75] 見宗白華《美學散步》〈略談敦煌藝術的意義與價值〉，臺北：世華文化出版社，頁
　　157。

於是，形象的造形藝術概念萌發，例如：沈約〈千佛贊〉提到「形象俱非」，釋道高《重答李交州書》提及「睹形象而曲躬」。佛教的造形藝術不但具有宗教涵義，也兼具美學意義。在佛家的造形藝術和美感上，講究神佛形象的外觀宜「莊麗」。這是受到魏晉時代審美風潮的影響，例如：曹丕倡言「詩賦欲麗」開啟了魏晉文人愛好華美的風氣，盛行於南朝。更重要的意義在於佛教為吸引信徒，華麗是一引人注目的重要條件。何承天論佛像之美的時候說：「且以形象彩飾，將諧常人耳目。」外觀美麗的佛像可令人賞心悅目，這是迎合世俗人情喜好超奇的方法。再者，佛法精深奧妙，淨土境界的莊嚴不是一般人所能想像和理解，因此，佛教為了與世俗大眾結佛緣，在教理的傳播上，採取常人易懂的一些故事或譬喻來解說。因此，佛教雕刻和繪圖的發展傾向於抽象的佛法，透過形象藝術的創作和美感要求予以具像化、感性化。職是之故，佛像之傳教意義在於能善巧地體現「法身」和佛理，形象的外觀不只是求華麗而已，更要求法像莊嚴，有宗教的超凡入聖之神聖感受。質言之，佛像的雕刻或繪畫成為詮釋及理解佛法的載體或美化的媒介體。神佛具有妙不可思議的神靈，神靈的靈性在佛像藝術上當表現在眼睛的眼神上。魏晉的人物形神觀上以形傳神，以神會意，這是藝術與美感上至為關鍵也最困難處。就佛教而言，眼睛的眼神是般若智慧的表徵，也是修成正果的意符，因此佛教尚有「法眼」、「慧眼」之稱。因此佛教造型藝術及其美感的至關鍵處在於畫好眼之後的點睛術，佛教界特別稱之「開光」或「開眼」，對佛教而言，「佛眼」無事不見、無事不聞、聞見互用、無所思維、一切皆見。在相對比的意義，凡夫俗子則被譏為「牛羊眼」，意指他們痴愚不能方隅，幾乎與低等動物沒有差別。在禪宗能享有「開眼」殊榮者，常是得道高僧才能作這一工作，其意義猶如在開悟一般人的神聖。

　　佛像的「開眼」儀式，有其宗教性的神祕意義，從美學而言，意

調著佛像造型藝術的審美特徵所在。東晉的高僧慧遠在其〈萬像影銘〉中說:「廓矣大像,理去無名。體神入化,落影落形。迴輝層岩,凝映虛亭。」其蘊義係指佛的「神明」無形無名,當其體現在有形有名的現實事物中時,「迴輝層岩,凝映虛亭」可使現實事物充滿美麗的光輝。就美學的理解和詮釋立場而言,現實世界之所以是美的深層原因,在於他蘊涵了佛的神明,例如:慧遠在廬山所主導的石門之遊,其主旨不在欣賞山水本身,而是由山水所煥發的美麗中契會到佛之神明,亦即佛光的閃耀。

佛教自東漢末年始傳入中國,至東晉末年其傳遞流衍以歷二、三百年,在漢譯佛典中真正能融入中國文化底蘊中,且能影響中國哲學、文學及藝術創作的佛典為首推《維摩詰所說經》。《維摩詰經》與維摩詰居士有著密不可分的關係,維摩詰是中、印佛教中具有特殊身份的佛教居士,他以白衣居士的形象在大乘經典中獨樹一格,有別於一般聲聞、緣覺、阿羅漢或菩薩等佛教人物的表現。維摩詰在中國起源於三國時代,由後漢支謙所譯的《古維摩詰經》,至魏晉南北朝時期,已有四種譯本。維摩詰的形象隨著漢譯經典的廣泛流傳,深受魏晉名士們的喜愛。維摩詰之梵名為 Vimalakirti,漢譯稱之為淨名、無垢稱、無垢滅、維摩詰。維摩詰是《維摩詰經》中現疾說法的主角,是佛陀弟子中重要的在家居士之一。維摩詰的處事態度兼具出世而入世二層次,具見於《維摩詰所說經》〈方便品〉篇,他在出世態度上具有超越世俗的精神,亦即說他具備透徹佛法的空性智慧。值得注意的是他的入世精神。〈方便品〉有段精彩的描述:

> 雖為白衣。奉持沙門清淨律行。雖處居家,不著三界。示有妻子,常修梵行。現有眷屬,常樂遠離。雖服寶飾而以相好嚴身。雖復飲食,而以禪悅為味。若至博奕戲處,輒以度人。受諸異道,不毀正信。雖明世典,常樂佛學。……入

諸學堂，誘開童蒙。入諸淫舍，示欲之過。入諸酒肆，能立
其志。[76]

維摩詰具備了出世精神又不離世間法的二重生命情調。他不執於世間
法而有空性智慧及所重出的捨離精神，另方面，他也不執於「空」及
出世間法，他仍以平常心參與世間生活，入於塵俗，他可以恣意參加
凡世的吃、喝、嫖、賭，可是行事的狂放又能同流而不合污，隨俗緣
而不染。這種能調和出世與入世的二重生命情調，是維摩詰透過「居
士」的身份才能出入自如的靈活表現出來的。這種生命情態頗能符合
魏晉名士，特別是豪門士族的名士們出入於自然與名教的人生志趣，
郭象所主張的跡冥圓融兼綜儒道的時代風尚。維摩詰「辯才無礙，遊
戲神通」，〈方便品〉的傳播佛法之特殊方式及其無時無刻的詰難和
辯才的精神風格，也符合了魏晉風度和名士們的喜愛。他反對當時佛
教修行的既定模式，例如他主張修行打坐的方式應該以「宴坐」為
主。因為他認為修行的精義在內證、內修以及對空性智慧的問題。從
〈弟子品〉可得知他對當時修行方法的不苟同，以致他沒有參與出家
的僧團，與阮籍〈大人先生傳〉及嵇康〈釋私論〉對僵化的名教規範
之批判，和崇尚莊子任性情的曠達精神、自由心境，雙方頗有神契之
處。維摩詰所以受到魏晉人的喜歡，當歸因於他的心態與名士風度的
轉變頗具異曲同工處。蓋魏晉名士的生活形態可分三階段。正始名士
尚空談、重儀容、受服藥；竹林名士可酣暢飲酒，崇尚自然，不拘執
於制度化的道德禮法；中朝名士則可調和自然與名教，倡「無心而順
有」。

　維摩詰在魏晉時代的造型藝術及美感上，最經典的作品當推東晉
大畫家顧愷之（長康）於瓦棺寺所繪的維摩詰像。唐・張彥遠《歷代

---

76 姚秦・鳩摩羅什譯《維摩詰所說經》，《大正藏》14，頁 532a。

名畫記卷五》載述：

> 長康又嘗於瓦棺寺北小殿內畫維摩居士，畫訖，光彩耀
> 目。數日，京師寺記云興寧中，瓦棺寺，初置僧眾，設請朝
> 賢士庶宣疏募緣。其時，士大夫莫有過十萬者，既至長康直
> 打剎注百萬。長康素貧眾以為大言後，寺僧請勾疏，長康
> 曰：宜備一壁。遂閉戶往來一月餘，所畫維摩一軀，工畢將
> 欲點眸子，乃謂僧眾曰：第一日觀者，請施十萬；第二日觀
> 者，請施五萬；第三日觀者，可任例責施。及開戶，方照一
> 寺。施者填咽，俄得百萬錢。

顧愷之所畫成的維摩詰像，意在筆前，其深獲維摩詰的精神意態。由
於他蓄意深厚，不但得維摩詰之形貌體態，且滲透進其內在的心靈世
界而妙得其神，可謂形神兼備，相互襯托。他所畫的維摩詰像，以形
傳神，靈氣活現，神明茂盛本能如此感動觀者。近人陳書良論六朝
〈維摩詰熱〉時謂維摩詰居士以「隱機忘言之狀，請贏示並之容」，
征服了魏晉六朝人士的心靈，他還認為維摩詰居士被塑造成魏晉六朝
人士的審美標準及理想人物，成為許多名士及文士心中的楷模。[77] 維
摩詰所以受到魏晉六朝的喜好，除了前述原因外還有值得注意的兩點
理由。第一、魏晉人物的品賞風氣中，傾向欣賞人物外表儀態顯出頹
廢和消極的風采，頗能引起時代無奈或心靈的共鳴。當時有服五石散
的名士流風，何晏就是一例證。據史載，五石散服用後可改善人的血
氣流通狀況，不但可美白皮膚，且使服用者目光有神，其資太極亮麗
的眼神可取悅於人。《世說新語·語言》載曰：「何平叔（晏）云：
服五石散，非唯治病，亦覺神明開朗」，何晏服之而被人品藻為「玉

---

[77] 見陳書良《六朝煙兩鳥空啼》，臺北：桂冠圖書公司，二〇〇一年九月初版，頁46。

人」的美稱，王弼認為聖人有情而所以異於常人處就在「神明茂」。第二、魏晉對人物的品賞點之一為病容點。《世說新語‧容止》云：「王丞相見衛洗馬（衛玠）曰：『居然有羸形，雖復終日調暢，若不堪羅綺。』久聞其名，觀者如堵牆。玠先有羸疾，體不堪勞，遂成病而死。時人謂看殺衛玠。」〈玠別傳〉曰：「玠素抱羸疾。」維摩詰的示疾向迎合了魏晉六朝所崇尚的病容美之審美品味，「清羸」的表情成為他具有吸引人的魅力所在。

維摩詰在魏晉時代被刻畫出清羸、席地、賽衣和病容之姿，反映出魏晉名士意欲擺脫世俗羈絆的寄託和理想。魏晉名士也以維摩詰所說過的經文作為清談辯論的題材。例如《世說新語‧文學》載曰：「支道林許掾諸人，共在會稽王齋頭，支為法師，許為都講（《高逸妙門傳》曰：「道林時講維摩詰經。」）支通一義，四座莫不厭心。許送一難，眾人莫不抃舞。但共嗟詠二家之美，不辯其理之所在。」維摩詰對人生「無」的哲理之啟示，晉宋之際的謝靈運運作〈維摩十譬贊〉，可資為其深刻影響的魏晉詩人的一例證。蓋彼時人是對生命中的偶然、短暫、生死無常，人生有虛幻變滅之苦，常借謝靈運詠維摩詰的佛理，非常普遍。維摩詰一方面以修行思捨離世，求解脫，另方面又以入世菩薩的精神，積極入世和創造生命意義和價值的兩行哲學對儒、道間綜而調和的魏晉人而言，不啻是一知己，係他們精神世界深受啟發性的生存智慧。

參考書目

註：依著者姓氏筆畫順序排列。

◎經學專著之屬

王令樾（1984），《讖緯探原》，幼獅文化事業公司。

王步貴（1993），《神祕文化新探》，中國社會科學出版社。

王葆玹（1994），《西漢經學源流》，東大圖書公司。

王熙元（1972），《穀梁范注發微》，嘉欣水泥公司文化基金會。

古國順（1985），《史記述尚書研究》，文史哲出版社。

本田成之（1990），《中國經學史》，廣文書局。

安井小太郎等著、林慶彰先生等譯（1996），《經學史》，萬卷樓圖書公司。

安居香山、中村璋八（1994），《重修緯書集成》，河北人民出版社。

呂凱（1982），《鄭玄之讖緯學》，臺灣商務印書館。

李威熊（1988），《中國經學發展史論》，文史哲出版社。

汪惠敏（1980），《三國時代之經學研究》，漢京文化事業有限公司。

周予同（1965），《經今古文學》，臺灣商務印書館。

周予同（1989），《群經概論》，復文圖書出版社。

周何（1998），《禮學概論》，三民書局。

屈萬里（1985），《漢魏石經殘字》，聯經出版事業公司。

林葉連（1993），《中國歷代詩經學》，學生書局。

金春峰（1993），《周官之成書及其反映之時代新考》，東大圖書公司。

金德建（1986），《經今古文字考》，齊魯書社。

俞樾（1961），〈鄭君駁正三禮考〉，《皇清經解》，復興書局。

胡樸安（1977），《中國訓詁學史》，臺灣商務印書館。

徐復觀（1982），《中國經學史的基礎》，學生書局。

簡博賢（1986），《魏晉四家易研究》，文史哲出版社。

馬宗霍（1987），《中國經學史》，上海書店。

陳金木（1995），《皇侃之經學研究》，國立編譯館。

陳槃（1991），《古讖緯及其書錄解題》，國立編譯館。

章太炎（1919），〈左傳讀敘錄〉，《章氏叢書》，浙江圖書館。

章權才（1995），《兩漢經學史》，萬卷樓圖書公司。

曾春海（2003），《易經的哲學原理》，文津出版社。

程元敏（1991），《春秋左氏經傳集解序疏證》，學生書局。

黃永武（1972），《許慎之經學》，中華書局。

黃肇基（1998），《漢代公羊學災異理論研究》，文津出版社。

楊向奎（1945），《西漢經學與政治》，獨立出版社。

葉政欣（1989），《杜預及其春秋左氏學》，文津出版社。

葉國良等（1996），《經學通論》，國立空中大學。

裴普賢（1969），《經學概述》，開明書店。

劉師培（1990），〈經學教科書〉，《民國叢書第二編》，上海書
　　店。

樓宇烈（1983），《周易老子王弼注校釋》，華正書局。

蔣伯潛（1983），《經與經學》，世界書局。

蔣伯潛（1985），《十三經概論》，學海出版社。

蔣清翊，《緯學源流興廢考》，唐碑館刊本。

錢玄同（1992），〈重論經今古文學問題〉，《古史辨──民國叢書
　　第四編》，上海書店。

錢基博（1962），《經學通志》，中華書局。

錢穆（1983），《兩漢經學今古文平議》，東大圖書公司。

錢穆（1995），〈東漢經學略論〉，《錢賓四先生全集・中國學術思
　　想史論叢二》，聯經出版事業。

戴君仁（1974），〈兩漢歷經學思想的變遷──詩經部分〉，《梅園
　　論學續集》，藝文印書局。

鍾肇鵬（1994），《讖緯論略》，洪葉書局。

◎史部古典文獻之屬

司馬遷（1997），《史記》，鼎文書局。

《全晉文》，鼎文書局。

范曄（1997），《後漢書》，鼎文書局。

房玄齡（唐）等撰（1980），《晉書》，鼎文書局。

陳壽（晉）（1979），《三國志》，鼎文書局。

班固（1997），《漢書》，鼎文書局。

袁宏（1997），《後漢紀》，鼎文書局。

劉珍（1997），《東觀漢記》，鼎文書局。

◎史部專書之屬

王仲犖（1987），《魏晉南北朝史》，谷風出版社。

永瑢等（1985），《四庫全書總目》，商務印書館。

朱大渭等著（1998），《魏晉南北朝社會生活史》，北京：中國社會
　　科學出版社。

余英時（1987），《士與中國文化》，上海人民出版社。

呂思勉（1983），《魏晉南北朝史》，開明書店。

林瑞翰（1990），《魏晉南北朝史》，五南圖書公司。

侯外廬等人合著（1992），《中國思想通史》，北京人民出版社。

侯康（1985），〈補三國藝文志四卷〉，《史學──叢書集成新

編》，新文豐出版公司。

唐長孺，《魏晉南北朝史論論叢》，北京三聯書局。

晁公武編（1968），〈郡齋讀書志〉，《書目續編本》，廣文書局。

國立中央圖書館特藏組主編（1984），《中國歷代藝文總志·經
　　部》，國立中央圖書館特藏組編印。

張習孔、田珏（1989），《中國歷史大事編年·第二卷·三國兩晉南
　　北朝隋唐》，北京出版社。

陳振孫（1968），〈直齋書錄解題〉，《書目續編本》，廣文書局。

曾春海等人合著（2006），《中國哲學精神發展史》，臺北：國立空
　　中大學印行。

黃虞稷（1967），〈千頃堂書目〉，《書目叢編本》，廣文書局。

◎子部古典文獻之屬

王充（1965），《論衡》，中華書局。

王先謙集解（1987），《荀子集解》，世界書局。

王符（1966），〈潛夫論〉，《百部叢書集成·湖海樓叢書》，藝文
　　印書館。

王嘉（1978），《拾遺記》，程榮《漢魏叢書》輯本，株氏會社中文
　　出版社。

王鳴盛（1976），《蛾術編》，信誼書局。

王應麟（1966），《困學紀聞》，商務印書館。

老子（1960），《音注河上公老子道德經》，廣文書局。

余嘉錫（1989），《世說新語箋疏》，華正書局。

呂不韋著、高誘注（1955），《呂氏春秋》，世界書局。

李昉等（1997），《太平御覽》，商務印書館。

姚秦·鳩摩羅什譯，《維摩詰所說經》、《大正藏》14。

徐幹（1966），〈中論〉，《百部叢書集成·小萬卷樓叢書》，藝文

印書館。

桓寬（1967），〈鹽鐵論〉，《百部叢書集成·岱南閣叢書》，藝文
　　印書館。

荀悅著（1966），〈申鑒〉，《百部叢書集成·小萬卷樓叢書》，藝
　　文印書館。

莊萬壽（1979），《新譯列子讀本》，三民書局。

郭慶藩編（1974），《莊子集釋》，河洛圖書出版社。

嵇康（1965），《嵇中散集·四部備要本》，中華書局。

葛洪（1968），〈抱朴子內外篇〉，《國學基本叢書四百種本》，商
　　務印書館。

劉安著、高誘注（1983），《淮南子》，中華書局。

劉劭（1986），《人物志》，金楓出版社。

樓宇烈校釋（1983），《老子周易王弼注校釋》，華正書局。

顏之推（1967），〈顏氏家訓〉，《百部叢書集成》，藝文印書館。

◎子學專著之屬

王邦雄等（1989），《中國哲學家與哲學專題》，臺北：國立空中大
　　學。

任繼愈主編（1985），《中國哲學發展史》，北京人民出版社。

朱錫祿（1991.1），《武氏祠漢畫像石》，山東美術出版社。

吳功正（1996），《六朝美學史》，江蘇美術出版社。

宋佩韋（1967），《東漢宗教史》，臺灣商務印書館。

李美燕（1998.5），《中國古代樂教思想（先秦兩漢篇）》，麗文文
　　化事業公司。

李漢三（1967），《先秦兩漢之陰陽五行學說》，中鼎文化出版公
　　司。

李霖燦（2000.5），《中國美術史稿》，雄獅股份有限公司。

汪耀楠（1991），《注釋學綱要》，北京語文出版社。

金春峰（1987），《漢代思想史》，中國社會科學出版社。

唐宇元（1996），《中國倫理思想史》，文津出版社。

夏長樸（1978），《兩漢儒學研究》，國立臺灣大學文學院。

孫廣德（1993），《先秦兩漢陰陽五行說的政治思想》，臺灣商務印書館。

徐復觀（1975），《兩漢思想史》，香港中文大學。

徐復觀（1976），《中國藝術精神》，臺北：學生書局。

張心徵，《偽書通考》，友聯書局（香港）。

張蓓蓓（1985），《東漢士風及其轉變》，臺大出版委員會。

陳福濱（1994），《兩漢儒家思想及其內在轉化》，輔仁大學出版社。

勞思光（1987），《中國哲學史》，三民書局。

曾春海（1989），《儒家哲學論集》，臺北：文津出版社。

曾春海（1992），《儒家的淑世哲學》，文津出版社。

曾春海主編（2005），《中國哲學概論》，臺北：五南圖書出版公司。

湯用彤（1987），《漢魏兩晉南北朝佛教史》，駱駝出版社。

賀凌虛（1988），《西漢政治思想論集》，五南圖書公司。

黃朴民（1992），《董仲舒與新儒學》，文津出版社。

楊樹藩（1967），《兩漢中央政治制度與法儒思想》，臺灣商務印書館。

詹哲裕（1997），《兩漢禮法思想析論》，大航家企業公司。

趙輝著（1996），《六朝社會文化心態》，文津出版社。

劉汝霖（1979），《漢晉學術編年》，長安出版社。

劉師培（1959），《兩漢學術發微論》，國民出版社。

錢穆（1995），《中國學術思想史論叢》，聯經出版事業公司。

鄺芷人（1998），《陰陽五行及其體系》，文津出版社。

顧頡剛（1985），《漢代學術史略》，天山書局。

◎魏晉部分

于民（1990.6），《氣化諧和──中國古典審美意識的獨特發展》，東北師範大學出版社。

尤雅姿（1998.8），《魏晉人士之思想與文化研究》，文史哲出版社。

王葆玹（1996.4），《玄學通論》，五南圖書公司。

王葆玹（1987），《正始玄學》，齊魯書社。

田文棠（1988.12），《魏晉三大思潮論稿》，陝西人民出版社。

任繼愈主編（1985），《中國哲學發展史》（卷二、卷三），北京人民出版社。

牟宗三（1997.8.8），《才性與玄理》，學生書局。

何啟民（1990.6.4），《魏晉思想與談風》，學生書局。

余英時（1997.4.5），《中國知識階層史論‧古代篇》，聯經出版社。

余敦康（1991），《何晏王弼玄學新探》，齊魯書社。

余敦康（1998），《中國哲學論集》，遼寧大學出版社。

李清筠（2000.10），《魏晉名士人格研究》，文津出版社。

李澤厚、劉綱紀編（1987），《中國美學史》，谷風出版社。

周劭馨（1992.12），《中國審美文化》，百花洲文藝出版社。

周紹賢（1966），《魏晉清談述論》，臺灣商務印書館。

宗白華，《美學散步》，世華文化社。

宗白華（1987.8），《美從何處尋》，駱駝出版社。

林麗真（1988.7），《王弼》，東大圖書公司。

唐君毅（1992.3），《原道篇卷一》，中國哲學原論，學生書局。

唐翼明（1992.10），《魏晉清談》，東大圖書公司。

袁濟喜（1999），《六朝美學》，北京大學出版社。

張海明（1997.5），《玄妙之境》，東北師範大學出版社。

張蓓蓓（1991.5），《中古學術論略》，大安出版社。

梅家玲（2004），《世說新語的語言與敘事》，里仁書局。

盛源、袁濟喜（2000），《六朝清音》，河南人民出版社。

《第三屆魏晉南北朝文學與思想學術研究會論文集》（1997），文津
　　出版社。

莊耀郎（1999.9.15），《郭象玄學》，里仁出版社。

許抗生等（1989.7），《魏晉玄學史》，西安陝西師範大學出版社。

許抗生（1991.12），《三國兩晉玄佛道簡論》，齊魯書社。

陳順智（1993），《魏晉玄學與六朝文學》，武漢大學出版社。

陳順智（2000），《魏晉南北朝詩學》，湖南人民出版社。

傅謹（1997.5），《感性美學》，東北師範大學出版社。

曾春海（2000.3），《嵇康》，萬卷樓。

曾春海主編（2003.4），《哲學與文化》347期〈魏晉哲學專題〉，五
　　南圖書出版公司。

湯一介（2000.7），《郭象與魏晉玄學》，北京大學出版社。

湯錫予（湯用彤）（1980.1），《玄學·文化·佛教（魏晉玄學論
　　稿）》，育民出版社。

甯稼雨（1992.9），《魏晉風度》，東方出版社（北京）。

葉朗（1986），《中國美學史大綱上冊》，滄浪出版社。

葉嘉瑩（2000），《阮籍詠懷詩講錄》，臺北桂冠圖書公司。

劉大杰（1998.12），《魏晉思想論》，古籍出版社（上海）。

劉康德（1991），《魏晉風度與東方人格》，瀋陽遼寧教育出版社。

劉紹瑾（1992.6.2），《莊子與中國美學》，廣東教育出版社。

劉墨（1993.9），《中國藝術美學》，江蘇教育出版社。

蔡振豐（1997），《魏晉名士與玄學清談》，臺北黎明出版社。

蔡振豐（1997.8），《魏晉名士與玄學清談》，黎明文化事業公司。

鄭毓瑜（1997），《六朝情境美學》，里仁書局。

盧盛江（1994.6），《魏晉玄學與文學思想》，南開大學出版社。

戴璉璋（2002.2），《玄智、玄理與文化發展》，中央研究院中國文
　　哲研究所。

戴燕（1997.6），《玄意幽遠——魏晉風度研究》，雲南人民出版社。

羅宗強（1992.11），《玄學與魏晉人士心態》，臺北文史哲出版社。

嚴可均輯（1961），《全上古三代秦漢六朝文》，世界書局。

龔鵬程（1998.4），《文學批評的視野》，大安出版社。

國家圖書館出版品預行編目資料

兩漢魏晉哲學史／曾春海著.
--三版.--臺北市：五南，2008.02
面；　公分　（中國哲學系列）
參考書目：面
ISBN 978-957-11-5128-1（平裝）
1.秦漢哲學　　2.魏晉南北朝哲學
122　　　　　　　　97002128

1BM8 中國哲學系列

兩漢魏晉哲學史

作　　者 — 曾春海(279.2)

發 行 人 — 楊榮川

總 經 理 — 楊士清

主　　編 — 陳姿穎

封面設計 — 童安安

出 版 者 — 五南圖書出版股份有限公司

地　　址：106台北市大安區和平東路二段339號4樓

電　　話：(02)2705-5066　傳　　真：(02)2706-6100

網　　址：http://www.wunan.com.tw

電子郵件：wunan@wunan.com.tw

劃撥帳號：01068953

戶　　名：五南圖書出版股份有限公司

法律顧問　林勝安律師事務所　林勝安律師

出版日期　2002年12月初版一刷
　　　　　2004年 1 月二版一刷
　　　　　2005年 6 月二版二刷
　　　　　2008年 2 月三版一刷
　　　　　2018年 8 月三版六刷

定　　價　新臺幣500元

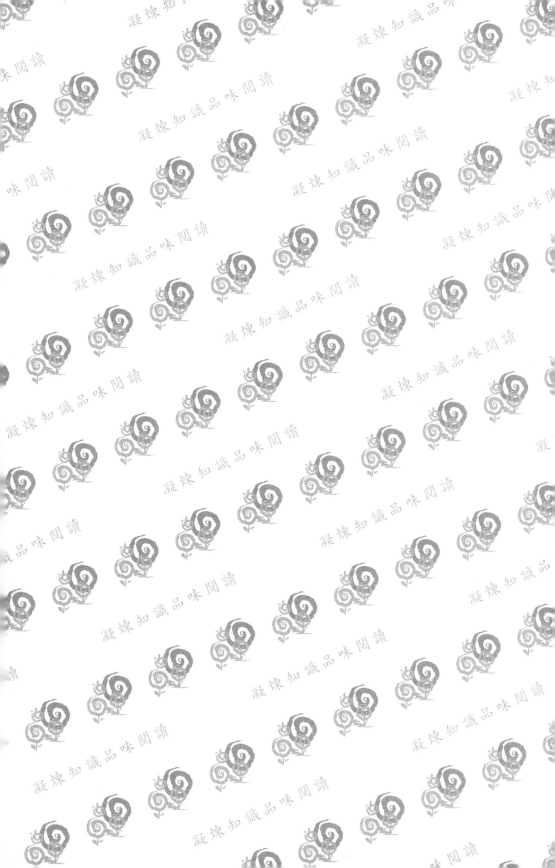